THE BARBOUR COLLECTION
OF CONNECTICUT TOWN
VITAL RECORDS

THE BARBOUR COLLECTION OF CONNECTICUT TOWN VITAL RECORDS

HADDAM 1668–1852

HAMDEN 1786–1854

HAMPTON 1786–1851

Compiled by
Jan Tilton

General Editor
Lorraine Cook White

Copyright © 1999
Genealogical Publishing Co., Inc.
Baltimore, Maryland
All Rights Reserved
Library of Congress Catalogue Card Number 94-76197
International Standard Book Number 0-8063-1594-6
Made in the United States of America

INTRODUCTION

As early as 1640 the Connecticut Court of Election ordered all magistrates to keep a record of the marriages they performed. In 1644 the registration of births and marriages became the official responsibility of town clerks and registrars, with deaths added to their duties in 1650. From 1660 until the close of the Revolutionary War these vital records of birth, marriage, and death were generally well kept, but then for a period of about two generations until the mid-nineteenth century, the faithful recording of vital records declined in some towns.

General Lucius Barnes Barbour was the Connecticut Examiner of Public Records from 1911 to 1934 and in that capacity directed a project in which the vital records kept by the towns up to about 1850 were copied and abstracted. Barbour previously had directed the publication of the Bolton and Vernon vital records for the Connecticut Historical Society. For this new project he hired several individuals who were experienced in copying old records and familiar with the old script.

Barbour presented the completed transcriptions of town vital records to the Connecticut State Library where the information was typed onto printed forms. The form sheets were then cut, producing twelve small slips from each sheet. The slips for most towns were then alphabetized and the information was then typed a second time on large sheets of rag paper, which were subsequently bound into separate volumes for each town. The slips for all towns were then interfiled, forming a statewide alphabetized slip index for most surviving town vital records.

The dates of coverage vary from town to town, and of course the records of some towns are more complete than others. There are many cases in which an entry may appear two or three times, apparently because that entry was entered by one or more persons. Altogether the entire Barbour Collection--one of the great genealogical manuscript collections and one of the last to be published--covers 137 towns and comprises 14,333 typed pages.

TABLE OF CONTENTS

HADDAM 1

HAMDEN 101

HAMPTON 137

ABBREVIATIONS

adm. fr..............admitted as a freeman
ae......................age
b........................born, both
bd......................buried
B. G..................Burying Ground
d........................died, day, or daughter
decd..................deceased
f.........................father
h........................hour
int. pub..............intention published
J.P.....................Justice of Peace
m.......................married or month
res.....................resident
s........................son
st.......................stillborn
w.......................wife
wid....................widow
wk.....................week
y........................year

THE BARBOUR COLLECTION OF CONNECTICUT TOWN VITAL RECORDS

HADDAM VITAL RECORDS
1668 - 1852

	Vol.	Page
ACKLEY, Amasa, of East Haddam, m. Amanda **CLARK**, of Haddam, Jan. 1, 1840, by Rev. S. A. Loper	1	31
Angalett, of Haddam, m. Rev. Benjamin L. **SAYER**, of New Bedford, Mass., Dec. 30, 1846, by Rev. Levi H. Wakeman	1	51
Mindwell, m. Dudley **BRAINERD**, Nov. 13, 1754	LR9	18
ADAMS, Benajah M., of Burr Oak, Mich., m. Meriam W. **NORTHAM**, of Haddam, Sept. 4, 1849, by Rev. William Gay	1	59
AKINS, Ann, m. Jedediah **BRAINERD**, Jr., Nov. 7, 1771	LR9	15
ALLABEN, Abigail, d. John, b. Jan. 15, 1783	LR9	531
Sary, d. John, b. Jan. 10, 1781	LR9	531
ALLEN, Levi S., of Wallingford, m. Philinda **SUTLIFF**, [Dec.] 4, [1842], by Rev. David D. Field	1	40
AMES, Henry, m. Mary Smith **ARNOLD**, Feb. 14, 1830, by Rev John Marsh	1	18
ANDREWS, David C., m. Roxy A. **HOUSE**, b. of Haddam, May 8, 1842, by Rev. Alonzo G. Shears	1	37
Harriet, of Haddam, m. Jared A. **HAMILTON**, of Glastonbury, Oct. 21, 1838, by Rev. Ebenezer Loomis	1	28
Henry R., m. Lucinda M. **BROOKS**, b. of Haddam, July 18, 1841, by Rev. Abraham Holway	1	34
Lee D., m. Emeline **JOHNSON**, b. of Haddam, Sept. 23, 1824, by Rev. Simon Shailer	1	10
ARNOLD, Abigail, [d. Joseph & Susanna], b. June 27, 1701	LR2	2
Abigail, [d. Jonathan & Elizabeth], b. Dec. 26, 1708	LR2	1
Abigail, d. [Gideon & Abigail], b. Mar. 7, 1726	LR2	8
Abigail, w. of Seth, d. Jan. 27, 1748	LR9	21
Abigail, [d. Joshua], b. June 12, 1786	LR9	537
Abner, [s. Benjamin & Margret], b. July 22, 1793	LR12	273
Alfred, [s. Benjamin & Margret],b. July 18, 1795	LR12	273
Alvan, s. [Jacob & Anne], b. June 2, 1775	LR9	15
Ambrose, s. Seth, b. Nov. 13, 1745	LR4	b
Ann, d. David, d. Nov. 15, 1747	LR9	21
Ann, of Haddam, m. Rev. Samuel **WEST**, of Madison, Sept. 13, 1830, by Rev. Simon Shailer	1	19
Anna, d. [Joseph & Susanna], b. Sept. 23, 1705	LR2	2
Anna, [d. Ambrose], b. June 12, 1773	LR9	539
Anne, d. [David], b. May 21, 1730	LR2	34
Ashbil, s. Daniel, b. Mar. 17, 1758	LR5	283
Avetus, [s. Benjamin & Margret], b. Jan. 10, 1799	LR12	273
Azubah, d. John, b. June 24, 1751	LR6	10
Azubah, d. John, d. Jan. 18, 1754	LR6	10
Azubah, [d. Joshua], b. July 8, 1790	LR9	537
Benjamin, m. Marg[a]ret **BAILEY**, Mar. 26, 1780	LR12	273
Benjamin, [s. Benjamin & Margret], b. July 15, 1791	LR12	273

1

	Vol.	Page
ARNOLD, (cont.)		
Betty Norton, [d. Jacob & Anne], b. Aug. 18, 1777	LR9	15
Calista A., m. Irwin W. **SMITH,** Sept. 6, 1830, by Rev. John Marsh	1	18
Charles, s. Jacob [& Anne}, b. Dec. 21, 1779	LR9	15
Charles, m. Hannah **CONE,** b. of Haddam, Dec. 28, 1820, by Rev. Simeon Dickinson, at the house of Capt. Jonathan Cone	1	6
Cynthia P., m. Chauncey S. **TYLER,** b. of Haddam, Feb. 21, 1849, by Rev. Simon Shailer	1	57
Daniel, m. Ruth **HALE,** Nov. 27, 1755	LR5	283
David, s. [David & Sarah], b. July 28, 1707	LR2	1
David, s. David, d. June 26, 1733	LR9	21
David, s. [David], b. June 9, 1734	LR2	34
David, d. Oct. 20, 1747	LR9	21
David, 2d, s. David, d. Nov. 5, 1747	LR9	21
David, s. Samuel, Jr. [& Martha], b. June 17, 1749	LR3	0
David, m. Sarah [ ], Oct. 3, 17[ ]	LR2	1
David's ear mark	LR2	2
David T., m. Esther T. **DICKINSON,** b. of Haddam, Nov. 23, 1851, by Rev. Stephen A. Loper	1	67
David W., m. Mary Ann **COOK,** [Dec.] 25, [1839], by David D. Field	1	32
Davis N., m. Nancy **TYLER,** b. of Haddam, Nov. 1, 1853, by Rev. E. Colton	1	72
Delia, d. [Jacob & Anne], b. Oct. 12, 1785	LR9	15
Dorcas, d. Frances, b. Aug. 23, 1747	LR6	9
Dorothy, d. [Joshua & Elizabeth], b. Apr. 14, 1740	LR2	10
Ebenezer's earmark. Recorded Sept. 30, 1728	LR2	7
Ebenezer, m. Abigail [ ], Mar. 19, 1729/30	LR2	10
Editha, [d. John, 2d,], b. Sept. 3, 1713	LR2	4
Eleazer, [s. Joshua], b. May 2, 1778	LR9	537
Elias, s. Jacob [& Anne], b. Aug. 22, 1783	LR9	15
Elizabeth, [d. Jonathan & Elizabeth], b. Nov. 22, 1704	LR2	1
Elizabeth, d. [Joshua & Elizabeth], b. Jan. 26, 1716/17	LR2	10
Elizabeth, d. [Samuel & Sarah], b. Sept. 28, 1736	LR2	31
Elizabeth, d. Ambrose, b. Oct. 12, 1770	LR9	539
Elizabeth A., m. Fisk B. **VENTRES,** b. of Haddam, Dec. 26, 1852, by Rev. Isaac Chesebrough	1	69
Emelia, [d. Benjamin & Margret], b. July 28, 1801	LR12	273
Epaphras, s. Frances, b. July 1, 1745	LR6	9
Epaphras, m. Abigail **COMSTOCK,** Aug. 29, 1768	LR9	15
Est[h]er, [d. Jonathan & Elizabeth], b. Feb. 2, 1706/7	LR2	1
Esther, d. [Joshua & Elizabeth], b. May 29, 1722	LR2	10
Fanny, of Haddam, m. Thomas S. **SELDEN,** of Chatham, May 17, 1828, by Cha[rle]s Bentley	1	15
Festus, [s. Jacob & Anne], b. Sept. 26, 1788; d. [ ], ae. 7 wks.	LR9	15
Frances, m. Experience [ ], Aug. 23, 1744	LR6	9
Frances' earmark recorded May 25, 1745	LR2	39
Frances, d. Feb. 21, 1747/8	LR6	9
Frances, s. David, d. Feb. 21, 1748	LR9	21
Frances, s. Epaphras [& Abigail], b. May 27, 1769	LR9	15

ARNOLD, (cont.)

	Vol.	Page
Francis, s. [David & Sarah], b. Nov. [ ], 1709	LR2	1
Francis, m. Mrs. Martha CHASE, b. of Haddam, Oct. 7, 1845, by Rev. Philo Judson	1	47
Freeman, Jr., m. Elizabeth CLARK, b. of Haddam, Nov. 23, 1828, by Charles Bentley	1	16
George W., of Haddam, m. Laura C. HUBBARD, of Haddam, Jan. 19, 1854, by T. B. Chandler	1	74
Gideon's earmark recorded Dec. 25, 1723	LR2	6
Gideon, m. Abigail [ ], May 14, 1724	LR2	8
Gideon, see Abraham BROOKS	LR2	29
Hannah, d. [Joshua & Elizabeth], b. Dec. 19, 1729	LR2	10
Hannah, d. [Ebenezer & Abigail], b. Sept. 4, 1732	LR2	10
Hannah, d. [Simon & Hannah], b. Oct. 11, 1735	LR2	38
Hannah, [d. Benjamin & Margret], b. Sept. 12, 1784	LR12	273
Hannah, [d. Jacob & Anne], b. Oct. 11, 1789	LR9	15
Huldah, [d. Jonathan & Elizabeth], b. Mar. 31, 1718	LR2	1
Huldah, m. Gideon GOFF, Feb. 18, 1762/3	LR9	23
Huldah S., m. Russell SHAILER, 2d, b. of Haddam, Jan. 7, 1827, by Rev. Simon Shailer	1	14
Isaac, m. Mary Ann THOMAS, Dec. 13, 1838, by David D. Field	1	28
Jacob, s. [Joshua & Elizabeth], d. July 15, 1743	LR2	10
Jacob, m. Anne [ ], Jan. 19, 1774	LR9	15
James, s. [David], b. Feb. 24, 1736/7	LR2	34
Jane E., of Haddam, m. William H. SHEPARD, of Chatham, June 5, 1849, by Rev. James C. Haughton	1	61
Jehiel, s. John, b. Mar. 30, 1758	LR6	10
Jerusha, d. [Gideon & Abigail], b. Mar. 21, 1728	LR2	8
Jerusha, d. Jacob [& Anne], b. Jan. 4, 1782; d. 22nd of same month	LR9	15
Jerusha A., m. Sylvester H. DICKINSON, b. of Haddam, Nov. 26, 1846, by Rev. Simon Shailer	1	50
John, s. [Joshua & Elizabeth], b. July 5, 1720	LR2	10
John, m. Mercy [ ], Feb. 5, 1746/7	LR6	10
John, s. John, b. Dec. 6, 1755	LR6	10
John, s. Samuel, b. June 15, 1756	LR3	0
John, s. Sam[uel] [& Elizabeth], b. Dec. 3, 1770	LR9	21
John, [s. Joshua], b. Apr 8, 1782	LR9	537
Jonathan, m. Elizabeth [ ], Aug. 14, 1699	LR2	1
Jonathan, [s. Jonathan & Elizabeth], b. Jan. 11, 1700/1	LR2	1
Jonathan, d. Jan. 6, 1728/9 in the 49th y. of his age	LR2	1
Jonathan, s. [Ebenezer & Abigail], b. Dec. 22, 1730	LR2	10
Jonathan, s. [Samuel & Sarah], b. Sept. 29, 1732	LR2	31
Jonathan, s. Sam[uel] [& Elizabeth], b. Jan. 12, 1769	LR9	21
Joseph, s. Joseph, b. Mar. 7, 1666	LR1	123
Joseph, m. Susanna [ ], Jan. 28, 1695	LR2	2
Joseph, s. [Joseph & Susanna], b. July 20, 1697	LR2	2
Joseph's earmark recorded Dec. 8, 1731	LR2	7
Joseph, s. [Simon & Hannah], b. Aug. 2, 1738	LR2	38
Joseph, s. Samue [& Elizabeth], b. Jan. 21, 1774	LR9	21
Joseph, [s. Benjamin & Margret], b. Oct. 26, 1782	LR12	273
Joshua, m. Elizabeth [ ], Dec. 8, 1715	LR2	10
Joshua, s. [John, 2d], b. Oct. 23, 1720	LR2	4
Joshua, s. [Joshua & Elizabeth], b. Jan. 12, 1727/8	LR2	10

4 BARBOUR COLLECTION

	Vol.	Page
ARNOLD, (cont.)		
Joshua, s. John, b. Oct. 26, 1753	LR6	10
Joshua, Jr., m. Mary [ ], July 8, 1776	LR9	551
Joshua, [s. Joshua], b. Jan. 9, 1780	LR9	537
Josiah, d. Jan. 27, 1711/12, ae. about 41 y.	LR2	10
Josiah, [s. David], b. Sept. 20, 1726	LR2	34
Josiah's earmark recorded Nov. 3, 1730	LR2	21
Josiah, s. Josiah, d. June 22, 1733, ae. about 34 y.	LR2	34
Josiah, s. David, d. Nov. 10, 1747	LR9	21
Josiah, s. Samuel [& Martha], b. Feb. 7, 1751/2	LR3	0
Lucinda, of Haddam, m. Abner C. SMITH, of East Haddam, Oct. 18, 1846, by Rev. Simon Shailer	1	50
Lucy, of Haddam, m. Samuel BROWN, of Colchester, Sept. 21, 1837, by S. A. Loper	1	25
Lydia, [d. Benjamin & Margret], b. May 20, 1781	LR12	273
Lyman B., m. Sarah S. JOHNSON, b. of Haddam, Jan. 19, 1847, by Rev. Philo Judson	1	52
Marg[a]ret, [d. Benjamin & Margret], b. Nov. 13, 1786	LR12	273
Martha, d. [John, 2d], b. Aug. 5, 1716	LR2	4
Martha, d. Samuel, Jr. [& Martha], b. Feb. 12, 1746/7	LR3	0
Martha, m. Christopher E. HILL, b. of Haddam, Jan. 20, 1828, by Rev. John Marsh	1	16
Mary, [d. Jonathan & Elizabeth], b. Nov. 22, 1712	LR2	1
Mary, d. Joseph, d. Dec. 17, 1714	LR2	1
Mary, d. David, d. Nov. 14, 1732	LR9	21
Mary, d. [Joshua & Elizabeth], b. Mar. 8, 1733/4	LR2	10
Mary, d. Samuel, Jr. [& Martha], b. Apr. 15, 1745	LR3	0
Mary, d. Daniel, b. July 5, 1756	LR5	283
Mary, [d. Ambrose], b. [ ] 1, 1783	LR9	539
Mary, [d. Joshua], b. Aug. 15, 1784	LR9	537
Mary A., of Haddam, m. Nathaniel A. WILLIAMS, of Chatham, Dec. 28, 1853, by Rev. Sewall Lamberton	1	731
Mary Smith, m. Henry AMES, Feb. 14, 1830, by Rev. John Marsh	1	18
Mehetable, d. [John, 2d], b. Aug. 18, 1718	LR2	4
Mercy, d. Samuel, b. Nov. 3, 1760	LR3	0
Mercy, d. John, b. Feb. 4, 1765	LR6	10
Mercy, [d. Joshua], b. May 3, 1792	LR9	537
Nancy, [d. Joshua], b. Feb. 21, 1777	LR9	537
Nelson, of Haddam, m. Narcissa SEXTON, of Chatham, Oct. 19, 1851, by Rev. Albert F. Pack	1	66
Rebecca, d. [John, 2d], b. Sept. 26, 1722	LR2	4
Roxanna, [d. Benjamin & Margret], b. Apr. 1, 1789	LR12	273
Ruth, d. [Joshua & Elizabeth], b. Jan. 17, 1723/4	LR2	10
Ruth, [d. Ambrose], b. Aug. 2, 1775	LR9	539
Samuel, [s. Jonathan & Elizabeth], b. Dec. 22, 1710	LR2	1
Samuel, s. [David], b. Mar. 24, 1722	LR2	34
Samuel, m. Sarah [ ], Sept. 3, 1730	LR2	1
Samuel, m. Sarah [ ], Sept. 2, 1731	LR2	31
Samuel, Jr., m. Martha [ ], June 14, 1744	LR3	0
Samuel, Jr., earmark recorded May 25, 1745	LR2	32
Samuel, s. Samuel, b. Nov. 5, 1754	LR3	0
Samuel, Jr., m. Elizabeth [ ], Mar. 31, 1768	LR9	21
Samuel, s. Samuel, b. [ ]	LR2	31

	Vol.	Page
ARNOLD, (cont.)		
Samuel H., m. Mary L. **DIBBLE**, b. of Haddam, [Feb.] 5, [1840], by David D. Field. Int. pub.	1	32
Sarah, [d. David], b. May 12, 1724	LR2	34
Sarah, [d. Ambrose], b. Aug. 10, 1779	LR9	539
Seth, s. [David & Sarah], b. July 13, 1710	LR2	1
Seth, m. Abigail ------, Aug. 15, 1744	LR4	b
Seth's earmark recorded Jan. 10, 1745/6	LR4	b
Seth, s. Seth, b. Aug. 23, 1747	LR4	b
Silva, m. Charles S. **BRAINERD**, Nov. 2, 1842, by David D. Field. Int. pub.	1	39
Simon, [s. Joseph & Susanna], b. June 9, 1711	LR2	2
Simon, m. Hannah [ ], Mar. 8, 1734	LR2	38
Simon's earmark recorded Feb. 11, 1734/5	LR2	25
Simon, d. May 9, 1741	LR2	38
Simon, m. Lydia **BRAINERD**, Aug. 30, 1835, by Tertius S. Clark	1	23
Stephen, s. John, b. June 12, 1749	LR6	10
Stephen, m. Lois **DARBE**, Apr. 1, 1773	LR9	23
Stephen, [s. Joshua], b. Apr. 15, 1788	LR9	537
Susannah, [d. Joseph & Susanna], b. Aug. 23, 1703	LR2	2
Susannah, d. [Joshua & Elizabeth], b. Nov. 28, 1725	LR2	10
Susannah, d. [Simon & Hannah], b. Feb. 14, 1740/1	LR2	38
Susannah, w. of Joseph, d. June 14, 1742, ae. 73 y.	LR2	38
Susanna, d. Samuel, b. Oct. 6, 1765	LR3	0
Timothy, s. John, b. June 3, 1760	LR6	10
Timothy, s. John, b. May 27, 1773	LR6	10
------, s. [John & Mercy], b. Feb. 20, 1747/8; d. Mar. 4, 1747/8	LR6	10
ASHLEY, J. N., of Rochester, N.Y., m. E. B. **HUBBARD**, of Haddam, May 15, 1839, by David D. Field. Int. pub.	1	30
ATWELL, John, m. Mary [ ], May 15, 1733	LR2	31
John, s. [John & Mary], b. Aug. 8, 1737	LR2	31
John's earmark recorded Apr. 28, 1742	LR2	32
Mary, d. [John & Mary], b. June 11, 1735	LR2	31
------, [child of John & Mary], b. Mar. 18, 1739/40	LR2	31
AUGER, Elizabeth Bradley, [d. Isaac & Eunice], b. Aug. 24, 1762	LR7	225
Eunice, d. [Isaac & Eunice], b. Oct. 20, 1749	LR7	225
Eunice, m. Stephen **SPENCER**, Oct. 16, 1777	LR9	532
Felix, [s. Isaac & Eunice], b. June 2, 1760	LR7	225
Isaac, m. Eunice **GYLES**, Oct. 5, 1748	LR7	225
Isaac, [s. Isaac & Eunice], b. Nov. 13, 1753	LR7	225
Isaac's earmark	LR4	h
Joseph, [s. Isaac & Eunice], b. Jan. 12, 1768/9	LR7	225
Justus, s. [Isaac & Eunice], b. Oct. 7, 1751	LR7	225
Lois, [d. Isaac & Eunice], b. Feb. 18, 1758	LR7	225
Mary, [d. Isaac & Eunice], b. Jan. 10, 1767	LR7	225
Prosper, s. [Isaac & Eunice], b. Jan. 18, 1756	LR7	225
Sarah, [d. Isaac & Eunice], b. Nov. 4, 1764	LR7	225
AUSTIN, Sylvester, of New Durham, m. Drusilla **BRAINERD**, of Haddam, Nov. 7, 1824, by Rev. John Marsh	1	10
AYERS, Anson L., of East Haddam, m. Nancy **DICKINSON**, of Haddam, Nov. 27, 1834, by T. S. Clark	1	22
BABCOCK, Charles, formerly of Middletown, m. Maria **BONFOEY**,		

BABCOCK, (cont.)

	Vol.	Page
of Haddam, Apr. 10, 1842, by David D. Field. Int. pub.	1	37
BAILEY, BAILY, BALY, Aaron, s. [Daniel & Mary], b. June 8, 1740	LR2	33
Abigail, m. Russell **SKINNER**, b. of Haddam, Oct. 29, 1824, by Rev. Aaron Pierce	1	10
Abijah, s. Ephraim [& Deborah], b. July 31, 1734	LR2	29
Alva, m. Lucy Ann **ELY**, b. of Haddam, May 9, 1840, by Rev. Simon Shailer, of Bristol	1	31
Alvan S., m. Elizabeth **DICKINSON**, b. of Haddam, July 6, 1837 by Lyman G. Burr, J.P.	1	25
Alvin, [s. Gideon, Jr. & Lydia], b. Dec. 3, 1796	LR9	551
Alvin, [s. Lyman & Dolly], b. July 14, 1810	1	2
Amos, s. [John, Jr. & Esther], b. Sept. 12, 1720	LR2	4
Amos, s. John, Jr., b. Oct. 22, 1741	LR6	259
Amy, m. Ezra **CLARK**, of South Glastonbury, [Oct.] 17, [1847], by Rev. David D. Field	1	53
Anna, m. Josiah **SCOVIL**, b. of Haddam, Nov. 30, 1820, by Joseph Scovil, J.P.	1	6
Augusta S., m. Oliver **NEFF**, b. of Haddam, Jan. 29, 1854, by T. B. Chandler	1	74
Azubra, d. Ezekiel, b. June 13, 1755	LR9	19
Bartholomew, of Durham, m. Emeline **SPENCER**, of Haddam, [Apr] 6, [1845], by Rev. David D. Field. Int. pub.	1	46
Belinda, m. Ezra **BUTLER**, Dec. 15, 1831, by Lyman E. Burr, J.P.	1	19
Benjamin, s. John, b. Nov. [ ], 1665	LR1	126
Benjamin, [s. Christopher & Naomi], b. May 20, 1791	LR9	532
Benjamin, m. Lucy A. **SMITH**, Nov. 23, 1845, by Aaron Brainerd, J.P.	1	47
Bial, d. [John, Jr. & Esther], b. Mar. 31, 1728	LR2	4
Biel, d. Nathan [& Martha], b. Sept. 12, 1740	LR4	f
Brainerd, [s. Eleazer & Sally], b. Sept. 14, 1806	1	4
Caleb, s. [Ephraim & Deborah], b. Jan. 7, 1731/2	LR2	29
Charles S., m. Mary M. **DICKINSON**, b. of Haddam, [Dec.] 6, [1846], by Rev. David D. Field	1	51
Charlotte S., m. Russell **SMITH**, b. of Haddam, Oct. 11, 1850, by Rev. William Gay	1	63
Chauncey, [s. Edward & Anna], b. Jan. 31, 1797	LR12	267
Christian, m. William **CLARK**, Jr., Mar. 1, 1781	LR9	532
Christopher, m. Naomi **BAILEY**, Dec. 26, 1782	LR9	532
Christopher, [s. Christopher & Naomi], b. Dec. 17, 1797	LR9	532
Christopher, Jr., of Haddam, m. Anna **TRYON**, of Middletown, June 4, 1824, by Joseph Scovil, J.P.	1	10
Christopher, d. Apr. 18, 1840, ae. 84 y.	LR9	532
Clarissa Brainerd, [d. Lyman & Dolly], b. July 19, 1812	1	2
Comfort, s. Joseph [& Jemima], b. June 16, 1749	LR5	17
Comfort, [child of Mijah], b. Aug. 16, 1792	LR12	270
Constant, s. [Robert & Senah], b. Jan. 27, 1777	LR9	531
Cyrus, [s. Mijah], b. Mar. 29, 1801	LR12	270
Daniel, eldest s. Nathan, b. July 25, 1725	LR2	33
Daniel, m. Mary [ ], Apr. 16, 1729	LR2	33
Daniel, S. [Gideon, Jr. & Lydia], b. May 20, 1775	LR9	551

	Vol.	Page
BAILEY, BAILY, BALY, (cont.)		
David, [s. John], b. Aug. 8, 1710	LR2	5
David, m. Jane [ ], July 20, 1730	LR2	27
David's earmark recorded June 8, 1732	LR2	27
David, [s. Oliver & Hannah], b. Oct. 20, 1779	LR9	542
David, [s. Oliver], b. Nov. 10, 1779	LR9	20
Deborah, d. [Ephraim & Deborah], b. Apr. 13, 1723	LR2	29
Deborah, d. Jacob [& Elizabeth], b. Jan. 30, 1749	LR5	278
Deborah, d. James, b. Jan. 4, 1750/1	LR6	259
Dolly, [d. Eleazer & Sally], b. May 16, 1793	1	4
Dolly, m. Lyman **BAILEY**, June 27, 1807	1	2
Dorothy, [d. John], b. July 11, 1703	LR2	5
Dorothy, [d. William, Jr. & Desire], b. Mar. 18, 1763	LR7	226
Edward, s. Stephen, b. Dec. 12, 1768	LR6	11
Edward, [s. Edward & Anna], b. Apr. 13, 1805	LR12	267
Eleazer, m. Sally **BRAINERD** 23 years last Nov. 23, 1792	1	a
Eleazer*, m. Sally **BRAINERD**, Nov. 23, 1792 (*Incorrectly written "Eliza")	1	4
Eleazer, [s. Eleazer & Sally], b. May 9, 1804	1	4
Electa, of Haddam, m. Edmund **WILLIAMS**, of Chatham, Jan. 5, 1834, by W[illia]m Denison	1	21
Elias, [s. Mijah], b. Aug. 16, 1786	LR12	270
Elijah B., m. Peggy **BURR**, Jan. 6, 1833, by Rev. Nathaniel Kellogg	1	21
Eliphalet, [s. Edward & Anna], b. Apr. 30, 1799	LR12	267
Elisha, s. [Daniel & Mary], b. Feb. 14, 1729/30	LR2	33
Eliza A., m. Jonathan P. **SPENCER**, b. of Haddam, Jan. 14, 1836, by Rev. A. F. Beach	1	23
Elizabeth, [d. John], b. Oct. 24, 1694	LR2	5
Elizabeth, d. John, Jr., b. Apr. 28, 1750	LR6	259
Elizabeth, [d. Gideon, Jr. & Lydia], b. Jan. 16, 1782	LR9	551
Elza, [child of Eleazer & Sally], b. Aug. 5, 1814	1	4
Elsa, b. Aug. 5, 1814	1	a
Enos, s. Eliakim,, b. Oct. 6, 1788	LR9	532
Ephraim, [s. John], b. Jan. 1, 1690/1	LR2	5
Ephraim, m. Deborah [ ], Oct. 3, 1716	LR2	29
Ephraim, s. [Ephraim & Deborah], b. June 25, 1718	LR2	29
Ephraim's earmark recorded Feb. 18, 1723/4	LR2	5
Ephraim, s. Ephraim, d. Jan. 20, 1741/2	LR2	27
Ephraim, 2d, s. Ephraim, b. May 8, 1744	LR2	27
Esther, d. [John, Jr. & Esther], b. July 3, 1716	LR2	4
Esther, d. John, Jr., b. Feb. 19, 1735/6	LR6	259
Esther, d. John, Jr., d. Oct. 8, 1743	LR6	259
Esther, 2d, d. John, Jr., b. Jan. 16, 1744/5	LR6	259
Eunice, d. [Daniel & Mary], b. Sept. 3, 1732	LR2	33
Eunice, d. Ezekiel, b. Sept. 1, 1744	LR9	19
Eunice, m. Daniel **SPENCER**, 3rd, Oct. 29, 1761	LR6	259
Eunice, d. Stephen, b. May 14, 1762	LR6	11
Ezekiel, m. Sarah **SMITH**, Feb. 25, 1741/2	LR9	19
Ezra, [s. Oliver & Hannah], b. Aug. 10, 1781	LR9	542
Fanny, [d. Christopher & Naomi], b. Jan. 3, 1786	LR9	532
Fanny M., m. Alva W. **SPENCER**, b. of Haddam, Feb. 18, 1849, by Rev. David D. Field. Int. pub.	1	56

BARBOUR COLLECTION

	Vol.	Page
BAILEY, BAILY, BALY, (cont.)		
George E., m. Hannah DICKINSON, b. of Haddam, Sept. 30, 1824, by Rev. John Marsh	1	9
Gideon, s. [Ephraim & Deborah], b. Aug. 4, 1725	LR2	29
Gideon, s. Gideon, b. Nov. 17, 1751	LR6	9
Gideon, Jr., m. Lydia SPENCER, Sept. 6, 1773	LR9	551
Gideon, s. [Gideon, Jr. & Lydia], b. Dec. 10, 1773	LR9	551
Gideon, m. Martha BAILEY, May 13, 1838, by Ansel Spencer, J.P.	1	26
Gideon, earmark	LR4	h
Halsey, [s. Mijah], b. Mar. 5, 1795	LR12	270
Hannah, d. John, Jr., b. Dec. 3, 1747	LR6	259
Hannah, d. Oliver, b. Mar. 17, 1769	LR9	20
Hannah, [d. Oliver & Hannah], b. Mar. 27, 1769	LR9	542
Harriet, [d. Edward & Anna], b. Dec. 7, 1802	LR12	267
Harriet, m. David YOUNGS, b. of Haddam, Nov. 23, 1828, by Cha[rle]s Bentley	1	16
Henrietta, [d. Brainerd & Peggy], b. Feb. 16, 1835	1	4
Henrietta, [d. Brainerd & Peggy], b. Feb. 16, 1835	1	76
Henry D., m. Eliza JOHNSON, Apr. 7, 1825, by Rev. John Marsh	1	11
Hope, d. Ezekiel [& Sarah], b. Oct. 25, 1746	LR9	19
Huldah, m. Joseph BURR, 2d, Dec. 26, 1803	1	3
Ichabod, s. Nathan [& Martha], b. Feb. 2, 1742/3	LR4	f
Jabez, s. [Ephraim & Deborah], b. Jan. 14, 1729/30	LR2	29
Jacob, s. [Ephraim & Deborah], b. Oct. 21, 1720	LR2	29
Jacob, m. Elizabeth [ ], Aug. 6, 1746	LR5	278
Jacob, s. Jacob [& Elizabeth], b. May 8, 1747	LR5	278
James, s. [John, Jr. & Esther], b. June 27, 1730	LR2	4
James, m. Anna [ ], Jan. 3, 1749/50	LR6	259
James, s. James, b. Jan. 13, 1756	LR6	259
Jean Lay, d. Gideon, B. Oct. 24, 1763	LR6	9
Jemima, of Haddam, m. Russell B. YOUNGS, of Middletown, Dec. 8, 1831, by Charles Reming, Elder	1	19
Jemima, [d. Brainerd & Peggy], b. Aug. 7, 1836	1	4
Jemima, [d. Brainerd & Peggy], b. Aug. 7, 1836	1	76
Jerahaneel, child of Rachal BAILEY, b. June 28, 1750	LR5	283
Jeremiah, s. [John, Jr. & Esther], b. Aug. 14, 1718	LR2	4
Jeremiah, s. Gideon, b. Oct. 9, 1758	LR6	9
Jeremy, s. Gideon & Lydia, b. Sept. 20, 1787. Recorded Nov. 10, 1807	LR12	268
Jeremiah Brainerd, [s. Eleazer & Sally], b. Feb. 27, 1811	1	4
Jerusha, d. Ezekiel, b. July 7, 1751	LR9	19
Jerusha A., m. William T. TREADWELL, b. of Haddam, Aug. 8, 1852, by Rev. Stephen A. Loper	1	68
Jesse, s. Gideon, b. Dec. 3, 1761	LR6	9
John, [s. John], b. Oct. 12, 1688	LR2	5
John, Jr., m. Esther [ ], Jan. 14, 1711/12	LR2	4
John, s. [John, Jr. & Esther], b. Oct. 6, 1712	LR2	4
John's earmark recorded Feb. 7, 1732/3	LR2	28
John, Jr., m. Elizabeth [ ], Mar. 11, 1734/5	LR6	259
John, s. John, Jr., b. May 30, 1752	LR6	259
John's earmark	LR4	g
Jonathan, [s. John], b. Aug. 16, 1700	LR2	5

BAILEY, BAILY, BALY, (cont.)

	Vol.	Page
Jonathan, m. Jerusha TYLER, b. of Haddam, Mar. 22, 1826, by Rev. Simon Shailer	1	13
Joseph, m. Jemima [ ], Mar. 5, 1746/7	LR5	17
Joseph, s. Joseph [& Jemima], b. Mar. 11, 1747/8	LR5	17
Joseph R., m. Cornelia C. SKINNER, b. of Higganum, Dec. 16, 1849, by Rev. David D. Field. Int. pub.	1	60
Joshua, s. David, b. Feb. [ ], 1733/4	LR3	0
Keturah, [d. Oliver & Hannah], b. Oct. 4, 1763	LR9	542
Leander, m. Mary LEWIS, Mar. 27, 1825, by Rev. John Marsh	1	11
Lewis, s. Reuben, b. Sept. 12, 1780	LR9	532
Linda, [d. Mijah], b. Dec. 19, 1790	LR12	270
Lois, [d. Brainerd & Peggy], b. Sept. 30, 1838	1	4
Lois, [d. Brainerd & Peggy], b. Sept. 30, 1838	1	76
Louden, s. Gideon, b. Sept. 20, 1756	LR6	9
Lovina, m. James CLARK, Dec. 18, 1825, by Rev. John Marsh	1	12
Lucretia, [d. Mijah], b. Mar. 6, 1797	LR12	270
Lydia, [d. John], b. Mar. 16, 1695/6	LR2	5
Lydia, d. [John, Jr. & Esther], b. Oct. 5, 1726	LR2	4
Lydia, d. [Daniel & Mary], b. July 14, 1738	LR2	33
Lydia, [d. Gideon, Jr. & Lydia], b. Nov. 5, 1792	LR9	551
Lydia, m. George BELDEN, Oct. 1, 1832, by Rev. John Marsh	1	20
Lydia Smith, [d. Gideon, Jr. & Lydia], b. Aug. 22, 1784	LR9	551
Lyman, [s. Gideon, Jr. & Lydia], b. Mar. 24, 1789	LR9	551
Lyman, m. Dolly BAILEY, June 27, 1807	1	2
Lyman, m. Mrs. Mabel SMITH, Jan. 17, 1844, by Rev. W. A. Stickney	1	42
Lyman R., s. [Lyman & Dolly], b. Feb. 7, 1808	1	2
Lyman Russell, [s. Lyman & Dolly], b. [ ]	1	2
Margary, d. Stephen, b. Nov. 22, 1766	LR6	11
Marg[a]ret, m. Benjamin ARNOLD, Mar. 26, 1780	LR12	273
Martha, d. Gideon, b. Apr. 14, 1748	LR6	9
Martha, d. Oliver, b. May 5, 1767	LR9	20
Martha, [d. Oliver & Hannah], b. May 5, 1767	LR9	542
Martha, m. Gideon BAILEY, May 13, 1838, by Ansel Spencer, J.P.	1	26
Mary, [d. John], b. Mar. 19, 1705/6	LR2	5
Mary, d. [Daniel & Mary], b. May 15, 1736	LR2	33
Mary, m. Prosper BRAINERD, Nov. 5, 1767	LR7	227
Mary [d. Oliver & Hannah], b. Oct. 10, 1773	LR9	542
Mary, [d. Gideon, Jr. & Lydia], b. Oct. 3, 1777	LR9	551
Mary Ann, of Haddam, m. Charles L. DEANGELIST, of Chester, July 19, 1840, by Linus Parmelee, J.P.	1	32
Mehetable, [d. John], b. June 4, 1698	LR2	5
Moses Freeman, s. Jeremy, b. Nov. 7, 1782	LR9	533
Nancy Mariah, m. Joseph TREAT, 3rd, June 2, 1835, by Rev. Alexander Hulin	1	23
Naomi, m. Christopher BAILEY, Dec. 26, 1782	LR9	532
[Naomi], w. of Christopher, d. Sept. 22, 1825, in the 62nd y. of her age	LR9	532
Nathan, s. [John, Jr. & Esther], b. July 18, 1714	LR2	4
Nathan, m. Martha [ ], July 6, 1738	LR4	f

	Vol.	Page
BAILEY, BAILY, BALY, (cont.)		
Nathan, s. Nathan [& Martha], b. Apr. 13, 1739	LR4	f
Nathan, d. Jan. 2, 1742	LR4	f
Nelson S., [s. Brainerd & Peggy], b. Mar. 2, 1843	1	4
Nelson S., [s. Brainerd & Peggy], b. Mar. 2, 1843	1	76
Oliver, s. Ephraim, b. June 25, 1738	LR2	27
Oliver, m. Hannah SCOVELL, May 14, 1761	LR9	542
Oliver, [s. Oliver & Hannah], b. Mar. 22, 1762	LR9	542
Phebe, d. [David], b. Apr. 20, 1736	LR3	0
Phebe, d. Oliver, b. June 16, 1761	LR9	20
Phebe, [d. Oliver & Hannah], b. June 16, 1771	LR9	542
Phebe, [d. Christopher & Naomi], b. Nov. 15, 1783	LR9	532
Phinehas, s. John, Jr., b. Jan. 6, 1738/9	LR6	259
Phineas, m. Susannah BRAINERD, Apr. 25, 1764	LR7	227
Pheneas, s. [Phineas & Susannah], b. Mar. 4, 1765	LR7	227
Phinehas, m. Pamela SKINNER, Dec. 18, 1824, by Rev. John Marsh	1	10
Pierce, b. Aug. 11, 1783	LR9	543
Prudence, d. Stephen [& Eunice], b. June 22, 1756	LR6	11
Prudence, [d. Oliver & Hannah], b. Oct. 17, 1784	LR9	542
Rachel had child Jerahaneel, b. June 28, 1750	LR5	283
Rachel, m. Benanawell BONFOEY, Nov. [ ], 1752	LR5	283
Reuben, s. Gideon, b. Feb. 24, 1754	LR6	9
Rhoda, d. Stephen, b. Oct. [ ], 1770	LR6	11
Rhoda, see also Roday	LR9	532
Richard, s. John, Jr., b. May 18, 1756	LR6	259
Robert, m. Senah WILLSON, Feb. 13, 1776	LR9	531
Roday, d. [Reuben], b. May 21, 1782	LR9	532
Roday, see also Rhoda		
Rosetta, [d. Eleazer & Sally], b. Dec. 5, 1799	1	4
Roxina, [d. Mijah], b. Apr. 9, 1799	LR12	270
Rufus, [s. Gideon, Jr. & Lydia], b. Oct. 24, 1794	LR9	551
Russell, [s. Gideon, Jr. & Lydia], b. Nov. 29, 1779	LR9	551
Russell D., m. Cleanathy BRAINERD, Feb. 24, 1845, by Aaron Brainerd, J.P.	1	45
Ruth, m. Aaron THOMAS, Apr. 13, 1754	LR6	11
S. M., m. E. P. SMITH, May 3, 1843, by David D. Field. Int. pub.	1	41
Sabra, d. Stephen, b. Sept. 30, 1775	LR6	11
Sally, [d. Eleazer & Sally], b. Oct. 9, 1801	1	4
Sally, d. [Gideon, Jr. & Lydia], b. Feb. 3, 1802	LR9	551
Sally, wid., m. Archelus TYLER, b. of Haddam, Dec. 11, 1830, by Rev. Simon Shailer	1	19
Samantha, d. [Reuben], b. Nov. 28, 1784	LR9	532
Sarah, m. Timothy HUBBARD, Apr. 5, 1764	LR8	458
Sarah, d. Gideon, b. Jan. 20, 1766	LR6	9
Sarah, [d. Gideon, Jr. & Lydia], b. Aug. 22, 1783	LR9	551
Sarah, d. [Jeremy], b. Nov. 24, 1784	LR9	533
Sarah J., of Haddam, m. Henry A. HALL, of Sag Harbour, Aug. 20, 1854, by Rev. Simon Shailer	1	76
Scovil, s. Oliver, b. Sept. 24, 1775	LR9	20
Scovel, [s. Oliver & Hannah], b. Sept. 24, 1775	LR9	542
Selden, [s. Edward & Anna], b. Dec. 31, 1795	LR12	267

HADDAM VITAL RECORDS

	Vol.	Page
BAILEY, BAILY, BALY, (cont.)		
Sirvilious S., m. Julia **FREEMAN**, b. of Haddam, Nov. 25, 1845, by Rev. Simon Shailer	1	47
Sovia, [d. Christopher & Naomi], b. Apr. 19, 1788	LR9	532
Stephen, s. [Ephraim & Deborah], b. May 25, 1727	LR2	29
Stephen, m. Eunice [ ], Dec. 14, 1749	LR6	11
Stephen, s. Stephen [& Eunice], b. Feb. 13, 1760	LR6	11
Stephen's earmark	LR4	h
Stephen, s. Stephen [ ]	LR9	19
Susanna, d. Ephraim, b. Sept. 28, 1740; d. Feb. 15, 1740/1	LR2	27
Susanna, d. Ezekiel, b. Mar. 20, 1749	LR9	19
Susanna, d. Gideon, b. Sept. 25, 1749	LR6	9
Sylva Clark, [d. Oliver & Hannah], b. Jan. 24, 1785	LR9	542
Sylvanus, of Haddam, m. Emeline **STEPHENS**, of North Guilford, Apr. 25, 1839, by David D. Field. Int. pub.	1	30
Thankful, of Haddam, m. Leander **WHITE**, of Durham, June 13, 1830, by Rev. David Smith, of Durham	1	18
Thomas, s. Jacob, b. Feb. 15, 1750/1	LR9	18
Thomas, [s. Oliver & Hannah], b. Feb. 11, 1765	LR9	542
Thomas, [s. Christopher & Naomi], b. Feb. 19, 1802	LR9	532
Thomas, m. Anne **HARVEY**, Mar. 8, 1827, by Rev. David Smith, of Durham	1	14
Timothy, [s. Oliver], b. Nov. 24, 1777	LR9	20
Timothy, [s. Oliver & Hannah], b. Nov. 24, 1777	LR9	542
William, s. [John, Jr. & Esther], b. July 17, 1732	LR2	4
William, s. Ephraim, b. Aug. 11, 1736	LR2	29
William, s. James, b. June [ ], 1753	LR6	259
William, Jr., m. Desire [ ], Mar. 18, 1762	LR7	226
Zabud, [child of Reuben], b. Nov. 20, 1786	LR9	532
Zilpah, d. Stephen, b. June 5, 1764	LR6	11
-----, s. Stephen [& Eunice], b. Aug. 25, 1750; d. Aug. 25, 1750	LR6	11
-----, s. Stephen [& Eunice], b. June 8, 1751; d. June 8, 1751	LR6	11
-----, d. Stephen [& Eunice], b. Apr. 11, 1752; d. day after birth	LR6	11
-----, d. Stephen [& Eunice], b. Jan. 11, 1754; d. Jan. 11, 1754	LR6	11
BAKER, Rufus, M.D., of Deep River, m. Sarah **SHAILER**, of Haddam, Nov. 28, 1844, by Rev. Lawson Murry	1	43
BANNING, Benjamin H., of Lyme, m. Ursula M. **SHAILER**, of Haddam, Jan. 7, 1835, by Rev. Simon Shailer, of Wallingford	1	22
BARKER, Daniel, m. Julia **BROOKS**, Dec. 29, 1825, by Rev. John Marsh	1	12
BARRY, Ellen, m. Elias E. **GILBERT**, b. of Haddam, Aug. 1, 1852, by Rev. Stephen A. Loper	1	68
BARTHOLOMEW, John G., of Harwinton, m. Ruth A. **STRONG**, of Middle Haddam, May 15, 1844, by Rev. Charles Bentley, of Harwinton	1	43
BARTLETT, BARTLET, Abigail, [d. Isaac & Elizabeth], b. Apr. 7, 1733	LR2	14
Elizabeth, d. [Isaac & Elizabeth], b. Nov. 3, 1719	LR2	14
Elizabeth, w. of Isaac, d. Sept. 24, 1735	LR2	14
Isaac, m. Elizabeth [ ], Jan. 14, 1718/19	LR2	14
Isaac, s. [Isaac & Elizabeth], b. July 5, 1729	LR2	14

	Vol.	Page
BARTLETT, BARTLET, (cont.)		
Isaac, m. Martha **SHEPARD**, Mar. 22, 1742	LR2	14
Isaac, Jr., m. Susanna [ ], Dec. 27, 1750	LR5	279
Jerusha, d. [Isaac & Elizabeth], b. Jan. 28, 1721/2	LR2	14
Joshua, s. [Isaac & Elizabeth], b. Nov. 23, 1731	LR2	14
Martha, d. [Isaac & Elizabeth], b. Feb. 28, 1725/6	LR2	14
Samuel, s. [Isaac & Elizabeth], b. Mar. 4, 1727/8	LR2	14
Seth, of Southampton, Mass., m. Temperance **HUBBARD**, of Haddam, [Oct.] 24, [1847], by Rev. David D. Field. Int. pub.	1	54
Timothy, s. [Isaac & Elizabeth], b. Sept. 10, 1735	LR2	14
-----, d. [Isaac & Elizabeth], b. Apr. 16, 1724	LR2	14
BASS, Newton A., of Jeffersonville, Ind., m. America A. **DICKINSON**, of Haddam, Feb. 13, 1848, by Rev. Simon Shailer	1	54
Newton A., of Ark., m. Emely S. **DICKINSON**, of Haddam, July 4, 1852, by Rev. Stephen A. Loper	1	67
BATES, BATE, Abigail, d. Samuel, b. Oct. 17, 1747	LR5	277
Alfred, [s. Eleazer], b. June 7, 1786	LR9	533
Alice, d. [Amos & Eunice], b. Feb. 28, 1774	LR9	550
Amanda, m. Ira **PAYNE**, b. of Haddam, Aug. 20, 1832, by Russell Shailer, J.P.	1	20
Amos, s. David, b. July 27, 1746	LR3	0
Amos, m. Eunice [ ], July 28, 1772	LR9	550
Ann, d. Samuel [& Abigail], b. Nov. 17, 1744	LR5	277
Anne, d. [Solomon, Jr. & Martha], b. Jan. 27, 1738/9	LR2	35
Asena, d. Eleazer, b. Nov. 8, 1778	LR9	533
Daniel, s. [Solomon, Jr. & Martha], b. Aug. 27, 1731	LR2	35
David, [s. Solomon], b. Feb. 6, 1712/13	LR2	6
David, s. [David], b. Mar. 5, 1735/6	LR3	0
Eleazer, s. David, b. May 11, 1749	LR3	0
Elisha, s. [Joseph & Penelope], b. Nov. 19, 1737	LR2	35
Elizabeth, d. John, Jr., b. Dec. 21, 1702	LR1	127
Elizabeth, [d. Solomon], b. Apr. 6, 1714/15	LR2	6
Eunice, [d. Amos & Eunice], b. July 7, 1776	LR9	550
Hannah, d. James, b. Sept. 7, 1668	LR1	126
Hannah, d. Jonathan, b. Feb. 16, 1713/14	LR2	20
Hannah, d. Solomon, b. Sept. 10, 1751	LR2	35
Jabez, s. Jonathan, b. Mar. 26, 1734	LR2	20
James, s. [James], b. Mar. 27, 1715	LR2	10
John, s. James, b. Oct. [ ], 1666	LR1	126
John, s. John, Jr., b. Aug. 19, 1700	LR1	127
John, s. [James], b. Mar. 3, 1717	LR2	10
John, s. [Jonathan], b. Aug. 10, 1720	LR2	20
Jonathan, s. David, b. May 6, 1752	LR3	0
Joseph, [s. Solomon], b. Mar. 9, 1708/9	LR2	6
Joseph, m. Penelope [ ], Mar. 9, 1736/7	LR2	35
Joseph, s. [Joseph & Penelope], b. Apr. 19, 1743	LR2	35
Lidya, [twin with Rachel, d. Jonathan], b. Apr. 16, 1729	LR2	20
Lydia, d. [Solomon, Jr. & Martha], b. Oct. 19, 1733	LR2	35
Martha, d. [Solomon, Jr. & Martha], b. Mar. 27, 1735	LR2	35
Martha, m. Elisha **CONE**, Jr., May 25, 1757	LR5	283
Mary, [d. Jonathan], b. May 25, 1732	LR2	20
Mary, twin with Sary, [d. David], b. Jan. 5, 1739/40	LR3	0
Mary, w. of David, d. Sept. 5, 1753	LR3	0

	Vol.	Page
BATES, BATE, (cont.)		
Mary A., m. Diodate **BRAINERD**, 2d, Apr. 21, 1846, by Aaron Brainerd, J.P.	1	48
Molly, [d. Eleazer], b. Feb. 8, 1784	LR9	533
Moses, s. Samuel, b. June 20, 1750	LR5	277
Nancy Ann, of Haddam, m. Phehiemel **MINER**, of Lyme, May 28, 1830, by Rev. Peter G. Clarke, of East Haddam	1	19
Patience, d. [Jonathan], b. May 14, 1716	LR2	20
Rachel, [d. Solomon], b. July 18, 1704	LR2	6
Rachel, [twin with Lidya, d. Jonathan], b. Apr. 16, 1729	LR2	20
Reuben, m. Martha **BROOKS**, Aug. 13, 1826, by John Marsh	1	13
Rhoda, d. Solomon, b. June 27, 1746	LR9	18
Ruth, d. [Jonathan], b. Apr. 22, 1723	LR2	20
Samuel, s. James, b. Dec. 20, 1712	LR2	10
Samuel's earmark recorded Feb. 8, 1733/4	LR2	32
Samuel, m. Abigail [ ], Jan. 7, 1741/2	LR5	277
Samuel, s. [David], b. May 25, 1742	LR3	0
Samuel, s. Samuel [& Abigail], b. Apr. 7, 1743	LR5	277
Samuel, d. May 14, 1751	LR5	277
Sarah, d. James, b. Apr. 9, 1711	LR2	10
Sarah, d. [Solomon, Jr. & Martha], b. Mar. 28, 1737	LR2	35
Sary, twin with Mary, [d. David], b. Jan. 5, 1739/40	LR3	0
Solomon, s. John, b. Feb. 8, 1679	LR1	127
Solomon, [s. Solomon], b. Sept. 22, 1705	LR2	6
Solomon's earmark recorded Jan. 4, 1724	LR2	6
Solomon, Jr., m. Martha [ ], Oct. 22, 1730	LR2	35
Solomon, s. [David], b. Jan. 5, 1737/8	LR3	0
Stephen, s. John, b. June 8, 1678	LR1	127
Terrysy, d. [Eleazer], b. Dec. 12, 1782	LR9	533
Wealthy, m. Augustus **LEWIS**, Jr., b. of Haddam, Feb. 21, 1827, by Rev. Simon Shailer	1	9
BEBY, Guy, m. Mariah **RUSSELL**, b. of Lyme, Feb. 1, 1821, by Joseph Arnold, J.P.	1	7
BECKWITH, Charles Horace, of Lyme, m. Nancy Jane **JOHNSON**, of Haddam, Jan. 29, 1854, by Rev. Sewall Lamberton	1	74
BELDEN, George, m. Lydia **BAILEY**, Oct. 1, 1832, by Rev. John Marsh	1	20
BIVIN, Desire, d. [Thomas & Wakfull], b. Sept. 18, 1744	LR2	36
Thomas, m. Wak[e]full [ ], May 22, 1735	LR2	36
Thomas, s. [Thomas & Wakfull], b. Apr. 30, 1737	LR2	36
Thomas' earmark recorded Sept. 8, 1740	LR2	31
BLATCHLEY, BLACHLEY, Leander R., of Killingworth, m. Huldah M. **WILLCOX**, of Haddam, Apr. 15, 1830 by Rev. Simon Shailer	1	19
Roxana R., m. Hiram **BROOKS**, Nov. 7, 1832, by Rev. John Marsh	1	20
BOARDMAN, Luther, s. Jonathan, b. Dec. 13, 1749	LR5	16
Sarah, d. Jonathan, b. Apr. 4, 1752	LR5	16
Sarah, m. Thomas **HUBBARD**, Jr., Nov. 7, 1771	LR9	16
Watson Luther, m. Elizabeth **DICKINSON**, b. of Haddam, Oct. 25, 1820, by John Marsh	1	6
BONFOEY, [see also **BONSEY**], Amelia, m. Cornelius **BRAINERD**,		

BONFOEY, [see also BONSEY], (cont.)

	Vol.	Page
[Jan.] 1, [1850], by Rev. David D. Field. Int. pub.	1	60
Asahel, [s. Benonuel], b. May 23, 1785	LR9	546
Benanawell, m. Rachal BAILEY, Nov. [ ], 1752	LR5	283
Benanawell, s. Benanawell, b. Dec. 13, 1755	LR5	283
Benanuel, m. Eliza BURR, b. of Haddam, Jan. 18, 1825, by Rev. John Marsh	1	11
Concourance, [child of Benonuel], b. June 3, 1783	LR9	546
David, s. Benonuel, b. Nov. 21, 1779	LR9	546
David, s. Benonuel, b. Nov. 21, 1779	LR9	547
Fanny, of Haddam, m. Ephraim HOUGH, of Collinsville, [May] 16, [1840], by Rev. James Noyes	1	31
Florilla, m. Geo[rge] A. FREEMAN, Dec. 4, 1844, by David D. Field. Int. pub.	1	64
Frances L., m. Sylvester SCOVIL, b. of Haddam, June 7, 1854, by Rev. Stephen A. Loper	1	75
Hannah, d. Benanawell, b. Nov. 12, 1753	LR5	283
Hannah, [d. Benonuel], b. Sept. 13, 1781	LR9	546
Henry, s. Richard, Jr., b. Apr. 26, 1754	LR5	277
Horace Al, of Mich., m. Phebe L. SCOVIL, of Haddam, May 19, 1852, by Rev. Stephen A. Loper	1	67
Maria, of Haddam, m. Charles BABCOCK, formerly of Middletown, Apr. 10, 1842, by David D. Field. Int. pub.	1	37
Richard, Jr., m. Anne [ ], Sept. 28, 1749	LR5	277
Sarah, d. Richard, Jr., b. Oct. 8, 1750	LR5	277
Susannah, d. Richard, d. Aug. 20, 1771, ae. About 34 y.	LR8	460
BONSEY, [see also BONFOEY], Purmort, s. Richard, b. Nov. 11, 1738	LR3	0
BOOGE, Daniell, s. John, b. Oct. 3, 1699	LR1	126
John, s. John, b. Sept. 15, 1693	LR1	126
Richard, s. John, b. Dec. 20, 1697	LR1	126
Steven, s. John, b. Feb. 28, 1702	LR1	126
William, s. John, b. Dec. last day, 1695	LR1	126
BOWERS, Smith C., of Middletown, m. Orra Ann PURDEE, of Haddam, July 4, 1849, by Rev. William Gay	1	59
BRADFORD, Joseph, [s. Robert], b. June 12, 1771	LR9	20
Perez, [s. Robert], b. Dec. 9, 1773	LR9	20
Robert, m. Pelenope RICH, Aug. 15, 1768	LR5	272
Susannah, [d. Robert], b. May 12, 1776	LR9	20
BRADLEY, Daniel's earmark recorded May 18, 1736	LR2	31
BRAINERD, Aaron, d. Jacob, b. Apr. 7, 1745	LR2	32
Aaron, s. Eliakim [& Lucy], b. Feb. 3, 1781	LR5	274
Aaron, m. Fanny HAZELTON, Sept. 19, 1831, by Rev. John Marsh	1	19
Abiel, d. [William, Jr.], b. Apr. 12, 1736; d. Jan. 5, 1736/7	LR2	34
Abigail, [d. Elijah], b. June 18, 1702	LR2	3
Abigail, d. [Jabez & Hannah], b. June 13, 1741	LR3	0
Abigail, d. Jabez, b. June 14, 1741	LR2	39
Abigail, d. Elisha, b. Feb. 6, 1768	LR5	280
Abigail, [twin with Abijah, d. Abijah, Jr.], b. July 15, 1775	LR9	549
Abijah, [s. James & Deborah], b. Nov. 26, 1705	LR2	3
Abijah, m. Esther [ ], Dec. 28, 1727	LR2	18

HADDAM VITAL RECORDS

	Vol.	Page
BRAINERD, (cont.)		
Abijah's earmark recorded Apr. 22, 1729	LR2	29
Abijah, s. [Abijah & Esther], b. Feb. 22, 1738/9	LR2	18
Abijah, [twin with Abigail, s. Abijah, Jr.], b. July 15, 1775	LR9	549
Alanson P., m. Elizabeth H. **CLARK**, b. of Haddam, Nov. 26, 1828, by Rev. Simon Shailer	1	16
Alfred, s. [Frederick & Anne], b. Dec. 6, 1787	LR9	542
Alfred, 2d, m. Abigail **THOMAS**, May 22, 1836, by T. S. Clark	1	23
Alfred, Jr., m. Calista L. **ROOT**, b. of Haddam, Jan. 22, 1845, by Rev. Philo Judson	1	44
Alice, [d. Elijah], b. Mar. 18, 1765	LR5	16
Almira, of Haddam, m. Dan **HUBBARD**, of Ludlow, Mass., May 24, 1831, by Charles Bentley	1	19
Almira F., m. David **BRAINERD**, b. of Haddam, Jan. 16, 1838, by S. A. Loper	1	26
Alonzo, m. Cornelia **CLARKE**, Mar. 3, 1834, by Tertius S. Clark	1	21
Alvin, m. Clarissa **THOMAS**, b. of Haddam, Sept. 14, 1834, by Rev. Zebulon Crocker, of Middletown	1	22
Amelia, d. Nehe[miah] [& Sarah], b. May 2, 1768	LR9	22
Amelia, m. John **VENTRES**, Mar. 25, 1790	LR9	548
Ametia, [d. Cornelius & Elizabeth], b. Sept. 17, 1792 (Amelia?)	LR9	534
Amila, d. Heman [& Ruth], b. Sept. 27, 1789	LR9	539
Amos, s. Jedediah, b. Apr. 18, 1745; d. June 30, 1749	LR6	10
Amos, 2d, s. Jedediah, b. Jan. 3, 1758	LR6	10
Amos, [twin with Jemima Hubbard], s. Elisha, b. July 13, 1769	LR5	280
Ann, of Haddam, m. John **NORTHAM**, of Chatham, [1834?], by Stephen A. Loper	1	21
Ann M., m. Henry O. **SHAILER**, b. of Haddam, Feb. 10, 1853, by Rev. Simon Shailer	1	69
Ann M., of Haddam, m. George W. **WALLACE**, of Deep River, Mar. 30, 1853, by Rev. E. Colton	1	70
Anna, d. Benjamin [& Mary], b. Oct. 5, 1743	LR2	33
Annah, d. Dudley [& Mindwell], b. Dec. 26, 1762	LR9	18
Anna, [d. Dudley], b. Dec. 25, 1763	LR9	531
Anna, d. Elisha, b. Feb. 6, 1766	LR5	280
Annah, 2d, d. Benjamin, b. Jan. 23, [ ]	LR2	33
Anne, d. Jabez [& Hannah], b. Apr. 16, 1747	LR3	0
Anne, d. Jedediah, b. July 16, 1753	LR6	10
Anne, d. Jedediah, d. Dec. 7, 1757	LR6	10
Anne, d. Nehe[miah] [& Sarah], b. Aug. 14, 1764	LR9	22
Anne, w. of Sergt. James, d. May 7, 1772	LR2	20
Anne, m. Frederick **BRAINERD**, Oct. 12, 1786	LR9	542
Anne, d. James, 3rd, b. Aug. 20, 1791	LR9	528
Anne, [d. Frederick & Anne], b. Dec. 22, 1795	LR9	542
Ansel, [s. Josiah, Jr. & Lois], b. Dec. 9, 1763	LR7	225
Arnold, [s. Zechariah & Mehitable], b. Nov. 7, 1784	LR7	227
Asa, [s. Prosper & Mary], b. Feb. 25, 1771	LR7	227
Asa, m. Almira **LINN**, Nov. 19, 1828, by Rev. John Marsh	1	17
Asahel, [s. Elijah], b. Apr. 1, 1769; d. Nov. 27, 1770	LR5	16
Asahel, [twin with Sarah, s. Elijah], b. Oct. 7, 1771	LR5	16
Asaph, s. Abijah, b. Mar. 7, 1749/50	LR2	18
Asel, s. [Benjamin & Mary], b. Jan. 20, 1739/40	LR2	33

BRAINERD, (cont.)

	Vol.	Page
Asenath, d. [Prosper & Mary], b. Aug. 12, 1768	LR7	227
Benjamin, s. James [& Anna], b. Apr. 19, 1718	LR2	20
Benjamin, m. Mary [ ], Feb. 16, 1738/9	LR2	33
Benjamin, m. Mary [ ], Dec. 19, 1745	LR2	33
Benjamin, s. Benjamin [& Mary], b. Jan. 6, 1747	LR2	33
Benjamin H., of Haddam, m. Mary Elizabeth **BRAINERD**, of Portsmouth, Va., Jan. 30, 1851, by James Noyes	1	64
Betsey, [d. Daniel & Susannah], b. Feb. 2, 1778	LR9	530
Betsey A., of Haddam, m. James W. **GLADWIN**, of Brooklyn, L.I., June 22, 1851, by Rev. E. W. Cook	1	65
Bushnell, s. [Jacob & Thankfull], b. Jan. 25, 1736/7	LR2	32
Caleb, s. Daniell, b. Nov. 20, 1675	LR1	123
Caleb, s. [Caleb & Elizabeth], b. Feb. 4, 1701	LR2	9
Caleb, m. Elizabeth [ ], May 1, 1701	LR2	9
Caleb, Sergt., d. Aug. 11, 1742	LR3	0
Caleb, [s. Daniel & Susannah], b. Sept. 24, 1775	LR9	530
Caleb, m. Sarah A. **CRIT[T]ENTON**, b. of Haddam, Jan. 10, 1842, by Rev. Abraham Holway	1	36
Caroline, m. William C. **IVES**, of Durham, July 29, 1840, by Rev. David D. Field	1	33
Charles, s. Samuel, b. July 10, 1747	LR2	38
Charles H., m. Mariette S. **BRAINERD**, Nov. 7, 1838, by Rev. S. A. Loper	1	28
Charles S., m. Silva **ARNOLD**, Nov. 2, 1842, by David D. Field. Int. pub.	1	39
Charlotte, [d. Cornelius & Elizabeth], b. Nov. 14, 1785	LR9	534
Chileab, [child of William & Sarah], b. Oct. 10, 1708	LR2	4
Chiliab, s. [Josiah & Hannah], b. Oct. 21, 1741	LR2	38
C[h]loe, d. Lovisa, b. Feb. 27, 1774	LR5	275
Clarissa, m. Smith **VENTRES**, b. of Haddam, Jan. 6, 1825, by Rev. John Marsh	1	11
Claudius, Rev., of Gates, N.Y., m. Nancy S. **BRAINERD**, of Haddam, Sept. 2, 1838, by Rev. Stephen A. Loper	1	28
Cleanathy, m. Russell D. **BAILEY**, Feb. 24, 1845, by Aaron Brainerd, J.P.	1	45
Cornelia, m. Elihu B. **ROGERS**, Oct. 9, 1844, by Rev. David D. Field	1	43
Cornelius, b. Apr. 29, 1756	LR9	534
Cornelius, s. Abijah, b. Apr. 29, 1756/7	LR2	18
Cornelius, m. Elizabeth **HIGGINS**, May 21, 1778	LR9	534
Cornelius, m. Amelia **BONFOEY**, [Jan.] 1, [1850], by Rev. David D. Field. Int. pub.	1	60
Sintha, [d. Dudley], b. May 20, 1782 (Cynthia)	LR9	531
Cyprian, m. Florilla **HULL**, Aug. 3, 1827, by John Marsh		14
Cyrus W., m. Jennett V. **VENTRES**, b. of Haddam, Jan. 11, 1854, by Rev. E. Colton	1	73
Damaries, m. David **SPENCER**, May 25, 1788	1	7
Dan, s. Eliakim [& Lucy], b. Oct. 16, 1769	LR5	274
Daniell, Jr., s. Daniell, b. Mar. 2, 166[ ]	LR1	123
Daniel, [s. James & Deborah], b. Aug. 2, 1707	LR2	3
Daniel, m. Mary [ ], Apr. 25, 1733	LR2	32

	Vol.	Page
BRAINERD, (cont.)		
Daniel's earmark recorded Mar. 23, 1733/4	LR2	10
Daniel, s. [Daniel & Mary], b. Sept. 13, 1734	LR2	32
Daniel's earmark recorded Apr. 10, 1735	LR2	10
Daniel, s. Ensign Jabez [& Hannah], b. Jan. 9, 1752	LR3	0
Daniel, [s. Zechariah & Mehitable], b. Nov. 12, 1765	LR7	227
Daniel, s. Daniel [& Susannah], b. Nov. 16, 1773	LR9	530
Daniel, s. [Zechariah & Mehitable], d. Aug. 13, 1787	LR7	227
Daniel, m. Susannah **CLARK**, June [ ]	LR9	530
David, s. [Hezekiah & Dorothy], b. Apr. 20, 1718	LR2	19
David, s. Hezekiah, b. Nov. 27, 1744	LR2	37
David, m. Hannah **WILLARD**, Jan. 2, 1772	LR9	14
David, [s. Zechariah & Mehitable], b. Aug. 15, 1773	LR7	227
David, s. Nehe[miah] [& Sarah], b. Sept. 12, 1780; d. Oct. 18, 1786	LR9	22
David, m. Almira F. **BRAINERD**, b. of Haddam, Jan. 16, 1838, by S. A. Loper	1	26
Deantheum, m. Sally Maria **DICKINSON**, Sept. 30, 1829, by Rev. John Marsh	1	17
Deborah, [d. James & Deborah], b. Apr. 3, 1698	LR2	3
Deborah, w. of James, d. July 22, 1709	LR2	3
Deborah, d. [Abijah & Esther], b. Sept. 17, 1732	LR2	18
Deborah, d. [Gideon & Sarah], b. Oct. 28, 1743	LR2	18
Deborah, d. Jedediah, b. Apr. 12, 1756	LR6	10
Deborah, w. of Heman, d. May 9, 1779	LR9	539
Deborah Hopson, d. [Heman & Deborah], b. Jan. 5, 1779	LR9	539
Dimmis, [s. Dudley], b. June 25, 1768	LR9	531
Diodate, 2d, m. Mary A. **BATES**, Apr. 21, 1846, by Aaron Brainerd, J.P.	1	48
Dolly, [d. Prosper & Mary], b. Oct. 6, 1778	LR7	227
Dorcas, d. Abijah [& Esther], b. Feb. 19, 1745/6	LR2	18
Dorcas, d. Gideon [& Sarah], b. Aug. 25, 1774	LR5	275
Dorothy, d. [Hezekiah & Dorothy], b. Feb. 23, 1709/10	LR2	19
Dorothy, d. Hezekiah [& Mary], b. Dec. 10, 1739	LR2	37
Dorothy, m. John **CHURCH**, Mar. 7, 1782	LR9	544
Dorothy, [d. Frederick & Anne], b. Apr. 26, 1791	LR9	542
Drusilla, d. Gideon, Jr. [& Sarah], b. Apr. 5, 1754	LR5	275
Drusilla (?), d. Heber, b. July 17, 1766	LR5	277
Drusilla, of Haddam, m. Sylvester **AUSTIN**, of New Durham, Nov. 7, 1824, by Rev. John Marsh	1	10
Dudley, s. [James], b. Nov. 4, 1732	LR2	20
Dudley, m. Mindwell **ACKLEY**, Nov. 13, 1754	LR9	18
Dudley, [s. Dudley], b. Mar. 2, 1785	LR9	531
Ebenezer, m. Esther **SMITH**, Oct. 25, 1829, by Rev. John Marsh	1	17
Eli, [s. Dudley], b. June 11, 1761; d. Nov. 3, 1761	LR9	531
Ely, [s. Dudley], b. Sept. 11, 1767	LR9	531
Eliakim, s. [Gideon & Sarah], b. Mar. 17, 1730/1	LR2	18
Eliakim, m. [E]unice [ ], June 7, 1753	LR5	274
Eliakim, m. Lucy **SMITH**, Oct. 28, 1756	LR5	274
Eliakim, s. Eliakim [& Lucy], b. Aug. 19, 1759	LR5	274
Elijah, m. Mary [ ], Sept. 28, 1699	LR2	3

BRAINERD, (cont.)

	Vol.	Page
Elijah, [s. Elijah], b. Sept. 22, 1706	LR2	3
Elijah, Jr., m. Phebe [ ], Apr. 4, 1732	LR2	35
Elijah, Jr., earmark recorded Feb. 7, 1732/3	LR2	25
Elijah, s. [Elijah, Jr. & Phebe], b. Sept. 5, 1734	LR2	35
Elijah, m. Margaret [ ], Sept. 6, 1738	LR2	3
Elijah, d. Apr. 20, 1743, ae. about 62 y.	LR2	3
Elijah, Jr., m. Lucy [ ], Apr. 21, 1756	LR5	274
Elijah, [s. Elijah], b. Oct. 25, 1757	LR5	16
Elijah, Dea., d. May 9, 1764	LR2	35
Elijah, Jr., earmark same as Daniel **BRAINERD**	LR2	10
Eliphaz, s. Josiah, b. July 1, 1746; d. Mar. 5, 1748/9	LR2	38
Eliphas, [s. Josiah, Jr. & Lois], b. Aug. 12, 1761; d. Feb. 3, 1762	LR7	225
Elisha, s. [Elijah, Jr. & Phebe], b. Mar. 7, 1732/3	LR2	35
Elisha's earmark recorded Nov. 10, 1755	LR2	26
Elisha, m. Martha [ ], Mar. 9, 1757	LR5	280
Elisha, s. Elisha, b. Dec. 30, 1763	LR5	280
Elisha, [s. Cornelius & Elizabeth], b. July 22, 1797	LR9	534
Elizabeth, [d. Caleb & Elizabeth], b. June 13, 1711	LR2	9
Elizabeth, [d. James & Sarah], b. Sept. 28, 1722	LR2	3
Elizabeth, d. [Hezekiah & Dorothy], b. Oct. 5, 1722	LR2	19
Elizabeth, d. [William, Jr. & Esther], b. June 16, 1734	LR2	17
Elizabeth, d. [William, Jr.], b. June 16, 1734	LR2	34
Elisabeth, d. Phinehas, b. Mar. 22, 1744/5	LR3	0
Elizabeth, d. Jedediah, b. Dec. 6, 1750	LR6	10
Elizabeth, d. Heber, b. Dec. 21, 1751	LR5	277
Elizabeth, d. Heber, d. Oct. 17, 1753	LR5	277
Elizabeth, d. Jedediah, d. Nov. 27, 1757	LR6	10
Elizabeth, [w. Cornelius], b. Sept. 17, 1758	LR9	534
Elizabeth, 2d, d. Heber, b. Nov. 17, 1759	LR5	277
Elizabeth, d. Elisha, b. Aug. 4, 1761	LR5	280
Elizabeth, d. Nehem[iah] [& Sarah], b. Apr. 11, 1766	LR9	22
Elizabeth, d. Eliakim [& Lucy], b. Jan. 25, 1778	LR5	274
Elizabeth, d. [Hezekiah, Jr. & Elizabeth], b. Mar. 2, 1780; d. Nov. 29, 1792	LR9	17
Elizabeth, m. William **BURR**, Feb. 28, [1843], by Rev. David D. Field	1	40
Emma, of Haddam, m. Gilbert **HUBBARD**, of Canton, [Apr.] 1, [1838], by David D. Field. Int. pub.	1	29
Enos, [s. Zechariah & Mehitable], b. Jan. 29, 1778	LR7	227
Enos, [s. Cornelius & Elizabeth], b. July 29, 1781	LR9	534
Epaphraditus, [s. Cornelius & Elizabeth], b. July 8, 1795	LR9	534
Esther, [d. Elijah & Mary], b. Aug. 16, 1717	LR2	3
Esther, d. [William, Jr. & Esther], b. Oct. 1, 1727	LR2	17
Esther, d. [William, Jr.], b. Oct. 1, 1727	LR2	34
Esther, d. [Abijah & Esther], b. July 10, 1734	LR2	18
Esther, wid., [of William, Jr.], m. William **MARKHAM**, Dec. 7, 1737	LR2	34
Esther, d. Samuel, b. Nov. 2, 1744	LR2	38
Esther, d. Heber, b. Nov. 8, 1747	LR5	277
Esther, d. Samuel, d. Nov. 4, 1748	LR2	38
Esther, d. Phinehas, b. Mar. 9, 1748/9	LR3	0

HADDAM VITAL RECORDS

	Vol.	Page
BRAINERD, (cont.)		
Esther, [d. Zechariah & Mehitable], b. Nov. 1, 1767	LR7	227
Esther, w. of Heber, d. July 2, 1789	LR9	529
Esther M., m. W[illia]m S. **MITCHEL**, b. of Haddam, June 15, 1837, by Rev. Cephas Brainerd	1	25
Eunice, d. [Nathan & Ruth], b. July 26, 1740	LR2	36
Eunice, w. of Eliakim, d. Feb. 15, 1756	LR5	274
Eunice, d. Eliakim [& Lucy], b. Aug. 6, 1772	LR5	274
Eunice, [d. Dudley], b. June 24, 1775	LR9	531
Eunice, m. Simon **SMITH**, Feb. 1, 1825, by Rev. John Marsh	1	11
Experience, d. Dudley [& Mindwell], b. Oct. 3, 1765	LR9	18
Experience, [d. Dudley], b. Oct, 20, 1765	LR9	531
Ezra, of Haddam, m. Lucretia **POST**, of Saybrook, May 21, 1827, by Charles Bentley	1	14
Fisk, [twin with Lydia], s. Nehe[mia]h [& Sarah], b. May 14, 1783	LR9	22
Florilla S., of Haddam, m. William E. **DAVER**, of Wallingford, [May] 15, [1842], by David D. Field. Int. pub.	1	38
Frederick, m. Anne **BRAINERD**, Oct. 12, 1786	LR9	542
George S., Dea., m. Elizabeth **HUNTINGTON**, Nov. 25, 1850, by Rev. David D. Field	1	63
Giddion, [s. James & Deborah], b. Mar. 4, 1699/1700	LR2	3
Gideon, m. Sarah [**SELDEN**]*, Nov. 24, 1727 (* Supplied from Brainard Genealogy, p. 65-6)	LR2	18
Gideon, s. [Gideon & Sarah], b. Mar. 2, 1728/9	LR2	18
Gideons earmark recorded June 8, 1731	LR2	27
Gideon, Capt., earmark recorded Apr. 15,1747	LR2	18
Gideon, Jr., m. Sarah [ ], June 7, 1753	LR5	275
Gideon, s. Gideon, Jr. [& Sarah], b. Apr. 11, 1765	LR5	275
Gideon, Capt., d. Sept. 24, 1767	LR2	18
Gideon, m. Elizabeth **SMITH**, [Feb.] 28, [1838], by David D. Field. Int. pub.	1	26
Gilbert, [s. Roswell & Anna], b. May 20, 1813	1	5
Giles, s. Samuel, b. Nov. 5, 1755	LR2	38
Han[n]ah, d. Daniell, b. Nov. 20, 1667	LR1	123
Hannah, [d. James & Deborah], b. Mar. 7, 1703/4	LR2	3
Hannah, [d. William & Sarah], b. Apr. 26, 1704	LR2	4
Hannah, d. [James], b. Sept. 3, 1728	LR2	20
Hannah, d. [Josiah & Hannah], b. Apr. 14, 1743	LR2	38
Hannah, d. Jabez [& Hannah], b. Nov. 26, 1744	LR3	0
Hannah, d. David, b. Dec. 3, 1782	LR9	14
Hannah, w. of Lieut. Josiah, d. July 23, 1787	LR5	282
Hannah, d. [Josiah], d. Aug. 11, 1787	LR5	282
Harvey E., m. Meriam Maria **BRAINERD**, d. of Alfred, [Mar.] 11, [1849], by Rev. David D. Field	1	57
Harvey P., of Enfield, Conn., m. Mary L. **BRAINERD**, of Haddam, June 30, 1847, by Rev. E. W. Cook	1	52
Heber, s. [James & Sarah], b. Apr. 18, 1725	LR2	3
Heber, m. Esther [ ], Feb. 28, 1744/5	LR5	277
Heber, s. [Gideon, Jr. & Sarah], b. Oct. 4, 1769	LR5	275
Heber, Jr., m. Esther Maria **HUBBARD**, Oct. 16, 1828, by Rev. John Marsh	1	16

BRAINERD, (cont.)

	Vol.	Page
Heli, [child of Prosper & Mary], b. Sept. 7, 1774	LR7	227
Heman, m. Deborah **HOPSON**, Feb. 4, 1778	LR9	539
Heman, m. Ruth **BRAINERD**, Oct. 31, 1784	LR9	539
Heman, s. Heman [& Ruth], b. Dec. 24, 1791	LR9	539
Henry, s. Phinehas, b. Mar. 1, 1750/1	LR3	0
Henry, [s. Shubael & Ruth], b. Sept. 15, 1781	LR9	539
Hephziba, d. [Stephen & Rosanna], b. Mar. 11, 1787	LR9	532
Hezekiah, m. [Mrs.] Dorothy [**MASON**], Oct. 1, 1707	LR2	19
Hezekiah's earmark recorded Sept. 16, 1720	LR2	4
Hezekiah, d. May 24, 1727, ae. 46 y.	LR2	19
Hezekiah, s. [Hezekiah & Dorothy], b. Oct. 26, 1728	LR2	19
Hezekiah, 2d, earmark recorded Nov. 24, 1729	LR2	4
Hezekiah, 2d, m. Mary [ ], Jan. 26, 1730/1	LR2	37
Hezekiah, s. [Hezekiah & Mary], b. July 28, 1742	LR2	37
Hezekiah, Jr., m. Elizabeth **JOHNSON**, Nov. 5, 1772	LR9	17
Hezekiah, s. [Hezekiah, Jr. & Elizabeth], b. Aug. 11, 1773	LR9	17
Hez[ekiah], Col., d. Dec. 14, 1774	LR2	37
Hezekiah, m. Elizabeth **HAMILTON**, b. of Haddam, Jan. 22, 1826, by Rev. Simon Shailer	1	13
Huldah, d. Heber, b. Mar. 3, 1771	LR5	277
Huldah, m. Alfred **BURR**, b. of Haddam, Apr. 8, 1837*, by Jonathan Burr, J.P. (*Probably 1827)	1	14
Encrease, s. [Joseph & Mindwell], b. Jan. 21, 1733/4 (Increase)	LR2	32
Increase, m. Hephzibah **SPENCER**, Dec. 26, 1762	LR7	225
Isaac, s. Benjamin, b. Oct. 26, 1763	LR2	33
Israel, s. [Hezekiah & Dorothy], b. June 7, 1725	LR2	19
Israel, s. Josiah, b. Feb. 10, 1747/8	LR2	38
Israel, s. Jacob, b. May 28, 1751	LR2	32
Jabez, [s. Elijah], b. Feb. 19, 1714/15	LR2	3
Jabez earmark recorded Aug. 31, 1739	LR2	37
Jabez, m. Hannah [ ], Oct. 15, 1739	LR3	0
Jabez, s. [Jabez & Hannah], b. Feb. 13, 1742/3	LR3	0
Jabez, s. Elisha, b. Apr. 23, 1773	LR5	280
Jacob, [s. Caleb & Elizabeth], b. Aug. 20, 1703	LR2	9
Jacob, m. Thankfull [ ], Feb. 4, 1730/1	LR2	32
Jacob, m. Thankfull [ ], Feb. 4, 1733/4	LR2	17
Jacob, s. Jacob, b. Mar. 3, 1747/8	LR2	32
Jacob, d. Apr. 4, 1755	LR2	32
Jacob, s. Jacob, d. July 7, 1764	LR2	32
James, s. Daniell, b. June 2, 1669	LR1	123
James, m. Deborah [ ], Apr. 1, 1696	LR2	3
James, [s. James & Deborah], b. Mar. 2, 1696/7	LR2	3
James, m. Sarah [ ], May 23, 1711	LR2	3
James, Jr., m. Anna [ ], Dec. 23, 1717	LR2	20
James, s. James, b. July 9, 1725	LR2	20
James, Dea., d. Feb. 13, 1741/2	LR2	3
James, [s. Zechariah & Mehitable], b. Aug. 16, 1769	LR7	227
James, Sergt., d. Oct. 2, 1776	LR2	20
James, Jr., earmark	LR2	20
Jarad, s. Josiah, b. Feb. 10, 1748	LR9	14
Jared, [s. Frederick & Anne], b. Feb. 3, 1789	LR9	542

HADDAM VITAL RECORDS   21

	Vol.	Page
BRAINERD, (cont.)		
Jedediah, s. James [& Anna], b. Aug. 9, 1720	LR2	20
Jedediah, m. Elizabeth [ ], Dec. 23, 1742	LR6	10
Jedediah's earmark recorded Apr. 9, 1744	LR2	13
Jedediah, s. Jedediah, b. Dec. 11, 1748	LR6	10
Jedediah, Jr., m. Ann Akins, Nov. 7, 1771	LR9	15
Jeha, s. Phinehas, b. Nov. 4, 1757	LR3	0
Jemima, [d. Elijah], b. Apr. 18, 1767	LR5	16
Jemima, d. Nehe[miah] [& Sarah], b. Sept. 13, 1777	LR9	22
Jemima B., m. Nathan **DICKINSON**, b. of Haddam, June 19, 1825, by Rev. Simon Shailer	1	12
Jemima Hubbard, [twin with Amos], d. Elisha, b. July 13, 1769	LR5	280
Jephthah, s. Heber, b. Nov. 16, 1749	LR5	277
Jeptha, m. Abigail **MACK**, Apr. 4, 1780	LR8	459
Jeremiah, s. [Samuel & Esther], b. Oct. 22, 1739	LR2	38
Jeremiah, s. Jonathan, b. Feb. 22, 1765	LR9	20
Jerusha, d. [Hezekiah & Dorothy], b. Apr. 21, 1714	LR2	19
Jerusha, d. Phinehas, b. Sept. 9, 1742	LR3	0
Jerusha, w. of Phinehas, d. Apr. 18, 1787	LR3	0
Jesse, s. [Gideon & Sarah], b. Sept. 17, 1738	LR2	18
Jesse, s. Eliakim [& Eunice], b. Mar. 24, 1754	LR5	274
Jesse, s. Nathan, b. Sept. 29, 1756	LR2	36
Jesse, [s. Prosper & Mary], b. Oct. 5, 1769	LR7	227
John, s. [Hezekiah & Dorothy], b. Feb. 28, 1719/20	LR2	19
John, s. Nathan, b. May 20, 1746	LR2	36
John, s. Jabez [& Hannah], b. July 23, 1749	LR3	0
John, s. Ensign Jabez [& Hannah], d. Apr. 12, 1754	LR3	0
John, 2d, s. Ensign Jabez [& Hannah], b. Aug. 2, 1754	LR3	0
John, s. Eliakim [& Lucy], b. June 4, 1764	LR5	274
John, s. Elisha, b. July 28, 1771	LR5	280
John, s. Nehemiah [& Sarah], b. Dec. 14, 1772	LR9	22
Jonathan, s. [James & Sarah], b. Oct. 29, 1718	LR2	3
Jonathan, s. [William, Jr. & Esther], b. Nov. 27, 1730	LR2	17
Jonathan, s. [William, Jr.], b. Nov. 27, 1730	LR2	34
Jonathan, s. [Daniel & Mary], b. Feb. 23, 1735/6	LR2	32
Jonathan, s. [James], b. Dec. 16, 1737	LR2	20
Jonathan, s. William, Jr., d. Oct. 3, 1746	LR2	33
Jonathan, s. Samuel, b. July 10, 1752	LR2	38
Jonathan, m. Elizabeth **STOCKING**, May 1, 1760	LR6	10
Jonathan, s. Jonathan, b. May 19, 1762	LR9	20
Joseph, [s. Elijah], b. June 22, 1704	LR2	3
Joseph, m. Mindwell [ ], Oct, 26, 1731	LR2	32
Joseph, s. [Gideon & Sarah], b. Jan. 13, 1733/4	LR2	18
Joseph's earmark recorded May 4, 1734	LR2	32
Joseph, s. [Joseph & Midwell], b. Dec. 22, 1735	LR2	32
Joseph, s. Daniel, b. July 25, 1742	LR2	32
Joseph, s. Gideon, Jr. [& Sarah], b. Apr. 11, 1760	LR5	275
Joseph, d. Dec. 29, 1773	LR7	226
Joseph, [s. Zechariah & Mehitable], b. Oct. 7, 1782	LR7	227
Joseph, [s. Zechariah & Mehitable], d. Mar. 10, 1828, at Martinsburg, Lines County, N.Y.	LR7	227
Joshuah, s. Daniel, b. July 20, 1671		123
Joshua, [s. Caleb & Elizabeth], b. May 20, 1707	LR2	9

BRAINERD, (cont.)

	Vol.	Page
Josiah, [s. William & Sarah], b. May 4, 1711	LR2	4
Josiah, m. Sarah [ ], Feb. 15, 1735/6	LR2	38
Josiah, m. Hannah [ ], Sept. 12, 1738	LR2	38
Joseiah, s. [Josiah & Hannah], b. Aug. 17, 1739	LR2	38
Josiah, s. [Joseph & Mindwell], b. Dec. 6, 1739	LR2	32
Josiah, Jr., m. Lois HURLBERT, May 24, 1759	LR7	225
Josiah, 3rd, m. Abigail LEWIS, June 5, 1777	LR9	534
Laura, m. Alva SHAILER, Feb. 7, 1821, by David Selden	1	7
Leah, d. [Abijah & Esther], b. Dec. 12, 1740	LR2	18
Lois, w. of Joseph, 3rd, d. May 10, 1773	LR7	226
Lois, [d. Elijah], b. Nov. 18, 1773	LR5	16
Louisa E., of Haddam, m. Titus D. PECK, of Bethaney, Feb. 6, 1853, by Rev. Stephen A. Loper	1	70
Lovicea, d. Gideon, Jr. [& Sarah], b. Mar. 6, 1758	LR5	275
Lovisa had d. C[h]loe, b. Feb. 27, 1774	LR5	275
Lucy, d. Nathan, b. Feb. 6, 1747/8	LR2	36
Lucy, [d. Elijah], b. Feb. 1, 1761	LR5	16
Lucy, d. Eliakim [& Lucy], b. Apr. 23, 1775	LR5	274
Lucy A., of Haddam, m. Benjamin SYKES, Jr., of Ludlow, Mass., Nov. 14, 1824, by Rev. David Selden	1	10
Lurinda, [d. Josiah, Jr. & Lois], b. July 18, 1765	LR7	225
Lidya, d. [Abijah & Esther], b. Aug. 18, 1736	LR2	18
Lydia, d. Jacob [& Thankfull], b. Apr. 23, 1739	LR2	32
Lydia, d. Jedediah, b. Dec. 25, 1746	LR6	10
Lydia, d. Jacob, d. May 24, 1757	LR2	32
Lydia, [d. Elijah], b. Mar. 23, 1759	LR5	16
Lydia, [d. Dudley], b. July 20, 1773	LR9	531
Lydia, [twin with Fisk], d. Nehe[mia]h [& Sarah], b. May 14, 1783	LR9	22
Lydia, m. Simon ARNOLD, Aug. 30, 1835, by Tertius S. Clark	1	23
Mabel, Mrs., m. William M. BUEL, b. of Haddam, [July], 21, [1844], by David D. Field.. Int. pub.	1	42
Mariette S., m. Charles H. BRAINERD, Nov. 7, 1838, by Rev. S. A. Loper	1	28
Martha, d. [Hezekiah & Dorothy], b. Sept. 1, 1716	LR2	19
Martha, d. [Benjamin & Mary], b. June 22, 1741	LR2	33
Martha, d. Elisha, b. Mar. 23, 1758	LR5	280
Martha E., of Haddam, m. Silas SMITH, of Harpersfield, N.Y., [Sept.] 6, [1838], by David D. Field. Int. pub.	1	27
Mary, [d. Elijah], b. June 20, 1700	LR2	3
Mary, [d. James & Deborah], b. Jan. 11, 1701/2	LR2	3
Mary, m. Moses POND, Jan. 7, 1718/19	LR2	8
Mary, d. [Hezekiah, 2d, & Mary], b. July 22, 1732	LR2	37
Mary, w. of Elijah, d. Sept. 11, 1735, ae. about 60 y.	LR2	3
Mary, d. [Hezekiah, 2d, & Mary], d. May 30, 1736	LR2	37
Mary, 2d, d. [Hezekiah, 2d, & Mary], b. Sept. 2, 1737	LR2	37
Mary, d. [Elijah, Jr. & Phebe], b. Feb. 13, 1737/8	LR2	35
Mary, d. Daniel, b. Apr. 18, 1739	LR2	32
Mary, w. of Benjamin, d. Mar. 17, 1744/5	LR2	33
Mary, d. Benjamin [& Mary], b. Feb. 21, 1750	LR2	33
Mary, d. Gideon, Jr. [& Sarah], b. May 2, 1756	LR5	275
Mary, [d. Prosper & Mary], b. Dec. 15, 1776	LR7	227

HADDAM VITAL RECORDS 23

	Vol.	Page
BRAINERD, (cont.)		
Mary, [d. Cornelius & Elizabeth], b. June 21, 1783	LR9	534
Mary, d. [Hezekiah, Jr. & Elizabeth], b. Dec. 4, 1783; d. Mar. 16, 1806	LR9	17
Mary Ann, m. Charles A. T. **DICKINSON**, b. of Haddam, [Mar.] 7, [1839], by David D. Field. Int. pub.	1	29
Mary Anna, of Haddam, m. Rev. Mark **IVES**, of Goshen, Nov. 25, 1836, by Rev. Samuel T. Mills	1	24
Mary Elizabeth, of Portsmouth, Va., m. Benjamin H. **BRAINERD**, of Haddam, Jan. 30, 1851, by James Noyes	1	64
Mary L., of Haddam, m. Harvey P. **BRAINERD**, of Enfield, Conn., June 30, 1847, by Rev. E. W. Cook	1	52
Mary L., of Haddam, m. Burges **HALE**, of Portland, May 2, 1850, by Rev. Simon Shailer, of Saybrook	1	61
Mehetabel, [d. James & Deborah], b. July 13, 1709	LR2	3
Meriam Maria, d. of Alfred, m. Harvey E. **BRAINERD**, [Mar.] 11, [1849], by Rev. David D. Field	1	57
Mindwell, d. [Joseph & Mindwell], b. Sept. 5, 1743	LR2	32
Mindwell, d. Elijah, b. Oct. 7, 1748	LR2	35
Mindwell, d. Dudley [& Mindwell], b. Sept. 4, 1756	LR9	18
Mindwell, [d. Dudley], b. Sept. 4, 1756	LR9	531
Mindwell, [d. Increase & Hephzibah], b. Jan. 10, 1769	LR7	225
Mindwell, w. of Joseph, d. Apr. 1, 1777	LR2	32
Nancy S., of Haddam, m. Rev. Claudius **BRAINERD**, of Gates, N.Y., Sept. 2, 1838, by Rev. Stephen A. Loper	1	28
Nancy S., of Haddam, m. George W. **GUY**, of Middletown, Nov. 20, 1844, by Rev. David D. Field. Int. pub.	1	44
Nathan, [s. William & Sarah], b. Nov. 4, 1713	LR2	4
Nathan, m. Ruth [ ], Oct. 25, 1739	LR2	36
Nathan, m. Sarah [ ], Jan. 17, 1743	LR2	36
Nathan, s. [Nathan & Sarah], b. Oct. 26, 1743	LR2	36
Nathan, d. Sept. 24, 1776, in the 63rd y. of his age	LR2	36
Nathaniel, [s. Caleb & Elizabeth], b. Aug. 26, 1713	LR2	9
Nathaniel, m. Sarah [ ], Apr. 8, 1742	LR2	39
Nathaniel, s. [Samuel & Esther], b. July 3, 1742	LR2	38
Nathaniel, s. Benjamin, b. Apr. 16, 1761	LR2	33
Nathaniel, m. Anne **JOHNSON**, Feb. 10, 1773	LR9	23
Nehemiah, s. [Hezekiah & Dorothy], b. Feb. 20, 1711/12	LR2	19
Nehemiah, m. Sarah **BRAINERD**, Nov. 15, 1763	LR9	22
Nehemiah, s. Nehe[miah] [& Sarah], b. June 7, 1770	LR9	22
Newel A., of Haddam, m. Phebe C. **HAVENS**, of Sag Harbor, Dec. 29, 1852, by Rev. Isaac Chesebrough	1	69
Obadiah, [s. Caleb & Elizabeth], b. Mar. 20, 1708/9	LR2	9
Oliver, 2d, of Chatham, m. Louisa E. **COOK**, of Haddam, Dec. 25, 1848, by Rev. Albert F. Park	1	56
Oliver, s. Eliakim [& Lucy], b. Aug. 21, 1757	LR5	274
Olmstead, m. Mareitte **GLADWIN**, b. of Haddam, Apr. last day, 1837,	1	25
by William Palmer, V.D.M., at the house of her father	LR2	38
Orra, s. Josiah, b. Aug. 17, 1744	LR9	532
Orrin, s. [Stephen & Rosanna], b. Feb. 22, 1789	LR2	3
Othniel, [s. James & Sarah], b. June 2, 1720; d. Sept. 17, 1724	LR2	18

BRAINERD, (cont.)

	Vol.	Page
Ozias, s. [James], b. May 16, 1735	LR2	20
Ozias, s. [James], d. Apr. 22, 1739	LR2	20
Ozias, 2d, s. [James], b. Feb. 22, 1739/40; d. Sept. 19, 1743	LR2	20
Ozias, s. Jedediah, b. Oct. 10, 1743	LR6	10
Permelia, m. Diodate SMITH, b. of Haddam, [Aug.] 1, [1838], by David D. Field. Int. pub.	1	28
Phebe, d. Elisha, b. Oct. 18, 1759	LR5	280
Phinehas, [s. Elijah & Mary], b. Oct. 17, 1720	LR2	3
Phinehas, m. Jerusha [ ], Nov. 9, 1741	LR3	0
Phinehas, s. Phinehas, b. Mar. 20, 1743/4	LR3	0
Phinehas, s. Phinehas, d. Mar. 31, 1744	LR3	0
Phinehas, 2d, s. Phinehas, b. Jan. 12, 1746/7	LR3	0
Phinehas, s. Eliakim [& Lucy], b. May 28, 1767	LR5	274
Polly, [d. David], b. July 7, 1786	LR9	14
Polly, [d. Zechariah & Mehitable], b. Apr. 25, 1787	LR7	227
Polly, [d. Frederick & Anne], b. Aug. 4, 1793	LR9	542
Prosper, s. [Elijah, Jr. & Phebe], b. Jan. 6, 1736/7	LR2	35
Prosper, m. Mary BAILEY, Nov. 5, 1767	LR7	227
Prudence, d. [William, Jr. & Esther], b. Feb. 15, 1727/8	LR2	17
Prudence, d. [William, Jr.], b. Feb. 15, 1727/8	LR2	34
Prudence, d. William, Jr., d. Oct. 25, 1746	LR2	33
Prudence, d. Josiah, b. Jan. 25, 1749/50	LR2	38
Prudence, d. Heber, b. Aug. 12, 1764	LR5	277
Prudence, d. [Gideon, Jr. & Sarah], b. July 27, 1767	LR5	275
Rachal, [d. Elijah], b. May 13, 1712	LR2	3
Rachel, d. [Jacob & Thankfull], b. Oct. 7, 1732	LR2	32
Rachel, d. Abijah [& Esther], b. Feb. 17, 1743/4	LR2	18
Rachel, [d. Dudley], b. Jan. 29, 1770	LR9	531
Rebeckah, d. James, Jr., b. Aug. 15, 1722	LR2	20
Rebeckah, d. Capt. Gideon [& Sarah], b. Apr. 6, 1746	LR2	18
Rebecca, m. Elezaer T. BURR, Mar. 19, 1834, by Tertius S. Clark	1	21
R[e]uben, s. Benjamin [& Mary], b. Apr. 13, 1752	LR2	33
R[e]uben, s. Increase, b. Feb. 21, 1776	LR8	465
Reuben, [s. Increase & Hephzibah], b. July 21, 1776	LR7	225
Revillo, m. Liva Ann DICKINSON, b. of Haddam, July 30, 1828, by Rev. Simon Shailer	1	15
Robert, s. Benjamin, b. Sept. 29, 1765	LR2	33
Roswell, m. Anna SMITH, Jan. 23, 1812	1	5
Ruth, w. of [Nathan], d. July 31, 1741	LR2	36
Ruth, d. Jacob, b. Mar. 23, 1742/3	LR2	32
Ruth, d. Nathan [& Sarah], b. Dec. 23, 1744	LR2	36
Ruth, [d. Josiah, Jr. & Lois], b. Jan. 26, 1760; d. May 31, 1764	LR7	225
Ruth, m. Heman BRAINERD, Oct. 31, 1784	LR9	539
Ruth, d. Heman [& Ruth], b. Nov. 2, 1795	LR9	539
Sabra, [d. Prosper & Mary], b. Mar. 17, 1781	LR7	227
Sally, d. Heman [& Ruth], b. June 20, 1787	LR9	539
Sally, m. Eleazer BAILEY, 23 years last, Nov. 23, 1792	1	a
Sally, m. Eleazer* BAILEY, Nov. 23, 1792 (*Incorrectly written "Eliza")	1	4
Sally P., m. Elisha SOUTHMAYD, Nov. 14, 1833, by Rev. David Smith	1	21
Samuel, [s. William & Sarah], b. July 4, 1706	LR2	4

HADDAM VITAL RECORDS 25

	Vol.	Page
BRAINERD, (cont.)		
Samuel's earmark recorded Feb. 7, 1732/3	LR2	19
Samuel, m. Esther [ ], Oct. 31, 1734	LR2	38
Samuel, s. [Samuel & Esther], b. Aug. 19, 1735	LR2	38
Samuel, s. Samuel, d. Oct. 16, 1758	LR2	38
Samuel, [s. Elijah], b. Jan. 2, 1763	LR5	16
Samuel K., m. Philene **VENTRES**, Nov. 1, 1826, by Rev. Simon Shailer	1	13
Sam[uel] Richardson, s. [Gideon, Jr. & Sarah], b. Dec. 1, 1771	LR5	275
Sarah, d. [William & Sarah], b. Mar. 21, 1699/1700	LR2	4
Sarah, [d. James & Sarah], b. May 2, 1713	LR2	3
Sarah, d. [Gideon & Sarah], b. Apr. 10, 1736	LR2	18
Sarah, d. [Josiah & Sarah], b. Dec. 2, 1736	LR2	38
Sarah, w. of Josiah, d. Dec. 21, 1736	LR2	38
Sarah, d. [Gideon & Sarah], b. Apr. 5, 1741	LR2	18
Sarah, d. Samuel, b. Oct. 21, 1749	LR2	38
Sarah, d. Nathan, b. Dec. 29, 1753	LR2	36
Sarah, d. Nathan, b. Dec. 4, 1754	LR9	18
Sarah, d. Gideon, Jr. [& Sarah], b. May 9, 1762	LR5	275
Sarah, m. Nehemiah **BRAINERD**, Nov. 15, 1763	LR9	22
Sarah, [twin with Asahel, d. Elijah], b. Oct. 7, 1771	LR5	16
Sarah, d. Nehe[miah] [& Sarah], b. Aug. 13, 1775	LR9	22
Sarah, [d. Roswell & Anna], b. Sept. 5, 1815	1	5
Sarah, wid. of Dea. James, d. [ ], ae. about 89 y.	LR9	529
Sarah Ann, of Haddam, m. Milton **BROOKS**, of Penn., [Jan.] 29, 1837, by Rev. David D. Field	1	24
Sattira, [d. Cornelius & Elizabeth], b. Sept. 10, 1789	LR9	534
Sena, [d. Dudley], b. Aug. 24, 1772	LR9	531
Serviah, see under Zerviah		
Seth, [s. Zechariah & Mehitable], b. Apr. 2, 1780	LR7	227
Shubael, s. Abijah, b. Jan. 12, 1751/2	LR2	18
Shubael, m. Ruth **STOCKING**, Dec. 7, 1775	LR9	539
Shubael, s. [Shubael & Ruth], b. Apr. 29, 1778	LR9	539
Shubael, d. about middle of Sept., 1782, a prisoner at New York	LR9	539
Sibbel, see under Sybil		
Simon, s. [Abijah & Esther], b. Oct. 7, 1730	LR2	18
Sophia, d. David, b. Nov. 15, 1772	LR9	14
Sowphronah S., m. Daniel S. **DICKINSON**, b. of Haddam, [Nov.] 4, [1838], by David D. Field. Int. pub.	1	27
Stephen's earmark recorded [ ], 1740	LR2	34
Stephen, s. Nathan, b. Jan. 27, 1750/1	LR2	36
Stephen, s. Nathan, d. Feb. 11, 1750/1	LR2	36
Stephen, s. Nathan, b. May 30, 1752	LR9	18
Stephen, 2d, s. Nathan, b. June 10, 1752	LR2	36
Stephen, s. [Increase & Hephzibah], b. Nov. 25, 1763	LR7	225
Stephen, m. Rosanna [ ], Feb. 2, 1786	LR9	532
Susannah, d. Elijah, b. Feb. 6, 1744	LR2	35
Susannah, d. Josiah, b. Oct. 20, 1751	LR2	38
Susannah, m. Phinehas **BAILEY**, Apr. 25, 1764	LR7	227
Susannah, m. Aaron **SELDEN**, Nov. 6, 1777	LR9	543
Susannah, [d. Daniel & Susannah], b. Oct. 17, 1780	LR9	530
Susannah, d. Benjamin, b. Oct. 15, [ ]	LR2	33
Sibbel, d. [Cornelius & Elizabeth], b. Mar. 5, 1779	LR9	534

	Vol.	Page
BRAINERD, (cont.)		
Sylva A., m. Warren **PARDEE**, b. of Haddam, Oct. 13, 1850, by Rev. William Gay	1	63
Sylvester, [s. Prosper & Mary], b. Sept. 8, 1772	LR7	227
Sylvester, [s. Prosper & Mary], d. Dec. 6, 1774	LR7	227
Sylvester, [s. Prosper & Mary], b. Aug. 29, 1783	LR7	227
Thankfull, [d. Elijah], b. July 22, 1709	LR2	3
Thankfull, d. [Jacob & Thankfull], b. Sept. 18, 1734	LR2	32
Thankfull, d. [Jacob & Thankfull], d. July 17, 1737	LR2	32
Thankfull, 2d, d. Jacob, b. Mar. 11, 1740/1	LR2	32
Thankfull, 2d, d. Jacob, d. Mar. 28, 1757	LR2	32
Thankfull, d. Samuel, b. Aug. 15, 1758	LR2	38
Thomas, s. Nathan, b. Aug. 18, 1749	LR2	36
Timothy, s. Elijah, b. May 23, 1746	LR2	35
Timothy, 2d, s. Elijah, b. Apr. 2, 1754	LR2	35
Timothy, s. Dudley [& Mindwell], b, Oct. 6, 1758	LR9	18
Timothy, [s. Dudley], b. Oct. 6, 1758	LR9	531
Timothy, [s. Zechariah & Mehitable], b. Jan. 11, 1776	LR7	227
Timothy, s. Elijah, d. [ ], [ ]	LR2	35
Titus, m. Amelia M. **SPENCER**, Dec. 17, 1845, by William Case	1	48
Uriah, s. Abijah [& Esther], b. Feb. 27, 1747/8	LR2	18
Vienna, [d. Abijah, Jr.], b. Mar. 7, 1773	LR9	549
Virtue, [d. Dudley], b. June 4, 1780	LR9	531
Wealthy, d. Elijah, b. Jan. 21, 1751	LR2	35
Wealthy Ann, of Haddam, m. Samuel **MAL[L]ERY**, of Chesire, Oct. 31, 1847, by Rev. E. W. Cook	1	54
William, s. Daniell, b. Mar. 13, 1673	LR1	123
William, m. Sarah [ ], Dec. 3, 1698	LR2	4
William, [s. William & Sarah], b. Mar. 20, 1701/2	LR2	4
William, Jr., m. Esther [ ], Jan. 5, 1725/6	LR2	17
William, Jr., earmark recorded Oct. 1, 1727	LR2	24
William, Jr., earmark recorded July 4, 1728	LR2	7
William, s. [William, Jr.], b. May 28, 1732	LR2	34
William, s. [William, Jr. & Esther], b. May 28, 1732; d. July 30, 1734	LR2	17
William, Sergt., d. Mar. 18, 1735/6, ae. 30 y. wanting 2 das.	LR2	17
William, s. [Samuel & Esther], b. June 28, 1737	LR2	38
William, s. Heber, b. July 6, 1755	LR5	277
William, s. Heber, d. Oct. 20, 1757	LR5	277
William, [s. Shubael & Ruth], b. Jan. 10, 1780	LR9	539
Zacharias, [s. James & Sarah], b. July 31, 1715	LR2	3
Zechariah, s. [Elijah, Jr. & Phebe], b. Feb. 6, 1741/2	LR2	35
Zecharias, s. Heber, b. Dec. 13, 1745	LR5	277
Zacharias, s. Heber, d. Apr. 15, 1756	LR5	277
Zacharias, 2d, s. Heber, b. Nov. 28, 1757	LR5	277
Zechariah, m. Mehitable **CLARK**, Nov. 29, 1764	LR7	227
Zachariah, [s. Zechariah & Mehitable], b. Aug. 1, 1771	LR7	227
Serviah, [d. Dudley], b. June 1, 1778 (Zerviah)	LR9	531
Zeruah, [d. Daniel & Susannah], b. Dec. 11, 1786	LR9	530
Zilpah, d. [Abijah & Esther], b. Jan. 16, 1737/8	LR2	18
-----, s. [Hezekiah, 2d, & Mary], b. May 31, 1736; d. June 3, 1736	LR2	37
-----, child of [Dudley], st. b. June 15, 1755	LR9	531
-----, s. [Heman & Ruth], b. Feb. 17, 1786; d. 2 hrs. after birth	LR9	539

HADDAM VITAL RECORDS 27

	Vol.	Page
BRIGGS, John, of Middletown, m. Lucy E. BROOKS, Nov. 30, 1834, by T. S. Clark	1	22
BROCKET, Joseph W., m. Ann S. HAYDEN, Oct. 21, 1847, by Rev. E. W. Cook	1	53
BROCKWAY, Joseph B., of East Haddam, m. Lorissa L. SHAILER, of Haddam, Feb. 25, 1827, by Rev. Simon Shailer	1	9
Mariette, m. Gredlin HUBBARD, Nov. 28, 1832, by Rev. John Marsh	1	20
Richard G., m. Fanny GUILBERT, b. of Lyme, Oct. 2, 1825, by Rev. Simon Shailer	1	12
BROOKS, BROOK, Abigail, d. Jabez, Jr. [& Phebe], b. May 1, 1779	LR9	542
Abraham, [s. Thomas & Susannah], b. Mar. 12, 1702/3	LR2	2
Abraham, [s. Thomas & Susannah], b. Mar. 12, 1702/3	LR2	4
Abraham, m. Martha [ ], Nov. 5, 1729	LR2	21
Abraham's earmark recorded May 11, 1731. Given to Gideon ARNOLD	LR2	29
Abraham, s. Capt. Abraham, b. Sept. 16, 1750	LR2	21
Abraham's earmark	LR2	29
Ansel, s. Jabez, Jr. [& Phebe], b. Nov. 17, 1781	LR9	542
Asenath, [d. Jabez & Phebe], b. May 19, 1790	LR9	542
Asenath, [d. Porter], b. Sept. 11, 1790	LR9	536
C. Amanda, m. Nelson S. NORTON, b. of Haddam, Jan. 15, [1854], by Rev. J. Killbourn	1	73
Calvin, s. [David & Jemima], b. Apr. 9, 1778	LR9	533
Catharine, m. William E. MATHER, Mar. 12, 1825, by Rev. John Marsh	1	11
Charles, s. Thomas [& Mary], b. July 26, 1719	LR2	2
Charles, s. Charles, b. Dec. 11, 1742	LR3	0
Cornelia, m. Shailer BROOKS, b. of Haddam, Sept. 29, 1850, by Rev. William Gay	1	63
David, m. Jemima STOCKING, Oct. 22, 1765	LR9	533
Edward J., m. Mary S. BROOKS, b. of Haddam, Feb. 23, 1845, by Rev. Edmund A. Standish	1	45
Elias, s. [David & Jemima], b. May 8, 1768	LR9	533
Eliza M., of Haddam, m. Nelson W. GOODALE, of Weathersfield, May 6, 1840, by Rev. S. Alonzo Loper	1	31
Elizabeth, [d. Thomas & Susannah], b. June 13, 1700	LR2	2
Elizabeth, [d. Thomas & Susannah], b. June 13, 1700	LR2	4
Elizabeth, [d. Porter], b. Sept. 4, 1783	LR9	536
Elizabeth, m. Joseph RUSSELL, June 9, 1839, by S. A. Loper	1	29
Elizabeth A., of Haddam, m. Benjamin SAGE, of Middletown, Apr. 19, 1837, by David D. Field. Int. pub. [Apr.] 16, [1837], in Middletown by Rev. Zebulon Crocker	1	24
[E]unice, d. Dea. Thomas, d. Apr. 22, 1749	LR2	2
Eunice, m. Jesse CLARK, Feb. 1, 1798	LR12	269
Eunice, m. Solomon WAKELEY, Sept. 29, 1829, by Rev. John Marsh	1	17
Eveline, of Haddam, m. Merrit MILLER, of Middletown, Oct. 23, 1826, by John Marsh	1	13
Fanny, [d. Porter], b. Apr. 27, 1785	LR9	536
George, m. Abigail TURNER, May 26, 1841, by David D. Field	1	34

BROOKS, BROOK, (cont.)

	Vol.	Page
Harriet, m. Arba B. GOFF, b. of Haddam, Sept. 14, 1845, by Rev. William S. Simmons	1	46
Heman, of Chester, m. Wealthy A. CHILD, of Haddam, Sept. 20, 1854, by Rev. Stephen A. Loper	1	76
Hiram, m. Roxana R. BLATCHLEY, Nov. 7, 1832, by Rev. John Marsh	1	20
Hiram, m. Mary Ann CONE, b. of Haddam, Sept. 25, 1836, by S. A. Loper	1	24
Jabez, Jr., m. Phebe [ ], Apr. 30, 1778	LR9	542
Jabez, s. Jabez [& Phebe], b. Jan. 20, 1784	LR9	542
Jacob, [s. Thomas & Susannah], b. June 11, 1714	LR2	2
James W., m. Clarissa M. CLARK, b. of Haddam, Dec. 2, 1840, by Rev. A. F. Beach	1	33
Jared, s. [David & Jemima], b. June 3, 1772	LR9	533
Jerusha, d. Lieut. Abraham [& Martha], b. Jan. 8, 1744/5	LR2	21
John, [s. David & Jemima], b. Feb. 2, 1770	LR9	533
Jonathan, s. Lieut. Abraham, b. Sept. 23, 1747	LR2	21
Julia, m. Daniel BARKER, Dec. 29, 1825, by Rev. John Marsh	1	12
Julia, of Haddam, m. Lemuel SELDEN, of Middletown, Oct. 23, 1833, by Stephen A. Loper	1	21
Laura A., of Haddam, m. Jonathan CROOK, of Middletown, Feb. 29, 1852, by Rev. E. W. Cook	1	67
Lester, s. Jabez [& Phebe], b. Mar. 20, 1788	LR9	542
Lewis D., m. Laura BUEL, b. of Haddam, May 7, 1837, by Rev. Simon Shailer	1	25
Louisa E., m. Hubbard H. GOFF, b. of Haddam, Jan. 26, 1845, by Rev. Edmund A. Standish	1	45
Louisa H., of Haddam, m. Rufus L. CROWELL, of Middletown, Oct. 14, 1846, by Rev. Simon Shailer	1	50
Lucinda M., m. Henry R. ANDREWS, b. of Haddam, July 18, 1841, by Rev. Abraham Holway	1	34
Lucretia, [d. Porter], b. Dec. 31, 1786	LR9	536
Lucy, d. Thomas [& Mary], b. July 14, 1721	LR2	2
Lucy, d. [David & Jemima], b. May 3, 1775	LR9	533
Lucy, of Haddam, m. Benjamin B. WORTHINGTON, of East Haddam,, Apr. 28, 1828, by Charles Bentley	1	15
Lucy E., m. John BRIGGS, of Middletown, Nov. 30, 1834, by T. S. Clark	1	22
Lydia, d. [Abraham & Martha], b. Apr. 13, 1742	LR2	21
Lydia E., m. Selden DICKINSON, b. of Haddam, Sept. 17, 1843, by Rev. Simon Shailer	1	41
Lyman, [s. Jabez & Phebe], b. Sept. 2, 1793	LR9	542
Lynda, d. Jabez [& Phebe], b. Feb. 12, 1796	LR9	542
Martha, d. [Abraham & Martha], b. Mar. 26, 1737/8	LR2	21
Martha, [d. Porter], b. Jan. 30, 1780	LR9	536
Martha, m. Reuben BATES, Aug. 13, 1826, by John Marsh	1	13
Martha L., m. David H. WALKLEY, b. of Haddam, Sept. 24, 1846, by Rev. Simon Shailer	1	49
Martin, s. [David & Jemima], b. Aug. 27, 1780	LR9	533
Mary, m. Richard JOHNSON, Jr., July 13, 1755	LR5	283
Mary, m. Edward R. CLARK, b. of Haddam, Mar. 29, 1826, by		

HADDAM VITAL RECORDS 29

	Vol.	Page
BROOKS, BROOK, (cont.)		
Charles Bentley	1	13
Mary S., m. Edward J. **BROOKS**, b. of Haddam, Feb. 23, 1845, by Rev. Edmund A. Standish	1	45
Mercy, d. Thomas, b. Jan. 19, 1735/6	LR9	14
Milton, of Penn., m. Sarah Ann **BRAINERD**, of Haddam, [Jan.] 29, 1837, by Rev. David D. Field	1	24
Ogden M., of East Haddam, m. Henrietta A. **CLARK**, of Haddam, Oct. 4, 1846, by Rev. Anson S. Hills	1	50
Phebe, d. Jabez [& Phebe], b. Jan. 30, 1786	LR9	542
Porter, s. Capt. Abraham, b. Sept. 12, 1755	LR2	21
Porter, [s. Porter], b. Nov. 19, 1788	LR9	536
Reuben, s. Reuben, b. Feb. 4, 1773	LR9	12
Samuel, s. [Abraham & Martha], b. May 14, 1730	LR2	21
Samuel, [s. Porter], b. Sept. 13, 1778	LR9	536
Sarah, [d. Thomas & Susannah], b. May 1, 1712	LR2	2
Shailer, m. Cornelia **BROOKS**, b. of Haddam, Sept. 29, 1850, by Rev. William Gay	1	63
Stephen, [s. Porter], b. Apr. 9, 1777	LR9	536
Susanna, [d. Thomas & Susannah], b. Nov. 5, 1706	LR2	2
Susannah, [d. Thomas & Susannah], b. Nov. 5, 1706	LR2	4
Susanna, d. [Abraham & Martha], b. Aug. 1, 1732	LR2	21
Susanna, [d. Porter], b. Jan. 7, 1782	LR9	536
Thankfull, [d. Thomas & Susannah], b. [ ]	LR2	2
Thomas, m. Susannah [ ], Nov. 16, 1695/6	LR2	2
Thomas, m. Susannah [ ], Nov. 16, 1695/6	LR2	4
Thomas, [s. Thomas & Susannah], b. Sept. 30, 1697	LR2	2
Thomas, s. [Thomas & Susannah], b. Sept. 30, 1697	LR2	4
Thomas, Jr., m. Mary [ ], Nov. 28, 1717	LR2	2
Thomas, s. Thomas [& Mary], b. Jan. 4, 1723/4	LR2	2
Thomas, Dea., d. Apr. 6, 1734, in the 70th y. of his age	LR2	4
Thomas, s. Charles, b. Sept. 3, 1747	LR3	0
William, s. Charles, b. Feb. 16, 1744/5	LR3	0
William, m. Eliza **DEXTER**, Sept. 4, 1834, by S. A. Loper	1	21
William P., m. Jemima **TIBBALLS**, Mar. 30, 1826, by John Marsh	1	13
BROWN, Benjamin, s. [William & Sarah], b. Feb. 9, 1735/6	LR2	40
James A., of Collinsville, m. Sarah M. **SMITH**, of Haddam, Sept. 26, 1853, by Rev. Stephen A. Loper	1	72
Samuel, of Colchester, m. Lucy **ARNOLD**, of Haddam, Sept. 21, 1837, by S. A. Loper	1	25
William, m. Sarah [ ], July 26, 1733	LR2	40
William, s. [William & Sarah], b. May 8, 1734	LR2	40
William's earmark recorded Mar. 23, 1733/4	LR2	8
BUELL, BUEL, Almira M., of Haddam, m. Bernager M. **HOUSE**, of Glastonbury, Oct. 3, 1828, by Rev. Simon Shailer	1	15
Laura, m. Lewis D. **BROOKS**, b. of Haddam, May 7, 1837, by Rev. Simon Shailer	1	25
Meret, m. Lucy Ann **RAY**, of Haddam, Apr. 12, 1846, by Rev. Simon Shailer	1	48
William M., m. Mrs. Mabel **BRAINERD**, b. of Haddam, [July] 21, [1844], by David D. Field. Int. pub.	1	42

	Vol.	Page
BURKE, Lucinda, m. Eliphalet SMITH, Sept. 25, 1828, by Rev. John Marsh	1	16
BURR, BUR, Alfred, m. Huldah BRAINERD, b. of Haddam, Apr. 8, 1837*, by Jonathan Burr, J.P. (*Probably 1827)	1	14
Ann, [d. Joseph, 2d, & Huldah], b. Apr. 26, 1806	1	3
Anna, of Haddam, m. Danforth STEVENS, of Killingworth, Mar. 26, 1826, by Rev. E. Washburn	1	13
Asa, [s. Benjamin], b. Nov. 8, 1791	LR9	540
Asher, [s. Joseph, 2d, & Huldah], b. Sept. 17, 1813	1	3
Asher, m. Mariah SKINNER, b. of Haddam, Sept. 20, 1837, by David D. Field. Int. pub.	1	25
Bela, m. Cynthia TIBBALLS, b. of Haddam, Nov. 27, 1828, by Jonathan Burr, J.P.	1	16
Benjamin, [s. Nathaniel & Sarah], b. July 26, 1746	LR7	227
Benjamin, m. Martha [ ], Sept. 10, 1773	LR9	550
Benj[ami]n, m. Elizabeth PLATT, Dec. 3, 1777	LR9	545
Benjamin, [s. Benjamin], b. July 26, 1781	LR9	540
Clarinda A., m. Frederic CHITTENDEN, b. of Haddam, May 11, 1850, by Cha[rle]s R. Adams	1	61
Cleanthy C., m. David L. SPENCER, b. of Haddam, Apr. 8, 1831, by Rev. Simon Shailer	1	19
Cynthia S., m. Dan P. LANE, b. of Haddam, Dec. 26, 1841, by Rev. David D. Field. Int. pub.	1	36
David, [s. Benjamin], b. Oct. 2, 1788	LR9	540
Eleazer T., m. Rebecca BRAINERD, Mar. 19, 1834, by Tertius S. Clark	1	21
Electa, of Haddam, m. Asahel PELTON, of Lovington, N. Y., July 17, 1836, by Rev. Orlando Starr	1	24
Eliza, m. Benanuel BONFOEY, b. of Haddam, Jan. 18, 1825, by Rev. John Marsh	1	11
Elizabeth H., of Haddam, m. Albert CARTER, of Middletown, Dec. 22, 1841, by Daniel D. Field. Int. pub.	1	36
Elizabeth T., of Haddam, m. George W. GUY, of Middletown, May 14, 1837, by Rev. David D. Field. Int. pub.	1	25
Esther, [d. Joseph, 2d, & Huldah], b. Jan. 31, 1810	1	3
Henry D., m. Tamson O. SPENCER, b. of Haddam, Aug. 11, 1850, by Rev. William Gay	1	62
John Kelsey, m. Julia Samantha JOHNSON, b. of Haddam, Sept. 19, 1834, by Rev. Stephen Martindale	1	22
Jonathan, [s. Nathaniel & Sarah], b. Apr. 17, 1756	LR7	227
Joseph, [s. Nathaniel & Sarah], b. Aug. 26, 1748	LR7	227
Joseph, 2d, m. Huldah BAILEY, Dec. 26, 1803	1	3
Joseph, 3rd, [s. Joseph, 2d, & Huldah], b. Mar. 9, 1808	1	3
Luke, of Chatham, m. Susan S. GOFF, of Haddam, Nov. 11, 1849, by Rev. William Gay	1	60
Lydia, of Haddam, m. Dan P. LANE, of Killingworth, Nov. 25, 1829, by Rev. Simon Shailer	1	18
Mariah, m. John W. CLARK, b. of Haddam, July 24, 1826, by Rev. Simon Shailer	1	13
Maria L., of Haddam, m. George W. LANE, of Guilford, May 3, 1849, by Rev. David D. Field. Int. pub.	1	57
Martha, [d. Nathaniel & Sarah], b. Jan. 26, 1759	LR7	227

HADDAM VITAL RECORDS 31

	Vol.	Page
BURR, BUR, (cont.)		
Martha, w. of Benj[ami]n, d. Jan. 2, 1776	LR9	550
Martha, [d. Benjamin], b. Feb. 8, 1779	LR9	540
Martha, m. Stephen **TIBBALS**, July 28, 1779	LR9	541
Martha, m. Moses **STEPHENS**, June 1, 1793	1	1
Nathan, [s. Benjamin], b. Aug. 2, 1783	LR9	540
Nathaniel, m. Sarah **PORTER**, Aug. 19, 1742	LR7	227
Nathaniel, [s. Nathaniel & Sarah], b. Aug. 16, 1752	LR7	227
Nathaniel, Jr., m. Jemima **STEPHENS**, Feb. 17, 1779	LR9	545
Nathaniel, s. [Nathaniel & Jemima], b. Nov. 16, 1779	LR9	545
Nathaniel, m. Hannah **CLARK**, Apr. 24, 1815	1	4
Nelson, m. Rebecca S. **WILLCOX**, b. of Haddam, [Sept.] 22, [1842], by David D. Field. Int. pub.	1	39
Noah Platt, [s. Benjamin], b. June 6, 1786	LR9	540
Pegga, [d. Joseph, 2d, & Huldah], b. Nov. 12, 1811	1	3
Peggy, m. Elijah B. **BAILEY**, Jan. 6, 1833, by Rev. Nathaniel Kellogg	1	21
Phebe, [d. Nathaniel & Sarah], b. Nov. 17, 1764	LR7	227
Phinehas, of Killingworth, m. Minerva H. **STANNARD**, of Haddam, Nov. 15, 1826, by Rev. Simon Shailer	1	13
Polly E., m. Samuel **DICKINSON**, b. of Haddam, May 31, 1843, by David D. Field. Int. pub.	1	41
Sarah, [d. Nathaniel & Sarah], b. Nov. 30, 1743	LR7	227
Sarah R., m. Halsey **THOMAS**, b. of Haddam, May 9, 1849, by Rev. Cha[rle]s R. Adams	1	58
Shailer, s. [Nathaniel & Hannah], b. May 7, 1820	1	4
Simeon, s. [Nathaniel & Hannah], b. Mar. 20, 1816	1	4
Stephen, [s. Nathaniel & Sarah], b. May 5, 1761	LR7	227
Stephen H., m. Antoinette M. **HUBBARD**, b. of Haddam, [May] 17, [1848], by Rev. David D. Field. Int. pub.	1	55
William, m. Elizabeth **BRAINERD**, Feb. 28, [1843], by Rev. David D. Field	1	40
-----, child of [Joseph, 2d, & Huldah], b. Oct. 12, 1804; d. Oct. 29, 1814	1	3
BUSHNEL[L], Lucinda, m. Hans* **HIGGINS**, Sept. 16, 1773	LR9	546
*(Hawes hand corrected in original manuscript)	LR1	126
BUTLER, Elizabeth, Jr., d. Sam[ue]l, b. Aug. 20, 1667		
Eveline, m. Chester **HAMLIN**, Feb. 1, 1825, by Rev. John Marsh	1	11
Ezra, m. Belinda **BAILEY**, Dec. 15, 1831, by Lynman E. Burr, J.P.	1	19
Samuel, s. Samuel, b. Nov. 26, 1665	LR1	126
BUTTON, Benjamin, of Lebanon, m. Mehetable **SCOVIL** of Haddam, Oct. 12, 1835, by Rev. Alfred Gates	1	23
CAMPBELL, Mary Ann, of Haddam, m. George **JEOFREY**, of Middletown, Feb. 14, 1830, by Charles Bentley	1	19
CANFIELD, Deforest, of Humphreysville, m. Hannah M. **CHILD**, of Haddam, [Feb.] 26, [1837], by Rev. David D. Field. Int. pub.	1	24
Joseph M., of Chester, m. Mary A. **VENTRES**, of Haddam, Dec. 4, 1844, by Rev. Amos Chesebrough	1	43
CANNING, Mabel, m. Nathan **SMITH**, of Haddam, July 17, 1822, by Joseph Scovil, J.P.	1	8

	Vol.	Page
CARBY, Ruth, m. Elias **SELDEN**, May 23, 1781	LR9	533
CARTER, Albert, of Middletown, m. Elizabeth H. **BURR**, of Haddam, Dec. 22, 1841, by Daniel D. Field. Int. pub.	1	36
Mary, m. Daniel **SMITH**, negro, Feb. 26, 1826, by Rev. Simon Shailer	1	8
Orpha A., m. Nathan **PRATT**, Nov. 5, 1826, by Rev. John Marsh	1	13
CARY, Lydia, of Middletown, m. Selden **SKINNER**, of Haddam, May 16, 1849, by Rev. E. W. Cook	1	58
CHACE, [see under **CHASE**]		
CHAPIN, -----, m. Jemima **SMITH**, [ ], 1824, by Rev. John Marsh	1	9
CHAPMAN, David, s. Rob[er]t, Jr., b. Dec. 13, 1698	LR1	128
David, s. [Jonathan & Mary], b. Oct. 16, 1774	LR9	534
Floretta, m. Leonard **SELDEN**, b. of Haddam, June 20, 1821, by Rev. David Selden, of Middle Haddam	1	7
Jonathan, m. Mary **SMITH**, Dec. 29, 1773	LR9	534
Jonathan, [s. Jonathan & Mary], b. Feb. 9, 1776	LR9	534
Jonathan's earmark	LR4	c
Levi, [s. Jonathan & Mary], b. Mar. 18, 1780	LR9	534
Mary, [d. Jonathan & Mary], b. Oct. 19, 1781	LR9	534
Robert, s. Robert, b. Sept. 30, 1700	LR1	128
Ruth, m. Sam[ue]l **SCOVIL**, Jan. 3, 1770	LR9	17
Ruth, [d. Jonathan & Mary], b. Feb. 17, 1778	LR9	534
CHASE, CHACE, Horace, of Winchester, m. Samantha **DICKINSON**, [Sept.] 2, [1838], by David D. Field	1	27
Martha, Mrs., m. Francis **ARNOLD**, b. of Haddam, Oct. 7, 1845, by Rev. Philo Judson	1	47
CHILD, Cornelia S., of Haddam, m. Stephen S. **SMITH**, of Middletown, June 23, 1852, by Rev. Stephen A. Loper	1	67
Gardiner, s. James, b. June 6, 1781	LR9	540
Gardner, of Chatham, m. Esther **TYLER**, of Haddam, Nov. 27, 1824, by David Selden	1	10
Hannah, d. James, b. Jan. 10, 1776	LR9	540
Hannah M., of Haddam, m. Deforest **CANFIELD**, of Humphreysville, [Feb.] 26, [1837], by Rev. David D. Field. Int. pub.	1	24
Heman, s. James, b. June 12, 1784	LR9	540
James Kelley, s. James, b. Aug. 30, 1763	LR9	540
John, s. James, b. Mar. 18, 1770	LR9	540
Lucretia, m. Waterman **RICH**, of Middle Haddam, [Dec.] 10, [1837], by David D. Field	1	26
Lydia, d. James, b. Aug. 7, 1768	LR9	540
Margara, d. James, b. June 18, 1762	LR9	540
Mary Ann, m. Millard **POST**, Aug. 21, 1831, by Rev. John Marsh	1	19
Patience, d. James, b. Jan. 20, 1775	LR9	540
Samuel, s. James, b. Sept. 6, 1779	LR9	540
Sarah, d. James, b. Mar. 8, 1773	LR9	540
Silvester, s. James, b. Nov. 1, 1766	LR9	540
Theodore, m. May L. **CHURCH**, b. of Haddam, Feb. 16, 1840, by Rev. Jos[eph] Whittlesey	1	32
Thomas, s. James, b. Apr. 18, 1765	LR9	540
Wealthy A., of Haddam, m. Heman **BROOKS**, of Chester, Sept. 20, 1854, by Rev. Stephen A. Loper	1	76

HADDAM VITAL RECORDS 33

	Vol.	Page
CHIPMAN, Joseph's earmark recorded Dec. 8, 1725	LR2	5
CHITTENDEN, Emily M., of Haddam, m. John F. PARKER, of East Haddam, [Sept.] 5, [1837], by [David D. Field]. Int. pub.	1	26
Frederic, m. Clarinda A. BURR, b. of Haddam, May 11, 1850, by Cha[rle]s R. Adams	1	61
Joseph, of Saybrook, m. Roxina HAYDEN, of Haddam, July 20, 1825, by Rev. Simon Shailer	1	12
CHURCH, Amelia A., of Haddam, m. Francis SWAN, of East Haddam, [July] 22, [1840], by David D. Field. Int. pub.	1	33
Esther, m. Stephen SMITH, Jr., Nov. 17, 1774	LR9	540
John, m. Dorothy BRAINERD, Mar. 7, 1782	LR9	544
Jonathan, b. Dec. 13, 1782	LR9	536
Lucinda, of Haddam, m. Asa GOFF, of East Haddam, May 3, 1841, by Rev. Anson F. Beach	1	34
May L., m. Theodore CHILD, b. of Haddam, Feb. 16, 1840, by Rev. Jos[eph] Whittlesey	1	32
Phebe Ann, m. Solomon WALKLEY, Jr., b. of Haddam, Nov. 17, 1838, by David D. Field. Int. pub.	1	28
Sarah, of Haddam, m. Joel COBB, of Middletown, Dec. 31, 1846, by Rev. E. W. Cook	1	51
Tamzin, m. Orlando GLADWIN, Oct. 25, 1829, by Rev. John Marsh	1	17
Thomas, m. Lucy [ ], Nov. 3, 1743	LR3	0
CLAPSATTLE, Lucy, m. Benjamin MERWIN, Feb. 4, 1827, by Rev. John Marsh	1	14
CLARK, CLARKE, Aaron, s. [William], b. May 15, 1738	LR2	36
Aaron, s. Pelatiah, b. Mar. 17, 1741/2	LR9	20
Aaron, s. Peletiah [& Elizabeth], b. Mar 17, 1741/2	LR5	274
Abiah, earmark	LR4	e
Abial, d. Jacob [& Mahetable], b. Apr. 9, 1745	LR4	b
Abigail, d. [Daniel & Mary], b. Jan. 10, 1714/15	LR2	6
Abigail, d. Michael [& Elizabeth], b. Jan. 15, 1739/40	LR4	a
Abigail, [d. William & Anne], b. July 29, 1784	LR9	545
Achsah, [d. Adna], b. July 20, 1799	LR12	273
Adna, s. William, b. Sept. 19, 1765	LR8	14
Albert, s. [Levi & Julia Ann], b. May 11, 1851; d. June 24, 1851	1	b
Alfred, m. Christiana S. CLARK, Nov. 29, [1832], by Rev. Nathan Kellogg	1	20
Alma C., m. William SMITH, 2d, b. of Haddam, June 7, 1826, by Rev. Simon Shailer	1	13
Amanda, of Haddam, m. Amasa ACKLEY, of East Haddam, Jan. 1, 1840, by Rev. S. A. Loper	1	31
Ann, [d. Stephen], b. Aug. 24, 1776	LR9	538
Anna, d. James, b. Aug. 16, 1755	LR4	a
Anna, d. R[e]uben [& Mary], b. Sept. 11, 1755	LR6	259
Anna, [d. Adna], b. Apr. 13, 1791	LR12	273
Anne, [d. William & Mary], b. Apr. 30, 1712	LR2	6
Anne, w. Peletiah, d. Mar. 16, 1738/9	LR2	39
Anne, m. Joel HUBBARD, July 25, 1753	LR5	280
Anny, d. [Robert & Phebe], b. Aug. 16, 1767	LR9	535
Arthur D., [s. Robert & Phebe], b. Apr. 16, 1771	LR9	535

CLARK, CLARKE, (cont.)

	Vol.	Page
Asa, s. Joseph, b. Aug. 1, 1783	LR12	270
Benaiah, [s. William & Mary], b. Nov. 5, 1716	LR2	6
Benajah, [s. Robert & Phebe], b. Sept. 4, 1775	LR9	535
Beniah's earmark	LR4	g
Catharine, of Haddam, m. David **DAY**, of Colchester, Mar. 14, 1827, by Cha[rle]s Bentley	1	14
Charles, s. [Joseph & Susannah], b. June 11, 1722	LR2	5
Charles, s. Joseph, 2d, [& Elizabeth], b. May 23, 1747	LR4	d
Charles, s. Joseph, 2d, b. May 23, 1747	LR5	279
Chipman, s. James, b. Nov. 26, 1764	LR4	a
Christiana S., m. Alfred **CLARK**, Nov. 29, [1832], by Rev. Nathan Kellogg	1	20
Clarissa M., m. James W. **BROOKS**, b. of Haddam, Dec. 2, 1840, by Rev. A. F. Beach	1	33
Cornelia, m. Alonzo **BRAINERD**, Mar. 3, 1834, by Tertius S. Clark	1	21
Cynthia, [d. William & Anne], b. May 24, 1786	LR9	545
Daniel, m. Mary [ ], Jan. 8, 1710/11	LR2	6
Daniel, s. [Daniel & Mary], b. July 8, 1712	LR2	6
Daniel's earmark recorded Dec. 25, 1723	LR2	6
Daniel, d. Apr. 28, 1732	LR2	9
Daniel, Jr., d. May 5, 1732	LR2	9
Daniel, [twin with Eli], s. Peletiah, b. Feb. 17, 1738/9; d. Jan. 9, 1740/1	LR2	39
Daniel, s. Pelatiah, b. June 4, 1745	LR9	20
Daniel, s. Pelatiah [& Elizabeth], b. June 4, 1745	LR5	274
Daniel, s. Pelatiah, d. Sept. 11, 1749	LR9	20
Daniel, s. Pelatiah, d. Sept. 21, 1749	LR5	274
Daniel, [s. Stephen], b. Aug. 31, 1780	LR9	538
Daniel, s. Hezekiah, b. Dec. 30, 17[ ]	LR2	40
David, [twin with Jonathan], s. Joseph, Jr. [& Lydia], b. Nov. 20, 1750	LR5	276
David, [s. Adna], b. Oct. 3, 1787	LR12	273
Deborah, d. [Daniel & Mary], b. Feb. 15, 1722/3	LR2	6
Deborah, d. Daniel, d. Aug. 13, 1742	LR2	9
Deborah, m. Abner **SPENCER**, Mar. 19, 1769	LR9	12
Deborah, d. Hezekiah, b. Feb. 13, 17[ ]	LR2	40
Dealia A., m. L[l]oyd **WOOD**, Oct. 13, 1850, by Rev. Geo[rge] L. Fuller	1	62
Dennis, [s. William, Jr. & Christian], b. Sept. 17, 1785	LR9	532
Dorcas, d. Jacob [& Mahetable], b. Apr. 23, 1751	LR4	b
Dorothy, [d. Robert & Phebe], b. May 9, 1769	LR9	535
Drusilla, of Haddam, m. John E. **LEWIS**, of Madison, Feb. 13, 1854, by Rev. David Nash	1	74
Ebenezer, s. [William, Jr. & Christian], b. Dec. 27, 1781	LR9	532
Edgar Ezekiel, s. [Ezekiel S. & Huldah], b. Mar. 25, 1836	1	c
Edward R., m. Mary **BROOKS**, b. of Haddam, Mar. 29, 1826, by Charles Bentley	1	13
Eli, [twin with Daniel], s. Peletiah, b. Feb. 17, 1738; d. Apr. [ ]	LR2	39
Elisha, [s. Stephen], b. Apr. 23, 1787	LR9	538
Elisha, m. Julia Ann **HUBBARD**, May 24, 1810	1	2

	Vol.	Page
CLARK, CLARKE, (cont.)		
Elizabeth, [d. John], b. Nov. 20, 1717	LR2	33
Elizabeth, d. James, b. Nov. 3, 1746	LR4	a
Elizabeth, d. William, b. July [ ], 1769	LR8	14
Elizabeth, d. William, b. July 7, 1769	LR9	14
Elizabeth, d. [Stephen & Martha], b. Jan. 15, 1770	LR9	23
Elizabeth, [d. Stephen], b. Jan. 16, 1770	LR9	538
Elizabeth, 2d, had d. Patience **GRIFFIN**, b. Sept. 10, 1789	LR9	542
Elizabeth, m. Freeman **ARNOLD**, Jr., b. of Haddam, Nov. 23, 1828, by Charles Bentley	1	16
Elizabeth H., m. Alanson P. **BRAINERD**, b. of Haddam, Nov. 26, 1828, by Rev. Simon Shailer	1	16
Emily, of Haddam, m. Thomas **TRIPP**, of Essex, Nov. 4, 1849, by Rev. William Gay	1	59
Ephraim, twin with Jacob, s. [Joseph & Susannah], b. May 11, 1718	LR2	5
Ephraim, s. Jacob [& Mahetable], b. Aug. 31, 1746	LR4	b
Esther, d. Pelatiah, b. Jan. 2, 1748/9	LR9	20
Esther, d. Pelatiah, b. Jan. 2, 1748/9	LR5	274
Esther, m. Joseph **CROOK**, Feb. 18, 1778	LR9	537
Esther, [d. Adna], b. Feb. 5, 1798	LR12	273
Eunice, d. William, b. May 17, 1736	LR2	36
Eunis, 2d, d. [William], b. Apr. 11, 1742	LR2	36
Eunice, m. Daniel **HUBBARD**, Apr. 2, 1761	LR8	465
Ezekiel S., m. Lucy W. **SWAN**, Dec. 9, 1824	1	c
Ezekiel S., m. Huldah **SMITH**, Jan. 20, 1833	1	c
Ezra, of South Glastonbury, m. Amy **BAILEY**, [Oct.] 17, [1847], by Rev. David D. Field	1	53
Florilla, d. [Levi & Julia Ann], b. Apr. 7, 1850	1	b
Hannah, [d. John], b. Dec. 1, 1713	LR2	33
Hannah, d. [Peletiah & Anne], b. June 16, 1737	LR2	39
Hannah, [d. Stephen], b. Mar. 8, 1774	LR9	538
Hannah, m. Nathaniel **BURR**, Apr. 24, 1815	1	4
Hannah Clarissa, [d. Silas & Hannah], b. Mar. 4, 1819	1	1
Harriet, m. Heman **TYLER**, Sept. 23, 1831, by Rev. John Marsh	1	20
Harriet, of Haddam, m. Joseph O. **RICH**, of Chatham, [Feb.] 26, [1838], by David D. Field. Int. pub.	1	26
Heman, m. Harriet C. **HAYDEN**, Oct. 25, 1829, by Rev. John Marsh	1	17
Henrietta A., of Haddam, m. Ogden M. **BROOKS**, of East Haddam, Oct. 4, 1846, by Rev. Anson S. Hills	1	50
Henry, of Middletown, m. Eunice **SKINNER**, of Haddam, Apr. 3, 1836, by Rev. Alfred Gates	1	24
Hephzibah, d. James, b. Dec. 30, 1761	LR4	a
Hepsabeth, [d. Adna], b. Sept. 13, 1794	LR12	273
Hezekiah, s. [Daniel & Mary], b. Feb. 7, 1716/17	LR2	6
Hezekiah's earmark recorded Dec. 9, 1746	LR2	38
Hezekiah, s. James, b. Mar. 10, 1758	LR4	a
Hez[ekia]h, s. [William, Jr. & Christian], b. Oct. 18, 1783	LR9	532
Hezekiah, d. Aug. 30, 1799, in the 83rd y. of his age	LR2	40
Hezekiah, m. Mehetabel [ ], Apr. 16, 17[ ]	LR2	40
Huldah, d. Dec. 4, 1846, ae. 46	1	c

CLARK, CLARKE, (cont.)

	Vol.	Page
Israel, m. Anne [ ], Jan. 12, 1730/1	LR2	33
Jacob, twin with Ephraim, s. [Joseph & Susannah], b. May 11, 1718	LR2	5
Jacob, m. Mahetable [ ], Feb. 12, 1744/5	LR4	b
Jacob, s. Jacob [& Mahetable], b. Oct. 4, 1748	LR4	b
James, s. [Daniel & Mary], b. Feb. 22, 1720/1	LR2	6
James, m. Elizabeth [ ], Aug. 20, 1745	LR4	a
James' earmark recorded June 20, 1747	LR4	a
James, s. James, b. May 31, 1749	LR4	a
James, m. Lovina BAILEY, Dec. 18, 1825, by Rev. John Marsh	1	12
Gennet T., m. Noah DICKINSON, b. of Haddam, Dec. 12, 1838, by Rev. Simon Shailer, of Chester	1	28
Jerusha, m. Thomas SELDEN, Jr., May 11, 1772	LR9	17
Jesse, [s. Robert & Phebe], b. Oct. 31, 1777	LR9	535
Jesse, m. Eunice BROOKS, Feb. 1, 1798	LR12	269
John, [s. John], b. Nov. 11, 1723	LR2	33
John, m. Amelia B. SHAILER, Feb. 29, 1848, by Rev. E. W. Cook	1	54
John's earmark recorded Dec. 27, 1723	LR2	6
John W., m. Mariah BURR, b. of Haddam, July 24, 1826, by Rev. Simon Shailer	1	13
Jonathan, [twin with David], s. Joseph, Jr. [& Lydia], b. Nov. 20, 1750	LR5	276
Jonathan, s. Joseph, 2d, b. Sept. [ ], 1751	LR5	279
Jonathan Brooks, [s. Jesse & Eunice], b. May 3, 1799	LR12	269
Joseph, m. Susannah [ ], Dec. 21, 1709	LR2	5
Joseph, s. [Joseph & Susannah], b. Feb. 6, 1711/12	LR2	5
Joseph, Sr., earmark recorded Dec. 27, 1723	LR2	6
Joseph's earmark recorded Dec. 13, 1734	LR2	14
Joseph, 2d, m. Elizabeth [ ], June 26, 1746	LR4	d
Joseph, 2d, m. Elizabeth [ ], June 26, 1746	LR5	279
Joseph, Jr., m. Lydia [ ], Nov. 9, 1749	LR5	276
Joseph, s. Joseph, 2d, b. Apr. 10, 1750	LR5	279
Joseph, m. Rhoda SWAN, Jan. 21, 1830, by Rev. John Marsh	1	18
Joseph, 3rd, earmark	LR4	c
Judeth, d. [William], b. Apr. 13, 1744	LR2	36
Julia, [twin with Julus, d. Adna], b. Oct. 26, 1806	LR12	273
Julia, of Haddam, m. Seth CLARK, of Middletown, Sept. 4, 1832, by Rev. Simon Shailer, of Wallingford	1	20
Julia Ann, [d. Jesse & Eunce], b. Nov. 24, 1803	LR12	269
Julia Ann, b. July 12, 1820; [m. Levi CLARK]	1	b
Julus, [twin with Julia, s. Adna, b.] Oct. 26, 1806	LR12	273
Levi, b. May 3, 1793; [m. Julia Ann CLARK,]	1	b
Levi, m. Julia Ann SHAILER, b. of Haddam, Nov. 15, 1848, by Rev. Simon Shailer	1	56
Lois, [d. William & Mary], b. Feb. 21, 1704/5	LR2	6
Lore, [child of Adna], b. Feb. 26, 1793	LR12	273
Lucinda Ann, d. [Silas & Hannah], b. Jan. 10, 1813	1	1
Lucy, [d. John], b. Jan. 15, 1715/16	LR2	33
Lucy W., d. May 22, 1832	1	c
Lydia, [d. William & Mary], b. Oct. 15, 1719	LR2	6

	Vol.	Page
CLARK, CLARKE, (cont.)		
Lydia, [d. Robert & Phebe], b. Apr. 27, 1773	LR9	535
Martha, [d. Robert & Phebe], b. Nov. 17, 1780	LR9	535
Martha, [d. Stephen], b. June 12, 1785	LR9	538
Martha, m. David SPENCER, b. of Haddam, May 11, 1835, by Rev. Simon Shailer, of Wallingford	1	22
Mary, [d. William & Mary], b. Aug. 24, 1702	LR2	6
Mary, d. [Joseph], b. Oct. 17, 1727	LR2	9
Mary, wid., d. Oct. 22, 1738	LR2	9
Mehetable, [d. John], b. July 1, 1712	LR2	33
Mehitable, m. Zechariah BRAINERD, Nov. 29, 1764	LR7	227
Mehetabel, d. Hezekiah, b. Nov. 5, 17[ ]	LR2	40
Micah, s. [Joseph & Susannah], b. June 10, 1714	LR2	5
Michael, m. Elizabeth [ ], June 14, 1737	LR4	a
Michael, s. Joseph, b. Aug. 19, 1753	LR5	279
Michael, s. Joseph, d. Sept. 3, 1753	LR5	279
Michael, 2d, s. Joseph, b. Oct. 9, 1754	LR5	279
Michael, s. Jacob [& Mahetable], b. Feb. 2, 1761	LR4	b
Morgan Higgins, [s. Silas & Hannah], b. Sept. 9, 1823	1	1
Nancy Eliza, [d. Silas & Hannah], b. July 5, 1821; d. Oct. 16, 1822	1	1
Oliver, s. [William], b. Mar. 11, 1739/40	LR2	36
Oliver, [s. Adna], b. May 5, 1796	LR12	273
Orrin, [s. Adna], b. Oct. 8, 1801	LR12	273
Pelatiah, [s. William & Mary], b. Mar. 5, 1713/14	LR2	6
Peletiah, m. Anne [*], June 26, 1735 *(SUTLIEF hand printed in original manuscript)	LR2	39
Pelatiah, m. Elizabeth [ ], Dec. 4, 1740	LR5	274
Peletiah, m. Elizabeth SLEAD, Dec. 4, 1740	LR9	20
Pelatiah, s. [Stephen & Martha], b. Feb. 4, 1772	LR9	23
Pelatiah, [s. Stephen], b. Feb. 5, 1772	LR9	538
Phebe, of Haddam, m. David DAY, of Colchester, Dec. 23, 1824, by Rev. David Selden, of Chatham	1	11
Philena, m. Harris COOK, b. of Haddam, Feb. 24, 1828, by Rev. Isaac Parsons	1	15
Philip, s. [Joseph & Susannah], b. Mar. 31, 1724	LR2	5
Philip, s. [Jacob & Mahetable], b. Jan. 23, 1754	LR4	b
Polly, [d. Adna], b. May 28, 1789	LR12	273
Rachal, d. [Joseph & Susannah], b. Apr. 8, 1726	LR2	5
R[e]ubin, s. [Peletiah & Anne], b. Nov. 26, 1735	LR2	39
R[e]uben, m. Mary [ ], Nov. 14, 1754	LR6	259
Robert, m. Phebe HIGGINS, Nov. 13, 1766	LR9	535
Robert, s. William [& Anne], b. Sept. 22, 1781	LR9	545
Ruth, [d. William & Mary], b. Aug. 15, 1707	LR2	6
Ruth, Mrs., d. Nov. 28, 1744, ae. 90 y.	LR2	8
Ruth, d. James, b. Mar. 31, 1751	LR4	a
S. D., of Terre Haute, Ind., m. E. A. CONE, of Haddam, Dec. 25, 1849, by Rev. David D. Field. Int. pub.	1	60
Sally Salome, [d. Silas & Hannah], b. June 14, 1817	1	1
Samuel, s. [Israel & Anne], b. Aug. 23, 1732	LR2	33
Samuel C., m. Henrietta A. WILLARD, b. of Haddam, Nov. 28, 1841, by Rev. Anson F. Beach	1	36
Sarah, d. [Daniel & Mary], b. May 19, 1719/20	LR2	6
Sarah, d. [William, Jr. & Judeth], b. Mar. 20, 1730/1	LR2	10

	Vol.	Page
CLARK, CLARKE, (cont.)		
Sarah, m. Charles **SEARS**, Nov. 9, 1765	LR5	273
Seth, of Middletown, m. Julia **CLARK**, of Haddam, Sept. 4, 1832, by Rev. Simon Shailer, of Wallingford	1	20
Silas, [s. Stephen], b. Oct. 16, 1789	LR9	538
Silas, m. Hannah **HIGGINS**, Apr. 23, 1812	1	1
Silas Chauncey, [s. Silas & Hannah], b. Aug. 1, 1814	1	1
Silvanus, s. James, b. Apr. 17, 1753	LR4	a
Sophiah, of Haddam, m. Frederick W. **SIZER**, of Willsborough, N.Y., Oct. 9, 1828, by Rev. H. Bangs	1	16
Stephen, s. Pelatiah, b. Nov. 11, 1746	LR9	20
Stephen, s. Pelatiah, b. Nov. 11, 1746	LR5	274
Stephen, m. Martha **CONE**, June 6, 1769	LR9	23
Stephen, [s. Stephen], b. Sept. 3, 1778	LR9	538
Stephen, [s. Stephen], b. Dec. 12, 1782	LR9	538
Stephen, [s. Elisha & Julia Ann], b. Nov. 30, 1814	1	2
Stephen, of Middletown, m. Mary C. **SPENCER**, of Haddam, June 21, 1846, by David D. Field. Int. pub.	1	49
Stephen W., m. Cynthia F. **HUBBARD**, Mar. 28, 1846, by Rev. David D. Field	1	48
Susan, m. Warren **TYLER**, b. of Haddam, Oct. 21, 1827, by William Case	1	15
Susanna, d. [Joseph & Susannah], b. Sept. 11, 1716	LR2	5
Susanna, d. Joseph, 2d, b. Apr. 28, 1748	LR5	279
Susannah, m. Daniel **BRAINERD**, June [ ]	LR9	530
Sylvester, of Middletown, m. Lydia **THOMAS**, of Haddam, Nov. 27, 1834, by T. S. Clark	1	22
Tamzon M., m. John H. **KNOWLES**, b. of Haddam, Feb. 8, 1838, by D. D. Field. Int. pub.	1	26
Thankfull, m. Job **HUBBARD**, Jan. 15, 1767	LR8	458
Thomas' earmark recorded Dec. 8, 1701	LR2	7
Thomas Hubbard, [s. Elisha & Julia Ann], b. Sept. 13, 1811	1	2
Uriah, s. William, b. Mar. 20, 1729/30	LR2	6
Vashti, m. Michal **HUBBARD**, b. of Haddam, May 7, 1845, by Rev. David D. Field	1	46
Walter, [s. Robert & Phebe], b. July 27, 1783	LR9	535
Walter Higgins, [s. Jesse & Eunice], b. Sept. 17, 1801	LR12	269
William, m. Mary [*], Nov. 14, 1699 *(**DAY** hand printed in original manuscript)	LR2	6
William, [s. William & Mary], b. Nov. 27, 1700	LR2	6
William's earmark recorded Feb. [ ], 1723/4	LR2	6
William, Jr., m. Judeth [*], Jan. 9, 1728/9 *(**SUTLIEF** hand printed in original manuscript)	LR2	10
William, m. Prudence [*], June 10, 1729 *(**HALE** hand printed in original manuscript)	LR2	6
William, s. [William, Jr. & Judeth], b. Dec. 22, 1729	LR2	10
William, 3rd, m. Anne [ ], Nov. 16, 1780	LR9	545
William, Jr., m. Christian **BAILEY**, Mar. 1, 1781	LR9	532
Zebulon Lewis, s. Jacob [& Mahetable], b. Aug. 20, 1756	LR4	b
CLEVELAND, Aaron, Rev., earmark recorded Sept. 28, 1744	LR2	12
Josiah, s. Josiah, b. May 7, 1742	LR2	33
COBB, Joel, of Middletown, m. Sarah **CHURCH**, of Haddam, Dec. 31,		

HADDAM VITAL RECORDS 39

	Vol.	Page
COBB, (cont.)		
1846, by Rev. E. W. Cook	1	51
COE, Anne, d. John, Jr. [& Anna], b. Apr. 15, 1746	LR5	18
Cibell, d. [John & Hannah], b. May 5, 1723	LR2	9
Eunice, d. John [& Hannah], b. Feb. 25, 1743	LR2	9
John, m. Hannah [ ], Dec. 15, 1716	LR2	9
John, s. [John & Hannah], b. Jan. 9, 1719	LR2	9
John, Jr., m. Anna [ ], Feb. 7, 1745	LR5	18
John, s. John, Jr. [& Anna], b. Oct. 22, 1747	LR5	18
Katharine, d. John, b. Apr. 4, 1755	LR5	18
Lois, d. John, b. Aug. 13, 1732	LR2	9
Mercy, d. John, Jr. [& Anna], b. July 17, 1749	LR5	18
Oliver, s. John, b. Sept. 13, 1751	LR5	18
Phebe, d. John, b. Jan. 21, 1736	LR2	9
Sarah, d. [John & Hannah], b. Nov. 13, 1726	LR2	9
Simeon, s. [John & Hannah], b. Mar. 22, 1721	LR2	9
Sybil, see under Cibell		
Tyamer, d. [John & Hannah], b. Oct. 22, 1729	LR2	9
COGSWELL, Robert's earmark recorded July 10, 1739	LR2	37
COLLINS, Henry, of Weathersfield, m. Elizabeth **YOUNG**, of		
Haddam, Dec. 24, 1839, by Rev. Stephen A. Loper	1	31
COMSTOCK, Abigail, m. Epaphras **ARNOLD**, Aug. 29, 1768	LR9	15
Joseph A., of Saybrook, m. Pamelia **FREEMAN**, of Haddam, Apr.		
9, 1839, by David D. Field. Int. pub.	1	30
CONE, Abah, [child of Caleb & Elizabeth], b. July 14, 1707	LR2	5
Abigail, d. [Caleb & Elizabeth], b. July 2, 1730	LR2	5
Abner, s. [Joseph & Susanna], b. Dec. 29, 1738	LR2	7
Anne, d. [Noah & Hannah], b. Dec. 4, 1729	LR2	14
Anne, d. [Elisha & Hannah], b. Nov. 13, 1737	LR2	35
Anne, d. Dea. Elisha, d. Nov. 21, 1775	LR2	35
Benjamin, s. [Caleb & Hannah], b. Dec. 25, 1731; d. Mar. 13		
1731/2	LR2	21
Beriah, s. [Caleb & Elizabeth], b. Feb. 12, 1727/8	LR2	5
Caleb, Capt., d. Sept. 28, 17[ ], in the 33rd y. of his age	LR2	35
Caleb, m. Elizabeth [ ], Dec. 16, 1701	LR2	5
Caleb, [s. Caleb & Elizabeth], b. Jan. 12, 1703/4	LR2	5
Caleb, m. Elizabeth CUN[N]INGHAM, Sept. 6, 1723	LR2	5
Caleb, m. Hannah [ ], Dec. 6, 1728	LR2	21
Caleb, Jr., earmark recorded Oct. 7, 1732	LR2	24
Caleb, Jr., earmark recorded Mar. 27, 1740	LR2	37
Caleb, s. Caleb, b. Oct. 15, 1744	LR2	21
Caroline, of Haddam, m. Eber **STANNARD**, of Clinton, Nov. 28,		
1850, by Rev. Stephen A. Loper	1	64
Clarissa, m. Isaac **LOVELAND**, Apr. 16, 1829, by Rev. John		
Marsh	1	17
Cornelius, s. [Noah & Hannah], b. May 20, 1728	LR2	14
Daniell, Jr., s. Daniell, b. Jan. 21, 1666	LR1	125
Daniel, s. [Nathaniel], b. May 9, 1701	LR2	27
Daniel, d. Oct. 24, 1706, in the 80th y. of his age	LR2	5
Daniel, [s. Caleb & Elizabeth], b. Dec. 22, 1725	LR2	5
Desire, d. Caleb, b. July 7, 1752	LR9	18
E. A., of Haddam, m. S. D. **CLARK**, of Terre Haute, Ind., Dec.		

	Vol.	Page
CONE, (cont.)		
25, 1849, by Rev. David D. Field. Int. pub.	1	60
Elisha, [s. Caleb & Elizabeth], b. Sept. 11, 1709	LR2	5
Elisha's earmark recorded Apr. 19, 1732	LR2	37
Elisha, m. Hannah [ ], June 13, 1734	LR2	35
Elisha, s. [Elisha & Hannah], b. Dec. 3, 1735	LR2	35
Elisha, Jr., m. Martha **BATE**, May 25, 1757	LR5	283
Elisha, Jr., earmark recorded May 23, 1768	LR2	36
Elizabeth, [d. Caleb & Elizabeth], b. Jan. 22, 1711/12	LR2	5
Elizabeth, w. of Caleb, d. Nov. 14, 1714	LR2	5
Elizabeth, d. [James & Grace], b. Dec. 9, 1726	LR2	27
Elizabeth, d. [Joseph & Susanna], b. Sept. 24, 1744	LR2	7
Esther, d. [Nathaniel], b. Apr. 27, 1705	LR2	27
Eunice, d. Simeon, b. Oct. 13, 1745	LR4	g
Eunice had s. Gideon, b. Sept. 2, 1771	LR9	550
Eunice, m. Joseph **SPENCER**, June 2, 1774	LR9	15
Garrird, s. Daniell, b. Jan. 7, 1668	LR1	125
Gideon, s. Eunice, b. Sept. 2, 1771	LR9	550
Hannah, w. of Dea. Elisha, d. Oct. 4, [ ]	LR2	35
Hannah, [d. Daniell], b. Apr. 6, 1664	LR1	125
Hannah, w. of Caleb, d. Aug. 15, 1739	LR2	21
Hannah, d. [Elisha], b. Feb. 19, 1743	LR2	35
Hannah, d. Elisha, Jr., b. Feb. 24, 1758	LR5	283
Hannah, d. Jonathan, b. July 23, 1761	LR5	282
Hannah, m. Charles **ARNOLD**, b. of Haddam, Dec. 28, 1820, by Rev. Simeon Dickinson, at the house of Capt. Jonathan Cone	1	6
Hannah, m. Ira **SKINNER**, July 7, 1821, by Hezekiah Brainerd, J.P.	1	8
James, s. [Nathaniel], b. Aug. 24, 1699	LR2	27
James, m. Grace [ ], Feb. 10, 1726	LR2	27
James, s. [Joseph & Susanna], b. Sept. 3, 1729	LR2	7
James' earmark granted	LR4	e
Jemima, d. [Nathaniel], b. Mar. 19, 1714	LR2	27
John, s. [Caleb & Hannah], b. Jan. 28, 1735/6	LR2	21
Jonathan, s. [Nathaniel], b. Jan. 11, 1716	LR2	27
Jonathan, s. [Caleb & Hannah], b. Sept. 29, 1729	LR2	21
Jonathan, s. Jonathan, b. May 16, 1766	LR5	282
Joseph, [s. Caleb & Elizabeth], b. Jan. 26, 1704/5	LR2	5
Joseph, m. Susanna [ ], July 7, 1727	LR2	7
Joseph, s. [Joseph & Susanna], b. Sept. 27, 1727	LR2	7
Joseph's earmark recorded May 9, 1729	LR2	29
Joshua, [s. Caleb & Elizabeth], b. July 14, 1714	LR2	5
Josiah, s. [Caleb & Hannah], b. May 29, 1738	LR2	21
Lucy, d. [Nathaniel], b. May 24, 1707	LR2	27
Lydia, d. [Capt. Caleb], b. Jan. 29, 1735/6	LR2	33
Lydia, d. Elisha, Jr., b. Nov. 15, 1759	LR5	283
Martha, m. Stephen **CLARK**, June 6, 1769	LR9	23
Mary, d. Capt. Caleb, b. Mar. 20, 1731/2	LR2	33
Mary, d. Dea. Elisha, b. Dec. 4, 1751	LR2	35
Mary Ann, m. Hiram **BROOKS**, b. of Haddam, Sept. 25, 1836, by S. A. Loper	1	24
Mary Ann, m. Charles A. **TYLER**, Oct. 9, 1842, by Rev. Simon Shailer	1	37

	Vol.	Page
CONE, (cont.)		
Nathaniel, s. [Nathaniel], b. Jan. 19, 1712	LR2	27
Noah, m. Hannah [ ], Feb. 5, 1727/8	LR2	14
Noah's earmark recorded Mar. 28, 1730	LR2	14
Noah, s. [Joseph & Susanna], b. Mar. 31, 1742	LR2	7
Noah, m. Sarah **CRANFORD**, [Mar.] 19, [1838], by David D. Field	1	27
Oliver, s. Jonathan, b. Feb. 15, 1757	LR5	282
Ozias, s. Caleb, b. May 8, 1747	LR9	18
Rebecca, d. [Joseph & Susanna], b. July 23, 1732	LR2	7
Rebeckah, d. Daniell, b. Feb. 6, 1770	LR1	125
Ruth, d. Daniell, b. Jan. 7, 1662	LR1	125
Samuel, s. [Caleb & Hannah], b. Feb. 13, 1732/3	LR2	21
Samuel, s. Jonathan, b. Aug. 5, 1755	LR5	282
Sarah, d. [Nathaniel], b. Feb. 11, 1703	LR2	27
Sarah, d. Caleb, b. Nov. 18, 1749	LR9	18
Sarah, m. Noadiah **KELSEY**, b. of Haddam, Jan. 22, 1851, by Rev. William Gay	1	65
Silas, s. Elisha, b. Feb. 7, 1739/40	LR2	35
Silas, s. Dea. Elisha, d. Nov. [ ], 1747	LR2	35
Silace, 2d, s. Dea. Elisha, b. Sept. 15, 1748	LR2	35
Simon, [s. Caleb & Elizabeth], b. June 11, 1724	LR2	5
Simon's earmark recorded July 29, 1745	LR2	37
Simon, s. Simon, b. Feb. 13, 1747/8	LR4	g
Simon Champion, b. Nov. 15, 1787	LR9	528
Susanna, d. [Joseph & Susanna], b. Apr. 30, 1736	LR2	7
Susanna, m. Asa **SHAILER**, Sept. 15, 1755	LR5	273
William, of East Haddam, m. Clarissa **HENRY**, of Haddam, Dec. 21, 1820, by Joseph Scovil, J.P.	1	6
Zillah, d. Jonathan, b. Feb. 27, 1764	LR5	282
[*] *(Lucinthia, see **WARNER**, Lucinthia hand printed in original manuscript)		
CONNOR, Elizabeth, d. John, b. Sept. 17, 1728	LR2	8
John's earmark recorded June 1, 1734	LR2	34
COOK, Caroline C., of Haddam, m. Ashbel P. **WILLARD**, of New Albany, Ind., May 27, 1847, by Rev. E. W. Cook	1	52
Elizabeth S., of Haddam, m. Edward S. **GATES**, of East Haddam, May 2, 1843, by Rev. Alex Burgess	1	40
Harris, m. Philena **CLARK**, b. of Haddam, Feb. 24, 1828, by Rev. Isaac Parsons	1	15
Huldah, d. Zaccheus, b. Mar. 20, 1758	LR5	275
Issabella, of Haddam, m. Luther **GOODRICH**, of Glastonbury, Dec. 17, 1835, by Stephen A. Loper	1	23
Louisa E., of Haddam, m. Oliver **BRAINERD**, 2d, of Chatham, Dec. 25, 1848, by Rev. Albert F. Park	1	56
Louisa P., of Haddam, m. Truman **FULLER**, of East Haddam, [June] 18, [1848], by Rev. David D. Field. Int. pub.	1	55
Mary Ann, m. David W. **ARNOLD**, [Dec.] 25, [1839], by David D. Field	1	32
Susan, of Middletown, m. Richard **CROCKER**, of Haddam, June 21, 1835, by Alexander Hulin	1	23
CRANFORD, Sarah, m. Noah **CONE**, [Mar.] 19, [1838], by David D.		

	Vol.	Page
CRANFORD, (cont.)		
Field	1	27
CRETTENDEN, [see under **CRUTTENDEN**]		
CRITENTON, [see under **CRUTTENDEN**]		
CROCKER, Phebe E., of Killingworth, m. William E. **GLADWIN**, of Clinton, June 25, 1854, by Rev. Simon Shailer	1	75
Richard, of Haddam, m. Susan **COOK**, of Middletown, June 21, 1835, by Alexander Hulin	1	23
CROOK, Daniel Clark, [s. Joseph & Esther], b. Nov. 4, 1787	LR9	537
Deborah, [d. Joseph & Esther], b. Sept. 18, 1778	LR9	537
Elias, [s. Joseph & Esther], b. Nov. 27, 1779	LR9	537
Elizabeth, m. John **ELY**, Feb. 24, 1803	LR12	266
Horace, m. Phebe **HUBBARD**, May 26, 1835, by Rev. Alexander Hulin	1	23
Jemima, Mrs., m. Capt. Stephen **DICKINSON**, Mar. 31, 1836, by Rev. Tertius S. Clark	1	23
Joel Arnold, [s. Joseph & Esther], b. Nov. 12, 1789	LR9	537
John, s. Whitmore, b. July 29, 1775	LR9	538
Jonathan, [s. Whitmore], b. May 8, 1777	LR9	538
Jonathan, of Middletown, m. Laura A. **BROOKS**, of Haddam, Feb. 29, 1852, by Rev. E. W. Cook	1	67
Joseph, m. Esther **CLARK**, Feb. 18, 1778	LR9	537
Joseph, Jr., [s. Joseph & Esther], b. July 15, 1783	LR9	537
Nathan, [s. Joseph & Esther], b. Sept. 30, 1781	LR9	537
Sarah, m. Joseph S. **HUBBARD**, Sept. 14, 1845, by Ansel Spencer, J.P.	1	46
CROWELL, Rufus L., of Middletown, m. Louisa H. **BROOKS**, of Haddam, Oct. 14, 1846, by Rev. Simon Shailer	1	50
CRUTTENDEN, CRETTENDEN, CRITENTON, Catherine, [d. Hopestill], b. Jan 15, 1743	LR7	228
Coel*, [child of Hopestill], b. Dec. 3*, 1761 *(Chloe hand corrected in original manuscript) *(31 hand corrected in original manuscript)	LR7	228
Daniel, s. Hopestill, b. July 19, 1744	LR2	39
Daniel, s. Hopestill, b. July 19, 1744	LR7	228
Ebenezer, [s. Hopestill], b. Nov. 19, 1757	LR7	228
Gideon, [s. Hopestill], b, Oct. 25, 1748; d. Jan. 1, 1783	LR7	228
Gideon, s. Hopestill, b. Oct. 25, 1748	LR9	19
Hannah, [d. Hopestill], b. Dec. 9, 1763	LR7	228
Jeremiah, [s. Hopestill], b. Dec. 25, 1752; d. Oct. 24, 1753	LR7	228
Jeremiah, s. Hopestill, b. Dec. 25, 1752; d. Oct. 24, 1753	LR9	19
Jeremiah, [s. Hopestill], b. Apr. 17, 1756; d. Aug. 18, 1756	LR7	228
John, s. Hopestill, b. Oct. 27, 1745	LR2	39
John, [s. Hopestill], b. Oct. 27, 1745; d. Nov. 6, 1753	LR7	228
John, s. Hopestill, d. Nov. 6, 1753	LR9	19
John, [s. Hopestill], b. Oct. 8, 1754	LR7	228
John, 2d, s. Hopestill, b. Oct. 8, 1754	LR9	19
John Wesley, of Haddam, m. Harriet Eliza **PRATT**, of Essex, Dec. 26, 1843, by Rev. David D. Field	1	42
Katharine, d. Hopestill, b. Jan. 15, 1742/3	LR2	39
Mary, d. Hopestill, b. Mar. 1, 1746/7	LR2	39
Mary, [d. Hopestill], b. Mar. 1, 1747; d. Jan. 29, 1749	LR7	228

HADDAM VITAL RECORDS 43

	Vol.	Page
CRUTTENDEN, CRETTENDEN, CRITENTON, (cont.)		
Mary, d. Hopestill, d. Jan. 25, 1748/9	LR2	39
Mary, 2d, [d. Hopestill], b. July 15, 1750	LR7	228
Mary Bacon, d. Hopestill, b. July 15, 1750	LR9	19
Patience Bradley, d. Hopestill, b. Dec. 4, 1751	LR9	19
Patrick Bailey*, [s. Hopestill], b. Dec. 4, 1751 *(Patience Bradley hand corrected in original manuscript)	LR7	228
Samuel, [s. Hopestill], b. July 8, 1759	LR7	228
Sarah A., m. Caleb **BRAINERD**, b. of Haddam, Jan. 10, 1842, by Rev. Abraham Holway	1	36
[**CUNNINGHAM**], **CUNINGHAM**, Elizabeth, m. Caleb **CONE**, Sept. 6, 1723	LR2	5
DARBE, Lois, m. Stephen **ARNOLD**, Apr. 1, 1773	LR9	23
DAVER, William E., of Wallingford, m. Florilla S. **BRAINERD**, of Haddam, [May] 15, [1842], by David D. Field. Int. pub.	1	38
DAVIS, Harvey, of Killingworth, m. Huldah H. **DICKINSON**, of Haddam, July 5, 1821, by Simon Shailer, J.P.	1	8
Orra E., of Killingworth, m. Samuel W. **TIBBALS**, of Haddam, Oct. 28, 1845, by William Case	1	47
DAVISON, Eliza, m. Chauncey **DICKINSON**, Sept. 30, 1829, by Rev. John Marsh	1	17
DAY, David, of Colchester, m. Phebe **CLARK**, of Haddam, Dec. 23, 1824, by Rev. David Selden, of Chatham	1	11
David, of Colchester, m. Catherine **CLARK**, of Haddam, Mar. 14, 1827, by Cha[rle]s Bentley	1	14
DEAN, Benjamin, s. Ithiel [& Susanna], b. Nov. 24, 1751	LR5	276
Ithiel, m. Susanna [ ], Jan. 22, 1750/1	LR5	276
DEANGELIST, Charles L., of Chester, m. Mary Ann **BAILEY**, of Haddam, July 19, 1840, by Linus Parmelee, J.P.	1	32
DERBY, Mary Ann, of Middletown, m. Orrin **DICKINSON**, of Haddam, June 27, 1830, by Rev. Simon Shailer	1	18
William, of Middletown, m. Julia Ann **THOMAS**, of Haddam, Jan. 5, 1845, by Rev. David D. Field	1	45
DEWEY, Lucy, m. Arnold **RAY**, b. of Haddam, Aug. 18, 1825, by Rev. Simon Shailer	1	12
D[e]WOLF, Frederic, m. Mary **RUTTY**, May 27, 1829, by Rev. Simon Dickinson, at the house of Asa Rutty	1	18
DEXTER, Eliza, m. William **BROOKS**, Sept. 4, 1834, by S. A. Loper	1	21
DIBBLE, Mary L., m. Samuel H. **ARNOLD**, b. of Haddam, [Feb.] 5, [1840], by David D. Field. Int. pub.	1	32
DICKERSON, [see under **DICKINSON**]		
DICKINSON, DICKESON, DICKERSON, DICKSON, Aaron, [s. Obediah & Susanna], b. Jan. 1, 1779	LR9	529
Aaron, of Chester, m. Amelia Ann **VENTRES**, of Haddam, Dec. 3, 1844, by Rev. Russell Jennings	1	44
Abigail, d. Nehemiah [& Esther], b. Sept. 6, 1742	LR2	34
Agness, d. Azariah, Jr., b. Mar. [ ], 1744/5	LR2	31
Amanda, [d. Obediah & Susanna], b. Nov. 9, 1795	LR9	529
Amaziah, s. [Amaziah*], b. June 5, 1709 *(Should be Azariah)	LR2	11
Amaziah, m. Elizabeth [ ], Oct. 14, 1730	LR2	11
America A., of Haddam, m. Newton A. **BASS**, of Jeffersonville, Ind., Feb. 13, 1848, by Rev. Simon Shailer	1	54

DICKINSON, DICKESON, DICKERSON, DICKSON, (cont.)

	Vol.	Page
Amos, m. Loiza **SMITH**, b. of Haddam, June 13, 1821, by Simon Shailer, J.P.	1	7
Asenath M., m. Willard **KNOWLES**, b. of Haddam, Jan. 1, 1827, by Rev. Simon Shailer	1	14
Azariah, m. Hepsobath [　　　　　　], Nov. 30, 1732	LR2	4
Azariah, Jr., m. Hephzibah [　　　　　　], Nov. 30, 1732	LR2	31
Azariah, s. [Azariah, Jr. & Hephzibah], b. July 17, 1733	LR2	31
Azariah, Jr., earmark recorded Sept. 14, 1736	LR2	31
Azariah's earmark	LR2	37
Bathsheba, [d. Obediah & Susanna], b. May 8, 1787	LR9	529
Charles A. T., m. Mary Ann **BRAINERD**, b. of Haddam, [Mar.] 7, [1839], by David D. Field. Int. pub.	1	29
Chauncey, m. Eliza **DAVISON**, Sept. 30, 1829, by Rev. John Marsh	1	17
Dan, s. [Azariah, Jr. & Hephzibah], b. Jan. 14, 1739/40	LR2	31
Dan, s. [Joseph], b. Feb. 8, 1771	LR12	272
Dan, m. Sarah **LEWIS**, b. of Haddam, Mar. 22, 1828, by Rev. Simon Shailer	1	15
Daniel S., m. Sowphronah S. **BRAINERD**, b. of Haddam, [Nov.] 4, [1838], by David D. Field. Int. pub.	1	27
Darius, [s. Obediah & Susanna], b. Mar. 1, 1785	LR9	529
David, s. Nehemiah, b. Apr. 18, 1757	LR2	34
David C., m. Elizabeth A. **DICKINSON**, b. of Haddam, [Mar.] 25, [1847], by David D. Field. Int. pub.	1	52
Elizabeth, [d. Obediah & Susanna], b. Dec. 20, 1793; d. June 6, 1794	LR9	529
Elizabeth, m. Watson Luther **BOARDMAN**, b. of Haddam, Oct. 25, 1820, by John Marsh	1	6
Elizabeth, m. Alvan S. **BAILEY**, b. of Haddam, July 6, 1837, by Lyman G. Burr, J.P.	1	25
Elizabeth A., m. David C. **DICKINSON**, b. of Haddam, [Mar.] 25, [1847], by David D. Field. Int. pub.	1	52
Emely S., of Haddam, m. Newton A. **BASS**, of Ark., July 4, 1852, by Rev. Stephen A. Loper	1	67
Esther, d. Nehemiah, b. Mar. 7, 1746/7; d. July 18, 1747	LR2	34
Esther, d. [Joseph], b. Sept. 4, 1765	LR12	272
Esther, [d. Obediah & Susanna], b. June 26, 1789	LR9	529
Esther, w. [Nehemiah], d. Aug. 3, 1792	LR2	34
Esther T., m. David T. **ARNOLD**, b. of Haddam, Nov. 23, 1851, by Rev. Stephen A. Loper	1	67
Experience, d. Amaziah*, b. May 1, 1722　　*(Azariah?)	LR2	11
Frances Jennett, m. Nathaniel **TYLER**, b. of Haddam, Oct. 18, 1853, by Rev. E. Colton	1	72
George L., m. Martha L. **HAYES**, b. of Haddam, Sept. 12, 1853, by Rev. Stephen A. Loper	1	71
George W., m. Julia Ann **SHERMAN**, b. of Haddam, Oct. 25, 1840, by Rev. Mr. Miller, of Essex	1	33
Hannah, m. Hezekiah **SHAILER**, Oct. 21, 1770	LR9	537
Hannah, m. George E. **BAILEY**, b. of Haddam, Sept. 30, 1824, by Rev. John Marsh	1	9
Harvey, m. Lydia M. **SMITH**, b. of Haddam, [Oct.] 17, [1839],		

HADDAM VITAL RECORDS 45

	Vol.	Page
DICKINSON, DICKESON, DICKERSON, DICKSON, (cont.)		
by David D. Field. Int. pub.	1	30
Hephzibah, w. of Azariah, d. July 18, 1754	LR2	31
Hiram, s. [Joseph], b. Aug. 28, 1767	LR12	272
Hiram, m. Sally RAY, June 30, 1790	LR9	530
Hopken, [s. Amaziah*], b. Mar. 8, 1715/16 *(Azariah?)	LR2	11
Huldah H., of Haddam, m. Harvey DAVIS, of Killingworth, July 5, 1821, by Simon Shailer, J.P.	1	8
Jared, m. Sally RAY, Mar. 16, 1821, by Simon Shailer, J.P.	1	7
John, s. [Azariah, Jr. & Hephzibah], b. Dec. 27, 1737	LR2	31
Jonah, s. [Obediah & Susanna], b. May 12, 1775	LR9	529
Jonathan S., m. Caroline B. HUBBARD, b. of Haddam, Dec. 30, 1846, by Rev. E. W. Cook	1	51
Joseph, s. [Nehemiah & Esther], b. Nov. 23, 1736	LR2	34
Joseph, m. [ ], July 3, 1760	LR12	272
Joseph, [s. Joseph], b. June 28, 1763	LR12	272
Julia A., m. David C. RUSSELL, b. of Haddam, Dec. 30, 1846, by Rev. E. W. Cook	1	51
Liva Ann, m. Revillo BRAINERD, b. of Haddam, July 30, 1828, by Rev. Simon Shailer	1	15
Lois, of Haddam, m. Nathaniel GRISWOLD, Jr., of Killingworth, Feb. 26, 1824, by Rev. John Marsh	1	9
Louisa, m. Daniel C. KNOWLES, b. of Haddam, Mar. 7, 1827, by Rev. Simon Shailer	1	9
Lydia, d. [Joseph], b. July 26, 1778	LR12	272
Lyman H., m. Mary E. LOPER, b. of Haddam, Sept. 12, 1853, by Rev. Stephen A. Loper	1	71
Mary, d. [Amaziah*], b. Apr. 27, 1707 *(Azariah?)	LR2	11
Mary, w. Amaziah*, d. Mar. 2, 1729/30 *(Azariah?)	LR2	11
Mary, d. Azariah, Jr. & Hephzibah], b. Sept. 2, 1735	LR2	31
Mary, [d. Obediah & Susanna], b. July 4, 1791	LR9	529
Mary, m. David PHELPS, Dec. 4, 1825, by Rev. John Marsh	1	12
Mary Ann, m. Daniel VENTRES, b. of Haddam, Apr. 21, 1824, by Rev. John Marsh	1	9
Mary E., m. Ezra H. WILLIAMS, b. of Haddam, Jan. 16, 1854, by T. B. Chandler	1	74
Mary Elizabeth, m. William SILKIRK, Sept. 22, 1828, by Rev. John Marsh	1	16
Mary M., m. Charles S. BAILEY, b. of Haddam, [Dec.] 6, [1846], by Rev. David D. Field	1	51
Merve, m. Bela R. SHALER, b. of Haddam, [Sept.] 6, [1846], by Rev. David D. Field	1	49
Nancy, of Haddam, m. Anson L. AYERS, of East Haddam, Nov. 27, 1834, by T. S. Clark	1	22
Nathan, s. [Joseph], b. Feb. 4, 1774	LR12	272
Nathan, m. Jemima B. BRAINERD, b. of Haddam, June 19, 1825, by Rev. Simon Shailer	1	12
Nehemiah, [s. Amaziah*], b. Aug. 28, 1713 *(Azariah?)	LR2	11
Nehemiah, m. Esther [ ], Oct. 9, 1735	LR2	34
Nehemiah's earmark recorded June 9, 1737	LR2	37
Nehemiah, s. [Nehemiah & Esther], b. Mar. 1, 1738/9	LR2	34
Nehemiah, s. [Joseph], b. Sept. 17, 1761	LR12	272

DICKINSON, DICKESON, DICKERSON, DICKSON, (cont.)

	Vol.	Page
Nehemiah, s. [Joseph], b. Apr. 29, 1785	LR12	272
Neh[emia]h, d. Nov. 9, 1787	LR2	34
Noah, m. Gennet T. **CLARK**, b. of Haddam, Dec. 12, 1838, by Rev. Simon Shailer, of Chester	1	28
Obadiah, s. Nehemiah, b. Jan. 7, 1754	LR2	34
Obediah, b. Jan. 7, 1754	LR9	529
Obediah, m. Susanna **KNOWLES**, Nov. 27, 1774	LR9	529
Obediah, [s. Obediah & Susanna], b. Nov. 20, 1776	LR9	529
Orrin, of Haddam, m. Mary Ann **DERBY**, of Middletown, June 27, 1830, by Rev. Simon Shailer	1	18
Phebe, [d. Amaziah*], b. Apr. 25, 1718 *(Azariah?)	LR2	11
Rebecca, [d. Amaziah*], b. Apr. 21, 1711 *(Azariah?)	LR2	11
Reuben C., m. Hannah M. **WILLARD**, b. of Haddam, June 4, 1840, by Rev. Frederick Wightman	1	32
Ruth, d. [Azariah, Jr. & Hephzibah], b. Mar. 10, 1741/2	LR2	31
Sally Maria, m. Deantheum **BRAINERD**, Sept. 30, 1829, by Rev. John Marsh	1	17
Samantha, m. Horace **CHACE**, of Winchester, [Sept.] 2, [1838], by David D. Field	1	27
Samuel, m. Polly E. **BURR**, b. of Haddam, May 31, 1843, by David D. Field. Int. pub.	1	41
Sarah, [d. Obediah & Susanna], b. Jan. 18, 1783	LR9	529
Selden, s. [Hiram & Sally], b. May 14, 1791	LR9	530
Selden, m. Lydia E. **BROOKS**, b. of Haddam, Sept. 17, 1843, by Rev. Simon Shailer	1	41
Sophia, m. Ashbel **TYLER**, May 19, 1841, by David D. Field. Int. pub.	1	34
Stephen, s. Amaziah*, b. Nov. 6, 1726 *(Azariah?)	LR2	11
Stephen, Capt., m. Mrs. Jemima **CROOK**, Mar. 31, 1836, by Rev. Tertius S. Clark	1	23
Susan, m. Russell **GLADWIN**, b. of Haddam, Feb. 19, 1824, by Rev. John Marsh	1	9
Susanna, w. of Obediah, b. Feb. 4, 1755	LR9	529
Susannah, [d. Obediah & Susanna], b. Feb. 5, 1781	LR9	529
Sylvester H., m. Jerusha A. **ARNOLD**, b. of Haddam, Nov. 26, 1846, by Rev. Simon Shailer	1	50
Warren W., m. Esther M. **TYLER**, [Oct.] 30, [1842], by David D. Field. Int. pub.	1	39

DICKSON, [see under **DICKINSON**]

DOAN, Deborah, d. [Phinehas], b. Sept. 14, 1776 — LR9 530
  Eunice, d. Phinehas, b. July 16, 1770 — LR9 530
  Martha, [twin with Sarah], d. [Phinehas], b. July 17, 1784 — LR9 530
  Phinehas, s. Phinehas, b. Aug. 23, 1782 — LR9 530
  Roswell, s. Phinehas, b. Apr. 29, 1774 — LR9 530
  Samuel, s. Phinehas, b. Sept. 24, 1772 — LR9 530
  Sarah, [twin with Martha], d. [Phinehas], b. July 17, 1784 — LR9 530

DOUGLASS, Prudence Spencer, of Haddam, m. Sherman **FOWLER**, of Mereden, [Mar.] 2, [1837], by Rev. David D. Field — 1 24

DUDLEY, Esther, [d. Barzillai], b. Nov. 15, 1773 — LR9 541
  Joseph, [s. Barzillai], b. Nov. 24, 1775 — LR9 541
  Mary, [d. Barzillai], b. June 15, 1777 — LR9 541

HADDAM VITAL RECORDS 47

	Vol.	Page
DUDLEY, (cont.)		
Olive, [d. Barzillai], b. Nov. 17, 1781	LR9	541
Samuel, [s. Barzillai], b. Aug. 27, 1769	LR9	541
Silvester, [s. Barzillai], b. Feb. 16, 1772	LR9	541
EDDY, John, m. Elizabeth [ ], Oct. 25, 1750	LR5	279
John, s. John, b. Apr. 17, 1755	LR5	279
EDWARD, Phinehas, of Lyme, m. Elizabeth **KELSEY**, Jan. 9, 1838, by David D. Field	1	26
ELY, Abby C., of Haddam, m. Leverett **GRISWOLD**, of Mereden, [Apr.] 29, [1849], by Rev. David D. Field. Int. pub.	1	62
Betsey, m. Timothy **TYLER**, b. of Haddam, Nov. 21, 1841, by Rev. Frederick Wightman	1	35
Hannah, of Haddam, m. William D. **EMMONS**, of East Haddam, Jan. 1, 1827, by Rev. William Jarvis	1	14
Harriet, of Haddam, m. John **ODBER**, of Lanock, Upper Canada, Sept. 1, 1839, by Luther Paine. Int. pub.	1	29
John, m. Elizabeth **CROOK**, Feb. 24, 1803	LR12	266
Lucy Ann, m. Alva **BAILEY**, b. of Haddam, May 9, 1840, by Rev. Simon Shailer, of Bristol	1	31
Maria, of Haddam, m. Calvin **HANLEY**, of Guilford, [Jan.] 16, [1843], by D. D. Field. Int. pub.	1	40
Rebecca B., m. Enos H. **KNOWLES**, b. of Haddam, [Nov.] 28, [1849], by Rev. David D. Field. Int. pub.	1	60
Whitmore, [s. John & Elizabeth], b. Jan. 15, 1804	LR12	266
William, m. Abigail E. **TYLER**, [ ] 3, [ ], by David D. Field	1	30
-----, d. [John & Elizabeth], b. Sept. 12, 1806	LR12	266
EMMONS, Daniel C., of East Haddam, m. Maria **TYLER**, of Haddam, Nov. 29, 1827, by William Case	1	14
William D., of East Haddam, m. Hannah **ELY**, of Haddam, Jan. 1, 1827, by Rev. William Jarvis	1	14
EVANS, Ane, m. Joshua **HUBBARD**, b. of Haddam, Oct. 30, 1841, by Stephen Johnson, J.P.	1	34
PARMAN, Dorrity, d. John, b. May 10, 1681	LR1	125
FERGUSON, Anne, d. Samuel, b. Sept. 30, 1746	LR4	d
Content, d. Samuel, b. June 30, 1766	LR4	e
Content, d. Samuel, d. Jan. 8, 1767	LR4	e
Deborah, d. Samuel, b. Nov. 9, 1763	LR4	e
James, s. Samuel, b. Dec. 3, 1749	LR4	d
Lettes, d. Samuel, b. Sept. 21, 1759	LR4	d
Lois, d. Samuel, b. June 25, 1751	LR4	d
Mary Welch, [twin with Phebe Rogers], d. Samuel, b. Aug. 5, 1757	LR4	d
Phebe, d. Samuel, b. Oct. 29, 1748	LR4	d
Phebe, d. Samuel, d. May 6, 1754	LR4	e
Phebe Rogers, [twin with Mary Welch], d. Samuel, b. Aug. 5, 1757	LR4	d
Rebeckah, d. Samuel, b. May 10, 1755	LR4	d
Samuel's earmark recorded Apr. 11, 1754	LR4	e
Samuel, s. Samuel, b. Mar. 30, 1768	LR4	e
Sarah, d. Samuel, b. Apr. 9, 1753	LR4	d
FIELD, Juliaette, of East Haddam, m. Timothy **JACKSON**, of		

BARBOUR COLLECTION

	Vol.	Page
FIELD, (cont.)		
Haddam, Oct. 22, 1839, by Benj[ami]n H. Catlin, J.P.	1	30
FISKE, FISK, Abigail, d. [Rev. Phineas], b. Aug. 14, 1718	LR2	11
Anne, d. Rev. Phineas, b. July 17, 1716	LR2	11
Anne, d. [Rev. Phineas], d. Feb. 6, 1731/2	LR2	11
Benjamin, s. [John & Hannah], b. Dec. 17, 1723	LR2	11
Bezaleel, s. John, Jr. [& Anne], b. May 10, 1744	LR3	0
Elizabeth, d. [Rev. Phineas], b. June 10, 1720; d. Dec. 4, 1793	LR2	11
Hannah, d. [John & Hannah], b. Nov. 30, 1719	LR2	11
Hannah, w. of John, d. Dec. 17, 1723	LR2	11
Jemima, d. Phineas, b. Oct. 25, 1722	LR2	11
Jemima, d. [Rev. Phineas], d. Nov. 25, 1724	LR2	11
John, m. Hannah [ ], May 10, 1716	LR2	11
John, s. [John & Hannah], b. June 3, 1718	LR2	11
John's earmark recorded Feb. [ ], 1719/20	LR2	11
John, m. Sarah [ ], Oct. [ ], 1724	LR2	11
John, Jr., m. Anne **TYLER**, Aug. 3, 1743	LR3	0
John, 2d, earmark recorded May 13, 1745	LR2	11
Martha, d. [John & Hannah], b. Feb. 4, 1721/2	LR2	11
Phineas' earmark recorded Jan. [ ], 1719/20	LR2	11
Phinehas, s. [John & Sarah], b. Nov. 12, 1734	LR2	11
Phinehas, Rev., d. Oct. 14, 1738, in the 56th y. of his age	LR2	11
Samuel, s. [Rev. Phineas], b. Oct. 9, 1724	LR2	11
Sarah, d. [John & Sarah], b. May 9, 1727	LR2	11
FLAGG, George, m. Dolly **SMITH**, Oct. 14, 1828, by Rev. John Marsh	1	16
FLINT, Richard, of Hartford, m. Emeline A. **WRIGHT**, of Haddam, July 23, 1851, by James Noyes	1	66
FOWLER, Sherman, of Mereden, m. Prudence Spencer **DOUGLASS**, of Haddam, [Mar.] 2, [1837], by Rev. David D. Field	1	24
FRANCES, Elizabeth, d. Thomas, b. Oct. 31, 1760; d. Nov. 16, 1760	LR5	281
Ichabod, s. Thomas, b. Oct. 8, 1758	LR5	281
James, s. Thomas, b. Sept. 28, 1752	LR5	281
Roswell, s. Thomas, b. June 19, 1756	LR5	281
FREEMAN, Esther C., m. Davis **SMITH**, b. of Haddam, Jan. 5, 1853, by Rev. Stephen A. Loper	1	70
Geo[rge] A., m. Florilla **BONFOEY**, Dec. 4, 1844, by David D. Field. Int. pub.	1	44
Julia, m. Sirvilious S. **BAILEY**, b. of Haddam, Nov. 25, 1845, by Rev. Simon Shailer	1	47
Luther A., of Haddam, m. Emeline **HUBBARD**, of Middletown, [May] 17, [1842], by David D. Field. Int. pub.	1	38
Pamelia, of Haddam, m. Joseph A. **COMSTOCK**, of Saybrook, Apr. 9, 1839, by David D. Field. Int. pub.	1	30
FULLER, Truman, of East Haddam, m. Louisa P. **COOK**, of Haddam, [June] 18, [1848], by Rev. David D. Field. Int. pub.	1	55
GATES, Dan[i]ell, s. George, b. May 6, 1680	LR1	126
Edward S., of East Haddam, m. Elizabeth S. **COOK**, of Haddam, May 2, 1843, by Rev. Alex Burgess	1	40
Elizabeth, d. Joseph, b. May 23, 1697	LR1	128
George, Jr., s. George, b. Aug. 16, 1677	LR1	126
John, Jr., s. George, b. Apr. 5, 1668	LR1	126

	Vol.	Page
GATES, (cont.)		
John, s. Joseph, b. Sept. 20, 1699	LR1	128
Joseph, Jr., s. George, b. Nov. 7, 1662	LR1	126
Joseph, s. Joseph, b. Dec. 28, 1695	LR1	128
Mary, d. George, b. Mar. 16, 1674	LR1	126
Samuel, s. George, b. Nov. 8, 1683	LR1	126
Sarah, d. George, b. Mar. 16, 1670	LR1	126
Sarah, d. Joseph, b. Aug. 20, 1700	LR1	128
Thomas, Jr., s. George, b. Jan. 24, 1664	LR1	126
GILBERT, GUILBERT, Elias E., m. Ellen **BARRY**, b. of Haddam, Aug. 1, 1852, by Rev. Stephen A. Loper	1	68
Fanny, m. Richard G. **BROCKWAY**, b. of Lyme, Oct. 2, 1825, by Rev. Simon Shailer	1	12
Henry, m. Julia **SHAILER**, Nov. 14, 1821, by Rev. Simeon Dickinson, at the house of James Shailer	1	8
[**GILES**], [see under **GYLES**]		
GIVINNELL, Harriet, of New Haven, m. Joseph **WHITE**, of Haddam, May 1, 1850, by Rev. William Gay	1	62
GLADDING, Joshua, [s. William], b. Apr. 4, 1781	LR9	541
Rosina Clark, [d. William], b. Apr. 16, 1765	LR9	541
Tryal, [child of William], b. Jan. 14, 1774	LR9	541
William, [s. William], b. Oct. 8, 1777	LR9	541
GLADWIN, Eliza, of Haddam, m. George **HOPKINS**, of Kensington, Dec. 9, 1824, by Rev. John Marsh	1	10
Gilbert S., m. Sarah E. **GLADWIN**, [Oct.] 17, [1847], by David D. Field, V.D.M.	1	53
Hosmer, m. Emily N. **KILLBOURNE**, Jan. 23, 1853, by Rev. Stephen A. Loper	1	70
James W., of Brooklyn, L.I., m. Betsey A. **BRAINERD**, of Haddam, June 22, 1851, by Rev. E. W. Cook	1	65
Mareitte, m. Olmstead **BRAINERD**, b. of Haddam, Apr. last day, 1837, by William Palmer, V.D.M., at the house of her father	1	25
Orlando, m. Tamzin **CHURCH**, Oct. 25, 1829, by Rev. John Marsh	1	17
Orpha M., of Haddam, m. Kingsley **NORTH**, of Middletown, Nov. 25, 1841, by Rev. David D. Field. Int. pub.	1	36
Russell, m. Susan **DICKINSON**, b. of Haddam, Feb. 19, 1824, by Rev. John Marsh	1	9
Sarah E., m. Jesse **SPENCER**, b. of Haddam, Aug. 19, 1846, by Rev. David D. Field. Int. pub.	1	49
Sarah E., m. Gilbert S. **GLADWIN**, [Oct.] 17, [1847], by David D. Field, V.D.M.	1	53
Tamson E., m. Daniel **SCOVIL**, June 6, 1849, by Rev. Henry M. Field. Int. pub.	1	58
William E., of Clinton, m. Phebe E. **CROCKER**, of Killingworth, June 25, 1854, by Rev. Simon Shailer	1	75
William N., m. Elizabeth **TIBBALS**, b. of Haddam, July 9, 1854, by Rev. Stephen A. Loper	1	76
GOFF, Abner, s. Gideon [& Huldah], b. Nov. 21, 1764	LR9	23
Anne, [d. Gideon & Huldah], b. Mar. 26, 1775	LR9	23
Ansel, m. Mary Ann **SMITH**, June 12, 1825, by Rev. John Marsh	1	11
Arba B., m. Harriet **BROOKS**, b. of Haddam, Sept. 14, 1845, by		

	Vol.	Page

GOFF, (cont.)
    Rev. William S. Simmons — 1, 46
    Asa, [s. Gideon & Huldah], b. Sept. 10, 1771 — LR9, 23
    Asa, of East Haddam, m. Lucinda CHURCH, of Haddam, May 3, 1841, by Rev. Anson F. Beach — 1, 34
    Elizabeth, [d. Gideon & Huldah], b. Aug. 11, 1768 — LR9, 23
    Gideon, m. Huldah ARNOLD, Feb. 18, 1762/3 — LR9, 23
    Hubbard H., m. Louisa E. BROOKS, b. of Haddam, Jan. 26, 1845, by Rev. Edmund A. Standish — 1, 45
    Huldah, [d. Gideon & Huldah], b. Feb. 18, 1766 — LR9, 23
    Joseph Arnold, [s. Gideon & Huldah], b. July 2, 1780 — LR9, 23
    Lament, [s. Gideon & Huldah], b. May 6, 1762 — LR9, 23
    Lucy, [d. Gideon & Huldah], b. Sept. 11, 1772 — LR9, 23
    Susan S., of Haddam, m. Luke BUR[R], of Chatham, Nov. 11, 1849, by Rev. William Gay — 1, 60
GOODALE, Nelson W., of Weathersfield, m. Eliza M. BROOKS, of Haddam, May 6, 1840, by Rev. S. Alonzo Loper — 1, 31
GOODRICH, Luther, of Glastonbury, m. Issabella COOK, of Haddam, Dec. 17, 1835, by Stephen A. Loper — 1, 23
GRIFFIN, Patience, d. Elizabeth CLARK, 2d, b. Sept. 10, 1789 — LR9, 542
GRISWOLD, Leverett, of Mereden, m. Abby C. ELY, of Haddam, [Apr.] 29, [1849], by Rev. David D. Field. Int. pub. — 1, 62
    Nathaniel, Jr., of Killingworth, m. Lois DICKINSON, of Haddam, Feb. 26, 1824, by Rev. John Marsh — 1, 9
GUILBERT, [see under GILBERT]
GUY, George W., of Middletown, m. Elizabeth T. BURR, of Haddam, May 14, 1837, by Rev. David D. Field. Int. pub. — 1, 25
    George W., of Middletown, m. Nancy S. BRAINERD, of Haddam, Nov. 20, 1844, by Rev. David D. Field. Int. pub. — 1, 44
GYLES, Eunice, m. Isaac AUGER, Oct. 5, 1748 — LR7, 225
HADEN, HADENS, [see under HAYDEN]
HADLOCK, James, s. James, b. Apr. 16, 1684 — LR1, 125
    John, Jr., s. James, b. Nov. 7, 1679 — LR1, 125
    John, [s. John], b. Nov. 7, 1681 — LR1, 125
HALE, Burges, of Portland, m. Mary L. BRAINERD, of Haddam, May 2, 1850, by Rev. Simon Shailer, of Saybrook — 1, 61
    Ruth, m. Daniel ARNOLD, Nov. 27, 1755 — LR5, 283
HALL, Abram C., of Hopkinton, R.I., m. Mary Ann WALKLEY, of Haddam, [May] 3, [1837], by Rev. James Noyes — 1, 25
    Henry A., of Sag Harbour, m. Sarah J. BAILEY, of Haddam, Aug. 20, 1854, by Rev. Simon Shailer — 1, 76
HALSEY, D. F., of Greenport, L.I., m. F. S. SKINNER, of Haddam, Oct. 10, 1853, by Rev. Stephen A. Loper — 1, 72
    Davis, m. Clarissa MAY, Mar. 16, 1828, by Rev. John Marsh — 1, 16
HAMILTON, Elizabeth, m. Hezekiah BRAINERD, b. of Haddam, Jan. 22, 1826, by Rev. Simon Shailer — 1, 13
    Jared A., of Glastonbury, m. Harriet ANDREWS, of Haddam, Oct. 21, 1838, by Rev. Ebenezer Loomis — 1, 28
HAMLIN, Chester, m. Eveline BUTLER, Feb. 1, 1825, by Rev. John Marsh — 1, 11
HANLEY, Calvin, of Guilford, m. Maria ELY, of Haddam, [Jan.] 16,

HADDAM VITAL RECORDS 51

	Vol.	Page
HANLEY, (cont.)		
[1843], by D. D. Field. Int. pub.	1	40
HARRIS, Charles H., m. Sarah J. **HUBBARD**, b. of Haddam, Sept. 21, 1852, by Rev. Stephen A. Loper	1	68
Henry, of Killingworth, m. Clarissa **SKINNER**, of Haddam, [Sept.] 26, [1849], by Rev. David D. Field	1	59
HART, Emeline E., of Saybrook, m. Henry **POTTER**, of Enfield, Aug. 7, 1843, by David D. Field	1	41
HARVEY, Anne, m. Thomas **BAILEY**, Mar. 8, 1827, by Rev. David Smith, of Durham	1	14
Asahel, m. Abigail **TOOBY** [or **TOOLEY**], Dec. 8, 1821, by Joseph Scovil, J.P.	1	8
Asahel, m. Lucretia **ISBEL**, July 31, 1825, by David Smith	1	12
Edwin, of Haddam, m. Betsey **NETTLETON**, of Killingworth, June 2, 1844, by Ansel Spencer, J.P.	1	42
HAUGHTON, Christopher, s. Samuel, b. Aug. 12, 1757	LR5	280
Ebenezer, s. Samuel, b. July 30, 1759	LR5	280
Samuel, m. Lois [ ], Mar. 8, 1757	LR5	280
HAVENS, Phebe C., of Sag Harbor, m. Newel A. **BRAINERD**, of Haddam, Dec. 29, 1852, by Rev. Isaac Chesebrough	1	69
HAWLEY, Abner, s. John, b. Dec. 15, 1739	LR9	21
John, m. Rebeckah [ ], Aug. 8, 1738	LR9	21
John, s. John, b. Nov. 11, 1749	LR9	21
Martha, d. John, b. Jan. 16, 1745	LR9	21
Rebeckah, d. John, b. May 25, 1742	LR9	21
Sarah, d. John, b. May 23, 1747	LR9	21
HAYDEN, HADEN, HADENS, Ann S., m. Joseph W. **BROCKET**, Oct. 21, 1847, by Rev. E. W. Cook	1	53
Arnol Hazelton, [child of John], b. Nov. 30, 1788	LR9	528
Harriet C., m. Heman **CLARK**, Oct. 25, 1829, by Rev. John Marsh	1	17
John Ogden, [s. John], b. Mar. 29, 1796	LR9	528
Mary Crane, [d. John], b. Apr. 18, 1786	LR9	528
Rosina, [d. John], b. Sept. 10, 1792	LR9	528
Roxina, of Haddam, m. Joseph **CHITTENDEN**, of Saybrook, July 20, 1825, by Rev. Simon Shailer	1	12
HAYES, Martha L., m. George L. **DICKINSON**, b. of Haddam, Sept. 12, 1853, by Rev. Stephen A. Loper	1	71
Theodore D., m. Marinda Ann **SMITH**, Apr. 12, 1842, by David D. Field. Int. pub.	1	38
HAYWOOD, Lucas Milford, of Collinsville, m. Louisa **SMITH**, d. of Samuel, Sept. 24, 1850, by Rev. David D. Field	1	63
HAZELTON, Abigail, d. [James & Susanna], b. Apr. 11, 1730	LR2	17
Abigail, d. Charles, b. July 1, 1751	LR6	7
Amelia B., m. Oscar F. **PARKER**, of Sacketts Harbour, N.Y., Dec. 2, 1840, by Rev. David D. Field. Int. pub.	1	33
Anne, d. [James & Susanna], b. July 21, 1732	LR2	17
Arnold, s. [James & Susanna], b. Jan. 29, 1740/1	LR2	17
Charles, s. [James & Susanna], b. Oct. 1, 1721	LR2	12
Charles' earmark recorded June 12, 1747	LR6	7
Charles, m. Abigail [ ], Sept. 27, 1750	LR6	7
Charles, s. Charles, b. Jan. 24, 1754		

	Vol.	Page
HAZELTON, (cont.)		
Ebenezer, d*, [James & Susanna], b. May 13, 1743 *(Probably a "son")	LR2	17
Elizabeth, d. [James & Susanna], b. Apr. 6, 1728	LR2	17
Elizabeth had d. Elizabeth, b. Mar. 16, 1746/7	LR2	17
Elizabeth, d. Elizabeth **HAZELTON**, b. Mar. 16, 1746/7	LR2	17
Fanny, m. Aaron **BRAINERD**, Sept. 19, 1831, by Rev. John Marsh	1	19
Flora, d. James, Jr., [& Hannah], b. Nov. 16, 1747	LR5	276
Flora, m. Jeremiah **HUBBARD**, Jr., Feb. 11, 1768	LR8	460
Frances Maria, of Haddam, m. Thomas **TALLMAN**, of Chatham, May 17, 1842, by William Case	1	40
James, m. Susanna [ ], Nov. 9, 1720	LR2	17
James, s. [James & Susanna], b. Oct. 16, 1723	LR2	17
James' earmark recorded May 23, 1729	LR2	17
James, Jr., earmark recorded Feb. 21, 1745/6	LR2	10
James, Jr., m. Hannah [ ], Jan. 22, 1746/7	LR5	276
James, Jr., earmark	LR4	e
Lydia, d. James [& Susanna], b. Nov. 25, 1745	LR2	17
Mary, d. [James & Susanna], b. Mar. 28, 1738	LR2	17
Nathaniel, s. Charles, b. Aug. 12, 1756	LR6	7
Rebecca, d. James [& Hannah], b. Feb. 25, 1749	LR5	276
Rebeckah, m. Solomon **WALKLEY**, Sept. 1, 1768	LR8	460
Samuel, s. Susanna, Jr., b. Aug. 23, 1756	LR5	280
Simon, s. James, b. Sept. 21, 1756	LR5	276
Susanna, d. [James & Susanna], b. Jan. 20, 1725/6	LR2	17
Susannah, d. [James & Susanna], d. Feb. 26, 1734/5	LR2	17
Susannah, 2d, d. [James & Susanna], b. May 7, 1735	LR2	17
Susanna, Jr., had s. Samuel, b. Aug. 23, 1756	LR5	280
HENNESON, Lethyah, d. John, b. May 20, 1673	LR1	123
Martha, d. John, b. Oct. 26, 1666	LR1	123
Meriam, d. John, b. Sept. 24, 1670	LR1	123
HENRY, Clarissa, of Haddam, m. William **CONE**, of East Haddam, Dec. 21, 1820, by Joseph Scovil, J.P.	1	6
HIFF, Ebenezer, m. Martha [ ], Jan. 3, 1716	LR2	13
Ebenezer, s. [Ebenezer & Martha], b. Oct. 24, 1717	LR2	13
HIGGINS, Arnold, [s. Cornelius, Jr. & Eleanor], b. Feb. 18, 1774	LR9	22
Asa, [s. Cornelius, Jr. & Esther], b. Feb. 14, 1792	LR9	22
Bethiah, d. Cornelius, b. Nov. 30, 1754	LR6	10
Cornelius, Jr., m. Eleanor [ ], Nov. 8, 1767	LR9	22
Cornelius, s. Cornelius, Jr., b. June 28, 1768	LR5	272
Cornelius, [s. Cornelius, Jr. & Eleanor], b. June 28, 1768	LR9	22
Cornelius, Jr., m. Esther [ ], Sept. 24, 1777	LR9	22
David, s. Lieut. Cornelius, b. Aug. 6, 1761	LR6	10
Ebenezer, s. Lieut. Cornelius, b. Jan. 12, 1757	LR6	10
Edward, [s. Cornelius, Jr. & Esther], b. Feb. 3, 1790	LR9	22
Eleanor, [d. Cornelius, Jr. & Esther], b. Feb. 12, 1783	LR9	22
Elizabeth, m. Cornelius **BRAINERD**, May 21, 1778	LR9	534
Esther, [d. Cornelius, Jr. & Esther], b. Dec. 1, 1787	LR9	22
Ezra, [s. Cornelius, Jr. & Esther], b. July 21, 1785	LR9	22
Hanna, m. Silas **CLARK**, Apr. 23, 1812	1	1
Hans*, m. Lucinda **BUSHNEL**[L], Sept. 16, 1773 *(Hawes		

HADDAM VITAL RECORDS 53

	Vol.	Page
HIGGINS, (cont.)		
Hand corrected in original manuscript) *(Haw[e]s?)	LR9	546
Hawes, s. Cornelius, b. Apr. 10, 1752	LR6	10
Henry, [s. Cornelius, Jr. & Eleanor], b. Apr. 19, 1772	LR9	22
James, [s. Cornelius, Jr. & Eleanor], b. June 18, 1770	LR9	22
Jerusha, d. Cornelius, b. Mar. 23, 1750	LR6	10
Lydia, d. Lieut. Cornelius, b. Nov. 16, 1763	LR6	10
Phebe, m. Robert **CLARK**, Nov. 13, 1766	LR9	535
Prince Hans*, s. [Hans* & Lucinda], b. Apr. 12, 1776 *(Hawes?)	LR9	546
Sarah, d. Cornelius, b. Apr. 19, 1748	LR6	10
HILL, Abner, of Saybrook, m. Belinda **SMITH**, of Haddam, Mar. 12, 1829, by Rev. Simon Shailer	1	17
Christopher E., m. Martha **ARNOLD**, b. of Haddam, Jan. 20, 1828, by Rev. John Marsh	1	16
David, m. Delia **SMITH**, Apr. 24, 1829, by Rev. John Marsh	1	17
HOBART, Dorothy, Mrs., m. Daniel **MASON**, of Lebanon, Apr. 19, 1704	LR2	19
Jeremiah, Rev., d. Nov. 6, 1715, in the 85th y. of his age	LR2	13
HOPKINS, George, of Kensington, m. Eliza **GLADWIN**, of Haddam, Dec. 9, 1824, by Rev. John Marsh	1	10
HOPSON, Deborah, m. Heman **BRAINERD**, Feb. 4, 1778	LR9	539
HOUGH, Ephraim, of Collinsville, m. Fanny **BONFOEY**, of Haddam, [May] 16, [1840], by Rev. James Noyes	1	31
HOUSE, Bernager M., of Glastonbury, m. Almira M. **BUELL**, of Haddam, Oct. 3, 1828, by Rev. Simon Shailer	1	15
Lyman W., of Glastonbury, m. Catharine C. **SMITH**, of Haddam, Mar. 12, 1849, by N. C. Lewis	1	57
Martha A., of Glastenbury, m. James R. **KEENEY**, of Manchester, June 18, 1854, by Rev. Sewall Lamberton	1	75
Roxy A., m. David C. **ANDREWS**, b. of Haddam, May 8, 1842, by Rev. Alonzo G. Shears	1	37
HUBBARD, Aaron, s. [Daniel, 2d & Temperance], b. May 22, 1735	LR2	13
Aaron, s. Daniel [& Eunice], b. Apr. 5, 1768	LR8	465
Aaron, m. Damarias **WAKELEY**, June 8, 1769	LR8	459
Aaron, s. Aaron [& Damarias], b. July 4, 1770	LR8	459
Abigail, [twin with Michael], d. Timothy [& Sarah], b. June 12, 1770	LR8	458
Acksey Minerva, m. Reuel **KNOWLES**, b. of Haddam, Sept. 8, 1825, by Eli Warner, J.P.	1	12
Album C., m. Mary **SMITH**, b. of Haddam, [Sept.] 11, [1848], by James Noyes	1	55
Alise, w. of Jeremiah, d. Dec. 2, 1760	LR3	0
Alice, [d. Jeremiah, Jr.], b. Mar. 22, 1776	LR9	548
Alma Eliza, m. Ebenezer **WILCOX**, Jan. 15, 1838, by David D. Field	1	26
Amasa, m. Hannah **HUBBARD**, Sept. 30, 1829, by Rev. John Marsh	1	17
Anna, d. Thomas, b. Nov. 1, 1752	LR5	16
Anne, d. Joel, b. Sept. 8, 1764	LR5	280
Antoinette M., m. Stephen H. **BURR**, b. of Haddam, [May] 17, [1848], by Rev. David D. Field. Int. pub.	1	55
Aristorhus, [s. Giles], b. Apr. 2, 1801	LR12	269

	Vol.	Page
HUBBARD, (cont.)		
Asa, s. Jeremiah [& Alise], b. Nov. 22, 1738	LR3	0
Asa, [twin with Bathsheba], [s. Jeremiah, Jr.], b. Apr. 28, 1788	LR9	548
Asahel, b. Mar. 5, 1772	LR9	543
Asaruah, s. Daniel [& Eunice], b. Apr. 23, 1762	LR8	465
Bathsheba, [twin with Asa, d. Jeremiah, Jr.], b. Apr. 28, 1788	LR9	548
Calvin, s. Timothy [& Sarah], b. Mar. 31, 1765	LR8	458
Caroline B., m. Jonathan S. **DICKINSON**, b. of Haddam, Dec. 30, 1846, by Rev. E. W. Cook	1	51
Catharine, [d. Jeremiah, Jr.], b. Apr. 15, 1785	LR9	548
Cynthia F., m. Stephen W. **CLARK**, Mar. 28, 1846, by David D. Field	1	48
Dan, of Ludlow, Mass., m. Almira **BRAINERD**, of Haddam, May 24, 1831, by Charles Bentley	1	19
Daniel, m. Susanna [ ], Dec. 8, 1697	LR2	13
Daniel, [s. Daniel & Susanna], b. Sept. 1, 1701	LR2	13
Daniel, m. Bathsheba [ ], Dec. 27, 1702	LR2	13
Daniel, 2d, m. Temperance [ ], Apr. 15, 1727	LR2	13
Daniel, [s. Daniel, 2d, & Temperance], b. Mar. 1, 1728/9	LR2	13
Daniel, Jr., earmark recorded Jan. 13, 1730/1	LR2	17
Daniel's earmark recorded Oct. 22, 1733	LR2	17
Daniel, Sergt., earmark recorded June 15, 1736	LR2	37
Daniel, Sergt., d. Nov. 24, 1755, in the 83rd y. of his age	LR2	13
Daniel, s. Thomas, b. June 9, 1759	LR5	16
Daniel, m. Eunice **CLARK**, Apr. 2, 1761	LR8	465
Daniel, s. Daniel [& Eunice], b. June 18, 1766	LR8	465
David, s. Jeremiah [& Alise], b. Aug. 20, 1749	LR3	0
David, m. Hannah [ ], May 25, 1775	LR9	551
Debba, d. Aaron [& Damarias], b. Aug. 23, 1780	LR8	459
Dolly, d. Thomas, b. Apr.. 15, 1761	LR5	16
Dorothy, d. Jeremiah [& Alise], b. Feb. 17, 1751; d. Mar. 12, 1754	LR3	0
Dorothy, 2d, d. Jeremiah [& Alise], b. Apr. 26, 1754	LR3	0
Dorothy, 2d, d. Jeremiah, d. Mar. 10, 1755	LR3	0
E. B., of Haddam, m. J. N. **ASHLEY**, of Rochester, N.Y., May 15, 1839, by David D. Field. Int. pub.	1	30
Editha, d. Joel, b. Feb. 19, 1766	LR5	280
Edmund, s. [Daniel, 2d & Temperance], b. Mar. 2, 1737/8	LR2	13
Edmund, s. Joel, b. Apr. 28, 1761	LR5	280
Edward D., m. Sarah M. **SKINNER**, b. of Haddam, Jan. 5, 1851, by Rev. Stephen A. Loper	1	64
Elijah, s. Job [& Thankfull], b. Aug. 9, 1767	LR8	458
Elizabeth, [d. Daniel & Susanna, b.] Apr. 18, 1706	LR2	13
Elizabeth, d. Aaron [& Damarias], b. Sept. 9, 1772	LR8	459
Emeline, of Middletown, m. Luther A. **FREEMAN**, of Haddam, [May] 17, [1842], by David D. Field. Int. pub.	1	38
Emma, m. Joseph B. **HUBBARD**, b. of Haddam, Apr. 29, 1846, by Rev. David D. Field. Int. pub.	1	48
Erastus, [s. Giles], b. Mar. 3, 1805	LR12	269
Esther Maria, m. Heber **BRAINERD**, Jr., Oct. 16, 1828, by Rev. John Marsh	1	16
Flora, [d. Jeremiah, Jr.], b. Feb. 6, 1783	LR9	548
George, [s. Jeremiah, Jr.], b. Jan. 25, 1781	LR9	548
Gilbert, of Canton, m. Emma **BRAINERD**, of Haddam, [Apr.] 1,		

HADDAM VITAL RECORDS 55

	Vol.	Page
HUBBARD, (cont.)		
[1838], by David D. Field. Int. pub.	1	29
Giles, [s. Giles], b. June 22, 1794	LR12	269
Gredlin, m. Mariette **BROCKWAY**, Nov. 28, 1832, by Rev. John Marsh	1	20
Hannah, d. Thomas, b. June 18, 1748	LR5	16
Hannah, 2d, d. Thomas, b. July 31, 1755	LR5	16
Hannah, d. Thomas, d. Dec. 28, 1755	LR5	16
Hannah, w. of Thomas, d. Apr. 23, 1756	LR5	16
Hannah, m. Amasa **HUBBARD**, Sept. 30, 1829, by Rev. John Marsh	1	17
Hannah, d. [Daniel & Susanna], b. [ ]	LR2	13
Henry, m. Emelia **TIBBALS**, b. of Haddam, Apr. 25, 1839, by Stephen Johnson, J.P.	1	29
Israel, [s. Giles], b. Dec. [ ], 1790	LR12	269
James, s. [Daniel, 2d, & Temperance], b. Dec. 23, 1732	LR2	13
Jehosaphet, [s. Giles], b. Oct. 11, 1789	LR12	269
Jeremiah, s. [Daniel & Susanna], b. Feb. 1, 1715/16	LR2	13
Jeremiah, m. Alise [ ], Nov. 11, 1736	LR3	0
Jeremiah, s. Jeremiah [& Alise], b. Jan. 29, 1746	LR3	0
Jeremiah, Jr., m. Flora **HAZELTON**, Feb. 11, 1768	LR8	460
Jeremiah, [s. Jeremiah, Jr.], b. Nov. 16, 1770	LR9	548
Jeremiah, s. [Jeremiah, Jr.], d. July 4, 1790	LR9	548
Jerusha, d. Thomas, b. Nov. 13, 1746	LR5	16
Job, m. Thankfull **CLARK**, Jan. 15, 1767	LR8	458
Joel, s. [Daniel, 2d, & Temperance], b. Jan. 19, 1727/8	LR2	13
Joel, m. Anne **CLARK**, July 25, 1753	LR5	280
Joel, s. Joel, b. May 2, 1755	LR5	280
Joseph B., m. Emma **HUBBARD**, b. of Haddam, Apr. 29, 1846, by Rev. David D. Field	1	48
Joseph Carrier, [s. Giles], b. Aug. 24, 1795	LR12	269
Joseph G., m. Phelena **JOHNSON**, Aug. 25, 1824, by Asa King	1	10
Joseph S., m. Sarah **CROOK**, Sept. 14, 1845, by Ansel Spencer, J.P.	1	46
Joshua, m. Ane **EVANS**, b. of Haddam, Oct. 30, 1841, by Stephen Johnson, J.P.	1	34
Judeth, d. Joel, b. Jan. 18, 1763	LR5	280
Julia Ann, m. Elisha **CLARK**, May 24, 1810	1	2
Katherine, d. Jeremiah [& Alise], b. Dec. 1, 1743	LR3	0
Laura C., m. George W. **ARNOLD**, b. of Haddam, Jan. 19, 1854, by T. B. Chandler	1	74
Levi, [s. Giles], b. Feb. 4, 1787	LR12	269
Maria, m. Nehemiah **TYLER**, Oct. 7, 1831, by Rev. John Marsh	1	20
Martha, d. [Daniel & Susanna], b. Aug. [ ], 1711	LR2	13
Martha, d. Job [& Thankfull], b. Oct. 30, 1769	LR8	458
Martha, d. [Timothy & Sarah], b. Nov. 20, 1776	LR8	458
Mary, [d. Daniel & Susanna], b. Dec. 25, 1698	LR2	13
Mary, d. Jeremiah [& Alise], b. May 19, 1740	LR3	0
Mary, d. [Aaron & Damarias], b. May 4, 1775	LR8	459
Mary, m. Morris **HUBBARD**, b. of Haddam, Jan. 17, 1831 (sic), by Rev. Simon Shailer	1	20
Mat[t]hew, s. Daniel [& Eunice], b. Nov. 11, 1763	LR8	465

	Vol.	Page
HUBBARD, (cont.)		
Michael, [twin with Abigail], s. Timothy [& Sarah], b. June 12, 1770	LR8	458
Michal, m. Vashti **CLARK**, b. of Haddam, May 7, 1845, by Rev. David D. Field	1	46
Morris, m. Mary **HUBBARD**, b. of Haddam, Jan. 17, 1831 (sic), by Rev. Simon Shailer	1	20
Oliva, m. James **THOMAS**, Jr., b. of Haddam, Apr. 20, 1826, by Rev. Simon Shailer	1	13
Owen A., of Haddam, m. Elizabeth S. **SANDERS**, of Deep River, Apr. 7, 1851, by Rev. Stephen A. Loper	1	65
Phebe, m. Horace **CROOK**, May 26, 1835, by Rev. Alexander Hulin	1	23
Prudence, d. [David & Hannah], b. Aug. 6, 1776	LR9	551
Rebecca, [d. Giles], b. Mar. 15, 1797	LR12	269
Reuben, s. Aaron [& Damarias], b. Nov. 1, 1777	LR8	459
Roxanna, m. Samuel W. **TIBBALS**, Mar. 28, 1839, by David D. Field. Int. pub.	1	29
Rufus, s. Jeremiah, Jr., [& Flora], b. Nov. 27, 1768	LR8	460
Rufus, [s. Jeremiah, Jr.], b. Nov. 27, 1768	LR9	548
Ruth, [d. Giles], b. Jan. 10, 1803	LR12	269
Samuel, s. [Daniel, 2d, & Temperance], b. July 21, 1731	LR2	13
Samuel Adams, [s. Giles], b. Feb. 20, 1799	LR12	269
Sarah, d. Joel, b. Nov. 14, 1756	LR5	280
Sarah J., m. Charles H. **HARRIS**, b. of Haddam, Sept. 21, 1852, by Rev. Stephen A. Loper	1	68
Simon, [s. Jeremiah, Jr.], b. Mar. 7, 1774	LR9	548
Solomon, s. Daniel [& Eunice], b. May 30, 1770	LR8	465
Solomon, [s. Giles], b. May 9, 1788	LR12	269
Susan, [d. Jeremiah, Jr.], b. Aug. 28, 1778	LR9	548
Susanna, [d. Daniel & Susanna], b. Nov. 23, 1703	LR2	13
Susannah, w. of Daniel, d. Dec. 2, 1719	LR2	13
Susanna, d. Jeremiah [& Alise], b. July 31, 1737	LR3	0
Temperance, of Haddam, m. Seth **BARTLETT**, of Southampton, Mass., [Oct.] 24, [1847], by Rev. David D. Field. Int. pub.	1	54
Thomas, s. [Daniel & Susanna], b. Jan. 2, 1713/14	LR2	13
Thomas, m. Hannah [ ], June 26, 1744	LR5	16
Thomas, s. Thomas, b. May 27, 1750	LR5	16
Thomas, m. Sarah **WALKLEY**, May 8, 1758	LR5	16
Thomas, Jr., m. Sarah **BOARDMAN**, Nov. 7, 1771	LR9	16
Timothy, s. [Daniel, 2d, & Temperance], b. Apr. 22, 1734	LR2	13
Timothy, m. Sarah **BAILEY**, Apr. 5, 1764	LR8	458
Timothy, s. Timothy [& Sarah], b. July 4, 1767	LR8	458
Ursula, m. Alanson **SPENCER**, Oct. 21, 1821, by Rev. Josiah Bowen	1	8
Zilpha, [d. Aaron & Damarias], b. Feb. 4, 1783	LR8	459
----, child of Joel & Anna, b. Apr. 15, 1754; d. Apr. 23, 1754	LR5	280
HULL, Florilla, m. Cyprian **BRAINERD**, Aug. 3, 1827, by John Marsh	1	14
HUNTINGTON, Cynthia, of Haddam, m. W. **NEWTON**, of Durham, Jan. 1, 1840, by David D. Field. Int. pub.	1	32
Elizabeth, m. Dea. George S. **BRAINERD**, Nov. 25, 1850, by Rev. David D. Field	1	63

	Vol.	Page
HUNTINGTON, (cont.)		
Frederick M., of Middletown, m. Nancy Maria **LEE**, of Haddam, July 25, 1852, by Rev. Stephen A. Loper	1	68
Sibbie, Mrs., m. Rev. Eleazer **MAY**, Nov. 22, 1757	LR7	226
HURD, Harvey C., of Chatham, m. Sarah B. **RUSSELL**, of Haddam, Jan. 15, 1827, by Rev. Simon Shailer	1	14
Jacob's earmark recorded Sept. 26, 1743	LR2	39
HURLBERT, Lois, m. Josiah **BRAINERD**, Jr., May 24, 1759	LR7	225
HUTCHINSON, Ira, m. Linnthia **WARNER**, Mar. 16, 1826, by John Marsh	1	13
INGRAM, Samuel, m. Sarah [*], Feb. 25, 1702/3	LR2	14
*(Additional information added to original manuscript: See: **INGRAM**, Samuel, m. Sarah, probably Sarah (**SHAYLOR**) **LORD**, widow of William **LORD**. See: estate of William **LORD** in Manwaring's Early Connecticut Probate Records, Volume I, page 570. Data supplied by Mrs. L. F. Hollinger, Cherokee, Iowa, on June 6, 1924.)		
Samuel, s. [Samuel & Sarah], b. Feb. 1, 1703/4	LR2	14
Samuel, s. Samuel, d. Mar. 31, 1708	LR2	14
ISBEL, Lucretia, m. Asahel **HARVEY**, July 31, 1825, by David Smith	1	12
IVES, Mark, Rev., of Goshen, m. Mary Anna **BRAINERD**, of Haddam, Nov. 25, 1836, by Rev. Samuel T. Mills	1	24
William C., of Durham, m. Caroline **BRAINERD**, July 29, 1840, by Rev. David D. Field	1	33
JACKSON, Albert, m. Julia **JACKSON**, b. of Haddam, May 1, 1850, by Rev. William Gay	1	62
Julia, m. Albert **JACKSON**, b. of Haddam, May 1, 1850, by Rev. William Gay	1	62
Timothy, of Haddam, m. Juliaette **FIELD**, of East Haddam, Oct. 22, 1839, by Benj[ami]n H. Catling, J.P.	1	30
JEOFREY, George, of Middletown, m. Mary Ann **CAMPBELL**, of Haddam, Feb. 14, 1830, by Charles Bentley	1	19
JOHNSON, Aaron, [s. Didymus & Ruhamah], b. June 22, 1806	1	5
Abigail, d. Richard, Jr., b. Apr. 19, 1761	LR9	19
Anna Brooks, d. Richard, Jr., b. Oct. 24, 1763	LR9	19
Anne, m. Nathaniel **BRAINERD**, Feb. 10, 1773	LR9	23
Barbary, [d. Didymus & Ruhamah], b. Sept. 20, 1804	1	5
Barbara, m. John **SMITH**, May 17, 1824, by Smith Dayton, Elder	1	10
Caleb, [s. Stephen], b. Feb. 12, 1780	LR9	533
Concurance, d. [Didymus & Ruhamah], b. Nov. 24, 1790	1	5
David, s. Richard, b. Oct. 18, 1756	LR5	283
David, s. Richard, Jr., b. Oct. 18, 1756	LR9	19
Dayton, [s. Didymus & Ruhamah], b. Dec. 27, 1815	1	5
Didima, [s. Stephen], b. Feb. 6, 1768	LR9	533
Didymus, m. Ruhamah **STEPHENS**, Jan. 7, 1790	1	5
Didymus, 2d, [s. Didymus & Ruhamah], b. Dec. 24, 1797	1	5
Dorothy, d. John, b. May 15, 1757	LR6	11
Eleaner, see under Eliner		
Elias, s. Richard, Jr., b. Dec. 3, 1758	LR9	19
Elihu, m. Sarah [ ], Apr. 8, 1750	LR6	7
Eliner, d. Elihu, b. Feb. 17, 1750/1	LR6	7
Eliza, [d. Didymus & Ruhamah], b. May 17, 1808	1	5

JOHNSON, (cont.)

	Vol.	Page
Eliza, m. Henry D. **BAILEY**, Apr. 7, 1825, by Rev. John Marsh	1	11
Elizabeth, m. Hezekiah **BRAINERD**, Jr., Nov. 5, 1772	LR9	17
Elizabeth, [d. Stephen], b. Feb. 3, 1778	LR9	533
Emeline, m. Lee D. **ANDREWS**, b. of Haddam, Sept. 23, 1824, by Rev. Simon Shailer	1	10
Eunice, d. Elihu, b. Feb. 3, 1755	LR6	7
Grace, d. John, b. Feb. 27, 1755	LR6	11
Huntington, [s. Didymus & Ruhamah], b. Feb. 15, 1795	1	5
Jabez, s. [Jonathan], b. June 16, 1732	LR3	0
Jemima, of Middletown, m. Samuel **SMITH**, of Haddam, Nov. 11, 1845, by William Case	1	47
Jesse, s. Richard, Jr., b. Feb. 14, 1766	LR9	19
*[ ] *(Jonathan, b. Jan. 5, 1735/6 hand printed in original manuscript)		
Joseph, m. Deborah **SMITH**, Aug. 27, 1835, by Rev. Alfred Gates	1	23
Joshua, [s. Stephen], b. Jan. 8, 1783	LR9	533
Julia Samantha, m. John Kelsey **BURR**, b. of Haddam, Sept. 19, 1834, by Rev. Stephen Martindale	1	22
Lorenzo, [s. Didymus & Ruhamah], b. Apr. 17, 1813	1	5
Lorenzo, m. Mary **JOHNSON**, b. of Haddam, Dec. 30, 1832, by Rev. F. W. Sizer	1	20
Mary, d. Amasa, b. Nov. 30, 1777	LR9	534
Mary, m. Lorenzo **JOHNSON**, b. of Haddam, Dec. 30, 1832, by Rev. F. W. Sizer	1	20
Moses, [s. Didymus & Ruhamah], b. Jan. 2, 1802	1	5
Moses, of Haddam, m. Eunice **LYMAN**, of Killingworth, Dec. 6, 1821, by Rev. Josiah Bowen	1	8
Nancy Jane, of Haddam, m. Charles Horace **BECKWITH**, of Lyme, Jan. 29, 1854, by Rev. Sewall Lamberton	1	74
Nathanael, s. Richard, b. Apr. 3, 1742	LR3	0
Phebe, d. Elihu, b. Oct. 11, 1764	LR6	7
Phelena, m. Joseph G. **HUBBARD**, Aug. 25, 1824, by Asa King	1	10
Rhoda, d. Elihu, b. Oct. 12, 1766	LR6	7
*Richard, s. Jonathan, b. Jan. 5, 1736/7 *(s. Richard hand corrected in original manuscript)	LR3	0
Richard, Jr., m. Mary **BROOKS**, July 13, 1755	LR5	283
Ruth, m. James **PELTON**, Nov. 19, 1767	LR7	226
Sally, [d. Didymus & Ruhamah], b. Apr. 7, 1793	1	5
Samuel, s. Elihu, b. Nov. 29, 1762	LR6	7
Sarah, d. Elihu, b. Apr. 10, 1758	LR6	7
Sarah, d. Amasa, b. June 27, 1775	LR9	534
Sarah S., m. Lyman B. **ARNOLD**, b. of Haddam, Jan. 19, 1847, by Rev. Philo Judson	1	52
Seth, s. Richard, b. July 22, 1744	LR3	0
Sophia, m. Edwin E. **SMITH**, June 9, 1825, by Rev. John Marsh	1	11
Stephen, [s. Stephen], b. Mar. 17, 1762	LR9	533
Stephen, [s. Didymus & Ruhamah], b. Sept. 8, 1792	1	5
Sybel, d. Elihu, b. Oct. 6, 1760	LR6	7
Sybel, d. Elihu, d. Dec. 6, 1761	LR6	7
Sylvester, [s. Didymus & Ruhamah], b. Feb. 3, 1799	1	5
William, s. Elihu, b. Nov. 30, 1752	LR6	7

	Vol.	Page
JOHNSON, (cont.)		
William, [s. Didymus & Ruhamah], b. June [ ], 1811	1	5
JONES, Jesse G., of Saybrook, m. Anna G. **SCOVIL**, of Haddam, July 12, 1821, by Simon Shailer, J.P.	1	8
KEENEY, James R., of Manchester, m. Martha A. **HOUSE**, of Glastonbury, June 18, 1854, by Rev. Sewall Lamberton	1	75
KELSEY, Benjamin, m. Mary Ann **WARNER**, Dec. 1, 1847, by E. W. Cook	1	54
Elizabeth, m. Phinehas **EDWARD**, of Lyme, Jan. 9, 1838, by David D. Field	1	26
Martha, m. Halsey **THOMAS**, b. of Haddam, Jan. 12, 1837, by Rev. Simon Shailer	1	24
Noadiah, m. Sarah **CONE**, b. of Haddam, Jan. 22, 1851, by Rev. William Gay	1	65
Sarah, of Haddam, m. Nelson J. **WOLCOTT**, of Hartford, [Nov.] 29, 1843, by David D. Field. Int. pub.	1	42
KILLBOURNE, Emily N., m. Hosmer **GLADWIN**, Jan. 23, 1853, by Rev. Stephen A. Loper	1	70
KIMBALL, Harriet A., of Middletown, m. William **SPENCER**, of Haddam, [Sept.] 2, [1849], by Rev. David D. Field. Int. pub.	1	58
KIRTLAND, Rebecca, m. Reuben **SMITH**, June 17, 1774	LR9	14
KNOWLES, Bethiah, d. Richard [& Mary], b. Mar. 6, 1757	LR6	10
Daniel C., m. Louisa **DICKINSON**, b. of Haddam, Mar. 7, 1827, by Rev. Simon Shailer	1	9
Elizabeth, d. Richard [& Mary], b. Dec. 6, 1749	LR6	10
Elizabeth, m. Abner **TIBBALS**, Jr., July 27, 1774	LR9	551
Enos H., m. Rebecca B. **ELY**, b. of Haddam, [Nov.] 28, [1849], by Rev. David D. Field. Int. pub.	1	60
Esther, d. Richard [& Mary], b. Mar. 7, 1759	LR6	10
John H., m. Tamzon M. **CLARK**, b. of Haddam, Feb. 8, 1838, by D. D. Field. Int. pub.	1	26
Mary, d. Richard [& Mary], b. Oct. 18, 1751	LR6	10
Mehitable, m. Abner **SMITH**, Apr. 26, 1750	LR5	280
Reuel, m. Acksey Minerva **HUBBARD**, b. of Haddam, Sept. 8, 1825, by Eli Warner, J.P.	1	12
Richard, m. Mary [ ], Apr. 4, 1749	LR6	10
Simon, s. Richard [& Mary], b. Apr. 18, 1761	LR6	10
Susanna, d. Richard [& Mary], b. Feb. 5, 1755	LR6	10
Susanna, m. Obediah **DICKERSON**, Nov. 27, 1774	LR9	529
Willard, m. Asenath M. **DICKINSON**, b. of Haddam, Jan. 1, 1827, by Rev. Simon Shailer	1	14
LANE, Bela, m. Lorinda **NETTLETON**, of Killingworth, Nov. 26, 1848, by Rev. Cha[rle]s S. R. Adams	1	56
Dan P., of Killingworth, m. Lydia **BURR**, of Haddam, Nov. 25, 1829, by Rev. Simon Shailer	1	18
Dan P., m. Cynthia S. **BURR**, of Haddam, Dec. 26, 1841, by Rev. David D. Field. Int. pub.	1	36
Edmund, m. Nancy **THOMAS**, Mar. 8, 1825, by Rev. John Marsh	1	11
George W., of Guilford, m. Maria L. **BURR**, of Haddam, May 3, 1849, by Rev. David D. Field. Int. pub.	1	57
LEE, Elizabeth, m. Nathaniel **SPENCER**, Mar. 27, 1744	LR5	272
Nancy Maria, of Haddam, m. Frederick M. **HUNTINGTON**, of		

	Vol.	Page
LEE, (cont.)		
Middletown, July 25, 1852, by Rev. Stephen A. Loper	1	68
LESTER, Elizabeth, d. John, b. June 18, 1727	LR2	2
LEWIS, LUES, Abigail, m. Josiah BRAINERD, 3rd, June 5, 1777	LR9	534
Anna, [d. Samuel & Dorcas], b. Dec. 1, 1772	LR9	14
Augustus, s. Nathan, b. June 12, 1752	LR5	282
Augustus, Jr., m. Wealthy BATES, b. of Haddam, Feb. 21, 1827, by Rev. Simon Shailer	1	9
Charity, [d. Samuel & Dorcas], b. Apr. 8, 1784	LR9	14
Clarissa, [d. Samuel & Dorcas], b. Sept. 26, 1770	LR9	14
Deborah, d. Joseph, b. Apr. 16, 1721	LR3	0
Elieaser, s. [Zebulon & Mahetabell], b. Aug. 4, 1726	LR2	29
Elisha, s. [Zebulon & Mahetabell], b. July 12, 1731	LR2	29
Frances, s. Nathan, b. Aug. 21, 1749	LR5	282
Frances, d. Aug. 10, 1814	1	7
Hannah, [d. Samuel & Dorcas], b. Mar. 10, 1776	LR9	14
John, s. [Joseph], b. Apr. 14, 1723	LR3	0
John, m. Deborah [ ], June 21, 1744	LR4	f
John, s. John [& Deborah], b. June 27, 1746	LR4	f
John E., of Madison, m. Drusilla CLARK, of Haddam, Feb. 13, 1854, by Rev. David Nash	1	74
Joseph, d. May 27, 1742, ae. about 65 y.	LR3	0
Joseph, s. John [& Deborah], b. Mar. 24, 1744/5	LR4	f
Larey, s. [Zebulon & Mahetabell], b. Apr. 13, 1729	LR2	29
Mamie, [d. Samuel & Dorcas], b. Jan. 25, 1781	LR9	14
Mary, m. Leander BAILEY, Mar. 27, 1825, by Rev. John Marsh	1	11
Mehetable, d. [Zebulon & Mahetabell], b. Apr. 29, 1720	LR2	29
Nathan, s. [Zebulon & Mahetabell], b. Feb. 29, 1723/4	LR2	29
Nathan, m. Sarah [ ], Nov. 9, 1748	LR5	282
Nathan's earmark	LR4	c
Rosetta A., of Haddam, m. Samuel C. NETTLETON, of Killingworth, Sept. 15, 1850, by Rev. William Gay	1	63
Ruth, d. Zebulon, Jr. [& Ruth], b. Oct. 8, 1741	LR4	a
Ruth, [d. Samuel & Dorcas], b. Oct. 16, 1778	LR9	14
Samuel, s. Zebulon, Jr. [& Ruth], b. Aug. 2, 1745	LR4	a
Samuel, m. Dorcas SMITH, Dec. 24, 1768	LR9	14
Sarah, m. Dan DICKINSON, b. of Haddam, Mar. 22, 1828, by Rev. Simon Shailer	1	15
Thomas, s. [Zebulon & Mahetabell], b. Aug. 1, 1735	LR2	29
Zebulon, m. Mahetabell [ ], Dec. 30, 1714	LR2	29
Zebulon, s. [Zebulon & Mahetabell], b. Aug. 30, 1715	LR2	29
Zebulon, Jr., m. Ruth [ ], Aug. 14, 1739	LR4	a
Zebulon, s. [Samuel & Dorcas], b. Nov. 7, 1769	LR9	14
Zebulon, Jr., earmark	LR4	c
-----, d. [Zebulon & Mahetabell], b. Feb. 24, 1721/2	LR2	29
LINN, Alexander, m. Mary [ ], Sept. [ ], 1751	LR6	12
Alexander, s. Alexander [& Mary], b. July 14, 1752	LR6	12
Alexander, s. Alexander [& Mary], d. Jan. [ ], 1754	LR6	12
Almira, m. Asa BRAINERD, Nov. 19, 1828, by Rev. John Marsh	1	17
Almira, m. Joseph SMITH, colored, May 24, 1830, by Rev. John Marsh	1	18
James, s. James, b. July 31, 1760	LR5	272

	Vol.	Page
LINN, (cont.)		
John, s. Alexander [& Mary], b. Dec. 7, 1753	LR6	12
William, s. Alexander [& Mary], b. Dec. 31, 1755	LR6	12
LITTLE, William, m. Freelove **RICH**, Sept. 9, 1821, by Hezekiah Brainerd, J.P.	1	8
LOOMIS, Florilla, of Haddam, m. Luther **SANBORN**, of Meredeth, N.H., [Dec.] 30, [1838], by David D. Field. Int. pub.	1	27
Hyman G., of Saybrook, m. Catharine **RUTTY**, of Haddam, June 22, 1834, by Samuel West	1	21
LOPER, Mary E., m. Lyman H. **DICKINSON**, b. of Haddam, Sept. 12, 1853, by Rev. Stephen A. Loper	1	71
Sarah Meigs, of Haddam, m. Richard Lynd **SELDEN**, of Lyme, May 20, 1851, by Rev. Stephen A. Loper	1	66
LOVELAND, Isaac, m. Clarissa **CONE**, Apr. 16, 1829, by Rev. John Marsh	1	17
LUCAS, William, of Durham, m. Ruth **THOMAS**, of Haddam, Apr. 25, 1838, by David D. Field. Int. pub.	1	27
LUES, [see under **LEWIS**]		
LUTHER, Eliot B., of Lyme, m. Asenath S. **SHAILER**, of Haddam, Oct. 1, 1843, by Rev. Simon Shailer	1	41
LYMAN, Eunice, of Killingworth, m. Moses **JOHNSON**, of Haddam, Dec. 6, 1821, by Rev. Josiah Bowen	1	8
[**LYNN**], [see under **LINN**]		
MACK, Abigail, m. Jeptha **BRAINERD**, Apr. 4, 1780	LR8	459
David Hall, of Hebron, m. Jeannett **McNAIRY**, of Haddam, May 1, 1853, by Rev. Stephen A. Loper	1	71
McNARY, McNAIRY, Jeannett, of Haddam, m. David Hall **MACK**, of Hebron, May 1, 1853, by Rev. Stephen A. Loper	1	71
Richard, m. Deborah **RAY**, Nov. 6, 1825, by Rev. Simon Shailer	1	12
MALERY, Samuel, of Chesire, m. Wealthy Ann **BRAINERD**, of Haddam, Oct. 31, 1847, by Rev. E. W. Cook	1	54
MANWARRING, Sarah A., m. Edwin **SALTER**, b. of Saybrook, June 5, 1848, by N. C. Lewis	1	55
MARKHAM, Esther, d. William, b. Oct. 12, 1746	LR2	34
Esther, d. William, d. Oct. 26, 1746	LR2	34
James, s. [William & Esther], b. Sept. 16, 1740	LR2	34
John, s. William, b. Nov. 9, 1744	LR2	34
John, s. William, d. Jan. 19, 1745/6	LR2	34
Joseph, s. William, b. July 25, 1742	LR2	34
Joseph, s. William, b. July 25, 1742	LR3	0
Martha, w. of William, d. Oct. 15, 1746	LR2	34
William, m. Esther **BRAINERD**, wid. of [William, Jr.], Dec. 7, 1737	LR2	34
William, s. [William & Esther], b. Sept. 14, 1738	LR2	34
William, m. Deborah (?) [ ], [ ] 21, 1747	LR2	33
MASON, Daniel, of Lebanon, m. Mrs. Dorothy **HOBART**, Apr. 19, 1704	LR2	19
Dorothy, [Mrs.], m. Hezekiah **BRAINERD**, Oct. 1, 1707	LR2	19
Jeremiah, s. [Daniel & Dorothy], b. Mar. 4, 1704/5	LR2	19
MATHER, William, of Middletown, m. Orpha **THOMAS**, of Haddam, Apr. 4, 1841, by Rev. A. F. Beach	1	34
William E., m. Catharine **BROOKS**, Mar. 12, 1825, by Rev. John Marsh	1	11

	Vol.	Page
MAY, Anne, [d. Rev. Eleazer & Sibbie], b. Mar. 5, 1763	LR7	226
Clarissa, [d. Rev. Eleazer & Sibbie], b. Apr. 27, 1770	LR7	226
Clarissa, m. Davis **HALSEY**, Mar. 16, 1828, by Rev. John Marsh	1	16
Cynthia, [d. Rev. Eleazer & Sibbie], b. July 25, 1761	LR7	226
Eleazer, Rev., m. Mrs. Sibbie **HUNTINGTON**, Nov. 22, 1757	LR7	226
Elizabeth, [d. Rev. Eleazer & Sibbie], b. Apr. 7, 1765	LR7	226
Elizer, [s. Rev. Eleazer & Sibbie], b. Oct. 2, 1766	LR7	226
Hezekiah, [s. Rev. Eleazer & Sibbie], b. Dec. 26, 1773	LR7	226
Huntington, [s. Rev. Eleazer & Sibbie], b. Feb. 9, 1772	LR7	226
John, [s. Rev. Eleazer & Sibbie], b. Aug. 22, 1758	LR7	226
Prudence, [d. Rev. Eleazer & Sibbie], b. Sept. 14, 1768	LR7	226
Sibble, [d. Rev. Eleazer & Sibbie], b. Feb. 14, 1760	LR7	226
MEAGER, Joseph's earmark recorded May 1, 1736	LR2	37
MERWIN, Benjamin, m. Lucy **CLAPSATTLE**, Feb. 4, 1827, by Rev. John Marsh	1	14
Daniel, m. [ ] **SPENCER**, d. of Joseph, July 4, 1832, by Rev. John Marsh (Written "Daniel Mervin")	1	20
MESSENGER, Annah C., of Boston, m. John B. **SMITH**, of Haddam, Aug. 15, 1847, by Rev. E. W. Cook	1	53
MILDRUM, MILLDRUM, Henry, of Middletown, m. Eliza Ann **PARKER**, of Haddam, May 29, 1833, by Rev. W[illia]m Denison	1	21
Lydia M., m. Asher S. **SHAILER**, b. of Haddam, Apr. 24, 1853, by Rev. Simon Shailer	1	71
MILLER, Joseph, of Middletown, m. Eunice **WILLIAMS**, of Haddam, Mar. 13, 1836, by Rev. Alfred Gates	1	23
Merrit, of Middletown, m. Eveline **BROOKS**, of Haddam, Oct. 23, 1826, by John Marsh	1	13
MINER, Phehiemel, of Lyme, m. Nancy Ann **BATES**, of Haddam, May 28, 1830, by Rev. Peter G. Clarke, of East Haddam	1	19
MITCHEL[L], W[illia]m S., m. Esther M. **BRAINERD**, b. of Haddam, June 15, 1837, by Rev. Cephas Brainerd	1	25
MORSE, Ashbel B., of Guilford, m. Martha M. **RAY**, of Haddam, Oct. 3, 1847, by Rev. Simon Shailer	1	53
MUDGE, MUDG, Abigail, d. [Ebenezer & Hannah], b. Sept. 13, 1743	LR3	0
Ebenezer, m. Hannah [ ], July 8, 1736	LR3	0
Ebenezer, s. [Ebenezer & Hannah], b. Apr. 13, 1737	LR3	0
Ebenezer's earmark	LR4	h
Hannah, d. [Ebenezer & Hannah], b. Feb. 28, 1738/9	LR3	0
Joshua, s. [Ebenezer & Hannah], b. May 30, 1741	LR3	0
Mica's earmark	LR4	c
MUNGOR, Abner, s. Joseph, b. May 7, 1733	LR3	0
NEFF, Oliver, m. Augusta S. **BAILEY**, b. of Haddam, Jan. 29, 1854, by T. B. Chandler	1	74
NETTLETON, Betsey, of Killingworth, m. Edwin **HARVEY**, of Haddam, June 2, 1844, by Ansel Spencer, J.P.	1	42
Lorinda, of Killingworth, m. Bela **LANE**, Nov. 26, 1848, by Rev. Cha[rle]s S. R. Adams	1	56
Samuel C., of Killingworth, m. Rosetta A. **LEWIS**, of Haddam, Sept. 15, 1850, by Rev. William Gay	1	63
NEWELL, Woodruff P., of Southington, m. Harriet L. **PARDEE**, of Haddam, Oct. 13, 1850, by Rev. William Gay	1	64

HADDAM VITAL RECORDS 63

	Vol.	Page
NEWTON, W. of Durham, m. Cynthia HUNTINGTON, of Haddam, Jan. 1, 1840, by David D. Field, Int. pub.	1	32
NICHOLS, James, b. Nov. 20, 1763	LR9	528
NILES, Harriet Elizabeth, ae. 25, m. Hubbard VENTRES, merchant, ae. 30, b. of Haddam, Nov. 10, 1841, by Rev. James Milner, of New York. Witnesses: Smith Ventres, George Seeley	1	35
NORTH, Kingsley, of Middletown, m. Orpha M. GLADWIN, of Haddam, Nov. 25, 1841, by Rev. David D. Field. Int. pub.	1	36
NORTHAM, John, of Chatham, m. Ann BRAINERD, of Haddam, [1834?], by Stephen A. Loper	1	21
Meriam W., of Haddam, m. Benajah M. ADAMS, of Burr Oak, Mich., Sept. 4, 1849, by Rev. William Gay	1	59
NORTON, Nelson S., m. C. Amanda BROOKS, b. of Haddam, Jan. 15, [1854], by Rev. J. Killbourn	1	73
NOYES, James, Rev., of Middletown, m. Esther J. WALKLEY, of Haddam, Sept. 11, 1833, by Rev. John Whitmore, of Guilford	1	21
ODBER, John, of Lanock, Upper Canada, m. Harriet ELY, of Haddam, Sept. 1, 1839, by Luther Paine. Int. pub.	1	29
PARDA, [see also PARDEE], Minerva, of Southington, m. William RAY, of Haddam, Aug. 29, 1830, by Robert Graves & Joseph Arnold. Int. pub.	1	18
PARDEE, [see also PARDA and PURDEE], Harriet L., of Haddam, m. Woodruff P. NEWELL, of Southington, Oct. 13, 1850, by Rev. William Gay	1	64
Warren, m. Sylva A. BRAINERD, b. of Haddam, Oct. 13, 1850, by Rev. William Gay	1	63
PARKER, Eleanor, m. Simeon SMITH, Sept. 10, 1746	LR5	273
Eliza Ann, of Haddam, m. Henry MILLDRUM, of Middletown, May 29, 1833, by Rev. W[illia]m Denison	1	21
Eunice, d. Silvanus, b. Mar. 24, 1776	LR9	530
Jerusha, d. Silvanus, b. Sept. 17, 1774	LR9	530
John F., of East Haddam, m. Emily M. CHITTENDEN, of Haddam, [Sept.] 5, [1837], by [David D. Field]. Int. pub.	1	26
Oscar F., of Sacketts Harbour, N.Y., m. Amelia B. HAZELTON, Dec. 2, 1840, by Rev. David D. Field. Int. pub.	1	33
PARMELEE, Eunice, [d. Linus], b. Mar. 29, 1790; d. June 23, 1804	LR9	534
Frederick Edwing, [s. Linus], b. Jan. 11, 1803	LR9	534
George Edgar, [s. Linus], b. Aug. 17, 1787	LR9	534
George Edgar, [s. Linus], d. Nov. 1, 1799, in the 13th y. of his age	LR9	534
George Edgar, 2d, [s. Linus], b. Aug. 27, [ ]; d. Feb. 20, 1801	LR9	534
John Edwin, s. Linus, b. Oct. 29, 1794	LR9	534
Mariah, [d. Linus], b. Feb. 8, 1799	LR9	534
Maria, [d. Linus], d. July 20, 1803, ae. 4 y. 5 m. 22 d.	LR9	534
Meertemommia (?), d. Linus, b. July 26, 1796	LR9	534
PATTERSON, Alexander, ae. 28 on Dec. 25, 1733, m. Deboray [ ], Feb. 21, 1733/4	LR3	0
Deborah, d. [Alexander & Deboray], b. May 20, 1742	LR3	0
Elisabeth, d. [Alexander & Deboray], b. Dec. 18, 1739	LR3	0
Timothy, s. [Alexander & Deboray], b. Apr. 7, 1737	LR3	0
William, s. [Alexander & Deboray], b. Mar. 6, 1734/5	LR3	0
PAYNE, Ira, m. Amanda BATES, b. of Haddam, Aug. 20, 1832, by		

	Vol.	Page
PAYNE, (cont.)		
Russell Shailer, J.P.	1	20
Ira H., of Southhold, L.I., m. Maria **TYLER**, of Haddam, Feb. 19, 1828, by Rev. Simon Shailer	1	15
PECK, Ann, of Lyme, m. Dudley **WHITE**, of Haddam, June 28, 1829, by Rev. Simon Shailer	1	18
Titus D., of Bethaney, m. Louisa E. **BRAINERD**, of Haddam, Feb. 6, 1853, by Rev. Stephen A. Loper	1	70
PELTON, Asahel, of Lovington, N.Y., m. Electa **BURR**, of Haddam, July 17, 1836, by Rev. Orlando Starr	1	24
James, m. Ruth **JOHNSON**, Nov. 19, 1767	LR7	226
Lucy, m. Samuel **STANNARD**, Nov. 11, 1772	LR9	16
PERKINS, Ransom, of Marlborough, m. Lucy **YOUNG**, of Haddam, Nov. 27, 1834, by T. S. Clark	1	22
PERRY, Frederick, m. Electy **TYLER**, b. of Haddam, [1821?], by Simon Shailer, J.P.	1	7
PHELPS, David, m. Mary **DICKINSON**, Dec. 4, 1825, by Rev. John Marsh	1	12
PICKETT, PICKET, Daniel, s. Samuel [& Hephzibah], b. Aug. 4, 1749	LR5	278
Elizabeth, d. John, b. July 2, 1749	LR5	279
James, s. Samuel [& Hephzibah], b. Mar. 22, 1755	LR5	278
John, m. Elizabeth [ ], Dec. 13, 1744	LR5	279
John, s. John, b. June 19, 1754	LR5	279
Mary, d. John, b. Feb. 6, 1751/2	LR5	279
Phebe, d. Samuel [& Hephzibah], b. [ ] 23, 1752	LR5	278
Rebeckah, d. Samuel [& Hephzibah], b. Mar. 15, 1746/7	LR5	17
Rebeckah, d. Samuel [& Hephzibah], b. Mar. 15, 1746/7	LR5	278
Samuel, m. Hephzibah [ ], Feb. 9, 1743/4	LR5	17
Samuel, m. Hephzibah [ ], Feb. 9, 1743/4	LR5	278
Samuel, s. Samuel, b. May 4, 1760	LR5	278
PLATT, Elizabeth, m. Benj[ami]n **BURR**, Dec. 3, 1777	LR9	545
POND, Aaron, s. Moses [& Mary], b. Oct. 1, 1719	LR2	8
Aaron, m. Martha [ ], Jan. 23, 1744/5	LR4	f
Asher, d. Oct. 30, 1749	LR2	35
Moses, m. Mary **BRAINERD**, Jan. 7, 1718/19	LR2	8
Moses' earmark recorded Feb. [ ], 1719/20	LR2	8
Moses, s. Aaron [& Martha], b. Jan. 7, 1745/6	LR4	f
PORTER, Aaron, [s. Abner], b. May 3, 1760	LR7	225
Abigail, [d. Abner], b. Jan. 23, 1757	LR7	225
Abigail, m. Samuel **SPENCER**, June 26, 1771	LR9	550
Abner, [s. Abner], b. May 3, 1755	LR7	225
Amos, [s. William], b. Dec. 26, 1704	LR2	9
Amos, [s. Abner], b. Feb. 13, 1753	LR7	225
Andrew, [s. Giles], b. Jan. 24, 1773	LR6	9
Anne, [d. Abner], b. May 17, 1758	LR7	225
Asahel, s. [Edmund & Leah], b. Sept. 18, 1772	LR9	549
Bathsheba, d. Giles, b. Mar. 13, 1760	LR6	9
Concurance, [child of Abner], b. June 17, 1766	LR7	225
Edmund, m. Leah **WILLCOX**, Dec. 18, 1777* *(Probably 1771)	LR9	549
Edmund, m. Mary **SMITH**, Feb. 23, 1790	LR9	549
Edmund, s. [Edmund & Mary], b. June 18, 1791	LR9	549

	Vol.	Page
PORTER, Giles, s. Will[ia]m, 2d, b. July 6, 1722	LR2	9
Giles, m. Naomy [ ], Sept. 8, 1747	LR6	9
Giles Ward, s. Giles, b. Sept. 20, 1771	LR6	9
Ira, [s. Giles], b. Jan. 11, 1775	LR6	9
James, [s. Abner], b. Sept. 6, 1764	LR7	225
John, s. Giles, b. June 1, 1762	LR6	9
Leah, w. of Edmund, d. Apr. 30, 1779	LR9	549
Lucretia, m. Charles **SEARS**, Jan. 8, 1756	LR5	273
Lucretia, [d. Abner], b. Aug. 9, 1768	LR7	225
Lydia, d. Giles, b. Feb. 9, 1754	LR6	9
Martha, d. William, Sr., b. Apr. 16, 1711	LR2	9
Martha, d. Giles, b. Apr. 25, 1756	LR6	9
Naomy, d. Giles, b. May 5, 1758	LR6	9
Rachel, [d. Abner], b. June 5, 1770	LR7	225
Rachel, [d. Edmund & Leah], b. May 16, 1774; d. June 21, 1776	LR9	549
Rachel, 2d, d. [Edmund & Leah], b. May 30, 1777	LR9	549
Ruth, d. Giles, b. May 6, 1748	LR6	9
Ruth, d. Giles, b. Nov. 8, 1748	LR6	9
Ruth, 2d, d. Giles, b. Feb. 1, 1752	LR6	9
Sarah, [d. William], b. Jan. 30, 1702	LR2	9
Sarah, d. [Will[ia]m, 2d], b. Sept. 17, 1723	LR2	9
Sarah, m. Nathaniel **BURR**, Aug. 19, 1742	LR7	227
Submit, [d. Abner], b. Dec. 13, 1772	LR7	225
Susanna, [d. Abner], b. Apr. 21, 1762	LR7	225
William, [s. William], b. Nov. 26, 1699	LR2	9
William, s. Giles, b. Dec. 8, 1749	LR6	9
William's earmark recorded Feb. 3, 1723/4	LR2	9
POST, Jordan, s. Jordan, b. Nov. 11, 1709	LR2	8
Lucretia, of Saybrook, m. Ezra **BRAINERD**, of Haddam, May 21, 1827, by Charles Bentley	1	14
Millard, m. Mary Ann **CHILD**, Aug. 21, 1831, by Rev. John Marsh	1	19
Sarah, [d. Jordan], b. Mar. 8, 1711/12	LR2	8
Sylvia, m. Erastus **WATERHOUSE**, b. of Saybrook, Nov. 19, 1829, by Rev. Simon Shailer	1	18
POTTER, Henry, of Enfield, m. wid. Emeline E. **HART**, of Saybrook, Aug. 7, 1843, by David D. Field	1	41
POWERS, Hannah, m. John **SMITH**, b. of Haddam, Mar. 7, 1851, by Rev. William Gay	1	65
PRATT, Abner, s. Lemuel, b. June 3, 1768	LR9	19
Harriet Eliza, of Essex, m. John Wesley **CRETTENTON**, of Haddam, Dec. 26, 1843, by Rev. David D. Field	1	42
John, s. Lemuel, b. Aug. 5, 1762	LR9	19
Lemuel, s. Lemuel, b. Mar. 23, 1760	LR9	19
Nathan, m. Orpha A. **CARTER**, Nov. 5, 1826, by Rev. John Marsh	1	13
Phebe, d. Lemuel, b. June 4, 1758	LR9	19
Philo, of Saybrook, m. Dolly **WALKLEY**, of Haddam, Feb. 5, 1843, by Rev. Simon Shailer	1	40
Ruth, d. Lemuel, b. May 27, 1765	LR9	19
PURDEE, [see also **PARDEE**], Orra Ann, of Haddam, m. Smith C. **BOWERS**, of Middletown, July 4, 1849, by Rev. William		

	Vol.	Page
PURDEE, [see also **PARDEE**], (cont.)		
Gay	1	59
PURPLE, Edward, [twin with Mary], s. Edward, b. Mar. 28, 1713	LR2	8
Elias, s. Edward, b. Mar. 27, 1716	LR2	8
John, s. Edward, b. June 14, 1718	LR2	8
Mary, [twin with Edward], d. Edward, b. Mar. 28, 1713	LR2	8
Nathaniel, of Chatham, m. Weltha Ann **TUCKER**, of Haddam, Oct. 4, 1846, by Rev. Simon Shailer	1	49
PURSELL, John, s. Edward, b. Aug. 30, 1680	LR1	127
RANNEY, Lydia, d. Ephraim, b. Apr. 18, 1759	LR5	273
Silence, d. Ephraim, b. Mar. 18, 1757	LR5	273
RAY, RAYE, Abigail, m. Joseph **SMITH**, Aug. 26, 1820, by John Marsh	1	6
Annar, d. Jeremiah, b. July 21, 1762	LR5	281
Arnold, m. Lucy **DEWEY**, b. of Haddam, Aug. 18, 1825, by Rev. Simon Shailer	1	12
Daniel, s. [Joseph], b. Apr. 3, 1743	LR3	0
Deborah, m. Richard **McNARY**, Nov. 6, 1825, by Rev. Simon Shailer	1	12
Edward, b. Aug. 12, 1699	LR2	22
Elisha, s. [Joseph], b. June 24, 1740	LR3	0
Elisha, s. Nath[anie]l, b. Nov. 20, 1773	LR9	532
Esther, d. Isaac [& Hannah], b. Jan. 25, 1750/1	LR5	274
Hannah, d. [James & Hannah], b. Jan. 29, 1740/1	LR3	0
Hannah, d. Isaac [& Hannah], b. Mar. 19, 1752/3	LR5	274
Harriet, m. Grove **STRONG**, Nov. 20, 1825, by Rev. John Marsh	1	12
Isaac, s. [Joseph], b. Aug. 11, 1723	LR3	0
Isaac, m. Hannah [ ], May 11, 1749	LR5	274
Isaac, s. Isaac [& Hannah], b. July 25, 1766	LR5	274
James, m. Hannah [ ], Aug. 28, 1734	LR3	0
James, m. Nancy **SMITH**, b. of Haddam, Oct. 2, 1820, by John Marsh	1	6
Jeremiah, s. [Joseph], b. Mar. 28, 1732	LR3	0
Jeremiah, m. Mehitabel [ ], Nov. 9, 1756	LR5	281
Joseph, s. [Joseph], b. Sept. 21, 1736	LR3	0
Levi, m. Percilla **RAY**, b. of Haddam, Apr. 16, 1833, by Rev. W[illia]m Denison	1	21
Levy, s. Isaac [& Hannah], b. Apr. 10, 1762	LR5	274
Lucy Ann, m. Meret **BUEL**, b. of Haddam, Apr. 12, 1846, by Rev. Simon Shailer	1	48
Lydia, d. [Joseph], b. Mar. 5, 1727/8	LR3	0
Lydia, d. Isaac [& Hannah], b. Apr. 18, 1756	LR5	274
Martha M., of Haddam, m. Ashbel B. **MORSE**, of Guilford, Oct. 3, 1847, by Rev. Simon Shailer	1	53
Mary, d. [Joseph], b. July 23, 1730	LR3	0
Mary, d. [James & Hannah], b. Dec. 20, 1737	LR3	0
Nathaniel, s. [Joseph], b. Oct. 30, 1725	LR3	0
Nathaniel, s. Nath[anie]l, b. Sept. 6, 1776	LR9	532
Patience, d. Jeremiah, b. June 18, 1770	LR5	281
Percilla, m. Levi **RAY**, b. of Haddam, Apr. 16, 1833, by Rev. W[illia]m Denison	1	21
Rachel, d. [Joseph], b. Feb. 20, 1735/6	LR3	0
Sally, m. Hiram **DICKERSON**, June 30, 1790	LR9	530

	Vol.	Page
RAY, (cont.)		
Sally, m. Jared **DICKINSON**, Mar. 16, 1821, by Simon Shailer, J.P.	1	7
Samuel, s. [James & Hannah], b. July 28, 1735	LR3	0
Temperance, d. Jeremiah, b. Apr. 16, 1766	LR5	281
Thankfull, d. Isaac [& Hannah], b. July 5, 1759	LR5	274
Timothy, s. [Joseph], b. May 25, 1738	LR3	0
William, of Haddam, m. Minerva **PARDA**, of Southington, Aug. 29, 1830, by Robert Graves & Joseph Arnold. Int. pub.	1	18
REED, Roswell, m. Caroline M. **USHER**, Nov. 16, 1831, by Rev. John Marsh	1	20
RICH, David, [s. David], b. Feb. 22, 1805	LR12	271
Freelove, m. William **LITTLE**, Sept. 9, 1821, by Hezekiah Brainerd, J.P.	1	8
Huldah, [d. David], b. May 24, 1798	LR12	271
Huldah, [d. David], b. June 23, 1798	LR9	536
Joseph O., of Chatham, m. Harriet **CLARK**, of Haddam, [Feb.] 26, [1838], by David D. Field. Int. pub.	1	26
Justus, [s. David], b. May 22, 1800	LR12	271
Lemuel, [s. David], b. Sept. 22, 1795	LR12	271
Nabby, [d. David], b. Feb. 22, 1802	LR12	271
Pelenope, m. Robert **BRADFORD**, Aug. 15, 1768	LR5	272
Samuel, [s. David], b. Sept. 24, 1796	LR9	536
Waterman, of Middle Haddam, m. Lucretia **CHILD**, [Dec,] 10, [1837], by David D. Field	1	26
RICHARDSON, Stanton, s. Samuel, b. Jan. 10, 1755	LR5	18
Stanton, s. Samuel, b. Jan. 10, 1755	LR5	278
ROGERS, Elihu B., m. Cornelia **BRAINERD**, Oct. 9, 1844, by Rev. David D. Field	1	43
ROOT, Calista L., m. Alfred **BRAINERD**, Jr., b. of Haddam, Jan. 22, 1845, by Rev. Philo Judson	1	44
ROWLEY, Diadama, m. Elihu **SPENCER**, Aug. 21, 1785	LR9	532
RUSSELL, Clarissa A., m. James S. **SELDEN**, b. of Haddam, Jan. 10, 1850, by Rev. James C. Haughton	1	61
David C., m. Julia A. **DICKINSON**, b. of Haddam, Dec. 30, 1846, by Rev. E. W. Cook	1	51
Joseph, m. Elizabeth **BROOKS**, June 9, 1839, by S. A. Loper	1	29
Mariah, m. Guy **BEBY**, b. of Lyme, Feb. 1, 1821, by Joseph Arnold, J.P.	1	7
Sarah B., of Haddam, m. Harvey C. **HURD**, of Chatham, Jan. 15, 1827, by Rev. Simon Shailer	1	14
RUTTY, Catharine, of Haddam, m. Hyman G. **LOOMIS**, of Saybrook, June 22, 1834, by Samuel West	1	21
Mary, m. Frederic **D[e]WOLF**, May 27, 1829, by Rev. Simon Dickinson, at the house of Asa Rutty	1	18
SAGE, Benjamin, of Middletown, m. Elizabeth A. **BROOKS**, of Haddam, Apr. 19, 1837, by David D. Field. Int. pub. [Apr.] 16, [1837], in Middletown, by Zebulon Crocker, Pastor	1	24
SALTER, Edwin, m. Sarah A. **MANWARRING**, b. of Saybrook, June 5, 1848, by N. C. Lewis	1	55
SANBORN, Luther, of Meredeth, N.H., m. Florilla **LOOMIS**, of Haddam, [Dec.] 30, [1838], by David D. Field. Int. pub.	1	27
SANDERS, Elizabeth S., of Deep River, m. Owen A. **HUBBARD**, of		

	Vol.	Page
SANDERS, (cont.)		
Haddam, Apr. 7, 1851, by Rev. Stephen A. Loper	1	65
William H., m. Amanda **WEBB**, b. of Saybrook, Sept. 21, [1834?], by Rev. Samuel C. Davis	1	22
SANDERSON, Samuel A., of Middletown, m. Emma A. **SPENCER**, of Haddam, Feb. 4, 1849, by Rev. David D. Field. Int. pub.	1	56
SAYER, Benjamin L., Rev., of New Bedford, Mass., m. Angalett **ACKLEY**, of Haddam, Dec. 30, 1846, by Rev. Levi M. Wakeman	1	51
SCOVIL, SCOVEL, SCOVELL, Amasa, s. [Sam[ue]l & Ruth], b. June 7, 1774	LR9	17
Anna, d. [Sam[ue]l & Mary], b. May 14, 1783	LR9	17
Anna G., of Haddam, m. Jesse G. **JONES**, of Saybrook, July 12, 1821, by Simon Shailer, J.P.	1	8
Betsey, d. John, b. Feb. 24, 1779	LR9	533
Daniel, s. Joseph, b. June 23, 1782	LR9	540
Daniel, m. Tamson E. **GLADWIN**, June 6, 1849, by Rev. Henry M. Field. Int. pub.	1	58
Dorothy, d. William, b. July 14, 1755	LR3	0
Dorothy, d. Josiah, b. Sept. 3, 1760	LR6	12
Edward, m. Hannah [ ], Feb. 21, 1699	LR2	22
Edward, d. Apr. 21, 1703	LR2	22
Fanny, [d. Joseph], b. Mar. 13, 1784	LR9	540
Hannah, [d. Edward & Hannah], b. Jan. 25, 1702	LR2	22
Hannah, d. [William & Hannah], b. Apr. 11, 1739	LR3	0
Hannah, m. Oliver **BAILEY**, May 14, 1761	LR9	542
Hannah, m. Christopher **TYLER**, b. of Haddam, [Nov.] 5, [1846], by Rev. David D. Field	1	50
Irene, d. John, b. Nov. 1, 1745	LR3	0
John, [s. William & Martha], b. Jan. 20, 1712	LR2	22
Joseph, s. William, b. Mar. 31, 1757	LR3	0
Josiah, s. John, b. June 12, 1740	LR3	0
Josiah, m. Anna **BAILEY**, b. of Haddam, Nov. 30, 1820, by Joseph Scovil, J.P.	1	6
Juliana, [d. John], b. Jan. 23, 1787	LR9	533
Katherine, d. William, b. Jan. 16, 1747/8	LR3	0
Leander, m. Eliza **SHAILER**, b. of Haddam, [Apr.] 14, [1848], by Rev. David D. Field. Int. pub.	1	55
Martha, d. [William & Hannah], b. Sept. 26, 1736	LR3	0
Martha, d. John, b. Apr. 4, 1777	LR9	533
Mehetable, of Haddam, m. Benjamin **BUTTON**, of Lebanon, Oct. 12, 1835, by Rev. Alfred Gates	1	23
Phebe L., of Haddam, m. Horace A. **BONFOEY**, of Mich., May 19, 1852, by Rev. Stephen A. Loper	1	67
Rhoda, d. Sam[ue]l [& Mary], b. Oct. 19, 1778	LR9	17
Ruth, d. [Sam[ue]l & Ruth], b. Feb. 23, 1776	LR9	17
Ruth, w. of Sam[ue]l, d. Mar. 2, 1776	LR9	17
Samuel, s. [William & Hannah], b. Feb. 27, 1734/5	LR3	0
Sam[ue]l, m. Ruth **CHAPMAN**, Jan. 3, 1770	LR9	17
Samuel, s. [Sam[ue]l & Ruth], b. Aug. 9, 1770	LR9	17
Samuel, m. Mary [ ], Jan. 8, 1778	LR9	17
Sarah, d. William, b. Apr. 10, 1741	LR3	0
Sarah, d. [William], d. Sept. 14, 1744	LR3	0

	Vol.	Page
SCOVIL, SCOVEL, SCOVELL, (cont.)		
Sarah, d. William, b. Aug. 2, 1746	LR3	0
Stephen, s. [Sam[ue]l, & Mary], b. Aug. 12, 1781	LR9	17
Susanna, d. [Edward & Hannah], b. May 19, 1701	LR2	22
Susanna, d. John, b. Aug. 13, 1742	LR3	0
Silvester, [s. Joseph], b. Feb. 8, 1786	LR9	540
Sylvester, m. Frances L. **BONFOEY**, b. of Haddam, June 7, 1854, by Rev. Stephen A. Loper	1	75
Thomas, s. William, b. July 8, 1751	LR3	0
Thomas, s. William, d. Aug. 13, 1752	LR3	0
Thomas, s. William, b. Jan. 20, 1753	LR3	0
Thomas, s. William, d. Feb. 1, 1755	LR3	0
Thomas, s. [Sam[ue]l & Ruth], b. Apr. 20, 1772	LR9	17
Thomas, s. John, b. May 1, 1784	LR9	533
Timothy, s. [John], b. June 19, 1781	LR9	533
Wells, s. John & Mary, b. Apr. 18, 1789	LR12	268
Whitney, m. Elizabeth **TYLER**, b. of Haddam, [Jan.] 18, [1837], by David D. Field	1	24
William, m. Martha [ ], Jan. 20, 1701/2	LR2	22
William, [s. William & Martha], b. June 13, 1706	LR2	22
William, d. Nov. 10, 1712, ae. 40 y.	LR2	22
William, m. Hannah [ ], Apr. 4, 1734	LR3	0
William, s. [William], b. Sept. 28, 1742; d. Sept. 2, 1744	LR3	0
William, 2d, s. William, b. Oct. 25, 1744	LR3	0
William, m. Phebe **SPENCER**, b. of Haddam, June 28, 1838, by David D. Field. Int. pub.	1	27
SEARS, Charles, m. Lucretia **PORTER**, Jan. 8, 1756	LR5	273
Charles, s. Charles [& Lucretia], b. Jan. 20, 1759	LR5	273
Charles, m. Sarah **CLARK**, Nov. 9, 1765	LR5	273
Charles, [s. Charles], b. Sept. 24, 1783	LR9	532
Daniel, s. Charles [& Lucretia], b. Feb. 11, 1757	LR5	273
Daniel, [s. Charles], b. Sept. 25, 1789	LR9	532
David, [s. Charles], b. Sept. 23, 1785	LR9	532
Hezekiah, [s. Charles], b. Jan. 16, 1796	LR9	532
Isaac, [s. Charles], b. July 5, 1787	LR9	532
James, [s. Charles], b. Nov. 21, 1781	LR9	532
Lucretia, d. Charles [& Lucretia], b. May 28, 1763	LR5	273
Lucretia, w. of Charles, d. Feb. 6, 1764	LR5	273
Lucretia, [d. Charles], b. Nov. 21, 1793	LR9	532
Martha, [d. Charles], b. Jan. 28, 1780; d. Aug. 3, 1798	LR9	532
Polly, [d. Charles], b. Sept. 3, 1791	LR9	532
Sarah, d. Charles [& Lucretia], b. Mar. 8, 1761	LR5	273
SELDEN, Aaron, s. Thomas, Jr., b. Dec. 1, 1755	LR2	39
Aaron, m. Susannah **BRAINERD**, Nov. 6, 1777	LR9	543
Cephas, s. Joseph, b. Oct. 19, 1756	LR5	277
Cephas, m. Martha [ ], Dec. 10, 1778	LR9	541
David, s. Thomas, b. Jan. 14, 1761	LR2	39
Edward, s. Joseph, b. July 22, 1759	LR5	277
Elias, s. Thomas, b. Aug. [ ], 1758	LR2	39
Elias, m. Ruth **CARBY**, May 23, 1781	LR9	533
Elias, [s. Elias & Ruth], b. Nov. 4, 1791	LR9	533
Elijah, [s. Elias & Ruth], b. Dec. 26, 1785	LR9	533
Esther, [twin with Ruth, d. Elias & Ruth], b. May 20, 1794	LR9	533

	Vol.	Page
SELDEN, (cont.)		
James S., m. Clarissa A. **RUSSELL**, b. of Haddam, Jan. 10, 1850, by Rev. James C. Haughton	1	61
Jerusha, d. Thomas [& Jerusha], b. June 6, 1773	LR9	17
John, s. [Thomas & Sarah], b. Jan. 23, 1726/7	LR2	20
John, s. Thomas, Jr., b. Nov. 25, 1747	LR2	39
Jonathan, s. [Thomas & Sarah], b. May 18, 1723	LR2	20
Jonathan, s. Thomas, Jr., b. June 7, 1741	LR2	39
Jonathan, s. Lieut. Thomas, d. May 11, 1761	LR2	39
Joseph, s. [Thomas & Sarah], b. May 25, 1720	LR2	20
Joseph, m. Silence [ ], Dec. 22, 1748	LR5	277
Joseph, s. Joseph, b. Oct. 10, 1750	LR5	277
Jos[eph] Carby, s. Elias [& Ruth], b. Jan. 19, 1788	LR9	533
Julia, d. Cephas [& Martha], b. Jan. 25, 1781	LR9	541
Lemuel, of Middletown, m. Julia **BROOKS**, of Haddam, Oct. 23, 1833, by Stephen A. Loper	1	21
Leonard, [s. Elias & Ruth], b. June 10, 1790	LR9	533
Leonard, m. Floretta **CHAPMAN**, b. of Haddam, June 20, 1821, by Rev. David Selden, of Middle Haddam	1	7
Lucy, d. [Elias & Ruth], b. Apr. 26, 1782	LR9	533
Martha, d. Cephas [& Martha], b. Sept. 15, 1779	LR9	541
Mary, d. Thomas, Jr., b. Nov. 15, 1745	LR2	39
Rebeckah, d. [Thomas & Sarah], b. May 24, 1729	LR2	20
Rebeckah, d. Thomas, Jr., b. Nov. 5, 1739	LR2	39
Rebeckah, m. Eliphalet **SMITH**, Nov. 12, 1756	LR7	226
Rebecca, d. Aaron [& Susannah], b. Feb. 19, 1782	LR9	543
Richard Lynd, of Lyme, m. Sarah Meigs **LOPER**, of Haddam, May 20, 1851, by Rev. Stephen A. Loper	1	66
Ruth, [twin with Esther], [d. Elias & Ruth], b. May 20, 1794	LR9	533
Sarah, m. Gideon **BRAINERD**, Nov. 24, 1727 {Sarah's surname supplied from Brainard Genealogy, p. 65-6)	LR2	18
Sarah, d. Thomas, Jr., b. Aug. 30, 1743	LR2	39
Silas, s. Aaron [& Susannah], b. Nov. 6, 1779	LR9	543
Silence, d. Joseph [& Silence], b. Aug. 14, 1749	LR5	277
Silence, d. Cephas [& Martha], b. Aug. 8, 1782	LR9	541
Simeon, [s. Elias & Ruth], b. Feb. 24, 1784	LR9	533
Thomas, m. Sarah [ ], Apr. 10, 1717	LR2	20
Thomas, s. [Thomas & Sarah], b. Feb. 25, 1717/18	LR2	20
Thomas, Jr., earmark recorded Apr. 4, 1743	LR2	39
Thomas, s. Thomas, Jr., b. Mar. 29, 1750	LR2	39
Thomas, Jr., m. Jerusha **CLARK**, May 11, 1772	LR9	17
Thomas S., of Chatham, m. Fanny **ARNOLD**, of Haddam, May 17, 1828, by Cha[rle]s Bentley	1	15
SEWARD, Nathaniel, s. John, d. Apr. 23, 1777	LR6	259
SEXTON, Narcissa, of Chatham, m. Nelson **ARNOLD**, of Haddam. Oct. 19, 1851, by Rev. Albert F. Pack* *(Peck?)	1	66
SHAILER, SHAILLER, SHALER, Abell, Jr., s. Thomas, b. June 14, 1673	LR1	125
Abel, m. Mary [ ], Jan. 5, 1697/8	LR2	23
Abel, m. Hannah [ ], Aug. 7, 1706	LR2	23
Abigail, d. [Timothy, Jr. & Deborah], b. Sept. 18, 1726	LR2	21
Adalaide, of Haddam, m. Isaac **WHITTLESEY**, of Stonington, Apr. 27, 1846, by Samuel Arnold, J.P.	1	48

	Vol.	Page
SHAILER, SHAILLER, SHALER, (cont.)		
Alice, [d. Thomas & Kathern], b. Mar. 11, 1712/13	LR2	24
Alva, m. Laura **BRAINERD**, Feb. 7, 1821, by David Selden	1	7
Amelia B., m. John **CLARK**, Feb. 29, 1848, by Rev. E. W. Cook	1	54
Annah, d. Thomas, b. Oct. 16, 1683	LR1	125
Anne, d. [Joseph & Mary], b. Feb. 9, 1733/4	LR2	40
Antherius, d. Joseph, b. Mar. 4, 1743/4	LR2	40
Asa, s. [Samuel & Mary], b. Mar. 1, 1736/7	LR3	0
Asa, m. Susanna **CONE**, Sept. 15, 1755	LR5	273
Asa, m. Lucretia **SHAILER**, b. of Haddam, Aug. 11, 1828, by Rev. Simon Shailer	1	15
Asa, m. Cynthia **SHAILER**, b. of Haddam, Feb. 6, 1839, by Rev. Simon Shailer, of Chester	1	28
Asenath S., of Haddam, m. Eliot B. **LUTHER**, of Lyme, Oct. 1, 1843, by Rev. Simon Shailer	1	41
Asher S., m. Lydia M. **MILDRUM**, of Haddam, Apr. 24, 1853, by Rev. Simon Shailer	1	71
Bela R., m. Merve **DICKINSON**, b. of Haddam, [Sept.] 6, [1846], by Rev. David D. Field	1	49
Bezealeel, s. [Joseph & Mary], b. Mar. 12, 1735/6	LR2	40
Bezaleel's earmark recorded Feb. 8, 1768	LR2	36
Bezaleel, 2d, m. Savilla **SHAILER**, Jan. 13, 1841, by Davis T. Shailer	1	33
Caroline, [d. Samuel], b. Feb. 10, 1781	LR9	530
Cathern, [d. Thomas & Kathern], b. Apr. 13, 1703	LR2	24
Charity, d. [Timothy & Temperance], b. July 24, 1775	LR9	530
Clarissa, d. [Timothy & Temperance], b. Jan. 24, 1773	LR9	530
Clarissa, [d. Timothy & Temperance], d. June 15, 1786	LR9	530
Cynthia, m. Asa **SHAILER**, b. of Haddam, Feb. 6, 1839, by Rev. Simon Shailer, of Chester	1	28
Cynthia S., m. Carlos B. **TYLER**, Oct. 18, 1842, by David D. Field. Int. pub.	1	39
David, [s. Hezekiah & Hannah], b. Aug. 23, 1786	LR9	537
Dimmis, [d. Hezekiah & Hannah], b. Feb. 7, 1773	LR9	537
Dinah, d. Samuel, b. June 22, 1746	LR3	0
Dolly, [d. Hezekiah & Hannah], b. Dec. 6, 1778	LR9	537
Dorothy, d. Hezekiah [& Elisabeth], b. Nov. 11, 1733	LR3	0
Eliza, m. Leander **SCOVIL**, b. of Haddam, [Apr.] 14, [1848], by Rev. David D. Field. Int. pub.	1	55
Elizabeth, [d. Timothy & Elizabeth], b. Apr. 25, 1700	LR2	24
Elizabeth, [d. Thomas & Kathern], b. June 21, 1700	LR2	24
Elizabeth, w. of Timothy, d. July 24, 1715	LR2	24
Elisabeth, d. Hezekiah [& Elisabeth], b. July 16, 1728	LR3	0
Elizabeth, [d. Samuel], b. Sept. 25, 1765	LR9	530
Ephraim, s. [Abel & Hannah], b. Feb. 8, 1707/8	LR2	23
Esther, d. [Timothy & Temperance], b. May 31, 1756; d. ae. 3 ds.	LR9	530
Esther, 2d, d. [Timothy & Temperance], b. May 27, 1757	LR9	530
Ezra, s. Hezekiah [& Elisabeth], b. Jan. 17, 1739/40	LR3	0
Florilla D., m. Jared H. **SHAILER**, b. of Haddam, Mar. 29, 1837, by Rev. Simon Shailer	1	24
Halsey, [s. Samuel], b. Mar. 20, 1791	LR9	530
Hannah, [d. Abel & Hannah], b. Aug. 20, 1714	LR2	23
Hannah, [d. Thomas & Kathern], b. Aug. 17, 1715	LR2	24

SHAILER, SHAILLER, SHALER, (cont.)

	Vol.	Page
Henry O., m. Ann M. BRAINERD, b. of Haddam, Feb. 10, 1853, by Rev. Simon Shailer	1	69
Hezekiah, [s. Thomas & Kathern], b. May 9, 1706	LR2	24
Hezekiah, m. Elisabeth [ ], Nov. 24, 1727	LR3	0
Hezekiah, s. Hezekiah [& Elisabeth], b. Feb. 2, 1747/8	LR3	0
Hezekiah, m. Hannah DICKERSON, Oct. 21, 1770	LR9	537
Huldah, d. Joseph, b. Apr. 4, 1752	LR2	40
James, [s. Samuel], b. July 27, 1783	LR9	530
Jared H., m. Florilla D. SHAILER, b. of Haddam, Mar. 29, 1837, by Rev. Simon Shailer	1	24
Jemimah, [d. Abel & Mary], b. Feb. 9, 1702/3	LR2	23
Jemima, d. [Joseph & Mary], b. Sept. 30, 1741	LR2	40
Jeremiah, s. [Timothy & Temperance], b. June 29, 1770	LR9	530
Jerusha, [d. Timothy & Elizabeth], b. June 2, 1702	LR2	24
Jerusha, d. [Timothy, Jr. & Deborah], b. Feb. 11, 1728/9	LR2	21
Joseph, [s. Thomas & Kathern], b. Apr. 6, 1708	LR2	24
Joseph, m. Mary [ ], Nov. 5, 1730	LR2	40
Joseph's earmark recorded May 1, 1736	LR2	37
Joseph, s. Joseph, b. Oct. 23, 1746	LR2	40
Joseph, s. Joseph, b. Oct. 23, 1746	LR9	20
Joseph, d. Nov. 1, 1753	LR2	40
Joseph, [d. Samuel], b. Feb. 15, 1774	LR9	530
Joshua, s. Timothy, b. Oct. 24, 1708	LR2	24
Julia, m. Henry GILBERT, Nov. 14, 1821, by Rev. Simeon Dickinson, at the house of James Shailer	1	8
Julia Ann, m. Levi CLARK, b. of Haddam, Nov. 15, 1848, by Rev. Simon Shailer	1	56
Katherine, d. Joseph, b. Mar. 4, 1743/4	LR9	20
Lewis, s. [Timothy & Temperance], b. July 22, 1759	LR9	530
Lorissa L., of Haddam, m. Joseph B. BROCKWAY, of East Haddam, Feb. 25, 1827, by Rev. Simon Shailer (See also Clarissa)	1	9
Lucinda, [d. Hezekiah & Hannah], b. Jan. 31, 1782	LR9	537
Lucinda, of Haddam, m. Henry SISSON, of Lyme, Mar. 14, 1832, by Rev. Simon Shailer	1	20
Lucretia, m. Asa SHAILER, b. of Haddam, Aug. 11, 1828, by Rev. Simon Shailer	1	15
Lydia, [d. Samuel], b. Sept. 4, 1788	LR9	530
Marah, [d. Abel & Mary], b. June 21, 1699	LR2	23
Martha, wid. of Timothy, d. May 2, 1753	LR3	0
Mary, [d. Abel & Mary], b. June 13, 1705	LR2	23
Mary, d. [Joseph & Mary], b. June 14, 1738	LR2	40
Mary Ann, of Haddam, m. Benoni SOUTHWORTH, of Saybrook, Jan. 27, 1835, by E. T. Burrows, Jr.	1	22
Miriam, [d. Abel & Hannah], b. Apr. 16, 1717	LR2	23
Olive, d. Asa [& Susanna], b. Sept. 8, 1756	LR5	273
Olive, [d. Samuel], b. Oct. 6, 1778	LR9	530
Pheebe, [d. Thomas & Kathern], b. Apr. 16, 1699	LR2	24
Phebe, d. [Samuel & Mary], b. Mar. 29, 1735/40 (sic)* *(Probably 1739/40)	LR3	0
Reuben, s. [Abel & Hannah], b. Dec. 14, 1711	LR2	23
R[e]uben, s. Hezekiah [& Elisabeth], b. Feb. 15, 1735/6	LR3	0

HADDAM VITAL RECORDS 73

	Vol.	Page
SHAILER, SHAILLER, SHALER, (cont.)		
Russell, [s. Hezekiah & Hannah], b. Mar. 13, 1775	LR9	537
Russell, 2d, m. Huldah S. **ARNOLD**, b. of Haddam, Jan. 7, 1827, by Rev. Simon Shailer	1	14
Samentha, m. Samuel C. **SHAILER**, Feb. 18, 1828, by Rev. Simon Shailer	1	15
Samuel, [s. Thomas & Kathern], b. Feb. 6, 1710/11	LR2	24
Samuel, m. Mary [ ], Apr. 9, 1736	LR3	0
Samuel, s. Hezekiah [& Elisabeth], b. June 22, 1744	LR3	0
Samuel, s. Asa [& Susanna], b. Oct. 13, 1758	LR5	273
Samuel C., m. Samentha **SHAILER**, Feb. 18, 1828, by Rev. Simon Shailer	1	15
Sarah, [d. Timothy & Elizabeth], b. Oct. 24, 1706	LR2	24
Sarah, [d. Abel & Hannah], b. Dec. 27, 1709	LR2	23
Sarah, d. [Timothy & Temperance], b. Oct. 11, 1764	LR9	530
Sarah, of Haddam, m. Rufus **BAKER**, M.D., of Deep River, Nov. 28, 1844, by Rev. Lawson Murry	1	43
Savilla, m. Bezaleel **SHAILER**, 2d, Jan. 13, 1841, by Davis T. Shailer	1	33
Susannah, d. [Timothy & Temperance], b. Mar. 11, 1762	LR9	530
Tabithee, d. Joseph, b. Feb. 13, 1753/4	LR2	40
Temperance, [d. Thomas & Kathern], b. July 25, 1704	LR2	24
Temperance, d. [Timothy & Temperance], b. May 31, 1767	LR9	530
Thomas, Jr., s. Thomas, b. Dec. 2, 1670	LR1	125
Thomas, m. Kathern [ ], Oct. 22, 1696	LR2	24
Thomas, [s. Thomas & Kathern], b. Oct. 29, 1709	LR2	24
Thomas, Capt., d. June 4, 1753	LR6	9
Timothy, m. Elizabeth [ ], Mar. 28, 1695/6	LR2	24
Timothy, [s. Timothy & Elizabeth], b. Aug. 9, 1704	LR2	24
Timothy, m. Martha [ ], Nov. 16, 1715	LR2	24
Timothy, Jr., m. Deborah [ ], Nov. 11, 1725	LR2	21
Timothy, s. Hezekiah [& Elisabeth], b. Feb. 15, 1730/1	LR3	0
Timothy, d. Sept. 4, 1730, ae. 26 y.	LR2	21
Timothy, m. Temperance **SOUTHWORTH**, Nov. 22, 1755	LR9	530
Timothy, s. [Timothy & Temperance], b. Oct. 5, 1779	LR9	530
Ursula M., of Haddam, m. Benjamin H. **BANNING**, of Lyme, Jan. 7, 1835, by Rev. Simon Shailer, of Wallingford	1	22
SHEPARD, Martha, m. Isaac **BARTLETT**, Mar. 22, 1742	LR2	14
William H., of Chatham, m. Jane E. **ARNOLD**, of Haddam, June 5, 1849, by Rev. James C. Haughton	1	61
SHERMAN, Ann, of Haddam, m. Isaiah **WILLCOX**, of Avon, May 7, 1832, by Charles Bentley, Middle Haddam	1	20
Julia Ann, m. George W. **DICKINSON**, b. of Haddam, Oct. 25, 1840, by Rev. Mr. Miller, of Essex	1	33
SILKIRK, William, m. Mary Elizabeth **DICKINSON**, Sept. 22, 1828, by Rev. John Marsh	1	16
SISSON, Henry, of Lyme, m. Lucinda **SHAILER**, of Haddam, Mar. 14, 1832, by Rev. Simon Shailer	1	20
SIZER, Frederick W., of Willsborough, N.Y., m. Sophiah **CLARK**, of Haddam, Oct. 9, 1828, by Rev. H. Bangs	1	16
SKINNER, Almira, m. [ ] **SKINNER**, b. of Haddam, July 15, 1824, by Rev. John Marsh	1	9
Clarissa, of Haddam, m. Henry **HARRIS**, of Killingworth, [Sept.]		

	Vol.	Page
SKINNER, (cont.)		
26, [1849], by Rev. David D. Field	1	59
Cornelia C., m. Joseph R. **BAILEY**, b. of Higganum, Dec. 16, 1849, by Rev. David D. Field. Int. pub.	1	60
Eunice, of Haddam, m. Henry **CLARK**, of Middletown, Apr. 3, 1836, by Alfred Gates	1	24
F. S., of Haddam, m. D. F. **HALSEY**, of Greenport, L.I., Oct. 10, 1853, by Rev. Stephen A. Loper	1	72
Harriet, of Haddam, m. Amasa **WOOD**, of Southbridge, Mass., Apr. 8, 1842, by David D. Field. Int. pub.	1	37
Ira, m. Hannah **CONE**, July 7, 1821, by Hezekiah Brainerd, J.P.	1	8
Luther, m. Susan **WALKLEY**, b. of Haddam, Sept. 2, 1849, by Rev. William Gay	1	59
Mariah, m. Asher **BURR**, b. of Haddam, Sept. 20, 1837, by David D. Field. Int. pub.	1	25
Mary, of Haddam, m. Henry **SMITH**, of Rocky Hill, Aug. 23, 1853, by Rev. Stephen A. Loper	1	71
Pamela, m. Phinehas **BAILEY**, De.c 18, 1824, by Rev. John Marsh	1	10
Richard's earmark recorded May 3, 1740	LR2	37
Russell, m. Abigail **BAILEY**, b. of Haddam, Oct. 29, 1824, by Rev. Aaron Pierce	1	10
Sarah M., m. Edward D. **HUBBARD**, b. of Haddam, Jan. 5, 1851, by Rev. Stephen A. Loper	1	64
Selden, of Haddam, m. Lydia **CARY**, of Middletown, May 16, 1849, by Rev. E. W. Cook	1	58
William W., m. Almira **STOW**, b. of Haddam, May 18, 1851, by Rev. William Gay	1	65
-----, m. Almira SKINNER, b. of Haddam, July 15, 1824, by Rev. John Marsh	1	9
SLEAD, Elizabeth, m. Peletiah **CLARK**, Dec. 4, 1740	LR9	20
SMITH, Aaron, s. [Stephen, Jr. & Deborah], b. Apr. 16, 1738	LR2	40
Aaron, s. Stephen, Jr., b. Apr. 16, 1738	LR6	8
Aaron, s. Joseph, b. Feb. 23, 1751	LR3	0
Abigail, d. [Benjamin, Jr. & Hephzibah], b. Apr. 16, 1735	LR3	0
Abigail, d. Stephen, Jr., b. Dec. 7, 1743	LR6	8
Abigail Clark, d. David, Jr., b. Apr. 28, 1757	LR5	281
Abner, s. [Benjamin, Jr. & Hephzibah], b. Feb. 5, 1729/30	LR3	0
Abner, m. Mehitable **KNOWLES**, Apr. 26, 1750	LR5	280
Abner C., of East Haddam, m. Lucinda **ARNOLD**, of Haddam, Oct. 18, 1846, by Rev. Simon Shailer	1	50
Alice, [d. Joseph & Elizabeth], b. Jan. 17, 1723	LR2	22
Alice, w. of Simon, d. July 8, 1742	LR3	0
Anna, d. Daniel, Jr., b. Aug. 10, 1752	LR3	0
Anna, [d. Henry], b. Oct. 6, 1788	LR9	534
Anna, m. Roswell **BRAINERD**, Jan. 23, 1812	1	5
Anna Shipman, [d. John], b. Sept. 28, 1779	LR9	536
Anne, [d. Simon, 2d,], b. Feb. 15, 1715	LR2	19
Anne, d. David, b. Jan. 19, 1735/6	LR2	7
Anne, d. Stephen, Jr., b. Dec. 20, 1739	LR6	8
Anne, d. Nathan [& Mary], b. Mar. 8, 1767	LR5	272
Anne, [d. Stephen, Jr. & Esther], b. Apr. 25, 1779	LR9	540
Asa, s. [Reuben & Rebecca], b. Jan. 21, 1775	LR9	14

	Vol.	Page
SMITH, (cont.)		
Asher, [s. Jonathan], b. July 19, 1771	LR9	15
Asher, [s. Jonathan], b. July 19, 1771	LR9	535
Auston, s. William, Jr. [& Lidya], b. Dec. 6, 1748	LR3	0
Austin, [s. John], b. Oct. 8, 1781	LR9	536
Belinda, of Haddam, m. Abner **HILL**, of Saybrook, Mar. 12, 1829, by Rev. Simon Shailer	1	17
Benjamin, s. Benjamin, Jr. [& Hephzibah], b. Apr. 3, 1741	LR3	0
Benjamin, s. John, Jr. [& Katharine], b. Feb. 3, 1761	LR5	275
Benjamin, Jr., m. Hephzibah [ ]	LR3	0
Benjamin Youngs, s. Daniel, Jr., b. Mar. 28, 1743	LR3	0
Betsey, [d. Henry], b. Apr. 13, 1786	LR9	534
Catharine C., of Haddam, m. Lyman W. **HOUSE**, of Glastonbury, Mar. 12, 1849, by N. C. Lewis	1	57
Charles, s. Joseph, b. Jan. 28, 1744/5	LR9	14
Charles, s. Joseph, b. Jan. 28, 1745	LR3	0
Charles, s. Stephen, Jr., b. July 17, 1745	LR6	8
Charles, s. [Stephen, Jr. & Esther], b. Mar. 22, 1777	LR9	540
Chiliab Brainerd, s. Ebenezer, b. Mar. 26, 1761	LR9	22
Concurrence, d. David, Jr., b. Jan. 25, 1761	LR5	281
Curtis, s. John, Jr. [& Katharine], b. Feb. 19, 1763	LR5	275
Daniel, s. William, of the West Corner, b. May 5, 1715	LR2	22
Daniel, m. Mary **CARTER**, negro, Feb. 26, 1826, by Rev. Simon Shailer	1	8
Daniel, m. Lucinthia **SMITH**, Dec. 27, 1837, by David D. Field. Int. pub.	1	25
David, [s. Simon, 2d], b. Nov. 9, 1701	LR2	19
David, m. Dorothy [ ], Dec. 3, 1729	LR2	7
David's earmark recorded Apr. 7, 1730	LR2	20
David, s. [David & Dorothy], b. Oct. 5, 1733	LR2	7
David, s. [Stephen], b. Mar. 2, 1733/4	LR2	40
David, s. [Ebenezer, Jr.], b. Sept. 7, 1743	LR3	0
Dauid, s. Daniel, Jr., b. Oct. 7, 1754	LR3	0
David, Jr., m. Lydia [ ], July 1, 1756	LR5	281
David, s. David, Jr., b. Nov. 15, 1758	LR5	281
Davis, [s. William, b. Apr. 9, 1768	LR9	12
Davis, m. Esther C. **FREEMAN**, b. of Haddam, Jan. 5, 1853, by Rev. Stephen A. Loper	1	70
Deborah, d. [Jonathan & Mary], b. Jan. 20, 1731/2	LR3	0
Deborah, d. Stephen, Jr., b. Jan. 14, 1751	LR6	8
Deborah, m. Joseph **JOHNSON**, Aug. 27, 1835, by Rev. Alfred Gates	1	23
Delia, m. David **HILLS**, Apr. 24, 1829, by Rev. John Marsh	1	17
Desire, m. Isaac **THOMAS**, Apr. 24, 1760	LR6	12
Diodate, m. Permelia **BRAINERD**, b. of Haddam, [Aug.] 1, [1838], by David D. Field. Int. pub.	1	28
Dolly, m. George **FLAGG**, Oct. 14, 1828, by Rev. John Marsh	1	16
Dorcas, m. Samuel **LEWIS**, Dec. 24, 1768	LR9	14
Dorothy, d. David [& Dorothy], b. Sept. 29, 1730	LR2	7
Dorothy, d. David [& Dorothy], d. Oct. 10, 1730	LR2	7
Dorothy, 2d, [d. David & Dorothy], b. Sept. 11, 1731	LR2	7
Dorothy, d. Abner, b. Feb. 9, 1751	LR5	280
Dorothy, d. Abner, d. June 7, 1754	LR5	280

SMITH, (cont.)

	Vol.	Page
Dorothy, 3rd, d. Abner, b. Feb. 7, 1755	LR5	280
Drusilla, [d. Jonathan], b. May 16, 1783	LR9	535
E. P., m. S. M. BAILEY, May 3, 1843, by David D. Field. Int. pub.	1	41
Ebener, s. Ebenezer, Jr., b. July 8, 1741	LR3	0
Edwin, m. Mary YOUNGS, Feb. 13, 1831, by Rev. John Marsh	1	19
Edwin E., m. Sophia JOHNSON, June 9, 1825, by Rev. John Marsh	1	11
Eleanor, d. Simeon [& Eleanor], b. Nov. 15, 1747	LR5	273
Eleanor, d. Lemuel, b. July 23, 1760	LR5	282
Elias, s. Simeon [& Eleanor], b. Jan. 18, 1755	LR5	273
Elihu, s. William, Jr. [& Lidya], b. Nov. 10, 1746	LR3	0
Elihu, [s. Elihu], b. June 18, 1768	LR9	550
Eliphelet, s. [Jacob & Sarah], b. Aug. 5, 1733	LR3	0
Eliphalet, m. Rebeckah SELDEN, Nov. 12, 1756	LR7	226
Eliphalet, [s. William], b. Sept. 15, 1773	LR9	12
Eliphalet, m. Lucinda BURKE, Sept. 25, 1828, by Rev. John Marsh	1	16
Elizabeth, [d. Simon, 2d], b. July 2, 1689	LR2	19
Elizabeth, d. [Joseph & Elizabeth], b. Mar. 4, 1714	LR2	22
Elizabeth, d. [Simon, Jr. & Mary], b. Aug. 25, 1734	LR2	7
Elizabeth, d. Lieut. Joseph, d. Oct. 18, 1743	LR2	22
Elizabeth, d. Joseph, b. Apr. 26, 1748	LR9	14
Elizabeth, d. Joseph, b. Apr. 28, 1748	LR3	0
Elizabeth, m. Gideon BRAINERD, [Feb.] 28, [1838], by David D. Field. Int. pub.	1	26
Enos, s. John, Jr. [& Katharine], b. Jan. 6, 1759	LR5	275
Enos, s. [Stephen, Jr. & Esther], b. Aug. 5, 1775	LR9	540
Esther, [d. Simon, 2d], b. Nov. 20, 1706	LR2	19
Esther, d. [Jonathan & Mary], b. June 30, 1736	LR3	0
Esther, d. David [& Dorothy], b. Mar. 11, 1739/40	LR2	7
Esther, [d. John], b. Mar. 27, 1776	LR9	536
Esther, m. Nathan WETMORE, b. of Haddam, Oct. 30, 1820, by Joseph Scovil, J.P.	1	6
Esther, m. Ebenezer BRAINERD, Oct. 25, 1829, by Rev. John Marsh	1	17
Eunice, d. Ebenezer, b. Jan. 4, 1770	LR9	22
Experience, [d. John], b. Jan. 16, 1785	LR9	536
George, [s. William], b. Sept. 29, 1771	LR9	12
Hannah, [d. Simon, 2d], b. Sept. 22, 1703	LR2	19
Hannah, d. [Joseph & Elizabeth], b. Aug. 24, 1728	LR2	22
Hannah, d. Ebenezer, b. Dec. 25, 1763	LR9	22
Henry, s. [Samuel], b. Oct. 13, 1758	LR6	9
Henry, [s. Jonathan], b. Apr. 7, 1785	LR9	535
Henry, of Rocky Hill, m. Mary SKINNER, of Haddam, Aug. 23, 1853, by Rev. Stephen A. Loper	1	71
Hephzibah, d. [Benjamin, Jr. & Hephzibah], b. Jan. 25, 1737/8	LR3	0
Hezekiah, s. David [& Dorothy], b. Feb. 12, 1745/6	LR2	7
Howland, [s. Elihu], b. June 15, 1773	LR9	550
Huldah, [d. William], b. Feb. 10, 1770	LR9	12
Huldah, m. Ezekiel S. CLARK, Jan. 20, 1833	1	c
Irwin W., m. Calista A. ARNOLD, Sept. 6, 1830, by Rev. John		

	Vol.	Page
SMITH, (cont.)		
Marsh	1	18
Israel, s. Nathan [& Mary], b. Oct. 12, 1762	LR5	272
Jacob, m. Sarah [ ], Dec. 14, 1732	LR3	0
Jacob, s. [Jacob & Sarah], b. Mar. 5, 1734/5	LR3	0
Jacob, d. June 8, 1735	LR3	0
James, s. David [& Dorothy], b. May 19, 1738	LR2	7
James, [s. Jonathan], b. Apr. 26, 1787	LR9	535
James, [s. Simon, 2d], b. Aug. 16, 1793* *(Probably 1693)	LR2	19
Jedediah, d. Nathan [& Mary], b. Nov. 11, 1765	LR5	272
Jemima, m. [ ] CHAPIN, [ ], 1824, by Rev. John Marsh	1	9
Jeremy, [twin with Martha, s. Elihu], b. June 7, 1781	LR9	550
Jerusha, d. David [& Dorothy], b. Feb. 25, 1743/4	LR2	7
Jerusha, d. Lemuel, b. Aug. 15, 1762	LR5	282
Jerusha, m. Felix M. **SPENCER**, [Nov.] 24, [1839], by David D. Field. Int. pub.	1	31
Jesse, s. Ebenezer, b. Mar. 5, 1768	LR9	22
Jethro, s. [Joseph & Elizabeth], b. Feb. 24, 1730/1	LR2	22
John, d. July 12, 1712	LR2	18
John, s. [Joseph & Elizabeth], b. Sept. 10, 1718	LR2	22
John, s. [Stephen], b. Sept. 1, 1728	LR2	40
John, s. [Joseph & Elizabeth], d. May 18, 1735	LR2	22
John, s. [Joseph & Elisabeth], b. July 27, 1736	LR3	0
John, s. [Jonathan & Mary], b. May 20, 1739	LR3	0
John, Jr., s. Stephen, m. Katharine [ ], Sept. 19, 1751	LR5	275
John, Jr., s. Stephen, recorded earmark June 13, 1752	LR5	275
John, s. John, Jr. [& Katharine], b. July 19, 1755	LR5	275
John, [s. Jonathan], b. Feb. 17, 1790; d. Mar. 9, 1790	LR9	535
John, m. Barbara **JOHNSON**, May 17, 1824, by Smith Dayton, Elder	1	10
John, m. Hannah **POWERS**, b. of Haddam, Mar. 7, 1851, by Rev. William Gay	1	65
John B., of Haddam, m. Annah C. **MESSENGER**, of Boston, Aug. 15, 1847, by Rev. E. W. Cook	1	53
Jonathan, [s. Simon, 2d], b. Sept. 20, 1695	LR2	19
Jonathan, s. [Simon, Jr. & Mary], b. May 11, 1727	LR2	7
Jonathan, m. Mary [ ], Dec. 7, 1730	LR3	0
Jonathan, s. [Jonathan & Mary], b. Feb. 7, 1733/4	LR3	0
Jonathan, s. Stephen, Jr., b. Dec. 12, 1741	LR6	8
Jonathan, [s. John], b. Sept. 7, 1769	LR9	536
Jonathan, [s. Jonathan], b. Oct. 24, 1773	LR9	15
Jonathan, [s. Jonathan], b. Oct. 24, 1773	LR9	535
Joseph, eldest s. surviving of Joseph, m. Elizabeth [ ], Dec. 31, 1712	LR2	22
Joseph, s. [Joseph & Elizabeth], b. Apr. 20, 1725	LR2	22
Joseph, m. Elisabeth [ ], Jan. 2, 1734/5	LR3	0
Joseph's earmark recorded Jan. 24, 1735/6	LR2	18
Joseph, s. Joseph [& Elisabeth], b. Dec. 22, 1741	LR3	0
Joseph, m. Abigail **RAY**, Aug. 26, 1820, by John Marsh	1	6
Joseph, m. Almira **LINN**, colored, May 24, 1830, by Rev. John Marsh	1	18

SMITH, (cont.)

	Vol.	Page
Joshua, s. Samuel, b. Apr. 12, 1752	LR6	9
Joshua, s. Joseph, b. Mar. 2, 1754	LR3	0
Julius, [s. Ebenezer], b. Feb. 7, 1778	LR9	22
Katharine, w. of John, d. Mar. 12, 1767	LR5	275
Landdon, s. Daniel, Jr., b. Mar. 6, 1745	LR3	0
Lemuel, s. [Simon, Jr. & Mary], b. May 9, 1731	LR2	7
Lewis, s. John, Jr. [& Katharine], b. Apr. 26, 1753	LR5	275
Loiza, m. Amos **DICKINSON**, b. of Haddam, June 13, 1821, by Simon Shailer, J.P.	1	7
Louisa, d. Samuel, m. Lucas Milford **HAYWOOD**, of Collinsville, Sept. 24, 1850, by Rev. David D. Field	1	63
Lucinthia, m. Daniel SMITH, Dec. 27, 1837, by David D. Field, Int. pub.	1	25
Lucius, s. Ebenezer, b. Feb. 27, 1766	LR9	22
Lucy, d. John, b. Sept. 14, 1709	LR2	18
Lucy, d. [Joseph & Elisabeth], b. Nov. 26, 1738	LR3	0
Lucy, m. Eliakim **BRAINERD**, Oct. 28, 1756	LR5	274
Lucy, [d. Stephen, Jr. & Esther], b. Feb. 9, 1781	LR9	540
Lucy A., m. Benjamin **BAILEY**, Nov. 23, 1845, by Aaron Brainerd, J.P.	1	47
Lydia, d. [Simon, Jr. & Mary], b. June 14*, 1718; d. May 13, 1719 *(Followed by "23")	LR2	7
Lydia, 2d, [d. Simon, Jr. & Mary], b. Aug. 18, 1720	LR2	7
Lidya, m. William SMITH, Jr., Dec. 23, 1742	LR3	0
Lydia, m. Williams SMITH, Dec. 23, 1742	LR3	0
Lidya, d. [Willaim, Jr. & Lidya], b. Dec. 29, 1743	LR3	0
Lydia, d. Daniel, Jr., b. Sept. 15, 1748	LR3	0
Lydia, w. of William, Jr., d. Oct. 15, 1751	LR3	0
Lydia, [d. Elihu], b. Mar. 31, 1771	LR9	550
Lydia, d. Daniel, b. Mar. 6, 17[ ]* *(Entry crossed out)	LR3	0
Lydia M., m. Harvey **DICKINSON**, b. of Haddam, [Oct.] 17, [1839], by David D. Field. Int. pub.	1	30
Mabel, Mrs., m. Lyman **BAILEY**, Jan. 17, 1844, by Rev. W. A. Stickney	1	42
Marinda Ann, m. Theodore D. **HAYES**, Apr. 12, 1842, by David D. Field. Int. pub.	1	38
Martha, d. Stephen, Jr., b. Oct. 9, 1747	LR6	8
Martha, [twin with Jeremy, d. Elihu], b. June 7, 1781	LR9	550
Mary, d. [Simon, Jr. & Mary], b. Sept. 10, 1716	LR2	7
Mary, w. of Simon, d. Nov. 28, 1741	LR2	7
Mary, d. David [& Dorothy], b. Feb. 23, 1741/2	LR2	7
Mary, d. Stephen, Jr., b. Oct. 1, 1752	LR6	8
Mary, d. Nathan [& Mary], b. Jan. 23, 1759	LR5	272
Mary, [d. John], b. Apr. 19, 1760	LR9	536
Mary, [d. Eliphalet & Rebeckah], b. Oct. 23, 1763	LR7	226
Mary, m. Jonathan **CHAPMAN**, Dec. 29, 1773	LR9	534
Mary, m. Edmund **PORTER**, Feb. 23, 1790	LR9	549
Mary, m. Album C. **HUBBARD**, b. of Haddam, [Sept.] 11, [1848], by James Noyes	1	55
Mary Ann, m. Ansel **GOFF**, June 12, 1825, by Rev. John Marsh	1	11
Mary S., m. Rev. George **THACHER**, Aug. 27, 1851, by Rev. E. W. Cook	1	66

SMITH, (cont.)

	Vol.	Page
Mehetabel, d. Abner, b. Feb. 6, 1752	LR5	280
Mehitabel, d. Abner, d. June 9, 1754	LR5	280
Mehitabel, d. Albert, b. Jan. 19, 1757	LR5	280
Nancy, m. James **RAY**, b. of Haddam, Oct. 2, 1820, by John Marsh	1	6
Nathan, s. [Stephen], b. June 18, 1730	LR2	40
Nathan, m. Mary **THOMAS**, Mar. 16, 1758	LR5	272
Nathan, m. Mabel **CANNING**, b. of Haddam, July 17, 1822, by Joseph Scovil, J.P.	1	8
Nathaniel Kirtland, s. [Reuben & Rebecca], b. June 25, 1778	LR9	14
Olive, [d. Jonathan], b. May 10, 1777	LR9	15
Olive, [d. Jonathan], b. May 10, 1777	LR9	535
Oliver, [s. John], b. Nov. 21, 1786	LR9	536
Phebe, d. William, Jr. [& Lidya], b. Feb. 1, 1750/1	LR3	0
Phebe, d. William, Jr., d. Jan. 10, 1754	LR3	0
Phebe, [d. Elihu], b. June 19, 1779	LR9	550
Phebe, [d. Ebenezer], b. Oct. 1, 1782	LR9	22
Phinehas, [s. Samuel], b. Jan. 1, 1763	LR6	9
Phinehas, [d. Ebenezer], b. July 3, 1775	LR9	22
Plin, [child of Ebenezer], b. Apr. 23, 1780	LR9	22
Rebeckah, [d. Eliphalet & Rebeckah], b. Oct. 14, 1761	LR7	226
Rebecca, [d. Jonathan], b. Apr. 6, 1793	LR9	535
Reuben, s. Simeon [& Eleanor], b. Jan. 9, 1749	LR5	273
Reuben, m. Rebecca **KIRTLAND**, June 17, 1774	LR9	14
Robert, [s. Samuel], b. June 13, 1761	LR6	9
Ronena* P., m. Ansel **SPENCER**, Dec. 30, 1841, by David D. Field. Int. pub. *(Rowena?)	1	37
Russell, m. Charlotte S. **BAILEY**, b. of Haddam, Oct. 11, 1850, by Rev. William Gay	1	63
Samuel, s. [Stephen], b. Sept. 4, 1726	LR2	40
Samuel, m. Anne [ ], Aug. 17, 1749	LR6	9
Samuel, s. Samuel, b. Mar. 12, 1749/50	LR6	9
Samuel, s. Samuel, d. Feb. 8, 1754	LR6	9
Samuel, of Haddam, m. Jemima **JOHNSON**, of Middletown, Nov. 11, 1845, by William Case	1	47
Sarah, d. [Simon, Jr. & Mary], b. Apr. 2, 1723	LR2	7
Sarah, d. [Benjamin, Jr. & Hephzibah], b. Aug. 13, 1732	LR3	0
Sarah, d. [Daniel & Lydia], b. Oct. 4, 1740	LR3	0
Sarah, m. Ezekiel **BAIL[E]Y**, Feb. 25, 1741/2	LR9	19
Sarah, d. Samuel, b. July 23, 1754	LR6	9
Sarah, d. Samuel, d. Dec. 3, 1755	LR6	9
Sarah, d. Nathan [& Mary], b. Dec. 26, 1760	LR5	272
Sarah, [d. Samuel], b. Feb. 24, 1765	LR6	9
Sarah, [d. John], b. Feb. 1, 1771	LR9	536
Sarah M., of Haddam, m. James A. **BROWN**, of Collinsville, Sept. 26, 1853, by Rev. Stephen A. Loper	1	72
Selden, [s. Jonathan], b. Mar. 24, 1769	LR9	15
Selden, [s. Jonathan], b. Mar. 24, 1769	LR9	535
Seth, s. Daniel, Jr., b. Mar. 19, 1757	LR3	0
Silas, of Harpersfield, N.Y., m. Martha E. **BRAINERD**, of Haddam, [Sept.] 6, [1838], by David D. Field. Int. pub.	1	27
Simeon*, s. [Simon, Jr. & Mary], b. Aug. 19, 1725 *(Simon hand corrected in original manuscript)	LR2	7

	Vol.	Page
SMITH, (cont.)		
Simeon*, m. Eleanor **PARKER**, Sept. 10, 1746 *(Simon hand corrected in original manuscript)	LR5	273
Simon, [s. Simon, 2d], b. Oct. 6, 1691	LR2	19
Simon, Jr., m. Mary [ ], Sept. 28, 1715	LR2	7
Simon, s. Lemuel, b. Feb. 5, 1765	LR5	282
Simon, [s. Jonathan], b. Oct. 3, 1775	LR9	15
Simon, [s. Jonathan], b. Oct. 3, 1775; d. May 10, 1776	LR9	535
Simon, [s. William], b. July 16, 1776	LR9	12
Simon, [s. Jonathan], b. May 15, 1779	LR9	535
Simon, m. Eunice **BRAINERD**, Feb. 1, 1825, by Rev. John Marsh	1	11
Stephen, Jr., m. Deborah [ ], Mar. 24, 1736/7	LR2	40
Stephen, Jr., m. Deborah [ ], Feb. 24, 1737	LR6	8
Stephen, s. Stephen, Jr., b. Apr. 7, 1749	LR6	8
Stephen, Jr., m. Esther **CHURCH**, Nov. 17, 1774	LR9	540
Stephen S., of Middletown, m. Cornelia S. **CHILD**, of Haddam, June 23, 1852, by Rev. Stephen A. Loper	1	67
Susannah, d. David [& Dorothy], b. Mar. 29, 1748	LR2	7
Susannah, [d. Elihu], b. Jan. 1, 1775	LR9	550
Susannah, [d. John], b. June 3, 1783	LR9	536
Sibel, [d. Ebenezer], b. Apr. 22, 1773	LR9	22
Silvester, [s. John], b. July 8, 1772	LR9	536
Teriah*, m. William **SMITH**, 2d, b. of Haddam, Feb. 27, 1842, by Rev. Simon Shailer *(Zeriah?)	1	36
Thankfull, [d. Stephen, Jr. & Esther], b. Nov. 14, 1783	LR9	540
Thomas, [s. Eliphalet & Rebeckah], b. Nov. 27, 1758	LR7	226
Thomas, s. John, Jr. [& Katharine], b. Aug. 17, 1765	LR5	275
Thomas, s. John [& Katharine], d. Sept. 27, 1766	LR5	275
Wells, [s. John], b. Jan. 8, 1762	LR9	536
Welthy, [d. Jonathan], b. June 24, 1781	LR9	535
William, s. Daniel & Lydia, b. Sept. 17, 1738	LR3	0
William, Jr., m. Lidya **SMITH**, Dec. 23, 1742	LR3	0
Williams, m. Lydia **SMITH**, Dec. 23, 1742	LR3	0
William, Jr., m. Abigail [ ], Nov. 22, 1753	LR3	0
William, 2d, m. Alma C. **CLARK**, b. of Haddam, June 7, 1826, by Rev. Simon Shailer	1	13
William, 2d, m. Teriah **SMITH**, b. of Haddam, Feb. 27, 1842, by Rev. Simon Shailer	1	36
William's earmark	LR4	c
Zeriah, see under Teriah		
——, d. [Stephen], b. June 6, 1732	LR2	40
SOUTHMAYD, Elisha, m. Sally P. **BRAINERD**, Nov. 14, 1833, by Rev. David Smith	1	21
SOUTHWORTH, Benoni, of Saybrook, m. Mary Ann **SHAILER**, of Haddam, Jan. 27, 1835, by E. T. Burrows, Jr.	1	22
Temperance, m. Timothy **SHAILER**, Nov. 22, 1755	LR9	530
SPENCER, Abigail, [d. Timothy & Abigail], b. Sept. 6, 1703	LR2	12
Abigail, [d. Eleazer], b. Feb. 23, 1763	LR9	543
Abigail, [d. Samuel & Abigail], b. Apr. 23, 1775	LR9	550
Abigail, [d. Elihu & Diadama], b. Feb. 8, 1788	LR9	532
Abner, s. [Daniel, Jr. & Sarah], b. Jan. 11, 1735/6	LR2	13
Abner, twin with Phebe, [s. Phinehas & Martha], b. Aug. 30, 1738	LR2	36
Abner, m. Deborah **CLARK**, Mar. 19, 1769	LR9	12

HADDAM VITAL RECORDS 81

	Vol.	Page
SPENCER, (cont.)		
Abr[a]ham, s. [Ephraim [& Rebekah], b. Dec. 31, 1740	LR3	0
Abraham, m. Drusilla [ ], Mar. 14, 1771	LR9	18
Abraham, s. [Abraham & Drusilla], b. July 16, 1775	LR9	18
Alanson, m. Ursula **HUBBARD**, Oct. 21, 1821, by Rev. Josiah Bowen	1	8
Albart, [s. David & Damaries], b. Dec. 27, 1811	1	7
Alva W., m. Fanny M. **BAILEY**, b. of Haddam, Feb. 18, 1849, by Rev. David D. Field. Int. pub.	1	56
Amelia M., m. Titus **BRAINERD**, Dec. 17, 1845, by William Case	1	48
Amos, [twin with Elizabeth], s. [Nathaniel, Jr. & Hannah], b. Feb. 4, 1716/17	LR2	28
Amos, s. Nathaniel [& Elizabeth], b. Mar. 23, 1747	LR5	272
Amos, s. Elisha, b. Oct. 3, 1762	LR6	259
Amos, s. Elisha, d. July 2, 1763	LR6	259
Ann, m. Jonathan **TREADWELL**, b. of Haddam, [Aug.] 20, [1854], by Rev. James Noyes	1	76
Anna, [d. Samuel & Abigail], b. July 5, 1773	LR9	550
Anne, d. [Benjamin], b. Oct. 27, 1732	LR2	29
Anne, d. Elisha, b. June 19, 1760	LR6	259
Ansel, m. Ronena* P. **SMITH**, Dec. 30, 1841, by David D. Field. Int. pub. *(Rowena?)	1	37
Atword, [s. David & Damaries], b. Oct. 23, 1808	1	7
Benjamin, [s. Garrard & Deborah], b. Apr. 21, 1702	LR2	12
Benjamin, s. [Benjamin], b. Nov. 14, 1725	LR2	29
Benjamin's earmark recorded Jan. 3, 1744/5	LR2	27
Brainerd, [s. David & Damaries], b. June 5, 1802	1	7
Cynthia, [d. David & Damaries], b. Feb. 5, 1793	1	7
Damarias, [d. David & Damaries], b. Mar. 15, 1799	1	7
Daniel, [s. Nathaniel], b. Aug. 20, 1694	LR2	23
Daniel's earmark recorded Dec. 27, 1723	LR2	24
Daniel, Jr., m. Sarah [ ], Dec. 11, 1728	LR2	13
Daniel, s. [Daniel, Jr. & Sarah], b. Oct. 1, 1729	LR2	13
Daniel, s. Nathaniel, m. Abigail [ ], Jan. 21, 1729/30	LR2	26
Daniel, s. [Daniel & Abigail], b. Oct. 18, 1732	LR2	26
Daniel, Jr., m. Elizabeth [ ], Mar. 1, 1753	LR6	12
Daniel, s. Daniel, Jr. [& Elizabeth], b. Sept. 12, 1753	LR6	12
Daniel, 3rd, m. Eunice **BAIL[E[Y**, Oct. 29, 1761	LR6	259
Daniel, [s. Stephen & Eunice], b. June 4, 1785	LR9	532
Daniel M., m. Juliet **WETMORE**, b. of Haddam, June 4, 1854, by Coleman Clark, J.P.	1	75
David, s. [Benjamin], b. Apr. 4, 1727	LR2	29
David, s. Daniel [& Elizabeth], b. Feb. 18, 1766	LR6	12
David, m. Damaries **BRAINERD**, May 25, 1788	1	7
David, [s. David & Damaries], b. Aug. 21, 1797	1	7
David, m. Martha **CLARK**, b. of Haddam, May 11, 1835, by Rev. Simon Shailer, of Wallingford	1	22
David L., m. Cleanthy C. **BURR**, b. of Haddam, Apr. 8, 1831, by Rev. Simon Shailer	1	19
Deborah, [d. Garrard & Deborah], b. Dec. 5, 1697	LR2	12
Deborah, d. [Timothy & Abigail], b. Feb. 19, 1711/12	LR2	12

BARBOUR COLLECTION

	Vol.	Page
SPENCER, (cont.)		
Dinah, [d. Eleazer], b. Aug. 3, 1771	LR9	543
Dorothy, [d. Nathaniel], b. Mar. 8, 1699	LR2	23
Dorothy, d. Benjamin, b. Dec. 2, 1740	LR2	29
Dorothy, [d. Eleazer], b. Aug. 5, 1765	LR9	543
Drusilla, d. [Abraham & Drusilla], b. Apr. 4, 1772	LR9	18
Eleazer, s. Nathaniel [& Elizabeth], b. May 17, 1748	LR5	272
Eleazer, [s. Eleazer], b. June 4, 1756	LR9	543
Elihu, m. Diadama **ROWLEY**, Aug. 21, 1785	LR9	532
Elisha, s. [Nathaniel, Jr. & Hannah], b. Aug. 26, 1725	LR2	28
Elishier, s. [Benjamin], b. Jan. 28, 1728/9	LR2	29
Elisha, m. Anna [ ], Aug. 2, 1749	LR6	259
Elisha, s. Elisha, b. Oct. 30, 1750	LR6	259
Elisha, s. Elisha, d. Feb. 27, 1754	LR6	259
Elizabeth, d. William, b. Sept. 5, 1685	LR1	124
Elizabeth, [d. Nathaniel], b. Jan. 18, 1686	LR2	23
Elizabeth, [twin with Amos, d. [Nathaniel, Jr. & Hannah], b. Feb. 4, 1716/17	LR2	28
Elizabeth, d. Jeremiah [& Elizabeth], b. Dec. 11, 1748	LR4	f
Elizabeth, d. Elisha, b. Nov. 11, 1755	LR6	259
Elizabeth, d. Daniel, Jr. [& Elizabeth], b. Sept. 13, 1757	LR6	12
Emeline, of Haddam, m. Bartholomew **BAILEY**, of Durham, [Apr.] 6, [1845], by Rev. David D. Field. Int. pub.	1	46
Emma A., of Haddam, m. Samuel A. **SANDERSON**, of Middletown, Feb. 4, 1849, by Rev. David D. Field. Int. pub.	1	56
Ephraim, m. Rebe[c]kah [ ], June 28, 1738	LR3	0
Ephraim, s. Ephraim, b. Nov. 25, 1744	LR3	0
Esther, d. Abner [& Deborah], b. Feb. 9, 1770	LR9	12
Esther, [d. David & Damaries], b. Oct. 27, 1790	1	7
Ezra, s. [Elihu & Diadama], b. Mar. 7, 1786	LR9	532
Farazina, d. [Joseph & Eunice], b. Oct. 13, 1776	LR9	15
Felix M., m. Jerusha **SMITH**, [Nov.] 24, [1839], by David D. Field. Int. pub.	1	31
Garrard, s. Thomas, b. Oct. 8, 1675	LR1	124
Garrard, m. Deborah [ ], Nov. 12, 1692	LR2	12
George, s. Elisha, b. Mar. 11, 1758	LR6	259
George, [s. Stephen & Eunice], b. Jan. 13, 1782	LR9	532
Grace, d. Samuell, b. July 27, 1674	LR1	124
Grace, d. John, b. Nov. 29, 1702	LR1	127
Hannah, [d. Timothy & Abigail], b. Jan. 28, 1706/7	LR2	12
Hannah, d. [Nathaniel, Jr. & Hannah], b. Sept. 9, 1709	LR2	28
Hannah, w. of Sergt. Nathaniel, d. Feb. 20, 1741/2	LR2	23
Hannah, d. Elisha, b. Sept. 5, 1753	LR6	259
Henry, s. Elisha, b. May 1, 1764	LR6	259
Henry, [s. Eleazer], b. Feb. 28, 1769	LR9	543
Hephzibah, m. Increase **BRAINERD**, Dec. 26, 1762	LR7	225
Hepziba, d. [Joseph & Eunice], b. Dec. 19, 1781	LR9	15
Hezekiah, s. William, b. Apr. 6, 1697	LR1	124
Hezekiah, s. Jeremiah [& Elizabeth], b. Feb. 23, 1755	LR4	f
Hezekiah, s. [Abner & Deborah], b. Apr. 30, 1771	LR9	12
Huldah, [d. David & Damaries], b. Apr. 15, 1805	1	7
Huldah, m. Gustavus **WILLCOX**, May 25, 1828, by Rev. John Marsh	1	16

	Vol.	Page
SPENCER, (cont.)		
Ichabod, s. Will[ia]m, b. May 19, 1704	LR1	124
Isa[a]ck, s. Samuell, b. Jan. 8, 1678	LR1	124
Isaac, s. John [& Martha], b. Mar. 29, 1755	LR4	e
Isaac, [s. Stephen & Eunice], b. Oct. 15, 1780	LR9	532
Jabez, s. Elisha, b. May 7, 1766	LR6	259
James, s. William, b. Feb. 24, 1691	LR1	124
James, s. John, b. Apr. 20, 1727	LR2	23
James, s. [Phinehas & Martha], b. June 14, 1736	LR2	36
James, [s. Eleazer], b. Nov. 21, 1760	LR9	543
Jane, d. Daniel [& Elizabeth], b. May 9, 1768	LR6	12
Jarard, [s. Garrard & Deborah], b. Aug. 12, 1699	LR2	12
Jarrard, Jr., earmark recorded Dec. 10, 1734	LR2	19
Jarrard, Sergt., d. Nov. 24, 1744, ae. 76 y.	LR2	12
Jean, d. [Daniel, Jr. & Sarah], b. Apr. 11, 1732	LR2	13
Jephosiphat, [s. David & Damaries], b. July 25, 1795	1	7
Jeremiah, s. John [& Elizabeth], b. Aug. 21, 1723	LR2	23
Jeremiah, m. Elizabeth [ ], Feb. 19, 1745/6	LR4	f
Jeremiah, s. Jeremiah [& Elizabeth], b. Mar. 25, 1750/1	LR4	f
Jerusha, d. Daniel [& Elizabeth], b. Oct. 16, 1762	LR6	12
Jesse, m. Sarah E. **GLADWIN**, b. of Haddam, Aug. 19, 1846, by Rev. David D. Field. Int. pub.	1	49
John, s. Samuell, b. Sept. 17, 1676	LR1	124
John, [s. Nathaniel], b. Mar. 30, 1688	LR2	23
John, [s. Garrard & Deborah], b. Oct. 17, 1692; d. Jan. 17, 1693	LR2	12
John, 2d, [s. Garrard & Deborah], b. Mar. 28, 1694	LR2	12
John, m. Mary [ ], Feb. 18, 1713/14	LR2	23
John, s. [John & Mary], b. May 19, 1715	LR2	23
John, Jr., m. Elizabeth [ ], Mar. 29, 1722	LR2	23
John, Jr., earmark recorded Dec. 30, 1728	LR2	20
John, Sergt., d. Apr. 26, 1735, in the 42nd y. of his age	LR2	12
John*, d. Apr. 26, 1735 *(A note says it was "John **SPENCER**, Jr." who died on that day)	LR2	23
John, m. Martha [ ], Sept. 26, 1745	LR4	e
John, s. Jeremiah [& Elizabeth], b. Mar. 2, 1746/7	LR4	f
John's earmark recorded Apr. 23, 1747	LR4	e
John, s. John [& Martha], b. July 23, 1751	LR4	e
Jonathan, s. William, b. Sept. 22, 1702	LR1	124
Jonathan, s. [Timothy & Abigail], b. Sept. 1, 1713	LR2	12
Jonathan, s. Timothy [& Abigail], d. Apr. 23, 1735, in the 22nd y. of his age	LR2	12
Jonathan assigned his father's (John **SPENCER**) earmark Apr. 6, 1743	LR2	20
Jonathan, s. Nathaniel [& Elizabeth], b. Mar. 14, 1745	LR5	272
Jonathan, [s. Stephen & Eunice], b. Dec. 12, 1787	LR9	532
Jonathan P., m. Eliza A. **BAILEY**, b. of Haddam, Jan. 14, 1836, by Rev. A. F. Beach	1	23
Joseph, s. William, b. Mar. 23, 1680	LR1	124
Joseph, s. [John], b. July 2, 1733	LR2	23
Joseph, m. Eunice **CONE**, June 2, 1774	LR9	15
Joseph, s. [Joseph & Eunice], b. Apr. 27, 1775	LR9	15
Lydia, [d. Nathaniel], b. Aug. 20, 1682	LR2	23
Lydia, [d. Garrard & Deborah], b. Aug. 20, 1705	LR2	12

SPENCER, (cont.)

	Vol.	Page
Lydia, d. [Nathaniel, Jr. & Hannah], b. May 26, 1720	LR2	28
Lydia, d. [Abner & Deborah], b. Sept. 4, 1773	LR9	12
Lydia, m. Gideon BAILEY, Jr., Sept. 6, 1773	LR9	551
Lydia, d. Abner [& Deborah], b. Sept. 27, 1781	LR9	12
Margaret, d. William, b. Sept. 5, 1695	LR1	124
Martha, [d. Timothy & Abigail], b. Aug. 7, 1720	LR2	12
Martha, d. [Phinehas & Martha], b. Sept. 6, 1734	LR2	36
Martha, d. John [& Martha], b. May 26, 1753	LR4	e
Martha, d. John [& Martha], d. Apr. 29, 1754	LR4	e
Martha, [d. Joseph, 2d, & Martha], b. Aug. 22, 1803	LR12	271
Mary, [d. Nathaniel], b. June 9, 1692	LR2	23
Mary, [d. Eleazer], b. June 21, 1754	LR9	543
Mary, [d. Samuel & Abigail], b. Sept. 21, 1776	LR9	550
Mary C., of Haddam, m. Stephen CLARK, of Middletown, June 21, 1846, by David D. Field. Int. pub.	1	49
Miciah, s. William, b. June 15, 1693	LR1	124
Nathaniel, [s. Nathaniel], b. July 15, 1684	LR2	23
Nathaniel, Jr., m. Hannah [ ], July 25, 1708	LR2	28
Nathaniel, s. [Nathaniel, Jr. & Hannah], b. July 18, 1712; d. July 14, 1714	LR2	28
Nathaniel, s. [Nathaniel, Jr. & Hannah], b. Apr. 8, 1723	LR2	28
Nathaniel, Sergt., earmark recorded Jan. 13, 1735/6 and Dec. 1, 1738	LR2	14
Nathaniel, m. Elizabeth LEE, Mar. 27, 1744	LR5	272
Phebe, twin with Abner, [d. Phinehas & Martha], b. Aug. 30, 1738	LR2	36
Phebe, m. William SCOVIL, b. of Haddam, June 28, 1838, by David D. Field. Int. pub.	1	27
Phinehas, [s. Nathaniel], b. Mar. 20, 1701	LR2	23
Phinehas, m. Martha [ ], Mar. 9, 1731/2	LR2	36
Prudence, d. [Abraham & Drusilla], b. Mar. 1, 1782	LR9	18
Rebe[c]kah, d. Ephraim [& Rebeckah], b. May 28, 1739	LR3	0
Rebeckah, d. [Abraham & Drusilla], b. Apr. 14, 1780	LR9	18
Rhoda, d. John [& Martha], b. Aug. 23, 1749	LR4	e
Samuel, s. [Phinehas & Martha], b. Feb. 6, 1732/3	LR2	36
Samuel, s. [Ephraim & Rebe[c]kah], b. Apr. 18, 1743	LR3	0
Samuel, m. Abigail PORTER, June 26, 1771	LR9	550
Sarah, d. Daniel, Jr. [& Elizabeth], b. Jan. 12, 1760	LR6	12
Sarah, d. Abner [& Deborah], b. Jan. 5, 1776	LR9	12
Sarah, d. [Abraham & Drusilla], b. Jan. 13, 1778	LR9	18
Sarah Shailer, d. Jeremiah [& Elizabeth], b. Mar. 19, 1753	LR4	f
Seth, s. Nathaniel, b. June 7, 1761	LR9	18
Simeon, s. [John & Mary], b. Aug. 12, 1717	LR2	23
Simeon, s. [Timothy & Abigail], b. Feb. 10, 1723/4; d. Sept. 12, 1735	LR2	12
Simeon, s. John [& Martha], b. Apr. 28, 1748	LR4	e
Simeon, s. Joseph, 2d, & Martha, b. July 18, 1799	LR12	271
Stephen, m. Eunice AUGER, Oct. 16, 1777	LR9	532
Stephen, s. [Stephen & Eunice], b. Nov. 7, 1778	LR9	532
Stephen, s. [Daniel & Abigail], b. [ ]	LR2	26
Susanna, [d. Nathaniel], b. Nov. 8, 1696	LR2	23
Susanna, d. [Nathaniel, Jr. & Hannah], b. Oct. 28, 1714	LR2	28

	Vol.	Page
SPENCER, (cont.)		
Susanna, d. John [& Martha], b. Aug. 17, 1746	LR4	e
Susannah, [d. Eleazer], b. Sept. 7, 1758	LR9	543
Susannah, [d. Joseph & Eunice], b. May 21, 1785	LR9	15
Tamson O., m. Henry D. **BURR**, b. of Haddam, Aug. 11, 1850, by Rev. William Gay	1	62
Thomas, s. [Nathaniel, Jr. & Hannah], b. June 1, 1728	LR2	28
Thomas, s. Daniel, Jr. [& Elizabeth], b. Sept. 1, 1755	LR6	12
Thomas, s [Samuel & Abigail], b. Mar. 30, 1772	LR9	550
Thomas, [s. David & Damaries], b. Dec. 19, 1788	1	7
Timothy, m. Abigail [ ], Sept. [ ], 1702	LR2	12
Timothy, [s. Timothy & Abigail], b. Mar. 11, 1704/5	LR2	12
Timothy's earmark recorded Apr. 26, 1730	LR2	12
Timothy, Sr., d. Mar. 29, 1732	LR2	12
William, s. William, b. Sept. 16, 1699	LR1	124
William, [s. Joseph & Eunice], b. Feb. 24, 1779	LR9	15
William, s. Jos[eph], b. Feb. 24, 1779	LR9	550
William, [s. Joseph, 2d, & Martha], b. Apr. 27, 1801	LR12	271
William, of Haddam, m. Harriet A. **KIMBALL**, of Middletown, [Sept.] 2, [1849], by Rev. David D. Field. Int. pub.	1	58
Zebulon, [s. Timothy & Abigail], b. May 6, 1709	LR2	12
Zebulon, [s. Timothy & Abigail], d. Mar. [ ], 1732	LR2	12
-----, d. of Joseph, m. Daniel **MERVIN**, July 4, 1832, by Rev. John Marsh	1	20
-----, d. [John], b. [ ]	LR2	23
SPICER, Margaret, d. Jeremiah, b. Oct. 25, 1743	LR5	275
Samuel, s. Jeremiah, b. Sept. 30, 1745	LR5	275
STANNARD, Eber, of Clinton, m. Caroline **CONE**, of Haddam, Nov. 28, 1850, by Rev. Stephen A. Loper	1	64
Minerva H., of Haddam, m. Phinehas **BURR**, of Killingworth, Nov. 15, 1826, by Rev. Simon Shailer	1	13
Samuel, m. Lucy **PELTON**, Nov. 11, 1772	LR9	16
STEPHENS, STEVENS, Anne, m. John **WILLCOX**, Aug. 27, 1759	LR7	226
Arnold, s. James, b. Nov. 16, 1767	LR9	22
Charles, s. [Moses & Martha], b. Oct. 19, 1794	1	1
Danforth, of Killingworth, m. Anna **BURR**, of Haddam, Mar. 26, 1826, by Rev. E. Washburn	1	13
Daniel, [s. Moses & Martha], b. June 4, 1796	1	1
David, [s. Moses & Martha], b. Apr. 8, 1810	1	1
Emeline, of North Guilford, m. Sylvanus **BAILEY**, of Haddam, Apr. 25, 1839, by David D. Field. Int. pub.	1	30
Hannah, d. James, b. Jan. 29, 1766	LR9	22
James, s. James, b. Aug. 23, 1764	LR9	22
Jemima, m. Nathaniel **BURR**, Jr., Feb. 17, 1779	LR9	545
Lydia, d. James, b. May 17, 1772	LR9	22
Martha, [d. Moses & Martha], b. Dec. 22, 1799	1	1
Mary, d. James, b. Mar. 17, 1770	LR9	22
Mary, [d. Moses & Martha], b. Mar. 5, 1798	1	1
Morris, [s. Moses & Martha], b. Dec. 12, 1803; d. Mar. 7, 1805	1	1
Morris, [s. Moses & Martha], b. Jan. 30, 1806	1	1
Moses, m. Martha **BURR**, June 1, 1793	1	1
Ruel Knowles, [s. Moses & Martha], b. Nov. 20, 1807	1	1

	Vol.	Page
STEPHENS, STEVENS, (cont.)		
Ruhamah, m. Didymus **JOHNSON**, Jan. 7, 1790	1	5
Sarah, [d. Moses & Martha], b. June 21, 1812	1	1
Selden, [s. Moses & Martha], b. Oct. 22, 1801	1	1
STEVENS, [see under **STEPHENS**]		
STOCKING, STOCKIN, STOKIN, STONGING, Abigail, [twin with		
Elizabeth, d. Lamberton], b. Mar. 26, 1777	LR9	545
Elisha, s. George, b. Sept. 30, 1769	LR8	459
Elisabeth, d. Nathanael, b. Dec. 19, 1741	LR3	0
Elizabeth, m. Jonathan **BRAINERD**, May 1, 1760	LR6	10
Elizabeth, [twin with Abigail, d. Lamberton], b. Mar. 26, 1777	LR9	545
Jemima, d. Nathanael, b. Sept. 7, 1745	LR3	0
Jemima, m. David **BROOKS**, Oct. 22, 1765	LR9	533
Lambertun, s. Nathanael, b. Feb. 9, 1739/40	LR3	0
Lamberton, s. [Lamberton], b. June 23, 1775	LR9	545
Lamberton, Jr., [s. Lamberton], d. July 24, 1778	LR9	545
Lucinda, d. [Lamberton], d. Feb. 4, 1778, in the 5th y. of her age	LR9	545
Lidya, d. [Nathaniel & Abigail], b. Oct. 12, 1735	LR3	0
Nathaniel, m. Abigail [ ], Jan. 7, 1734/5	LR3	0
Nathanael, s. Nathanael, b. May 1, 1738	LR3	0
Nathanael, s. Nathanael, d. Oct. 7, 1751	LR3	0
Nath[anie]l, d. Jan. 24, 1781	LR3	0
Nathaniel, s. Lemuel, b. Sept. 22, 1782; d. Apr. 20, 1850, ae. 68	LR12	270
Nathaniel, d. Apr. 20, 1850, ae. 67	1	c
Ruth, d. Nathanael, b. Feb. 2, 1756	LR3	0
Ruth, d. Nathaniel, b. Feb. 2, 1756	LR9	14
Ruth, m. Shubael **BRAINERD**, Dec. 7, 1775	LR9	539
Samuel, s. Nathanael, b. Nov. 12, 1743	LR3	0
Sarah, d. Nathaniel, b. Sept. 14, 1749	LR9	14
Sarah, d. Nathaniel, b. Sept. 15, 1749	LR3	0
Thomas, s. Nathanael, b. Sept. 20, 1747	LR3	0
Timothy, s. Nathanael, b. Aug. 18, 1751	LR3	0
Timothy, s. Nathanael, d. Nov. 4, 1753	LR3	0
STONGING, [see under **STOCKING**]		
STOW, Almira, m. William W. **SKINNER**, b. of Haddam, May 18,		
1851, by Rev. William Gay	1	65
STRONG, Grove, m. Harriet **RAY**, Nov. 20, 1825, by Rev. John Marsh	1	12
Ruth A., of Middle Haddam, m. John G. **BARTHOLOMEW**, of		
Harwinton, May 15, 1844, by Rev. Charles Bentley, of		
Harwinton	1	43
Titus, m. Caroline **WHITE**, b. of Chatham, Oct. 5, 1824, by Rev.		
John W. Case	1	10
SUTLIFF, Nathan[ie]ll, Capt., earmark recorded Nov. 28, 1733	LR2	28
Philinda, m. Levi S. **ALLEN**, of Wallingford, [Dec.] 4, [1842], by		
Rev. David D. Field	1	40
SWAN, Francis, of East Haddam, m. Amelia A. **CHURCH**, of Haddam,		
[July] 22, [1840], by David D. Field. Int. pub.	1	33
Lucy W., m. Ezekiel S. **CLARK**, Dec. 9, 1824	1	c
Rhoda, m. Joseph **CLARK**, Jan. 21, 1830, by Rev. John Marsh	1	18
SYKES, Benjamin, Jr., of Ludlow, Mass., m. Lucy A. **BRAINERD**, of		
Haddam, Nov. 14, 1824, by Rev. David Selden	1	10
TALLMAN, Thomas, of Chatham, m. Frances Maria **HAZELTON**, of		

HADDAM VITAL RECORDS 87

	Vol.	Page
TALLMAN, (cont.)		
Haddam, May 17, 1842, by William Case	1	40
THACHER, George, Rev., m. Mary S. SMITH, Aug. 27, 1851, by Rev. E. W. Cook	1	66
THOMAS, Aaron, m. Ruth BAILEY, Apr. 13, 1754	LR6	11
Abigail, m. Alfred BRAINERD, 2d, May 22, 1836, by T. S. Clark	1	23
Clarissa, m. Alvin BRAINERD, b. of Haddam, Sept. 14, 1834, by Rev. Zebulon Crocker, of Middletown	1	22
David, s. Aaron [& Eunice], b. Nov. 23, 1759	LR6	11
Dorothy, d. [Aaron & Eunice], b. Jan. 27, 1758	LR6	11
Ebenezer, m. Abigail [ ], Feb. 16, 1752	LR5	281
Evan's earmark recorded Mar. 19, 1745/6	LR4	d
Evan, m. Martha [ ], June 13, 1745	LR4	d
Halsey, m. Martha KELSEY, b. of Haddam, Jan. 12, 1837, by Rev. Simon Shailer	1	24
Halsey, [m.] Sarah R. BURR, b. of Haddam, May 9, 1849, by Rev. Cha[rle]s R. Adams	1	58
Henry, s. Ebenezer, b. Sept. 23, 1755	LR5	281
Isaac, m. Desire SMITH, Apr. 24, 1760	LR6	12
Isaac, d. Sept. 4, 1760	LR6	12
Isaac, s. Isaac [& Desire], b. Feb. 2, 1761	LR6	12
James, s. Ebenezer, b. June 19, 1753	LR5	281
James, Jr., m. Oliva HUBBARD, b. of Haddam, Apr. 20, 1826, by Rev. Simon Shailer	1	13
Jedidah, m. Abraham TYLER, Apr. 9, 1761	LR8	458
Julia Ann, of Haddam, m. William DERBY, of Middletown, Jan. 5, 1845, by Rev. David D. Field	1	45
Lydia, of Haddam, m. Sylvester CLARK, of Middletown, Nov. 27, 1834, by T. S. Clark	1	22
Mary, m. Nathan SMITH, Mar. 16, 1758	LR5	272
Mary Ann, m. Isaac ARNOLD, Dec. 13, 1838, by David D. Field	1	28
Nancy, m. Edmund LANE, Mar. 8, 1825, by Rev. John Marsh	1	11
Orpha, of Haddam, m. William MATHER, of Middletown, Apr. 4, 1841, by Rev. A. F. Beach	1	34
Ruth, of Haddam, m. William LUCAS, of Durham, Apr. 25, 1838, by David D. Field. Int. pub.	1	27
Susanna, d. Aaron [& Ruth], b. Aug. 5, 1755	LR6	11
TIBBALS, TIBBALLS, Abner, Jr., m. Elizabeth KNOWLES, July 27, 1774	LR9	551
Abner, s. [Abner, Jr. & Elizabeth], b. Aug. 24, 1777	LR9	551
Clary, [d. Abner, Jr. & Elizabeth], b. Feb. 26, 1781	LR9	551
Cynthia, m. Bela BURR, b. of Haddam, Nov. 27, 1828, by Jonathan Burr, J.P.	1	16
Eber, m. Sarah WILLCOX, May 11, 1780	LR9	537
Elizabeth, m. William N. GLADWIN, b. of Haddam, July 9, 1854, by Rev. Stephen A. Loper	1	76
Emelia, m. Henry HUBBARD, b. of Haddam, Apr. 25, 1839, by Stephen Johnson, J.P.	1	29
Experience, [d. Eber & Sarah], b. Mar. 9, 1781	LR9	537
Jemima, m. William P. BROOKS, Mar. 30, 1826, by John Marsh	1	13
Jesse, s. [Abner, Jr. & Elizabeth], b. Oct. 12, 1775	LR9	551
Martha, [d. Stephen & Martha], b. Jan. 16, 1782	LR9	541

	Vol.	Page
TIBBALS, TIBBALLS, (cont.)		
Phebe, [d. Stephen & Martha], b. Nov. 29, 1783	LR9	541
Samuel W., m. Roxanna **HUBBARD**, Mar. 28, 1839, by David D. Field. Int. pub.	1	29
Samuel W., of Haddam, m. Orra E. **DAVIS**, of Killingsworth, Oct. 28, 1845, by William Case	1	47
Sarah, d. [Stephen & Martha], b. Apr. 22, 1780	LR9	541
Seth, [s. Eber & Sarah], b. May 28, 1782	LR9	537
Stephen, m. Martha **BURR**, July 28, 1779	LR9	541
Stephen, [s. Stephen & Martha], b. Oct. 26, 1785	LR9	541
W[illia]m B., m. Jennett **TYLER**, b. of Haddam, Mar. 26, 1839, by David D. Field. Int. pub.	1	29
TIBBITS, Nathan, m. Phebe **TIBBITS**, Aug. 10, 1808 (Tibbals?)	1	3
Nathan Harvey, [s. Nathan & Phebe], b. Nov. 19, 1810	1	3
Phebe, m. Nathan **TIBBITS**, Aug. 10, 1808	1	3
TOOBY*, Abigail, m. Asahel **HARVEY**, Dec. 8, 1821, by Joseph Scovil, J.P. *(Perhaps "Tooley")	1	8
TOOLEY, Abigail, see Abigail **TOOBY**	1	8
TOWNER, Benjamin, Jr., m. Deborah [ ], Sept. 16, 1742	LR4	c
Ephraim, s. Benjamin, Jr. [& Deborah], b. July 26, 1743	LR4	c
Joseph, s. Benjamin, Jr. [& Deborah], b. Sept. 20, 1745	LR4	c
TREADWELL, Euphiasia M., m. Ellsworth **WALKLEY**, b. of Haddam, May 30, 1842, by David D. Field. Int. pub.	1	38
James, s. James, b. Sept. 22, 1783	LR9	532
Jonathan, m. Ann **SPENCER**, b. of Haddam, [Aug.] 20, [1854], by Rev. James Noyes	1	76
Mary, d. James, b. Mar. 15, 1782	LR9	532
William T., m. Jerusha A. **BAILEY**, b. of Haddam, Aug. 8, 1852, by Rev. Stephen A. Loper	1	68
TREAT, Joseph, 3rd, m. Nancy Mariah **BAILEY**, June 2, 1835, by Rev. Alexander Hulin	1	23
TRIPP, Thomas, of Essex, m. Emily **CLARK**, of Haddam, Nov. 4, 1849, by Rev. William Gay	1	59
TRYON, Anna, of Middletown, m. Christopher **BAILEY**, Jr., of Haddam, June 4, 1824, by Joseph Scovil, J.P.	1	10
TUCKER, Weltha Ann, of Haddam, m. Nathaniel **PURPLE**, of Chatham, Oct. 4, 1846, by Rev. Simon Shailer	1	49
TURNER, Abigail, m. George **BROOKS**, May 26, 1841, by David D. Field	1	34
Benjamin's earmark recorded Aug. 5, 1735/6	LR2	21
Ruth Elizabeth, [d. John & Amelia], b. Dec. 7, 1812	1	5
TYLER, Abigail, d. [Abraham & Eunice], b. Oct. 15, 1731	LR2	21
Abigail, d. [Abraham], b. Oct. 15, 1731	LR3	0
Abigail E., m. William **ELY**, [ ] 3, [1839?], by David D. Field	1	30
Abraham, m. Eunice [ ], Nov. 6, 1728	LR2	21
Abraham's earmark recorded Nov. 3, 1730	LR2	8
Abraham, s. [Abraham & Eunice], b. Nov. 12, 1733	LR2	21
Abraham, s. [Abraham], b. Nov. 12, 1733	LR3	0
Abraham, m. Jedidah **THOMAS**, Apr. 9, 1761	LR8	458
Abraham, s. [Abraham & Jedidah], b. Sept. 24, 1762	LR8	458

	Vol.	Page
TYLER, (cont.)		
Abraham, d. July 13, 1776	LR3	0
Abraham, Jr., earmark	LR4	c
Ambrose, m. Ann J. **WETMORE**, b. of Haddam, Dec. 13, 1852, by Rev. W. W. Brown	1	69
Anne, d. [Nathanael], b. Apr. 11, 1724	LR3	0
Anne, m. John **FISKE**, Jr., Aug. 3, 1743	LR3	0
Archelus, m. wid. Sally **BAILEY**, b. of Haddam, Dec. 11, 1830, by Rev. Simon Shailer	1	19
Archolius, s. [Abraham & Jedidah], b. Oct. 25, 1780	LR8	458
Ashbel, m. Sophia **DICKINSON**, May 19, 1841, by David D. Field. Int. pub.	1	34
Blin, s. [Abraham & Jedidah], b. Dec. 3, 1778	LR8	458
Carlos B., m. Cynthia S. **SHAILER**, Oct. 18, 1842, by David D. Field. Int. pub.	1	39
Charles A., m. Mary Ann **CONE**, Oct. 9, 1842, by Rev. Simon Shailer	1	37
Chauncey S., m. Cynthia P. **ARNOLD**, b. of Haddam, Feb. 21, 1849, by Rev. Simon Shailer	1	57
Christopher, m. Hannah **SCOVIL**, b. of Haddam, [Nov.] 5, [1846], by Rev. David D. Field	1	50
David, s. [Abraham & Jedidah], b. Oct. 22, 1775	LR8	458
Drusilla, m. Henry **WHITE**, b. of Haddam, Feb. 22, 1853, by T. B. Chandler	1	70
Electy, m. Frederick **PERRY**, b. of Haddam, [1821?], by Simon Shailer, J.P.	1	7
Elizabeth, m. Whitney **SCOVIL**, b. of Haddam, [Jan.] 18, [1837], by David D. Field	1	24
Esther, of Haddam, m. Gardner **CHILD**, of Chatham, Nov. 27, 1824, by David Selden	1	10
Esther M., m. Warren W. **DICKINSON**, [Oct.] 30, [1842], by David D. Field. Int. pub.	1	39
Eunice, d. [Abraham & Eunice], b. Oct. 26, 1729	LR2	21
[E]unice, d. [Abraham], b. Oct. 26, 1729	LR3	0
Eunice, w. Abr[aha]m, d. Jan. 31, 1776	LR3	0
Ezra, s. [Abraham], b. July 17, 1737	LR3	0
Ezra, s. [Abraham & Jedidah], b. Dec. 28, 1768	LR8	458
George, m. Tamzin S. **TYLER**, b. of Haddam, Sept. 6, 1842, by Rev. Simon Shailer	1	37
Heman, m. Harriet **CLARK**, Sept. 23, 1831, by Rev. John Marsh	1	20
James, s. [Nathanael], b. Oct. 12, 1738	LR3	0
James, s. Nathanael, d. Feb. 24, 1750/1	LR3	0
Jedidah, d. [Abraham & Jedidah], b. Feb. 14, 1771	LR8	458
Jennet, m. David B. **VINTRES**, b. of Haddam, Apr. 27, 1825, by Rev. Simon Shailer	1	12
Jennett, m. W[illia]m B. **TIBBALS**, b. of Haddam, Mar. 26, 1839, by David D. Field. Int. pub.	1	29
Jerusha, m. Jonathan **BAILEY**, b. of Haddam, Mar. 22, 1826, by Rev. Simon Shailer	1	13
Joseph, s. [Nathanael], b. Feb. 5, 1730/1	LR3	0
Joseph's earmark	LR4	g
Livah, m. Samuel **VENTRES**, Jr., b. of Haddam, Apr. 2, 1828, by		

	Vol.	Page
TYLER, (cont.)		
Rev. Simon Shailer	1	15
Maria, of Haddam, m. Daniel C. **EMMONS**, of East Haddam, Nov. 29, 1827, by William Case	1	14
Maria, of Haddam, m. Ira H. **PAYNE**, of Southhold, L.I., Feb. 19, 1828, by Rev. Simon Shailer	1	15
Mary, d. [Abraham], b. June 23, 1739; d. June 7, 1772	LR3	0
Mary, d. Nathanael, b. Mar. 3, 1746/7	LR3	0
Mary E., m. Hubbard **VENTRES**, b. of Haddam, Nov. 6, 1853, by Rev. E. Colton	1	73
Nancy, m. Davis N. **ARNOLD**, b. of Haddam, Nov. 1, 1853, by Rev. E. Colton	1	72
Nathan, s. [Nathanael], b. Apr. 26, 1736	LR3	0
Nathanael, s. [Nathanael], b. Nov. 19, 1728	LR3	0
Nathaniel's earmark recorded Feb. 19, 1731/2 and having been previously assigned to Daniel **SPENCER** a change in the mark was recorded May 5, 1736	LR2	28
Nathaniel, m. Frances Jennett **DICKINSON**, b. of Haddam, Oct. 18, 1853, by Rev. E. Colton	1	72
Nathaniel's earmark	LR4	g
Nehemiah, m. Maria **HUBBARD**, Oct. 7, 1831, by Rev. John Marsh	1	20
Nehemiah, d. Sept. 5, 1840	1	42
Prudence, wid. of Nehemiah, d. July 17, 1843	1	42
Sabra D., of Haddam, m. Henry M. **WATROUS**, of Chester, Mar. 9, 1845, by T. M. Dwight	1	45
Samuel, s. [Nathanael], b. Sept. 16, 1733	LR3	0
Samuel's earmark	LR4	g
Sarah, d. [Nathanael], b. Feb. 25, 1740/1	LR3	0
Silvanus, s. [Abraham & Jedidah], b. June 30, 1773	LR8	458
Simon, s. [Nathanael], b. July 23, 1744	LR3	0
Susanna, d. [Nathanael], b. Oct. 23, 1726	LR3	0
Susanna, m. Timothy **WHITE**, July 28, 1743	LR3	0
Susanna, d. [Abraham & Jedidah], b. July 28, 1764	LR8	458
Tamzin S., m. George **TYLER**, b. of Haddam, Sept. 6, 1842, by Rev. Simon Shailer	1	37
Timothy, s. [Abraham & Eunice], b. Oct. 27, 1735	LR2	21
Timothy, s. [Abraham], b. Oct. 27, 1735	LR3	0
Timothy, s. [Abraham & Jedidah], b. Sept. 2, 1766	LR8	458
Timothy, m. Betsey **ELY**, b. of Haddam, Nov. 21, 1841, by Rev. Frederick Wightman	1	35
Warren, m. Susan **CLARK**, b. of Haddam, Oct. 21, 1827, by William Case	1	15
USHER, Caroline M., m. Roswell **REED**, Nov. 16, 1831, by Rev. John Marsh	1	20
VENTRES, VENTERS, VENTRIS, VENTROUS, VINTRES,		
Abigail, b. July 28, 1716	LR2	25
Amelia, w. of John, d. Nov. 4, 1797	LR9	548
Amelia Ann, of Haddam, m. Aaron **DICKINSON**, of Chester, Dec. 3, 1844, by Rev. Russell Jennings	1	44
Benjamin, s. [William & Sarah], b. Aug. 12, 1724	LR2	25
Daniel, [s. Moses], b. Oct. 15, 1696	LR2	25

HADDAM VITAL RECORDS 91

VENTRES, VENTERS, VENTRIS, VENTROUS, VINTRES, (cont.)

	Vol.	Page
Daniel, m. Hannah [ ], Jan. 9, 1723	LR2	25
Daniel, s. [Daniel & Hannah], b. May 16, 1725	LR2	25
Daniel, d. Feb. 12, 1731/2	LR2	25
Daniel, s. [John & Amelia], b. Jan. 23, 1791	LR9	548
Daniel, s. [John & Amelia], b. Feb. 15, 1795	LR9	548
Daniel, m. Mary Ann **DICKINSON**, b. of Haddam, Apr. 21, 1824, by Rev. John Marsh	1	9
Daniel's earmark	LR4	c
David, s. [John & Marcy], b. May 3, 1716	LR2	25
David B., m. Jennet **TYLER**, b. of Haddam, Apr. 27, 1825, by Rev. Simon Shailer	1	12
Ebenezer, [s. Moses], b. Aug. 4, 1703	LR2	25
Ebenezer, m. Biel [ ]	LR3	0
Elias, s. [Daniel & Hannah], b. May 28, 1727	LR2	25
Elias, s. John, b. Nov. 7, 1755	LR6	11
Elias's earmark	LR4	c
Elizabeth, wid., d. Apr. 6, 1708, ae. about 76	LR2	25
Elizabeth, d. [John & Marcy], b. Nov. 11, 1712	LR2	25
Elizabeth, d. John & Amelia, b. Jan. 24, 1793	LR9	548
Emily, of Haddam, m. Philip S. **WEBB**, of Saybrook, Jan. 2, 1833, by Rev. Simon Shailer	1	21
Esther, [d. Stephen], b. July 2, 1774	LR9	543
Fisk B., of Haddam, m. Elizabeth A. **ARNOLD**, of Haddam, Dec. 26, 1852, by Rev. Isaac Chesebrough	1	69
Hannah, d. [John & Marcy], b. July 26, 1710	LR2	25
Hubbard, merchant, ae. 30, m. Harriet Elizabeth **NILES**, ae. 25, b. of Haddam, Nov. 10, 1841, by Rev. James Milnor, of New York. Witnesses: Smith Ventres, George Seeley	1	35
Hubbard, m. Mary E. **TYLER**, b. of Haddam, Nov. 6, 1853, by Rev. E. Colton	1	73
Jennett V., m. Cyrus W. **BRAINERD**, b. of Haddam, Jan. 11, 1854, by Rev. E. Colton	1	73
John, [s. Moses], b. May 20, 1701	LR2	25
John, m. Marcy [ ], Apr. 22, 1709	LR2	25
John, s. [Daniel & Hannah], b. Mar. 7, 1729/30	LR2	25
John, d. Jan. 3, 1736/7, ae. about 81 y.	LR2	25
John, m. Amelia **BRAINERD**, Mar. 25, 1790	LR9	548
Martha, d. [John & Marcy], b. Feb. 17, 1718/19	LR2	25
Mary, [d. Moses], b. Sept. 21, 1705	LR2	25
Mary, w. of Moses, d. Apr. 5, 1708	LR2	25
Mary, d. [Daniel & Hannah], b. Apr. 7, 1732	LR2	25
Mary, [d. Stephen], b. July 4, 1771	LR9	543
Mary A., of Haddam, m. Joseph M. **CANFIELD**, of Chester, Dec. 4, 1844, by Rev. Amos Chesebrough	1	43
Moses, s. [Ebenezer & Biel], b. Apr. 7, 1732	LR3	0
Philene, m. Samuel K. **BRAINERD**, Nov. 1, 1826, by Rev. Simon Shailer	1	13
Rebecca, [d. Stephen], b. Mar. 20, 1768	LR9	543
Samuel, s. Moses, b. Feb. 4, 1719/20	LR2	25
Samuel, Jr., m. Livah **TYLER**, b. of Haddam, Apr. 2, 1828, by Rev. Simon Shailer	1	15

	Vol.	Page
VENTRES, VENTERS, VENTRIS, VENTROUS, VINTRES, (cont.)		
Sarah, d. [Ebenezer & Biel], b. Apr. 21, 1736	LR3	0
Smith, m. Clarissa **BRAINERD**, b. of Haddam, Jan. 6, 1825, by Rev. John Marsh	1	11
Stephen, s. [Ebenezer & Biel], b. Nov. 24, 1737	LR3	0
Susanna, [d. Moses & Mary], b. Apr. 5, 1708	LR2	25
Susanna, d. [John & Marcy], b. Sept. 18, 1717	LR2	25
William, [s. John], b. Oct. 19, 1695	LR2	25
William, m. Sarah [ ], Aug. 7, 1723	LR2	25
William, s. [Ebenezer & Biel], b. Oct. 26, 1739	LR3	0
WAKELY, WAKELEY, WACKLEY, [see also **WALKLEY**],		
Damaris, d. Ebenezer, b. Jan. 3, 1749/50	LR3	0
Damarias, m. Aaron **HUBBARD**, June 8, 1769	LR8	459
Ebenezer, d. Sept. 29, 1751	LR3	0
Ebenezer, s. Ebenezer, b. Nov. 22, 1751	LR3	0
Ebenezer, m. Ana [ ], Jan. 15, 1777	LR9	547
Gorden, [s. Richard], b. July 9, 1784	LR12	272
Rebeckah, d. Richard, b. Aug. 12, 1672	LR1	126
Rebeckah, d. Solomon [& Rebeckah], b. May 21, 1769	LR8	460
Richard, Jr., s. Richard, b. Mar. last day, 1678	LR1	126
Richard's earmark recorded Jan. 6, 1723/4	LR2	26
Sally, [d. Richard], b. Sept. 15, 1793	LR12	272
Solomon, s. Ebenezer, b. Oct. 24, 1747	LR3	0
Solomon, m. Eunice **BROOKS**, Sept. 29, 1829, by Rev. John Marsh	1	17
Stephen, [s. Richard], b. Mar. 1, 1780	LR12	272
William, s. [Ebenezer & Ana], b. Oct. 13, 1777	LR9	547
WALKLEY, WALKLY, [see also **WAKELY**], Abigail, d. [Richard, Jr. & Abigail], b. May 22, 1732	LR2	22
Abigail, [d. Richard], b. July 14, 1774	LR9	543
Agnes, w. of Richard, d. Sept. 10, 1719	LR2	26
David H., m. Martha L. **BROOKS**, b. of Haddam, Sept. 24, 1846, by Rev. Simon Shailer	1	49
Deborah, [s. Richard & Agness], b. Oct. 11, 1706	LR2	26
Dolly, of Haddam, m. Philo **PRATT**, of Saybrook, Feb. 5, 1843, by Rev. Simon Shailer	1	40
Ebenezer, [s. Richard & Agness], b. June 19, 1712	LR2	26
Ebenezer, m. Sarah [ ], July 3, 1740	LR3	0
Elizabeth, [d. Richard & Agness], b. Nov. 8, 1714	LR2	26
Elizabeth, [d. Richard], b. Nov. 6, 1781	LR9	543
Elizabeth, [d. Richard], b. Sept. 18, 1782	LR12	272
Ellsworth, m. Euphiasia M. **TREADWELL**, b. of Haddam, May 30, 1842, by David D. Field. Int. pub.	1	38
Esther J., of Haddam, m. Rev. James Noyes, of Middletown, Sept. 11, 1833, by Rev. John Whitmore of Guilford	1	21
Hephzibah, [d. Richard & Agness], b. June 19, 1709	LR2	26
Mary, d. [Ebenezer & Sarah], b. Oct. 20, 1743	LR3	0
Mary Ann, of Haddam, m. Abram C. **HALL**, of Hopkinton, R.I., [May] 3, [1837], by Rev. James Noyes	1	25
Rebeckah, [d. Richard & Agness], b. May 11, 1717	LR2	26
Richard, m. Agness [ ], Apr. 11, 1704	LR2	26
Richard, s. [Richard & Agness], b. Jan. 18, 1704/5	LR2	26
Richard, m. Abigail [ ], Nov. 21, 1723	LR2	26

HADDAM VITAL RECORDS 93

	Vol.	Page
WALKLEY, , WALKLY, (cont.)		
Richard, Jr., m. Abigail [ ], Mar. 5, 1729/30	LR2	22
Richard, Jr., earmark recorded Jan. 2, 1732/3	LR2	22
Richard, Sergt., d. June 23, 1756, in the 79th y. of his age	LR2	26
Richard, [s. Richard], b. Apr. 26, 1776	LR9	543
Sally M., m. David P. **WILLCOX**, b. of Haddam, May 7, 1828, by Rev. Simon Shailer	1	15
Sarah, m. Thomas **HUBBARD**, May 8, 1758	LR5	16
Solomon, m. Rebeckah **HAZELTON**, Sept. 1, 1768	LR8	460
Solomon, Jr., m. Phebe Ann **CHURCH**, b. of Haddam, Nov. 17, 1838, by David D. Field. Int. pub.	1	28
Stephen, s. [Richard, Jr. & Abigail], b. May 2, 1731	LR2	22
Stephen, [s. Richard], b. Mar. 7, 1779	LR9	543
Susan, m. Luther **SKINNER**, b. of Haddam, Sept. 2, 1849, by Rev. William Gay	1	59
Timothy, s. [Ebenezer & Sarah], b. Dec. 7, 1741	LR3	0
Zebulon, s. [Richard, Jr. & Abigail], b. Jan. 1, 1733/4	LR2	22
WALLACE, George W., of Deep River, m. Ann M. **BRAINERD**, of Haddam, Mar. 30, 1853, by Rev. E. Colton	1	70
WALTERS, Elizabeth, d. Timothy, b. May 25, 1708	LR2	26
Jacob, s. [Timothy], b. July 5, 1719	LR2	26
James, [s. Timothy], b. May 18, 1716	LR2	26
Joseph, s. [Timothy], b. Mar. 4, 1712/13	LR2	26
Samuell, [s. Timothy], b. June 1, 1710	LR2	26
Timothy, s. [Timothy], b. Feb. 22, 1711/12	LR2	26
WARNER, Linnthia*, m. Ira **HUTCHINSON**, Mar. 16, 1826, by John Marsh *(Lucinthia hand corrected, and Lucinthia Cone hand printed in margin in original manuscript)	1	13
Mary Ann, m. Benjamin **KELSEY**, Dec. 1, 1847, by Rev. E. W. Cook	1	54
WATERHOUSE, [see also **WATROUS**], Erastus, m. Sylvia **POST**, b. of Saybrook, Nov. 19, 1829, by Rev. Simon Shailer	1	18
WATROUS, [see also **WATERHOUSE**], Henry M., of Chester, m. Sabra D. **TYLER**, of Haddam, Mar. 9, 1845, by T. M. Dwight	1	45
WAY, Richard, m. Hannah **WHEELER**, Oct. 29, 1727	LR3	0
WEBB, Amanda, m. William H. **SANDERS**, b. of Saybrook, Sept. 21, [1834?], by Rev. Samuel C. Davis	1	22
Philip S., of Saybrook, m. Emily **VENTRES**, of Haddam, Jan. 2, 1833, by Rev. Simon Shailer	1	21
WEIR, Harmel, of Glastonbury, m. Nancy **WELLS**, of Haddam, Dec. 5, 1830, by Rev. Reuben Ransom	1	19
WELLS, WELLES, Elizabeth, mother of [James], d. Jan. 24, 1711/12	LR2	28
	LR3	0
Elisabeth, d. [Capt. James], b. Feb. 9, 1712/13	LR1	126
James, Jr., s. James, b. Nov. 27, 1668	LR2	28
James, [s. James], b. Jan. 7, 1706	LR2	28
James, [s. James], b. Mar. 24, 1708	LR3	0
James, Capt., d. Dec. 21, 1744	LR2	32
James, Lieut., earmark recorded May 10, 1745	LR2	37
Joseph's earmark recorded May 1, 1736	LR4	b
Joseph, m. Mary [ ], Sept. 16, 1744	LR3	0
Lydia, d. [Capt. James], b. Aug. 15, 1718	LR2	28

	Vol.	Page
WELLS, WELLES, (cont.)		
Martha, [d. James], b. June 25, 1710	LR2	28
Mary, [d. James], b. Oct. 8, 1703	LR2	28
Mary, d. Feb. 9, 1709 1707 (So written in the text)	LR2	28
Mary, d. [Capt. James], b. Apr. 5, 1715	LR3	0
Nancy, of Haddam, m. Harmel **WEIR**, of Glastonbury, Dec. 5, 1830, by Rev. Reuben Ransom	1	19
Oliver, s. Joseph [& Mary], b. Aug. 16, 1745	LR4	b
Rebecca, [d. James], b. Jan. 21, 1698/9	LR2	28
Susannah, [d. James], b. May 6, 1701	LR2	28
Thomas' earmark recorded May 5, 1740	LR2	37
WEST, Samuel, Rev., of Madison, m. Ann **ARNOLD**, of Haddam, Sept. 13, 1830, by Rev. Simon Shailer	1	19
WETMORE, Ann J., m. Ambrose **TYLER,** b. of Haddam, Dec. 13, 1852, by Rev. W. W. Brown	1	69
Elizabeth, d. [Moses], b. Jan. [ ], 1727/8	LR2	18
Juliet, m. Daniel M. **SPENCER,** b. of Haddam, June 4, 1854, by Coleman Clark, J.P.	1	75
Mary, d. [Moses], b. Aug. 3, 1725	LR2	18
Moses, s. [Moses], b. Dec. 15, 1723	LR2	18
Nathan, m. Esther **SMITH,** b. of Haddam, Oct. 30, 1820, by Joseph Scovil, J.P.	1	6
WHEELER, Hannah, m. Richard **WAY,** Oct. 29, 1727	LR3	0
John, s. [James], b. May 24, 1725	LR2	28
Moses, s. [James], b. Apr. 3, 1722	LR2	28
Samuel, s. [James], b. Nov. 3, 1719	LR2	28
WHITE, Caroline, m. Titus **STRONG,** b. of Chatham, Oct. 5, 1824, by Rev. John W. Case	1	10
Dudley, of Haddam, m. Ann **PECK**, of Lyme, June 28, 1829, by Rev. Simon Shailer	1	18
Hannah, w. of Timothy, d. July 6, 1742	LR3	0
Hannah, d. Timothy [& Susanna], b. June 14, 1745	LR3	0
Henry, of Haddam, m. Drusilla **TYLER,** of Haddam, Feb. 22, 1853, by T. B. Chandler	1	70
Joseph, of Haddam, m. Harriet **GIVINNELL**, of New Haven, May 1, 1850, by Rev. William Gay	1	62
Leander, of Durham, m. Thankful **BAILEY,** of Haddam, June 13, 1830, by Rev. David Smith, of Durham	1	18
Timothy, m. Susanna **TYLER,** July 28, 1743	LR3	0
WHITMORE, Abigail, d. Frances **WHITMORE,** b. June 8, 1737	LR3	0
Frances had d. Abigail, b. June 8, 1737	LR3	0
Nathaniel's earmark	LR4	e
WHITTLESEY, Isaac, of Stonington, m. Adalaide **SHAILER,** of Haddam, Apr. 27, 1846, by Samuel Arnold, J.P.	1	48
WICKHAM, Harriet, [d. Russell], b. Feb. 28, 1799	LR9	536
WILCOX, WILLCOX, Anne, [d. John & Anne], b. Mar. 17, 1768	LR7	226
David P., m. Sally M. **WALKLEY,** b. of Haddam, May 7, 1828, by Rev. Simon Shailer	1	15
Ebenezer, [s. John & Anne], b. June 5, 1760	LR7	226
Ebenezer, m. Alma Eliza **HUBBARD**, Jan. 15, 1838, by David D. Field	1	26
Gustavus, m. Huldah **SPENCER**, May 25, 1828, by Rev. John		

	Vol.	Page
WILCOX, WILLCOX, (cont.)		
Marsh	1	16
Huldah M., of Haddam, m. Leander R. **BLACHLEY**, of Killingworth, Apr. 15, 1830, by Rev. Simon Shailer	1	19
Isaiah, of Avon, m. Ann **SHERMAN**, of Haddam, May 7, 1832, by Charles Bentley, Middle Haddam	1	20
James, [s. John & Anne], b. Feb. 12, 1764	LR7	226
John, m. Anne **STEPHENS**, Aug. 27, 1759	LR7	226
John, [s. John & Anne], b. Jan. 23, 1762	LR7	226
Leah, m. Edmund **PORTER**, Dec. 18, 1777 (sic) (Probably 1771)	LR9	549
Noah P., m. Sarah M. **WILCOX**, b. of Haddam, May 1, 1850, by Rev. Charles R. Adams	1	61
Rebecca S., m. Nelson **BURR**, b. of Haddam, [Sept.] 22, [1842], by David D. Field. Int. pub.	1	39
Sarah, m. Eber **TIBBALLS**, May 11, 1780	LR9	537
Sarah M., m. Noah P. **WILCOX**, b. of Haddam, May 1, 1850, by Rev. Charles R. Adams	1	61
William, [s. John & Anne], b. Feb. 18, 1766	LR7	226
WILLARD, Ashbel P., of New Albany, Ind., m. Caroline C. **COOK**, of Haddam, May 27, 1847, by Rev. E. W. Cook	1	52
Hannah, m. David **BRAINERD**, Jan. 2, 1772	LR9	14
Hannah M., m. Reuben C. **DICKINSON**, b. of Haddam, June 4, 1840, by Rev. Frederick Wightman	1	32
Henrietta A., m. Samuel C. **CLARK**, b. of Haddam, Nov. 28, 1841, by Rev. Anson F. Beach	1	36
WILLIAMS, Abraham, s. Abraham, b. Aug. 7, 1758	LR6	8
Edmund, of Chatham, m. Electa **BAILEY**, of Haddam, Jan. 5, 1834, by W[illia]m Denison	1	21
Eunice, of Haddam, m. Joseph **MILLER**, of Middletown, Mar. 13, 1836, by Rev. Alfred Gates	1	23
Ezra H., m. Mary E. **DICKINSON**, b. of Haddam, Jan. 16, 1854, by T. B. Chandler	1	74
Joseph, s. Abraham, b. Feb. 12, 1780	LR6	8
Lydia, d. Abraham, b. Mar. 5, 1755	LR6	8
Mary, d. Abraham, b. Aug. 12, 1753	LR6	8
Mehetabel, d. Abraham, b. Dec. 6, 1756	LR6	8
Nathan, s. Abraham, b. May 9, 1774	LR6	8
Nathaniel A., of Chatham, m. Mary A. **ARNOLD**, of Haddam, Dec. 28, 1853, by Rev. Sewall Lamberton	1	73
Zachariah, s. Abraham, b. Mar. 31, 1772	LR6	8
WILLSON, Senah, m. Robert **BAILEY**, Feb. 13, 1776	LR9	531
WOLCOTT, Nelson J., of Hartford, m. Sarah **KELSEY**, of Haddam, [Nov.] 29, 1843, by David D. Field. Int. pub.	1	42
WOOD, Amasa, of Southbridge, Mass., m. Harriet **SKINNER**, of Haddam, Apr. 8, 1842, by David D. Field. Int. pub.	1	37
John's earmark recorded Feb. 3, 1723/4	LR2	26
Justus, s. John, b. Aug. 11, 1723	LR2	26
Loyd, m. Dealia A. **CLARK**, Oct. 13, 1850, by Rev. Geo[rge] L. Fuller	1	62
WORTHINGTON, Benjamin B., of East Haddam, m. Lucy **BROOKS**, of Haddam, Apr. 28, 1828, by Charles Bentley	1	15

	Vol.	Page
WRIGHT, Emeline A., of Haddam, m. Richard **FLINT**, of Hartford, July 23, 1851, by James Noyes	1	66
YOUNG, YOUNGS, David, m. Harriet **BAILEY**, b. of Haddam, Nov. 23, 1828, by Cha[rle]s Bentley	1	16
Elizabeth, of Haddam, m. Henry **COLLINS**, of Weathersfield, Dec. 24, 1839, by Rev. Stephen A. Loper	1	31
Lucy, of Haddam, m. Ransom **PERKINS**, of Marlborough, Nov. 27, 1834, by T. S. Clark	1	22
Mary, m. Edwin **SMITH**, Feb. 13, 1831, by Rev. John Marsh	1	19
Russell B., of Middletown, m. Jemima **BAILEY**, of Haddam, Dec. 8, 1831, by Charles Reming, Elder	1	19
NO SURNAME, Abigail, m. Timothy **SPENCER**, Sept. [ ], 1702	LR2	12
Abigail, m. Richard **WALKLEY**, Nov. 21, 1723	LR2	26
Abigail, m. Gideon **ARNOLD**, May 14, 1724	LR2	8
Abigail, m. Daniel **SPENCER**, s. Nathaniel, Jan. 21, 1729/30	LR2	26
Abigail, m. Richard **WALKLEY**, Jr., Mar. 5, 1729/30	LR2	22
Abigail, m. Ebenezer **ARNOLD**, Mar. 19, 1729/30	LR2	10
Abigail, m. Nathaniel **STOCKIN**, Jan. 7, 1734/5	LR3	0
Abigail, m. Samuel **BATE**, Jan. 7, 1741/2	LR5	277
Abigail, m. Seth **ARNOLD**, Aug. 15, 1744	LR4	b
Abigail, m. Charles **HAZELTON**, Sept. 27, 1750	LR6	7
Abigail, m. Ebenezer **THOMAS**, Feb. 16, 1752	LR5	281
Abigail, m. William **SMITH**, Jr., Nov. 22, 1753	LR3	0
Agness, m. Richard **WALKLEY**, Apr. 11, 1704	LR2	26
Anna, m. James **BRAINERD**, Jr., Dec. 23, 1717	LR2	20
Anna, m. John **COE**, Jr., Feb. 7, 1745	LR5	18
Anna, m. James **BAILEY**, Jan. 3, 1749/50	LR6	259
Anna, m. Elisha **SPENCER**, Aug. 2, 1749	LR6	259
An[n]a, m. Ebenezer **WACKLEY**, Jan. 15, 1777	LR9	547
Anne, m. Israel **CLARK**, Jan. 12, 1730/1	LR2	33
Anne, m. Peletiah **CLARK**, June 26, 1735	LR2	39
Anne, m. Samuel **SMITH**, Aug. 17, 1749	LR6	9
Anne, m. Richard **BONFOEY**, Jr., Sept. 28, 1749	LR5	277
Anne, m. Jacob **ARNOLD**, Jan. 19, 1774	LR9	15
Anne, m. William **CLARK**, 3rd, Nov. 16, 1780	LR9	545
Bathsheba, m. Daniel **HUBBARD**, Dec. 27, 1702	LR2	13
Biel, m. Ebenezer **VENTROUS** [ ]	LR3	0
Deborah, m. Garrard **SPENCER**, Nov. 12, 1692	LR2	12
Deborah, m. James **BRAINERD**, Apr. 1, 1696	LR2	3
Deborah, m. Ephraim **BAILEY**, Oct. 3, 1716	LR2	29
Deborah, m. Timothy **SHALER**, Jr., Nov. 11, 1725	LR2	21
Deboray, m. Alexander **PATTERSON**, ae. 28, Feb. 21, 1733/4	LR3	0
	LR2	40
Deborah, m. Stephen **SMITH**, Jr., Mar. 24, 1736/7	LR6	8
Deborah, m. Stephen **SMITH**, Jr., Feb. 24, 1737	LR4	c
Deborah, m. Benjamin **TOWNER**, Jr., Sept. 16, 1742	LR4	f
Deborah, m. John **LEWIS**, June 21, 1744	LR2	33
Deborah (?), m. William **MARKHAM**, [ ] 21, 1747	LR2	7
Dorothy, m. David **SMITH**, Dec. 3, 1729	LR9	18
Drusilla, m. Abraham **SPENCER**, Mar. 14, 1771	LR9	22
Eleanor, m. Cornelius **HIGGINS**, Jr., Nov. 8, 1767	LR2	24
Elizabeth, m. Timothy **SHAILER**, Mar. 28, 1695/6		

HADDAM VITAL RECORDS

	Vol.	Page
NO SURNAME, (cont.)		
Elizabeth, m. Jonathan **ARNOLD**, Aug. 14, 1699	LR2	1
Elizabeth, m. Caleb **BRAINERD**, May 1, 1701	LR2	9
Elizabeth, m. Caleb **CONE**, Dec. 16, 1701	LR2	5
Elizabeth, m. Joseph **SMITH**, eldest surviving s. of Joseph, Dec. 31, 1712	LR2	22
Elizabeth, m. Joshua **ARNOLD**, Dec. 8, 1715	LR2	10
Elizabeth, m. Isaac **BARTLETT**, Jan. 14, 1718/19	LR2	14
Elizabeth, m. John **SPENCER**, Jr., Mar. 29, 1722	LR2	23
Elizabeth, m. Hezekiah **SHALER**, Nov. 24, 1727	LR3	0
Elizabeth, m. Amaziah **DICKESON**, Oct. 14, 1730	LR2	11
Elisabeth, m. Joseph **SMITH**, Jan. 2, 1734/5	LR3	0
Elizabeth, m. John **BAILEY**, Jr., Mar. 11, 1734/5	LR6	259
Elizabeth, m. Michael **CLARK**, June 14, 1737	LR4	a
Elizabeth, m. Pelatiah **CLARK**, Dec. 4, 1740	LR5	274
Elizabeth, m. Jedediah **BRAINERD**, Dec. 23, 1742	LR6	10
Elizabeth, m. John **PICKETT**, Dec. 13, 1744	LR5	279
Elizabeth, m. Jeremiah **SPENCER**, Feb. 19, 1745/6	LR4	f
Elizabeth, m. Joseph **CLARK**, 2d, June 26, 1746	LR4	d
Elizabeth, m. Joseph **CLARK**, 2d, June 26, 1746	LR5	279
Elizabeth, m. Jacob **BAILEY**, Aug. 6, 1746	LR5	278
Elizabeth, m. John **EDDY**, Oct. 25, 1750	LR5	279
Elizabeth, m. Daniel **SPENCER**, Jr., Mar. 1, 1753	LR6	12
Elizabeth, m. Samuel **ARNOLD**, Jr., Mar. 31, 1768	LR9	21
Esther, m. John **BAILEY**, Jr., Jan. 14, 1711/12	LR2	4
Esther, m. William **BRAINERD**, Jr., Jan. 5, 1725/6	LR2	17
Esther, m. Abijah **BRAINERD**, Dec. 28, 1727	LR2	18
Esther, m. Samuel **BRAINERD**, Oct. 31, 1734	LR2	38
Esther, m. Nehemiah **DICKESON**, Oct. 9, 1735	LR2	34
Esther, m. Heber **BRAINERD**, Feb. 28, 1744/5	LR5	277
Esther, m. Cornelius **HIGGINS**, Jr., Sept. 24, 1777	LR9	22
Eunice, m. Abraham **TYLER**, Nov. 6, 1728	LR2	21
Eunice, m. Stephen **BAILEY**, Dec. 14, 1749	LR6	11
[E]unice, m. Eliakim **BRAINERD**, June 7, 1753	LR5	274
Eunice, m. Amos **BATES**, July 28, 1772	LR9	550
Experience, m. Frances **ARNOLD**, Aug. 23, 1744	LR6	9
Grace, m. James **CONE**, Feb. 10, 1726	LR2	27
Hannah, m. Edward **SCOVEL**, Feb. 21, 1699	LR2	22
Hannah, m. Abel **SHALER**, Aug. 7, 1706	LR2	23
Hannah, m. Nathaniel **SPENCER**, Jr., July 25, 1708	LR2	28
Hannah, m. John **FISKE**, May 10, 1716	LR2	11
Hannah, m. John **COE**, Dec. 15, 1716	LR2	9
Hannah, m. Daniel **VENTRES**, Jan. 9, 1723	LR2	25
Hannah, m. Noah **CONE**, Feb. 5, 1727/8	LR2	14
Hannah, m. Caleb **CONE**, Dec. 6, 1728	LR2	21
Hannah, m. Simon **ARNOLD**, Mar. 8, 1734	LR2	38
Hannah, m. Elisha **CONE**, June 13, 1734	LR2	35
Hannah, m. William **SCOVIL**, Apr. 4, 1734	LR3	0
Hannah, m. James **RAY**, Aug. 28, 1734	LR3	0
Hannah, m. Ebenezer **MUDG**, July 8, 1736	LR3	0
Hannah, m. Josiah **BRAINERD**, Sept. 12, 1738	LR2	38

	Vol.	Page
NO SURNAME, (cont.)		
Hannah, m. Jabez BRAINERD, Oct. 15, 1739	LR3	0
Hannah, m. Thomas HUBBARD, June 26, 1744	LR5	16
Hannah, m. James HAZELTON, Jr., Jan. 22, 1746/7	LR5	276
Hannah, m. Isaac RAY, May 11, 1749	LR5	274
Hannah, m. David HUBBARD, May 25, 1775	LR9	551
Hepsabath, m. Azariah DICKSON, Nov. 30, 1732	LR2	4
Hephzibah, m. Azariah DICKESON, Jr., Nov. 30, 1732	LR2	31
Hephzibah, m. Samuel PICKETT, Feb. 9, 1743/4	LR5	17
Hephzibah, m. Samuel PICKETT, Feb. 9, 1743/4	LR5	278
Hephzibah, m. Benjamin SMITH, Jr. [ ]	LR3	0
Jane, m. David BAILEY, July 20, 1730	LR2	27
Jemima, m. Joseph BAILEY, Mar. 5, 1746/7	LR5	17
Jerusha, m. Phinehas BRAINERD, Nov. 9, 1741	LR3	0
Judeth, m. William CLARK, Jr., Jan. 9, 1728/9	LR2	10
Kathern, m. Thomas SHALER, Oct. 22, 1696	LR2	24
Katharine, m. John SMITH, Jr., s. Stephen, Sept. 19, 1751	LR5	275
Lois, m. Samuel HAUGHTON, Mar. 8, 1757	LR5	280
Lucy, m. Thomas CHURCH, Nov. 3, 1743	LR3	0
Lucy, m. Elijah BRAINERD, Jr., Apr. 21, 1756	LR5	274
Lydia, m. Joseph CLARK, Jr., Nov. 9, 1749	LR5	276
Lydia, m. David SMITH, Jr., July 1, 1756	LR5	281
Marcy, m. John VENTRES, Apr. 22, 1709	LR2	25
Margaret, m. Elijah BRAINERD, Sept. 6, 1738	LR2	3
Martha, m. William SCOVELL, Jan. 20, 1701/2	LR2	22
Martha, m. Timothy [SHAILER], Nov. 16, 1715	LR2	24
Martha, m. Ebenezer HIFF, Jan. 3, 1716	LR2	13
Martha, m. Abraham BROOKS, Nov. 5, 1729	LR2	21
Martha, m. Solomon BATE, Jr., Oct. 22, 1730	LR2	35
Martha, m. Phinehas SPENCER, Mar. 9, 1731/2	LR2	36
Martha, m. Nathan BA[I]L[E]Y, July 6, 1738	LR4	f
Martha, m. Samuel ARNOLD, Jr., June 14, 1744	LR3	0
Martha, m. Aaron POND, Jan. 23, 1744/5	LR4	f
Martha, m. Evan THOMAS, June 13, 1745	LR4	d
Martha, m. John SPENCER, Sept. 26, 1745	LR4	e
Martha, m. Elisha BRAINERD, Mar. 9, 1757	LR5	280
Martha, m. Benjamin BURR, Sept. 10, 1773	LR9	550
Martha, m. Cephas SELDEN, Dec. 10, 1778	LR9	541
Mary, m. Abel SHALER, Jan. 5, 1697/8	LR2	23
Mary, m. Elijah BRAINERD, Sept. 28, 1699	LR2	3
Mary, m. William CLARK, Nov. 14, 1699	LR2	6
Mary, m. Daniel CLARK, Jan. 8, 1710/11	LR2	6
Mary, m. John SPENCER, Feb. 18, 1713/14	LR2	23
Mary, m. Simon SMITH, Jr., Sept. 28, 1715	LR2	7
Mary, m. Thomas BROOKS, Jr., Nov. 28, 1717	LR2	2
Mary, m. Daniel BAILEY, Apr. 16, 1729	LR2	33
Mary, m. Joseph SHAILER, Nov. 5, 1730	LR2	40
Mary, m. Jonathan SMITH, Dec. 7, 1730	LR3	0
Mary, m. Hezekiah BRAINERD, 2d, Jan. 26, 1730/1	LR2	37
Mary, m. Daniel BRAINERD, Apr. 25, 1733	LR2	32
Mary, m. John ATWELL, May 15, 1733	LR2	31

HADDAM VITAL RECORDS 99

	Vol.	Page
NO SURNAME, (cont.)		
Mary, m. Samuel SHAILER, Apr. 9, 1736	LR3	0
Mary, m. Benjamin BRAINERD, Feb. 16, 1738/9	LR2	33
Mary, m. Joseph WELLS, Sept. 16, 1744	LR4	b
Mary, m. Benjamin BRAINERD, Dec. 19, 1745	LR2	33
Mary, m. Richard KNOWLES, Apr. 4, 1749	LR6	10
Mary, m. Alexander LINN, Sept. [ ], 1751	LR6	12
Mary, m. R[e]uben CLARK, Nov.14, 1754	LR6	259
Mary, m. Joshua ARNOLD, Jr., July 8, 1776	LR9	551
Mary, m. Samuel SCOVIL, Jan. 8, 1778	LR9	17
Mahetabell, m. Zebulon LUES, Dec. 30, 1714	LR2	29
Mahetable, m. Jacob CLARK, Feb. 12, 1744/5	LR4	b
Mehitabel, m. Jeremiah RAY, Nov. 9, 1756	LR5	281
Mehetabel, m. Hezekiah CLARK, Apr. 16, 17[ ]	LR2	40
Mercy, m. John ARNOLD, Feb. 5, 1746/7	LR6	10
Mindwell, m. Joseph BRAINERD, Oct. 26, 1731	LR2	32
Naomy, m. Giles PORTER, Sept. 8, 1747	LR6	9
Penelope, m. Joseph BATE, Mar. 9, 1736/7	LR2	35
Phebe, m. Elijah BRAINERD, Jr., Apr. 4, 1732	LR2	35
Phebe, m. Jabez BROOKS, Jr., Apr. 30, 1778	LR9	542
Prudence, m. William CLARK, June 10, 1729	LR2	6
Rebekah, m. Ephraim SPENCER, June 28, 1738	LR3	0
Rebeckah, m. John HAWLEY, Aug. 8, 1738	LR9	21
Rosanna, m. Stephen BRAINERD, Feb. 2, 1786	LR9	532
Rose, d. Thoram & Venus, negro, b. June 6, 1775	LR9	534
Ruth, m. Zebulon LEWIS, Jr., Aug. 14, 1739	LR4	a
Ruth, m. Nathan BRAINERD, Oct. 25, 1739	LR2	36
Sarah, m. William BRAINERD, Dec. 3, 1698	LR2	4
Sarah, m. Samuel INGRAM, Feb. 25, 1702/3	LR2	14
Sarah, m. James BRAINERD, May 23, 1711	LR2	3
Sarah, m. Thomas SELDEN, Apr. 10, 1717	LR2	20
Sarah, m. William VENTRES, Aug. 7, 1723	LR2	25
Sarah, m. John FISK, Oct. [ ], 1724	LR2	11
Sarah, m. Gideon BRAINERD, Nov. 24, 1727	LR2	18
Sarah, m. Daniel SPENCER, Jr., Dec. 11, 1728	LR2	13
Sarah, m. Samuel ARNOLD, Sept. 3, 1730	LR2	1
Sarah, m. Samuel ARNOLD, Sept. 2, 1731	LR2	81
Sarah, m. Jacob SMITH, Dec. 14, 1732	LR3	0
Sarah, m. William BROWN, July 26, 1733	LR2	40
Sarah, m. Josiah BRAINERD, Feb. 15, 1735/6	LR2	38
Sarah, m. Ebenezer WALKLY, July 3, 1740	LR3	0
Sarah, m. Nathaniel BRAINERD, Apr. 8, 1742	LR2	39
Sarah, m. Nathan BRAINERD, Jan. 17, 1743	LR2	36
Sarah, m. Nathan LEWIS, Nov. 9, 1748	LR5	282
Sarah, m. Elihu JOHNSON, Apr. 8, 1750	LR6	7
Sarah, m. Gideon BRAINERD, Jr., June 7, 1753	LR5	275
Sarah, m. David ARNOLD, Oct. 3, 17[ ]	LR2	1
Silence, m. Joseph SELDEN, Dec. 22, 1748	LR5	277
Susanna, m. Joseph ARNOLD, Jan. 28, 1695	LR2	2
Susannah, m. Thomas BROOKS, Nov. 16, 1695/6	LR2	2
Susannah, m. Thomas BROOKS, Nov. 16, 1695/6	LR2	4

NO SURNAME, (cont.)

	Vol.	Page
Susanna, m. Daniel **HUBBARD**, Dec. 8, 1697	LR2	13
Susannah, m. Joseph **CLARK**, Dec. 21, 1709	LR2	5
Susanna, m. James **HAZELTON**, Nov. 9, 1720	LR2	17
Susanna, m. Joseph **CONE**, July 7, 1727	LR2	7
Susanna, m. Isaac **BARTLET**, Jr., Dec. 27, 1750	LR5	279
Susanna, m. Ithiel **DEAN**, Jan. 22, 1750/1	LR5	276
Temperance, m. Daniel **HUBBARD**, 2d, Apr. 15, 1727	LR2	13
Thankfull, m. Jacob **BRAINERD**, Feb. 4, 1730/1	LR2	32
Thankfull, m. Jacob **BRAINERD**, Feb. 4, 1733/4	LR2	17
Wak[e]full, m. Thomas **BIVIN**, May 22, 1735	LR2	36

HAMDEN VITAL RECORDS
1786 - 1854

	Page
ABBETT, Ira, of New Haven, m. Lydia **WOODING**, of Hamden, Sept. 1, 1831, by Rev. Noah Lening	9
ALLEN, [see also **ALLING**], Amos E., of Bethany, m. Elizabeth **FRYER**, of Hamden, Oct. 17, 1845, by Rev. Austin Punam	33
Charles E., m. Jane A. **DICKERMAN**, b. of Hamden, Apr. 30, 1854, by Rev. David H. Thayer	81
Joseph H., of Troy, N.Y., m. Henrietta M. **PAYNE**, of Hamden, July 6, 1847, by Rev. George L. Fuller	51
Levi C., of Hamden, m. Mirtha M. **ROBERTS**, of Meriden, Oct. 19, 1831, by Rev. Stephen Hubbel	9
Lydia, of Wallingford, m. Uriah **JOHNSON**, of Hamden, Aug. 4, 1833, by Ransom Johnson	12
Merit, m. Clarissa **ANDREWS**, Jan. 21, 1838, by Rev. Orlando Starr	17
Samuel, m. Maria **HUMISTON**, b. of Wallingford, Nov. 3, 1830, by David Bradley	8
ALLING, [see also **ALLEN**], Abigail, of Hamden, m. Hervy **HALE**, of Maddeson, Mar. 4, 1838, by Rev. Orlando Starr	17
Emily, of Hamden, m. Barlow **RUSSELL**, of East Haven, Nov. 23, 1845, by Rev. J. H. Frost	34
Ezra, m. Emily **BASSETT**, b. of Hamden, Apr. 1, 1838, by Rev. Orlando Starr	17
Henry, m. Sarah Jane **JOHNSON**, b. of Hamden, May 7, 1850, by Rev. Charles Bartlett	66
Hobart, m. Sarah **ALLING**, b. of Hamden, Mar. 16, 1853, by Rev. Theodore A. Lovejoy	77
Jane L., of Hamden, m. Harry **SCRANTON**, of Guilford, July 3, 1842, by Rev. Aaron Hill	23
Jared, m. Abigail **PECK**, Apr. 6, [1800?], by Simeon Bristol; recorded Apr. 7, 1800	175
Jesse, m. Sarah **MUNSON**, b. of Hamden, May 29, 1822, by Rev. Abraham Alling	170
John, of New Haven, m. Charlotte E. **SMITH**, of Hamden, Jan. 23, 1850, by Rev. Israel P. Warren	65
Mabel, m. Kneeland **GORHAM**, Apr. 16, 1848, by Rev. George L. Fuller	57
Martha, m. Dennis J. **POTTER**, b. of Hamden, Oct. 15, 1848, by Rev. George L. Fuller	58
Mary G., of Hamden, m. Willard **HAR[R]ISON**, of Branford, July 3, 1842, by Rev. Aaron S. Hill	23
Mary J., of New Haven, m. Ransam **RUSSEL**, of Hamden, Mar. 28, 1852, by Rev. Austin Putnam	74
Nancy L., m. Harvey M. **MERRIMAN**, b. of Hamden, June 3, 1849, by Rev. James D. Moore	61
Rachel E., m. Eli D. **GILLETTE**, b. of New Haven, Nov. 25, 1852, by Rev. Austin Putnam	77
Russel, m. Jennet **DORMAN**, b. of Hamden, Jan. 18, 1826, by Rev.	

	Page
ALLING, [see also **ALLEN**], (cont.)	
Abraham Alling	5
Samuel, m. Rhoda **JONES**, b. of Hamden, Oct. 13, [1844], by Rev. Charles Stearns	31
Samuel A., of Hamden, m. Melvina E. **HILL**, of Woodbridge, Apr. 18, 1847, by Rev. J. H. Frost	38
Sarah, of Hamden, m. W[illia]m E. **BALDWIN**, of East Haven, [Nov. 5, 1837], by Rev. Orlando Starr	16
Sarah, m. Hobart **ALLING**, b. of Hamden, Mar. 16, 1853, by Rev. Theodore A. Lovejoy	77
Thomas, of Hamden, m. Harriet E. **BALL**, of New Haven, Mar. 18, 1827, by Rev. Elias Crawford	6
ANDREWS, [see also **ANDRUSS**], Andrew T., m. Cornelia **FORD**, b. of Hamden, Apr. 20, 1851, by Rev. Charles Bartlett	73
Clarissa, m. Merit **ALLEN**, Jan. 21, 1838, by Rev. Orlando Starr	17
Eaton, m. [ ], Aug. [ ], 1816	233
Ives, m. Sally **TUTTLE**, b. of Hamden, Dec. 22, [18]42, by Rev. Ja[me]s Birney	25
Loretto Eaton, [d. Eaton], b. May 20, 1818	233
Mary, of Simsbury, m. Frances **PECK**, of Hamden, Mar. 2, 1835, by Rev. Stephen Hubbell	13
Rhoda, Mrs. of Woodbridge, m. Horace **PRESTON**, of Cheshire, Apr. 17, 1825, by Amasa Bradley, J.P.	3
William W., of Bethany, m. Margaret **WOODRUFF**, of Orange, May 14, 1843, by Rev. Aaron S. Hill	27
Ziba, m. Mehetabel **TUTTLE**, May 28, 1848, by Rev. George L. Fuller	57
ANDRUSS, [see also **ANDREWS**], Willard, of New Hartford, m. Harriet Clark **CHORELL**, of New Haven, May 12, 1850, by Rev. Austin Putnam	67
ATWATER, Betsey, m. Charles G. **ATWATER**, b. of Hamden, June 13, [1849], by Rev. I. P. Warren	61
Charles G., m. Betsey **ATWATER**, b. of Hamden, June 13, [1849], by Rev. I. P. Warren	61
Charles H., m. Caroline **GORHAM**, Nov. 13, 1833, by Rev. Geo[rge] E. De La Van	10
Hata, d. Samuel, Jr., b. Dec. 22, 178[ ]	207
Jared, of New Haven, m. Elizabeth **BASSETT**, of Hamden, Apr. 25, 1821, by Rev. Abraham Alling	169
Jason, s. Asa & Bets[e]y, b. June 8, 1801	229
Laura, m. Edmond D. **BRADLEY**, b. of Hamden, Oct. 24, 1832, by Rev. Stephen Hubbel	12
Mary, d. Enos & Lois, b. Nov. 5, 1792	209
Mary, d. Samuel & Ruth, b. Aug. 14, 1795	212
Meriam, d. Enos, b. Jan. 7, 1788	207
Obedience, d. [Samuel, Jr.], b. Dec. 12, 1788	207
Samuel, s. [Samuel, Jr.], b. Nov. 30, 1786	207
Stephen, of Hamden, m. Abigail C. **BRADLEY**, of New Haven, Oct. 29, 1843, by Rev. James Birney	29
Stephen Worster, s. Samuel, b. June 17, 1793	210
AUGUR, Adaline L., of Hamden, m. Sherman **WARNER**, of New Haven, May 9, 1853, by Rev. Austin Putnam	78
Betsey M., of New Haven, m. Edward **DAVIS**, of Hamden, Sept. 4, 1842, by Rev. A. Putnam	25

AUGUR, (cont.)
Joel, of Northford, m. Hannah **TRIP**, of Hamden, Dec. 7, 1825, by Rev. Abraham Alling — 5
AUSTIN, Asahel C., of Plymouth, m. Margaret E. **IVES**, of Hamden, July 4, 1852, by Rev. Austin Putnam — 75
BAGGETT, Frederick, of New Haven, m. Susan A. **HALL**, of Hamden, Oct. 13, 1836, by Leveritt Griggs — 15
BAILEY, Nelson, m. Frances M. **BRADLEY**, b. of Hamden, Feb. 9, 1851, by Rev. Israel P. Warren — 71
BALDWIN, Alfred S., of Cheshire, m. Sarah O. **FORD**, of Hamden, Oct. 17, 1849, by Rev. Austin Putnam — 63
   Cyrus H., of Greensboro, Ga., m. Lydia E. **FORD**, of Hamden, July 9, 1851, by Rev. Austin Putnam — 73
   Silas, of New Haven, m. Lucy Ann **HILL**, of Guilford, Aug. 27, 1839, by Rev. Austin Putnam — 21
   W[illia]m E., of East Haven, m. Sarah **ALLING**, of Hamden, [Nov. 5, 1837], by Rev. Orlando Starr — 16
BALL, Harriet E., of New Haven, m. Thomas **ALLING**, of Hamden, Mar. 18, 1827, by Rev. Elias Crawford — 6
   Henry, of Bristol, m. Christiana **BODINE**, of New Jersey, Dec. 26, 1847, by Rev. C. W. Everest — 53
BARBER, James, of New Haven, m. Juliette **BRADLEY**, of Hamden, May 12, 1850, by Rev. Charles Bartlett — 67
   William M., m. Elizabeth A. **BASSETT**, b. of Hamden, Oct. 3, 1853, by Rev. Austin Putnam — 80
BARNES, BARNS, Asenath, Mrs. of Hamden, m. Benjamin **PERKINS**, of Southington, Mar. 31, 1851, by Rev. Israel P. Warren — 72
   Dimon, m. Ann **BLAK[E]SLEY**, b. of Cheshire, Oct. 25, 1821, by Rev. Eliphalet B. Coleman — 168
   Esther Maria, m. Isaac **MUNSON**, Jr., Jan. 1, 1823, by Rev Sam[uel] Merwin — 169
   Henry, of New Haven, m. Jennet **POTTER**, of Hamden, May 16, 1825, by Rev. Abraham Alling — 3
   Henry A., of New Haven, m. Rhoda E. **DUDLEY**, of Hamden, July 28, [1847], by Rev. I. P. Warren — 51
   Hester, of Hamden, m. John **THOMPSON**, of East Haven, June 16, 1822, by Rev. Abraham Alling — 170
   Sarah, of North Haven, m. Jesse **COOPER**, Jr., of Hamden, Sept. 6, 1840, by Rev. Austin Putnam — 21
BASSETT, Amos, m. Mrs. An[n]a **HALL**, b. of Hamden, Apr. 24, 1823, by Rev. Caleb Alling — 173
   Charles D., of Hamden, m. Susannah **SMITH**, of New Haven, Dec. 31, 1849, by Rev. Austin Putnam — 64
   Elizabeth, of Hamden, m. Jared **ATWATER**, of New Haven, Apr. 25, 1821, by Rev. Abraham Alling — 169
   Elizabeth A., m. William M. **BARBER**, b. of Hamden, Oct. 3, 1853, by Rev. Austin Putnam — 80
   Emily, m. Ezra **ALLING**, b. of Hamden, Apr. 1, 1838, by Rev. Orlando Starr — 17
   Eunice L., of Hamden, m. James S. **MIX**, of New Haven, June 16, 1840, by Rev. Henry Fitch — 20
   Hannah, m. Amos W. **BENHAM**, b. of Hamden, Jan. 24, 1838, by Rev.

	Page
BASSETT, (cont.)	
Orlando Starr	17
Henry, of Hamden, m. Mary Elizabeth **SHELTON**, of New Haven, May 2, 1847, by Rev. I. P. Warren	39
Jennett, m. Daniel W. **SHARES**, Apr. 26, 1835, by Rev. Stephen Hubbel	14
Mary, wid. of Hamden, m. Joel **PECK**, of Farmington, Jan. 28, 1824, by Rev. Eliphalet B. Coleman	1
Mary A., m. Austin **HEATON**, b. of Hamden, Nov. 5, 1837, by Rev. Orlando Starr	16
Medad A., m. Mary **TUTTLE**, Oct. 13, 1841, by Rev. A. Putnam	24
William I., of Waterbury, m. Clarinda L. **WOLCOTT**, of Plymouth, June 9, 1850, by Rev. Austin Putnam	68
BAYRE, W[illia]m, of Bridgeton, N.J., m. Amelia **FITCH**, of New Haven, June 6, 1841, by Rev. Henry Fitch, in Grace Church	21
BRACH, Algernon O., m. Frances **HITCHCOCK**, b. of Hamden, Jan. 2, 1848, by Rev. Israel P. Warren	54
Lucy, m. Job. L. **MUNSON**, Oct. 2, 1775	176
BEECHER, Sarah D., of Westville, Conn., m. James H. **LANSING**, Apr. 23, 1848, by Rev. Austin Putnam	55
BENHAM, Adah, d. Joseph & Elizabeth, b. Aug. 27, 1786	205
Amos W., m. Hannah **BASSETT**, b. of Hamden, Jan. 24, 1838, by Rev. Orlando Starr	17
Clarissa, of Hamden, m. Anon **BRADLEY**, of Woodbridge, Dec. 31, 1823, by Rev. Abraham Alling	174
Francis R., of New Haven, m. Emily J. **LEEK**, of Hamden, Nov. 30, 1848, by Rev. Israel P. Warren	58
Isaac, s. Joseph & Elizabeth, b. Aug. 2, 1791	209
Isaac, m. [ ], Mar. 8, 1815	233
Isaac, [s. Isaac], b. July 6, 1821	233
Isaac, d. July 7, 1821	233
Jared, m. Rhoda M. **WOODIN**, b. of Hamden, Sept. 23, [1844], by Rev. Charles Stearns	31
Luther, m. Elizabeth **HEATON**, b. of Hamden, Dec. 31, 1837, by Rev. Orlando Starr	17
Marietta, of Hamden, m. Chester **BRADLEY**, of New Haven, Sept. 11, 1827, by Rev. Lucius Baldwin, at Amos Benhams	6
William, [s. Isaac], b. Mar. 24, 1817	233
BIDWELL, Lucy Ann, of Hamden, m. John **JACKSON**, of Birmingham, Mar. 20, 1843, by Rev. Austin Putnam	27
BIGELOW, Daniel B., m. Sarah A. **MIX**, Dec. 1, 1850, by Rev. Charles Bartlett	72
BISHOP, George, of New Haven, m. Elizabeth C. **HENTY**, of Philadelphia, Pa., Oct. 23, 1848, by Rev. Austin Putnam	57
James E., of North Haven, m. Elisabeth **TURNER**, of Fair Haven, Feb. 1, 1846, by Rev. John Doolittle	37
William George, s. Nathaniel & Eunice, b. Nov. 7, 1785	205
BLAKESLEE, BLAKSLEE, BLAKELY, BLAKSLEY, Ann, m. Dimon **BARNS**, b. of Cheshire, Oct. 25, 1821, by Rev. Eliphalet B. Coleman	168
Henry F., m. Anne **SIMPSON**, b. of Hamden, July 25, 1839, by Rev. Orson Cowles	18
Lydia Louisa, of Hamden, m. Henry L. **DAVIS**, of Humphreysville, Feb. 3, 1850, by Rev. C. W. Everest	65
Samuel Green, s. Richard, b. Oct. 25, 1829	42

	Page
BODINE, Christiana, of New Jersey, m. Henry **BALL**, of Bristol, Dec. 26, 1847, by Rev. C. W. Everest	53
BOOTH, Mabel, Mrs. of Hamden, m. William **SHARES**, of North Haven, July 3, 1842, by Rev. A. Putnam	25
BRADLEY, Abigail C., of New Haven, m. Stephen **ATWATER**, of Hamden, Oct. 29, 1843, by Rev. James Birney	29
Adeline, m. John Burton **PECK**, Apr. 2, 1846, by Rev. Daniel March	36
Albert, [s. Alvan & Abigail], b. Dec. 3, 1801* *(Probably 1807)	234
Allen C., twin with Mary Ann, [s. Levi & Esther], b. July 7, 1808	177
Alvan, m. Lucy **IVES**, Dec. 31, 1797	175
Alvan, m. Abigail, **HALL**, Feb. 3, 1802	234
Amos, s. Amos, b. Nov. 14, 1781	208
Amos A., m. Abigail A. **TUTTLE**, b. of Hamden, Jan. 1, 1850, by Rev. C. W. Everest	64
Anon, of Woodbridge, m. Clarissa **BENHAM**, of Hamden, Dec. 31, 1823, by Rev. Abraham Alling	174
Asa, s. [Amos & Olive], b. Sept. 1, 1794	212
Betsey, m. Merwin H. **FOOTTE**, b. of Hamden, May 14, 1834, by Rev. Stephen Hubbel	11
Chester, of New Haven, m. Marietta **BENHAM**, of Hamden, Sept. 11, 1827, by Rev. Lucius Baldwin, at Amos Benhams	6
Chloe, m. Amos **DICKERMAN**, Dec. 26, 1786	175
Chloe, d. Amos & Olive, b. July 15, 1797	214
Clarissa, of North Haven, m. Freeman [ ]IPER, of Berlin, Sept. 11, 1837, by Rev. Orlando Starr	16
Edmund D., [s. Alvan & Abigail], b. Nov. 18, 1806	234
Edmond D., m. Laura **ATWATER**, b. of Hamden, Oct. 24, 1832, by Rev. Stephen Hubbel	12
Elias, m. Maria **PARSONS**, Dec. 20, 1835, by Rev. Stephen Hubbel	14
Emeline, [d. Alvan & Abigail], b. Mar. 16, 1803	234
Emiline, m. Russel **IVES**, b. of Hamden, Jan. 22, 1834, by Rev. Stephen Hubbel	11
Emily, m. Willis **HULL**, b. of North Haven, Jan. 15, 1843, by Rev. A. Putnam	26
Emily, of Hamden, m. Sylvanus **JOHNSON**, of Iowa City, Iowa, Apr. 13, 1845, by Rev. Charles Stearns. Int. Pub.	31
Esther, d. [Jabez], b. Feb. 26, 1788	211
Ezera Ives, m. Betsey Charlotte **GILBERT**, Feb. 26, 1836, by Rev. Thomas Bainbridge	14
Frances M., m. Nelson **BAILEY**, b. of Hamden, Feb. 9, 1851, by Rev. Israel P. Warren	71
George Washington, [s. Levi & Esther], b. May 19, 1816	177
Hannah, d. Jabez, b. Apr. 23, 1786	211
Hannah, d. Jabez, Jr. & Esther], b. Apr. 23, 1786	205
Harvey, m. Lucy **BRADLEY**, b. of Hamden, May 5, 1850, by Rev. Austin Putnam	67
Horace, m. Polly **JONES**, b. of Hamden, Jan. 1, 1813	176
[Hubbard], [s. Levi & Esther], b. Feb. 14, 1790	177
Hubbard, m. Lucy **MUNSON**, b. of Hamden, Nov. 18, 1822, by Rev. Abraham Alling	170
Joel, had negro Obedon, s. Kate, b. Nov. 27, 1793	210

BRADLEY, (cont.)

	Page
Jotham, s. [Amos & Olive], b. June 30, 1799	214
Jotham, m. Mary **HOTCHKISS**, b. of Hamden, May 15, 1822, by Rev. Eliphalet B. Coleman	168
Julia, m. Leanord **TODD**, Dec. 24, 1821, by Tillatson Bronson	167
Julia, m. Austin **HUMISTON**, b. of Hamden, Dec. 3, 1851, by Rev. Austin Putnam	74
Julie Ann, d. Ezra & Julie, b. Oct. 21, 1808	230
Juliette, of Hamden, m. James **BARBER**, of New Haven, May 12, 1850, by Rev. Charles Bartlett	67
Justus, [s. Levi & Esther], b. July 17, 1795; d. July 18, 1795	177
Leman, m. Bets[e]ly **IVES**, Dec. 13, 1795, by Simeon Bristol, J.P.	175
Lemuel, [s. Levi & Esther], b. June 11, 1788; d. Nov. 18, 1790	177
Lemuel, 2nd, [s. Levi & Esther], b. Apr. 2, 1792; d. Aug. 24, 1794	177
Lenna, d. [Amos], b. June 23, 1790	208
Levi, of Hamden, b. Aug. 19, 1757; m. Esther **COOPER**, of North Haven, Nov. 8, 1781	177
Levi, [s. Levi & Esther], b. Apr. 5, 1785	177
Levi, m. Esther **COOPER**, Mar. 30, 1806	177
Lois, d. [Amos], b. Dec. 24, 1788	208
Louisa, m. William B. **DICKERMAN**, Apr. 22, 1835, by Rev. Stephen Hubbel	14
Lucy, m. Harvey **BRADLEY**, b. of Hamden, May 5, 1850, by Rev. Austin Putnam	67
Lyman, s. Dan[ie]ll, Jr., b. Sept. 19, 1788	207
Maria, of Hamden, m. Joseph **DOOLITTLE**, of Cheshire, Dec. 21, 1825, by Rev. E. B. Coleman	4
Martha, d. [Horace & Polly], b. Oct. 1, 1813	176
Mary A., of Hamden, m. Benjamin H. **RICE**, of Meriden, Apr. 18, 1848, by Rev. Daniel March	55
Mary Ann, twin with Allen C., [d. Levi & Esther], b. July 7, 1808	177
Manerva, m. Russel **LEEK**, Nov. 2, 1823, by Rev. Bishop Brownell, in Grace Church	2
Nancy, [d. Levi & Esther], b. Apr. 4, 1783; d. July 1, 1784	177
Nancy, 2nd, d. [Levi & Esther], b. July 28, 1786; d. Aug. 23, 1794	177
Obed, m. Sally **BRADLEY**, Mar. 30, [1800(?)], by Simeon Bristol, J.P.	175
Olive, d. [Amos], b. May 20, 1786	208
Philo, m. Sarah E. **DORMAN**, b. of Hamden, Nov. 21, 1845, by Rev. J. H. Frost	34
Sally, m. Obed **BRADLEY**, Mar. 30, [1800(?)], by Simeon Bristol, J.P.	175
Sally, m. Julius **BROOKS**, b. of Hamden, May 13, 1823, by Rev. Eliph[alet] B. Coleman	173
Sephrona, d. Amos & Olive, b. Jan. 16, 1793	212
BRADY, Sarah, m. John **BYERS**, b. of Hamden, Dec. 24, 1849, by Rev. Austin Putnam	64
BRAGG, Harriet Clark, m. Antoine Mario **CHOREL**, May 13, 1839, by Rev. Austin Putnam	21
Joseph C., m. Grace M. **HALL**, Dec. 24, 1834, by Nath[anie]l W. Taylor	12
BRIMSMADE, [see under **BRUNSMADE**]	
BRISTOL, Augustus, s. [George A.], b. Mar. 26, 1789	207
Elizabeth, d. [George A. & Abigail], b. Nov. 25, 1795; d. Dec. 7, 1796	212
Ezeriah, m. Abagail **MUNSON**, b. of Cheshire, Jan. 5, 1832, by Rev.	

HAMDEN VITAL RECORDS

	Page
BRISTOL, (cont.)	
David Bradley	9
George Augustus, [s. Simeon & Mary], b. July 27, 1762	211
John, s. [Simeon & Mary], b. Dec. 10, 1775	211
Julius, s. [George A. & Abigail], b. Aug. 11, 1793	212
Maria, d. George A. & Abigail, b. July 21, 1792	212
Mary, w. Simeon, b. Dec. 1, 1736	211
Mary, d. [Simeon & Mary], b. Oct. 15, 1767	211
Mary, m. Dr. Elisha **CHAPMAN**, Apr. 15, 1793	175
Mary DeForest, w. George A., d. Mar. 20, 1790	207
Sarah, d. [Simeon & Mary], b. Aug. 20, 1771	211
Simeon, b. May 18, 1739	211
Simeon, s. Simeon [& Mary], b. July 26, 1764	211
Simeon, s. George A., b. July 9, 1787	207
Simeon, had negro Cyrus, s. of Rose, b. Nov. 8, 1795	211
William, s. [Simeon & Mary], b. June 2, 1779	211
BROCKETT, BROCKET, Alathea, m. Merit **FORD**, b. of Hamden, Oct. 19, 1826, by Rev. Looke Wood	6
Alfred, of Hamden, m. Emeline **SEARLES**, of Hartland, Apr. 24, 1854, by Rev. Austin Putnam	82
Charles P., m. Elisabeth B. **FREEMAN**, Dec. 15, 1844, by Rev. James Birney	31
Cornelia L., of North Haven, m. Horace G. **GILL**, of Hamden, Apr. 11, 1848, by Rev. C. W. Everest	55
Fanny, m. Ichabod **HITCHCOCK**, June 19, 1817	1
Lois, m. John **HARVEY**, b. of Hamden, Mar. 27, 1831, by Rev. David Bradley	7
BROOKS, BROOK, David, of Pittsburgh, Pa., m. Lydia A. **GILBERT**, of Hamden, May 31, 1847, by Rev. Austin Putnam	50
Joshua, of Cheshire, m. Tenantha **FORD**, of Waterbury, Feb. 7, 1822, by Amasa Bradley, J.P.	167
Julius, m. Sally **BRADLEY**, b. of Hamden, May 13, 1823, by Rev. Eliph[alet] B. Coleman	173
Sarah, w. Cornelius, d. Aug. 7, 1784, in the 64th y. of her age	178
Trumbull, of Winchester, m. Julia A. **DORMAN**, of Hamden, Nov. 21, 1847, by Rev. George L. Fuller	53
BROWN, Dennis O., of Farmington, m. Abagail C. **CURTISS**, of Berlin, Aug. 6, [1843], by Rev. E. E. Beardsley, at his house	28
BRUNSMADE, Josiah, of New Haven, m. Mabel **HOTCHKISS**, of Hamden, June 1, 1825, by Rev. E. B. Coleman (Brimsmade?)	4
BRUNSON, Eliza, of Cheshire, m. Beri S. **TUTTLE**, of Wallingford, Aug. 30, 1831, by Rev. David Bradley	9
BURNS, Joseph, m. Lucy C. **LITTLE**, b. of New Haven, Sept. 24, 1854, by Rev. Lyman Leffingwell	82
BYERS, John, m. Sarah **BRADY**, b. of Hamden, Dec. 24, 1849, by Rev. Austin Putnam	64
CADWELL, Charles, m. Sarah Caroline **HINMAN**, b. of Hamden, Sept. 23, 1849, by Rev. C. W. Everest	62
Esther Louise, [d. Elizur & Esther], b. Aug. 17, 1805	233
Horace P., [s. Elizur & Esther], b. Feb. 3, 1820	233
Laura, [d. Elizur & Esther], b. Oct. 7, 1807	233
Laura, m. Charles **COOPER**, b. of Hamden, Nov. 24, 1824, by Rev.	

	Page
CADWELL, (cont.)	
Abraham Alling	2
Mary, [d. Elizur & Esther], b. May 24, 1811	233
Sarah Ann, [d. Elizur & Esther], b. Mar. 20, 1815	233
CAMP, Martha, m. John W. **MERWIN**, b. of Milford, Oct. 29, 1843, by Rev. Austin Putnam	29
Mary, of Southbury, m. Levi **CHURCHILL**, of Hamden, Jan. 1, 1840, by Rev. Austin Putnam	21
Sarah A., of Southbury, m. Albert **MUNSON**, of Hamden, June 1, 1851, by Rev. Austin Putnam	73
CAMPBELL, William D., m. Emeline **DENSLOW**, b. of New Haven, Nov. 23, 1847, by Rev. Austin Putnam	52
CANADA, William, Jr., of New Haven, m. Susan H. **WARREN**, of Goshen, Mar. 19, 1851, by Rev. Israel P. Warren	71
CANDEE, Albert B., m. Ellen J. **THOMPSON**, b. of Hamden, July 4, 1847, by Rev. C. W. Everest	50
Theresia H., of Naugatuck, m. Sherman D. **TAYLOR**, of Claridon, O., Aug. 22, 1843, by Rev. James Birney	28
CANNING, Mary, m. Smith **STUART**, b. of New Haven, June 13, 1853, by Rev. Austin Putnam	78
CANNON, J. W., of Milwaukie, Wis., m. Laura A. **TUTTLE**, of Hamden, Sept. 9, 1850, by Rev. Israel P. Warren	68
CARPENTER, Joshua, m. Elizabeth **HOUGH**, May 3, 1848, by Rev. I. P. Warren	56
CARRINGTON, Daniel, of New Milford, m. Rachel **DORMAN**, of Hamden, Mar. 4, 1821, by Rev. Abraham Alling	169
CHAMPLIN, John L., of South Warren, Pa., m. Antoinette R. **WARNER**, of Hamden, Apr. 18, 1852, by Rev. T. A. Lovejoy	75
CHAPMAN, Elisha, Dr., m. Mary **BRISTOL**, Apr. 15, 1793	175
Emily, m. Leverett **HITCHCOCK**, b. of Hamden, [Sept.] 7, [1828], by Rev. James Noyes	7
Mary, w. Dr. Elisha, d. Mar. 6, 1799	178
Simeon Bristol, s. Elisha & Mary, b. June 4, 1794	212
CHATTERTON, Aaron, s. Daniel [& Deborah], b. May 15, 1791	176
Aaron, s. Daniel, b. May 15, 1791	208
Adah, d. Daniel [& Deborah], b. Nov. 12, 1789	176
Adah, [d. Daniel & Deborah], d. Jan. 21, 1790	176
Anna, d. Abraham, b. Sept. 12, 1777	208
Daniel, m. Deborah **MORGAN**, Oct. 14, 1788	176
Daniel, m. Abigail **MORGAN**, Aug. 24, 1794	176
Deborah, d. Daniel [& Deborah], b. Oct. 9, 1793	176
Deborah, w. Daniel, d. Dec. 5, 1793	176
Dinah, m. Daniel **DOOLITTLE**, Dec. 22, 1791	175
Edwin E., m. Eliza Ann **WARNER**, b. of Hamden, Nov. 20, 1853, by Rev. Austin Putnam	80
Rachael, d. David, b. Apr. 24, 179[ ]	208
CHIPMAN, Joseph, of New Haven, m. Julia Eliza **PIERPONT**, of North Haven, June 19, 1842, by Rev. Henry Fitch	22
CHOREL, CHORELL, Antoine Mario, m. Harriet Clark **BRAGG**, of Hamden, May 13, 1839, by Rev. Austin Putnam	21
Harriet Clark, of New Haven, m. Willard **ANDRUSS**, of New Hartford, May 12, 1850, by Rev. Austin Putnam	67

	Page
CHURCHILL, Harriet E., of Norway, Me., m. Warren Upson **TERRILL**, of Hamden, Dec. 4, 1854, by Rev. Austin Putnam	49
Levi, of Hamden, m. Mary **CAMP**, of Southbury, Jan. 1, 1840, by Rev. Austin Putnam	21
CLAGGET, Susan B. Mrs. of Philadelphia, m. Dr. Henry W. **DUCACHET**, of New York City, July 29, 1845, by Rev. Austin Putnam	33
CLARKE, Amanda F., of Hamden, m. Joel E. **TODD**, of North Haven, Sept. 26, 1849, by Rev. Austin Putnam	62
CLINTON, Caroline, of Woodbridge, m. Elihu **MIX**, of Hamden, Sept. 28, 1820, by Rev. Abraham Alling	169
COLBURN, John, Jr., of New Haven, m. Rebecca **SMITH**, of Humphreysville, Sept. 12, 1847, by Rev. Austin Putnam	52
COLLINS, Hannah, of Woodbridge, m. James P. **MIX**, of Hamden, Aug. 21, 1853, by Rev. Lyman Leffingwell	79
COOK, Hobert M., m. Marietee **FOOTE**, b. of Hamden, May 29, 1838, by Rev. Henry Fitch	17
Loly, of Cheshire, m. Robert **HOTCHKISS**, of New Durham, N.Y., Apr. 15, 1821, by Rev. Eliphalet B. Coleman	168
COOLEY, George W., m. Cornelia **MERRIAM**, May 28, 1848, by Rev. George L. Fuller	57
COOPER, Alfred, m. Wealthy **DOOLITTLE**, b. of Hamden, Mar. 3, 1831, by William A. Curtis, Woodbridge	7
Charles, m. Laura **CADWELL**, b. of Hamden, Nov. 24, 1824, by Rev. Abraham Alling	2
Eliza, m. William **SEELEY**, Jan. 2, 1821, by Rev. Charles Atwater, of North Branford	167
Esther, of North Haven, m. Levi **BRADLEY**, of Hamden, Nov. 8, 1781	177
Esther, m. Levi **BRADLEY**, Mar. 30, 1806	177
George R., m. Cornelia R. **PIERPONT**, b. of Hamden, Nov. 25, 1847, by Rev. C. W. Everest	53
Jesse, Jr., of Hamden, m. Sarah **BARNES**, of North Haven, Sept. 6, 1840, by Rev. Austin Putnam	21
Justus, of North Haven, m. Julia **GORHAM**, of Hamden, Dec. 18, 1822, by Rev. Abraham Alling	170
Rhoda, m. Charles **WOODING**, Jr., b. of Hamden, Oct. 30, 1822, by Rev. Abraham Alling	170
Rhoda, m. Javan **WOODING**, Jr., b. of Hamden, Oct. 30, 1822, by Rev. Abraham Alling	170
William, m. Martha F. **HALE**, b. of Hamden, Apr. 30, 1854, by Rev. Austin Putnam	82
CORSBY, Loyal, s. Tully & Lois, b. June 30, 1792	210
CORY, Esther W., of Derby, m. Napolean B. **HARTSHAN**, of Hamden, Aug. 28, 1842, by Rev. Henry Fitch	23
COTES, Betsey, m. Harvey **FORD**, b. of Hamden, Nov. 13, 1823, by Rev. Abraham Alling	174
CRAWLEY, Orin, m. Alma **HALL**, b. of Hamden, [1837(?)], by Rev. Leverett Griggs	15
CURTIS, CURTISS, Abagail C., of Berlin, m. Dennis O. **BROWN**, of Farmington, Aug. 6, [1843], by Rev. E. E. Beardsley, at his house	28
Nehemiah, of Newton, m. Julia Ann **MUNSON**, of Hamden, Apr. 25, 1830, by Rev. David Bradley	7
Philow, of Stratford, m. Rachel **POTTER**, of Hamden, Feb. 17, 1823, by	

	Page
CURTIS, CURTISS, (cont.)	
Rev. Abraham Alling	170
DAVIS, Edward, of Hamden, m. Betsey M. **AUGUR**, of New Haven, Sept. 4, 1842, by Rev. A. Putnam	25
Henry L., of Humphreysville, m. Lydia Louisa **BLAKESLEE**, of Hamden, Feb. 3, 1850, by Rev. C. W. Everest	65
Samuel, of New Haven, m. Emily **MANSFIELD**, of Hamden, Mar. 1, 1848, by Rev. C. W. Everest	54
DAY, Frederick A., of New Haven, m. Malinda L. **STEPHENS**, of Hamden, Feb. 12, 1843, by Rev. Ira Abbott	26
DENSLOW, Emeline, m. William D. **CAMPBELL**, b. of New Haven, Nov. 23, 1847, by Rev. Austin Putnam	52
DICKERMAN, DICKRMAN, Abigail, d. Amos, b. Aug. 1, 1788; d. Sept. 3, 1788	208
Abigail, d. Amos, b. Oct. 28, 1789	208
Alfred, s. Amos & Chloe, b. Jan. 31, 1808	230
Amos, m. Chloe **BRADLEY**, Dec. 26, 1786	175
Amos, s. Amos & Chloe, b. Aug. 18, 1792	209
Arba, s. Hez[ekia]h, b. Mar. 29, 1795	211
Asael, s. Hezekiah, b. May 3, 1788	207
Augustus, s. Seymour & Levina, b. Aug. 27, 1816	234
Beda, d. Hez[ekiah], b. Nov. 17, 1791	208
Caroline A., of Hamden, m. Charles M. **TUTTLE**, of North Haven, Oct. 17, 1849, by Rev. I. P. Warren	62
Cephus, s. Jesse, b. July 26, 1793	210
Charles, [s. Leveritt & Pemela], b. Oct. 19, 1807	232
Chester, m. Mary **IVES**, b. of Hamden, [Nov.] 24, [1825], by Jeremiah Atwater, Jr.	3
Chloe, d. Sam[ue]ll & Lolu, b. July 15, 1779	209
Chloe, d. Amos & Chloe, b. May 19, 1794	211
Easter, d. Hezekiah, b. Aug. 22, 1793	211
Eleazer H., [s. Leveritt & Pemela], b. Oct. 7, 1809	232
Elias, m. Eunice **GILBERT**, b. of Hamden, Sept. 10, 1851, by Rev. Austin Putnam	73
Elihu, [s. Enos & Mary], b. May 14, 1802	231
Enos, [s. Enos & Mary], b. July 4, 1800	231
Enos, m. [Harriet?] **DOOLITTLE**, b. of Hamden, Sept. 24, 1823, by Eliphalet B. Coleman	174
Ezra, s. Amos & Chloe, b. Dec. 2, 1799	213
Hannah, d. Hezekiah, b. Apr. 30, 179[ ]	208
Hezekiah, s. [Hezekiah], b. Jan. 16, 1801	230
Jane A., m. Charles E. **ALLEN**, b. of Hamden, Apr. 30, 1854, by Rev. David H. Thayer	81
Jared, s. [Hezekiah & Hannah], b. Oct. 2, 1798	213
Jared, s. Hezekiah, d. Oct. 2, 1798	230
Jason, s. Hezekiah & Han[n]ah, b. Aug. 18, 1786	205
Jonathan, m. Angeline **TODD**, b. of Hamden, Nov. 9, 1825, by Rev. E. B. Coleman	4
Laura, of Hamden, m. Wyllys **PERKINS**, of Woodbridge, Feb. 7, 1828, by Samuel Miller	7
Lavinia, m. John **OSBORN**, b. of Hamden, May 24, [1849], by Rev. I. P. Warren	60

HAMDEN VITAL RECORDS 111

	Page
DICKERMAN, DICKRMAN, (cont.)	
Lebbeus, [s. Enos & Mary], b. Dec. 31, 1803	231
Leveritt, b. Dec. 11, 1779; m. Pamela **DICKERMAN**, Oct. 12, 1806	232
Leverett A., m. Abigail A. **FOOTE**, of Hamden, Apr. 2, 1845, by Rev. James Birney	32
Lois Allen, [d. Enos & Mary], b. June 12, 1816	231
Lolu, d. [[Sam[ue]ll & Lolu], b. Nov. 8, 1781	209
Manly, s. Isaac & Sibil, b. June 5, 1786	205
Margaret, [d. Leveritt & Pemela], b. Jan. 26, 1818	232
Margaret, m. Peter L. **VAN HOUTEN**, Jan. 11, 1837, by Rev. Stephen Hubbel	14
Maria L., m. Herman **HUMISTON**, Jan. 1, 1845, by Nath[anie]ll W. Taylor	35
Marian, m. Albert **GOODYEAR**, b. of Hamden, June 9, 1824, by Rev. Eliphalet B. Coleman	1
Mary, m. Amos B. **PECK**, b. of Hamden, Oct. 26, 1842, by James Birney	24
Mary Ann, d. Amos & Cloe, b. Mar. 1, 1803	229
Mary Ives, [d. Enos & Mary], b. Mar. 20, 1809	231
Micah, s. [Hezekiah], b. Mar. 12, 1804	230
Miles, s. [Sam[ue]ll & Lolu], b. Sept. 27, 1783	209
Orrin, m. Betsey **GOODYEAR**, b. of Hamden, Oct. 10, [1838], by Rev. Orson Gould, North Haven	17
Pamela, w. Leveritt, b. Apr. 19, 1785; m. Leveritt **DICKERMAN**, Oct. 12, 1806	232
Pamelia, m. Albert **HITCHCOCK**, b. of Hamden, Apr. 7, 1850, by Rev. Israel P. Warren	66
Patty, d. Hezekiah & Hannah, b. Apr. 6, 1797	213
Permela, [d. Leveritt & Pemela], b. Sept. 13, 1815	232
Polly, d. [Sam[ue]ll & Lolu], b. July 17, 1785	209
Russel, m. Marcea **WOOLCOTT**, b. of Hamden, Dec. 7, 1823, by Rev. Pierpont Brockett	174
Sally, d. Amos & Chloe, b. Aug. 23, 1796	213
Sally, m. Horrace **GOODYEAR**, Apr. 29, 1818, b. of Hamden	233
Sam[ue]ll, d. Oct. 7, 1789	178
Seymour, m. Levina **SCRAN[TON?]**, May [ ], 1816	177
Sophronia, Mrs., m. Ambrose **TUTTLE**, b. of Hamden, Mar. 4, 1841, by Rev. A. Putnam	25
William, [s. Leveritt & Pemela], b. Mar. 16, 1812	232
William B., m. Louisa **BRADLEY**, Apr. 22, 1835, by Rev. Stephen Hubbel	14
DOOLITTLE, Alfred, of Woodbridge, m. Elisabeth **WARNER**, of Hamden, Dec. 14, 1820, by Rev. Abraham Alling	169
Amanda, m. Anson **DOOLITTLE**, b. of Hamden, Sept. 8, 1852, by Rev. L. P. Perry	76
Anna, of Hamden, m. Grant **HITCHCOCK**, of Woodbridge, Mar. 22, 1823, by Rev. Chaunc[e]y Prindle, of Woodbridge	173
Anson, m. Amanda **DOOLITTLE**, b. of Hamden, Sept. 8, 1852, by Rev. L. P. Perry	76
Aurelia P., m. Darias **SANFORD**, b. of Hamden, Sept. 3, 1827, by Samuel Miller	6
Bennett, m. Elizabeth M. **WARNER**, b. of Hamden, Aug. 29, 1842, by Rev. Aaron Hill	23
Daniel, m. Dinah **CHATTERTON**, Dec. 22, 1791	175

	Page
DOOLITTLE, (cont.)	
Eliza J., of Hamden, m. Lucius B. **WELTON**, of New Haven, May 20, 1850, by Rev. Israel P. Warren	66
[Harriet?], m. Enos **DICKERMAN**, b. of Hamden, Sept. 24, 1823, by Eliphalet B. Coleman	174
Hubaal, of Hamden, m. Garry B. **JOHNSON**, of Humphreysville, Dec. 19, 1840, by Rev. Henry Fitch	20
Joseph, of Cheshire, m. Maria **BRADLEY**, of Hamden, Dec. 21, 1825, by Rev. E. B. Coleman	4
Julia, of Hamden, m. Hermon **ELLIS**, of Waterbury, Apr. 16, 1823, by Rev. Samuel Potter, of Woodbridge & Salem	173
Julia, of Hamden, m. Sylvester **THORPE**, of North Haven, Feb. 7, 1841, by Elam Griffing, J.P.	20
Leman, of Cheshire, m. Maria **MERRIMAN**, of Southington, Oct. 30, 1823, by Rev. Eliphalet B. Coleman	2
Lewis, of Cheshire, m. Maria **MERRIMAN**, of Cheshire, Oct. 30, 1823, by Eliphalet B. Coleman	174
Lorana, of Hamden, m. Robert **PALMER**, of Branford, Feb. 8, 1835, by Rev. Stephen Hubbell	13
Wealthy, m. Alfred **COOPER**, b. of Hamden, Mar. 3, 1831, by William A. Curtis, Woodbridge	7
DORMAN, Chester, m. Sarah E. **HEATON**, b. of Hamden, Aug. 10, 1845, by Rev. J. H. Frost	35
Est[h]er L., [d. Merritt], b. Jan. 26, 1811	232
Georde H., [s. Merritt], b. Nov. 29, 1808	232
Jennet, m. Russel **ALLING**, b. of Hamden, Jan. 18, 1826, by Rev. Abraham Alling	5
Joseph L., [s. Merritt], b. Apr. 12, 1816	232
Julia A., of Hamden, m. Trumbull **BROOKS**, of Winchester, Nov. 21, 1847, by Rev. George L. Fuller	53
Julies E., [ch. of Merritt], b. Dec. 22, 1820	232
Lee, m. Laura Ann **JOHNSON**, b. of Hamden, [Mar.] 17, [1843], by C. Stearns	29
Loisa J., [d. Merritt], b. Apr. 6, 1814	232
Louisa Jane, m. Russell **WARNER**, b. of Hamden, Feb. 15, 1849, by Rev. George L. Fuller	59
Patty Malinda, m. Alva **MUNSON**, b. of Hamden, May 4, 1825, by Rev. Abraham Alling	3
Philas, m. Roxey C. **WARNER**, Sept. 20, 1847, by Rev. George L. Fuller	52
Philos G., [s. Merritt], b. Nov. 11, 1818	232
Rachel, of Hamden, m. Daniel **CARRINGTON**, of New Milford, Mar. 4, 1821, by Rev. Abraham Alling	169
Rebecca J., of Hamden, m. Sidney S. **MORSE**, of Harrington, Nov. 9, 1828, by Eli Barnett	7
Sarah E., m. Philo **BRADLEY**, b. of Hamden, Nov. 21, 1845, by Rev. J. H. Frost	34
Sybil, Mrs., of Hamden, m. Orrin **TUTTLE**, of Bridgeport, Apr. 28, 1845, by Rev. Charles Stearns	32
DORSETT, Sarah Elisabeth, m. George **TERRELL**, Apr. 7, 1846, by Rev. Joseph H. Frost	36
DOUGLASS, Mary Ann, Mrs., m. Loyal **THORP**, b. of North Haven, Nov. 13, 1848, by Rev. Austin Putnam	59

	Page
DOUGLASS, (cont.)	
Samuel, m. Mrs. Aurelia **SANFORD**, b. of Hamden, Dec. 15, 1852, by Leverett Hitchcock, J.P.	76
DOWNS, Harriet E., of Bethany, m. Clark **HOTCHKISS**, of Hamden, Apr. 28, 1850, by Rev. Israel P. Warren	66
DUCACHET, Henry W., Dr., of New York City, m. Mrs. Susan B. **CLAGGET**, of Philadelphia, July 29, 1845, by Rev. Austin Putnam	33
DUDLEY, Rhoda E., of Hamden, m. Henry A. **BARNES**, of New Haven, July 28, [1847], by Rev. I. P. Warren	51
DYKE, Electa B., of Hamden, m. James **WARNER**, of Norfolk, July 21, 1853, by Rev. Austin Putnam	78
Lucy M., m. Hobart **WOODING**, b. of Hamden, Nov. 19, 1854, by Rev. Austin Putnam	49
EASTMAN, Benjamin, of North Haven, m. Julia **IVES**, of Hamden, June 7, 1832, by Rev. Stephen Hubbell	10
ELLIS, Hermon, of Waterbury, m. Julia **DOOLITTLE**, of Hamden, Apr. 16, 1823, by Rev. Samuel Potter, of Woodbridge & Salem	173
EMMONS, Polly, of New Haven, m. Martin **MYER**, Jan. [ ], 1823, by Rev. Eliph[alet] B. Coleman	173
ENSIGN, James L., of New York City, m. Cornelia **IVES**, of Hamden, May 13, 1846, by Rev. I. P. Warren	36
FINCH, Caleb A., of Woodbridge, m. Mrs. Julia **NEALES**, of Cheshire, May 23, 1824, by Amasa Bradley, J.P.	3
FITCH, Amelia, of New Haven, m. W[illia]m **BAYRE**, of Bridgeton, N.J., June 6, 1841, by Rev. Henry Fitch, in Grace Church	21
FLINT, Lucius, of Williamstown, Vt., m. Sarah A. **WHITING**, of Hamden, Apr. 24, 1854, by Rev. Austin Putnam	82
FOOTE, FOOTTE, Abigail A., m. Leverett A. **DICKERMAN**, Apr. 2, 1845, by Rev. James Birney	32
Enos, m. Laura L. **GRIFFIN**, b. of Hamden, Oct. 2, 1839, by Rev. Orson Cowles	18
Marietee, m. Hobert M. **COOK**, b. of Hamden, May 29, 1838, by Rev. Henry Fitch	17
Merwin H., m. Betsey **BRADLEY**, b. of Hamden, May 14, 1834, by Rev. Stephen Hubbel	11
FORD, Catherine E., of Hamden, m. Abraham A. **THOMPSON**, of New Haven, May 5, 1844, by Rev. Austin Putnam	30
Cornelia, m. Andrew T. **ANDREWS**, b. of Hamden, Apr. 20, 1851, by Rev. Charles Bartlett	73
Elias, m. Sarah R. **PIERPONT**, Dec. 24, 1834, by Rev. John H. Rouse	12
Emily Amelia, of Hamden, m. John Dudley **WAITE**, of Orange, Mar. 1, 1843, by Rev. Austin Putnam	26
Harvey, m. Betsey **COTES**, b. of Hamden, Nov. 13, 1823, by Rev. Abraham Alling	174
James Marcus, m. Julia **GILBERT**, b. of Hamden, Aug. 6, 1823, by Rev. Abraham Alling	174
Jane, m. Henry **MUNSON**, Jan. 29, 1834, by Rev. Geo[rge] E. De La Van	11
Jane, m. Henry **MUNSON**, Jan. 29, 1834, by Rev. Geo[rge] E. Delavan	12
Julia M., m. John J. **WALTER**, b. of Hamden, Sept. 20, 1854, by Rev. Austin Putnam	82
Lydia E., of Hamden, m. Cyrus H. **BALDWIN**, of Greensboro, Ga., July 9, 1851, by Rev. Austin Putnam	73

	Page
FORD, (cont.)	
Mary, m. Griswold I. **GILBERT**, b. of Hamden, Feb. 22, 1837, by Rev. E. L. Cleaveland, of New Haven	15
Mary A. B., of Hamden, m. Henry C. **LEWIS**, of Fair Haven, Oct. 3, 1852, by Rev. T. A. Lovejoy	76
Merit, m. Alathea **BROCKET**, b. of Hamden, Oct. 19, 1826, by Rev. Looke Wood	6
Sarah O., of Hamden, m. Alfred S. **BALDWIN**, of Cheshire, Oct. 17, 1849, by Rev. Austin Putnam	63
Tenantha, of Waterbury, m. Joshua **BROOKS**, of Cheshire, Feb. 7, 1822, by Amasa Bradley, J.P.	167
William, m. Louisa M. **HOTCHKISS**, of Westville, Conn., Apr. 23, 1848, by Rev. Austin Putnam	55
FRANCES, William, of Wallingford, m. Julia C. **TUTTLE**, of Hamden, Apr. 29, 1840, by Rev. Henry Fitch	19
FRANKLIN, Pheby, m. Javan **WOODING**, Dec. 21, 1835, by Rev. Thomas Bainbridge	13
FRASEUR, Philip, of Rainham, Mass., m. Maria **POTTER**, of Hamden, Feb. 9, 1823, by Rev. Abraham Alling	170
FREEMAN, Elisabeth B., m. Charles P. **BROCKETT**, Dec. 15, 1844, by Rev. James Birney	31
FROST, Amos, of Wallingford, m. Clarisa **JOHNSON**, of Hamden, Mar. 26, 1823, by Rev. Eliph[alet] B. Coleman	173
FRYER, FRYAR, Charles, s. Charles & Susan[n]ah, b. Oct. 2, 1780	205
Elizabeth, of Hamden, m. Amos E. **ALLEN**, of Bethany, Oct. 17, 1845, by Rev. Austin Putnam	33
Esther, of Hamden, m. Charles E. **HUMISTON**, of Brooklyn, N.Y., Nov. 2, 1845, by Rev. Austin Putnam	33
Mary, d. Charles & Susan[n]ah, b. Oct. 29, 1783	205
GAYLORD, Alling, s. [Benjamin, Jr.], b. Nov. 5, 1778	210
Alva, s. [Benjamin, Jr.], b. June 15, 1793	210
Ann A., of Hamden, m. Robert A. **SANFORD**, of Rockford, Ill., July 22, 1851, by Rev. Israel P. Warren	73
Benjamin, Jr., m. Phebe **IVES**, Jan. 4, 1776, by Simeon Bristol, J.P.	175
Chester, s. Benj[amin], Jr. & Phebe, b. Feb. 4, 1796	212
Eliza, of Hamden, m. Alfred **STEVENS**, of Cheshire, Nov. 26, 1823, by Rev. Eliphalet B. Coleman	1
Loly, d. [Benjamin, Jr.], b. May 26, 1785	210
Merab, d. Benjamin, Jr., b. Jan. 27, 1777	210
Milla, d. Benjamin, Jr. & Phebe, b. July 14, 1798	213
Mille, d. [Benjamin, Jr.], b. Mar. 21, 1789	210
Permelia, m. Jesse **WARNER**, b. of Hamden, Mar. 21, 1821, by Rev. Eliphalet B. Coleman	168
Russel, s. [Benjamin, Jr.], b. Nov. 4, 1782	210
GIBBERD, [see also **GILBERT**], Friend, m. Laura **GORHAM**, Apr. 30, 1848, by Rev. George L. Fuller	57
GILBERT, [see also **GIBBERD**], Betsey Charlotte, m. Ezera Ives **BRADLEY**, Feb. 26, 1836, by Rev. Thomas Bainbridge	14
Elizabeth, of Hamden, m. Andrew P. **VAN TUYL**, of New York City, Apr. 18, 1849, by Rev. Austin Putnam	60
Eunice, m. Elias **DICKERMAN**, b. of Hamden, Sept. 10, 1851, by Rev. Austin Putnam	73

GILBERT, [see also GIBBERD], (cont.)
 Gibas, m. Amelia HEATON, b. of Hamden, Dec. 26, 1822, by Rev.
  Abraham Allen — 170
 Griswold I., m. Mary FORD, b. of Hamden, Feb. 22, 1837, by Rev. E. L.
  Cleaveland, of New Haven — 15
 Hannah, m. Elisha LEEK, May 15, 1808 — 234
 Jere, m. Caroline M. LEONARD, b. of Hamden, Jan. 30, 1853, by Rev.
  Theodore A. Lovejoy — 77
 Jesse, Jr., m. Laura HEATON, b. of Hamden, Nov. 28, 1820, by Rev.
  Abraham Alling — 169
 Joseph, d. Jan. 20, 1821, ae. 73 — 178
 Julia, m. James Marcus FORD, b. of Hamden, Aug. 6, 1823, by Rev.
  Abraham Alling — 174
 Lydia A., of Hamden, m. David BROOKS, of Pittsburgh, Pa., May 31,
  1847, by Rev. Austin Putnam — 50
GILL, Horace G., of Hamden, m. Cornelia L. BROCKETT, of North Haven,
 Apr. 11, 1848, by Rev. C. W. Everest — 55
GILLETTE, Eli D., m. Rachel E. ALLING, b. of New Haven, Nov. 25, 1852,
 by Rev. Austin Putnam — 77
GOODWIN, William C., of New Haven, m. Ellen WARNER, of Hamden, Sept.
 26, 1853, by Rev. Austin Putnam — 80
GOODYEAR, Abigail, [d. Seymour & Olive], b. May 22, 1814 — 232
 Abigail, m. Dana LEEK, b. of Hamden, Nov. 11, 1832, by Rev. William
  Walter — 10
 Albert, m. Marian DICKERMAN, b. of Hamden, June 9, 1824, by Rev.
  Eliphalet B. Coleman — 1
 Alonzo, [s. Seymour & Olive], b. Sept. 12, 1812 — 232
 Andrew, s. [Titus & Abigail], b. Jan. 7, 1784 — 205
 Betsey, m. Orrin DICKERMAN, b. of Hamden, Oct. 10, [1838], by Rev.
  Orson Gould, North Haven — 17
 Caroline, [d. Lewis & Lusina], b. Dec. 31, 1812 — 177
 Elizabeth, of Hamden, m. George R. TUTTLE, of North Haven,
  [ ], [1831(?)], by Rev. Stephen Hubbel — 8
 Emily, m. Hobart IVES, b. of Hamden, [, 1842], by Rev.
  Leverett Griggs, of North Haven. Recorded Nov. 24, 1842 — 24
 Emily, d. [Horrace & Sally], b. July 7, 1820 — 233
 Eunice Celestia, [d. Lewis & Lusina], b. May 19, 1818; d. Jan. 27, 1820 — 177
 Francis Lewis, [s. Lewis & Lusina], b. July 7, 1821; d. Nov. 12, 1822 — 177
 Friend Seymour, [s. Seymour & Olive], b. Nov. 3, 1816 — 232
 Horrace, m. Sally DICKERMAN, Apr. 29, 1818, b. of Hamden — 233
 Jesse Fowler, s. [Jesse & Marcy], b. Nov. 1, 1797 — 229
 John, s. [Titus & Abigail], b. Oct. 17, 1785 — 205
 Laura Ann, m. Horace LEEK, b. of Hamden, Feb. 1, 1826, by Rev. Ira M.
  Garfield — 4
 Lewis, of Hamden, m. Lusina STILES, of North Haven, Dec. 10, 1811 — 177
 Lewis Luzern, s. Lewis & Lusina, b. Nov. 30, 1823 — 40
 Lois, of Hamden, m. Jeremiah LAMBERT, of Milford, Oct. 26, 1834, by
  Rev. Stephen Hubbell — 13
 Luezer An[n], [d. Seymour & Olive], b. Sept. 13, 1807 — 232
 Lusina, [d. Lewis & Lusina], b. Nov. 16, 1814 — 177
 Luzurne L., m. Harriett M. ROGERS, b. of Hamden, June 23, 1850, by
  Rev. C. W. Everest — 68

116 BARBOUR COLLECTION

	Page
GOODYEAR, (cont.)	
Mabel, d. [Timothy], b. Oct. 12, 1779	206
Markes, [s. Seymour & Olive], b. June 30, 1809	232
Mary, of Hamden, m. Jeremiah K. **POST**, Jr., of Saybrook, Dec. 5, 1849, by Rev. Israel P. Warren	64
Melinda, [d. Seymour & Olive], b. June 25, 1805	232
Milla, d. Timothy, b. Dec. 21, 177[ ]	206
Olive Gennet, [d. Seymour & Olive], b. May 1, 1821	232
Polly, d. Jesse & Marcy, b. July 30, 1793	229
Ruth, d. [Timothy], b. June 8, 1778	206
Sally, d. [Jesse & Marcy], b. May 8, 1795	229
Selina A., of Hamden, m. Sidney **SMITH**, of Orange, May 5, 1831, by Rev. Stephen Hubbell	8
Seymour, m. Olive **PECK**, May 8, 1805, by Rev. Abraham Alling	232
Simon, s. [Timothy], b. Dec. 31, 1785	206
Sibyl*, d. Titus & Abigail, b. Feb. 26, 178[ ] *(Sybil)	205
Timothy, s. [Timothy], b. Feb. 1, 1782	206
Timothy, d. Jan. 1, 1816, ae. 80 y.	178
Timothy, [s. Seymour & Olive], b. Aug. 25, 1818	232
William, s. [Timothy], b. Mar. 19, 1775	206
Willis, of Lawyersville, N.Y., m. Emily G. **IVES**, of Hamden, Nov. 17, 1852, by Rev. Andrew T. Pratt, of New Haven	76
GORHAM, Abigail, m. Samuel **WARNER**, Jr., b. of Hamden, Feb. 8, 1821, by Rev. Abraham Alling	169
Amelia, m. John P. **KEEP**, b. of Hamden, June 8, 1843, by Rev. Austin Putnam	27
Caroline, m. Charles H. **ATWATER**, Nov. 13, 1833, by Rev. Geo[rge] E. De La Van	10
Eneas, of Hamden, m. Lucretia **LINES**, of Bethany, Nov. 18, 1849, by Rev. Austin Putnam	63
Jared D., m. Jane **POTTER**, b. of Hamden, [Nov.] 16, [1837], by Rev. Orlando Starr	16
Julia, of Hamden, m. Justus **COOPER**, of North Haven, Dec. 18, 1822, by Rev. Abraham Alling	170
Julius A., m. Cynthia **SANFORD**, May 24, 1848, by Rev. I. P. Warren	56
Kneeland, m. Mabel **ALLING**, Apr. 16, 1848, by Rev. George L. Fuller	57
Laura, m. Friend **GIBBERD**, Apr. 30, 1848, by Rev. George L. Fuller	57
Nancy M., of Hamden, m. John P. **PHELPS**, of Winchester, Nov. 21, 1854, by Rev. Austin Putnam	49
GOWER, George D., of New Sharon, Me., m. Ellen **MANSFIELD**, of Hamden, Mar. 31, 1850, by Rev. C. W. Everest	65
GRANNIS, -----, of Cheshire, m. Edjar **MONSON**, of Canaan, Aug. 17, 1835, by Rev. John H. Rouse	13
GREEN, Elizabeth Hudson, of New Haven, m. Merwin **IVES**, of Hamden, May 5, 1847, by Rev. I. P. Warren	39
GRIFFIN, Laura L., m. Enos **FOOTE**, b. of Hamden, Oct. 2, 1839, by Rev. Orson Cowles	18
GRISWOLD, Esther P., of West Haven, m. Joseph F. **WINCHESTER**, of Vermont, [Nov.] 16, [1843], by Rev. Charles Stearns	29
HALE, Charlotte, of Hamden, m. Horace **MOULTHROP**, of New Haven, Oct. 10, 1849, by Rev. Charles Bartlett	63
Hervy, of Maddeson, m. Abigail **ALLING**, of Hamden, Mar. 4, 1838, by	

HAMDEN VITAL RECORDS 117

	Page
HALE, (cont.)	
Rev. Orlando Starr	17
Martha F., m. William **COOPER**, b. of Hamden, Apr. 30, 1854, by Rev. Austin Putnam	82
HALL, Abigail, m. Alvan **BRADLEY**, Feb. 3, 1802	234
Alma, m. Orin **CRAWLEY**, b. of Hamden, [1837?)], by Rev. Leverett Griggs	15
Almena C., of Wallingford, m. George W. **TOUSLEY**, of Hamden, June 2, 1850, by Rev. Charles Bartlett	67
Ana, Mrs., m. Amos **BASSETT**, b. of Hamden, Apr. 24, 1823, by Rev. Caleb Alling	173
Grace M., m. Joseph C. **BRAGG**, Dec. 24, 1834, by Nath[anie]l W. Taylor	12
Susan, Mrs., m. Jesse **IVES**, b. of Hamden, Sept. 20, 1842, by Rev. James Birney	24
Susan A., of Hamden, m. Frederick **BAGGETT**, of New Haven, Oct. 13, 1836, by Leverett Griggs	15
William, of New Haven, m. Mary E. **THOMPSON**, of Hamden, Jan. 16, 1854, by Rev. Austin Putnam	81
HAMISTON, [see under **HUMISTON**]	
HANDY, -----, of Hamden, m. Daniel **WILMOT**, of Waterbury, Jan. 30, 1840, by Rev. John H. Rouse, of Bethany	19
HARISON, Willard, of Branford, m. Mary G. **ALLING**, of Hamden, July 3, 1842, by Rev. Aaron S. Hill	23
HART, Elijah, Jr., m. Louisa **WARNER**, b. of Hamden, Mar. 15, 1826, by Rev. Abraham Alling	5
HARTSHAN, Napolean B., of Hamden, m. Esther W. **CORY**, of Derby, Aug. 28, 1842, by Rev. Henry Fitch	23
HARVEY, John, m. Lois **BROCKETT**, b. of Hamden, Mar. 27, 1831, by Rev. David Bradley	7
HAWES, Ebenezer, of New Haven, m. Hannah **PERKINS**, of Hamden, Nov. 30, 1820, by Samuel Miller	167
HAWLEY, Mary B., of Hampden, m. William M. **WARREN**, of Stuben, N.Y., Jan. 19, 1835, by Rev. E. L. Cleaveland, of New Haven	15
HEATON, Amelia, m. Gibas **GILBERT**, b. of Hamden, Dec. 26, 1822, by Rev. Abraham Allen	170
Austin, m. Mary A. **BASSETT**, b. of Hamden, Nov. 5, 1837, by Rev. Orlando Starr	16
Charlotte, m. Jesse Merrick **MANSFIELD**, b. of Hamden, Oct. 23, 1825, by Rev. Abraham Alling	5
Elizabeth, m. Luther **BENHAM**, b. of Hamden, Dec. 31, 1837, by Rev. Orlando Starr	17
Laura, m. Jesse **GILBERT**, Jr., b. of Hamden, Nov. 28, 1820, by Rev. Abraham Alling	169
Lewis, m. Silas **MUNSON**, b. of Hamden, Nov. 17, 1823, by Rev. Abraham Alling	174
Sarah E., m. Chester **DORMAN**, b. of Hamden, Aug. 10, 1845, by Rev. J. H. Frost	35
Sylvia, Mrs. of Hamden, m. Orrin **TUTTLE**, of Bridgeport, June 21, 1849, by Rev. Cha[rle]s Bartlett	61
HECK, Mary A., m. James C. **HITCHCOCK**, b. of Hamden, Mar. 26, 1854, by Rev. Austin Putnam	81
HENRY, Charles D., of Hamden, m. Emily **MARTIN**, of Stratford, N.H., Apr.	

	Page
HENRY, (cont.)	
30, 1849, by Rev. C. W. Everest, in Grace Church	60
John T., of Hamden, m. Amelia E. **PARKER**, of Wallingford, June 21, 1845, by Rev. C. W. Everest	32
HENTY, Elizabeth C., of Philadelphia, Pa., m. George **BISHOP,** of New Haven, Oct. 23, 1848, by Rev. Austin Putnam	57
HICKS, George, of New Haven, m. Emma **WARNER,** of Hamden, July 3, 1823, by Rev. Eliph[alet] B. Coleman	173
HILL, Lucy Ann, of Guilford, m. Silas **BALDWIN,** of New Haven, Aug. 27, 1839, by Rev. Austin Putnam	21
Melvina E., of Woodbridge, m. Samuel A. **ALLING,** of Hamden, Apr. 18, 1847, by Rev. J. H. Frost	38
HINE, Anna M., of Naugatuck, m. Simon **VAN ELTEN,** of Auburn, N.Y., June 5, 1853, by Rev. D. H. Thayer	79
John, of Cheshire, m. Emeline **RUSSEL,** of Waterbury, July 25, 1832, by Rev. David Bradley	10
HINMAN, Sarah Caroline, m. Charles **CADWELL,** b. of Hamden, Sept. 23, 1849, by Rev. C. W. Everest	62
HITCHCOCK, Albert, [s. Ichabod], b. Dec. 26, 1814	40
Albert, m. Pamelia **DICKERMAN,** b. of Hamden, Apr. 7, 1850, by Rev. Israel P. Warren	66
Amasa, m. Phebe **LEEK,** b. of Hamden, May 26, 1833, by Rev. Stephen Hubbel	11
Edward, s. Leverett & Emily, b. Sept. 4, 1835	42
Emily, d. Leverett & Emily, b. Sept. 25, 1848	43
Frances, d. Leverett & Emely, b. Dec. 15, 1829	41
Frances, m. Algernon O. **BEACH,** b. of Hamden, Jan. 2, 1848, by Rev. Israel P. Warren	54
Grant, of Woodbridge, m. Anna **DOOLITTLE,** of Hamden, Mar. 22, 1823, by Rev. Chaunc[e]y Prindle, of Woodbridge	173
Hannah, [d. Ichabod], b. Apr. 28, 1805	40
Hannah, d. [Ichabod], d. Sept. 27, 1824	70
Hariott, [d. Ichabod], b. Mar. 6, 1824	40
Henry, [s. Ichabod], b. Mar. 5, 1809	40
Horace, [s. Ichabod], b. May 12, 1818	40
Ichabod, b. May 8, 1777	40
Ichabod, m. Roxanna **THOMPSON,** Mar. 13, 1800	1
Ichabod, m. Fanny **BROCKETT,** June 19, 1817	1
Ichabod, d. Sept. 9, 1824	70
James C., m. Mary A. **HECK,** b. of Hamden, Mar. 26, 1854, by Rev. Austin Putnam	81
Laura, [d. Elias & Esther], b. July 12, 1811	231
Leveritt, [s. Ichabod], b. Apr. 12, 1803	40
Leverett, m. Emily **CHAPMAN,** b. of Hamden, [Sept.] 7, [1828], by Rev. James Noyes	7
Lewis, [s. Ichabod], b. Aug. 6, 1801	40
Margaret, d. Leverett & Emily, b. May 17, 1832	42
Merrit, [s. Ichabod], b. Oct. 31, 1811	40
Roxanna, 1st w. [Ichabod], d. July 26, 1816	70
Roxanna, [d. Ichabod], b. Dec. 24, 1821	40
Sarah, m. Elam **IVES,** May 9, 1790	233
Stiles, [s. Ichabod], b. Feb. 9, 1807	40

	Page
HITCHCOCK, (cont.)	
Stiles, s. Ichabod, d. Aug. 30, 1824	70
William, [s. Ichabod], b. Mar. 9, 1820	40
William, s. Leverett & Emily, b. Dec. 9, 1846	43
HOADLEY, Harriet A., of Bethany, m. Frederick **WARNER,** of Hamden, Oct. 30, 1853, by Rev. Lyman Leffingwell	79
HORTON, William, of Cheshire, m. Mary **STACY,** of Wallingford, June 26, 1831, by Rev. David Bradley	8
HOTCHKISS, Chloe, [d. Elias & Esther], b. Feb. 18, 1805	231
Clark, of Hamden, m. Harriet E. **DOWNS,** of Bethany, Apr. 28, 1850, by Rev. Israel P. Warren	66
David, of Meriden, m. Maria D. **MANSFIELD,** of Hamden, May 8, 1842, by Rev. Henry Fitch	22
Henry, m. Elisabeth A. **JOHNSON,** b. of Hamden, June 21, 1840, by Rev. Henry Fitch, in Grace Church	20
Leverett, [s. Elias & Esther], b. Mar. 24, 1800	231
Louisa M., of Westville, Conn., m. William **FORD,** Apr. 23, 1848, by Rev. Austin Putnam	55
Lyman, m. Harriott **MONSON,** b. of Hamden, Apr. 2, 1828, by Rev. Lucius Baldwin	6
Lyman, of Hamden, m. Charlotte **WILLIAMS,** of Fair Haven, Jan. 21, 1853, by Rev. Theodore A. Lovejoy	77
Mabel, [twin with Mary, d. Elias & Esther], b. Nov. 19, 1801	231
Mabel, of Hamden, m. Josiah **BRUNSMADE*,** of New Haven, June 1, 1825, by Rev. E. B. Coleman *(**BRIMSMADE?**)	4
Mary, [twin with Mabel, d. Elias & Esther], b. Nov. 19, 1801	231
Mary, m. Jotham **BRADLEY,** b. of Hamden, May 15, 1822, by Rev. Eliphalet B. Coleman	168
Robert, of New Durham, N.Y., m. Loly **COOK,** of Cheshire, Apr. 15, 1821, by Rev. Eliphalet B. Coleman	168
HOUGH, Alma, d. Joel & Thankfull, b. Nov. 4, 1802	229
Alma, of Hamden, m. Chaunc[e]y **MUNSON,** of Northford, Feb. 2, 1824, by Rev. Eliphalet B. Coleman	1
Amos Rice, s. Joel & Sarah, b. Jan. 30, 1797	214
Elizabeth, m. Joshua **CARPENTER,** May 3, 1848, by Rev. I. P. Warren	56
Ezra, s. Joel, b. Apr. 29, 1784	207
Joel, s. [Joel], b. Dec. 28, 1785	207
Joel, s. [Joel & Sarah], b. Aug. 14, 1801	214
Joseph, s. Joel & Sarah, b. Feb. 21, 1791	209
Julia, d. [Joel], b. Dec. 23, 1787	207
Julia, of Hamden, m. George **MITCHELL,** of Meredith, N.Y., Jan. 1, 1849, by Rev. Israel P. Warren	58
Mary, d. Joel, b. Nov. 25, 1793	210
Sally, d. Joel, b. Aug. 28, 1789	207
HUBBARD, Chester Dorman, s. Dana & Asenath, b. Nov. 25, 1814	231
Dana, s. John & Martha, b. Aug. 17, 1789	209
John, of Hamden, m. Sally **THOMPSON,** of Litchfield, Jan. 1, 1812, by Rev. Lyman Beecher	1
Martha, w. John, d. June 6, 1811, ae. 61 y.	70
Stiles, s. William & Abigail, d. Nov. 9, 1822, ae. 14 y.	70
William, s. John, b. July 24, 1787	206
HUBBELL, Charlotte, m. Levi **WARNER,** 2nd, b. of Hamden, Apr. 15, 1849, by	

BARBOUR COLLECTION

	Page
HUBBELL, (cont.)	
Rev. Israel P. Warren	59
Mary Elizabeth, d. Stephen & Martha S., b. Dec. 5, 1833	42
HULL, Amelia, of Hamden, m. Jude B. SMITH, of North Haven, Sept. 21, 1831, by Rev. Stephen Hubbell	9
Willis, m. Emily BRADLEY, b. of North Haven, Jan. 15, 1843, by Rev. A. Putnam	26
HUMISTON, HAMISTON, HUMMISTON, Austin, m. Julia BRADLEY, b. of Hamden, Dec. 3, 1851, by Rev. Austin Putnam	74
Betsa, d. [Sam[ue]ll, Jr. & Mary], b. Mar. 25, 177[ ]	206
Charles E., of Brooklyn, N.Y., m. Esther FRYER, of Hamden, Nov. 2, 1845, by Rev. Austin Putnam	33
Esthor, d. Sam[ue]ll, Jr. & Mary, b. May 23, 1774	206
Herman, m. Maria L. DICKERMAN, Jan. 1, 1845, by Nath[anie]ll W. Taylor	35
Lyman, s. [Sam[ue]ll, Jr. & Mary], b. Sept. 27, 1778	206
Maria, m. Samuel ALLEN, b. of Wallingford, Nov. 3, 1830, by David Bradley	8
Phila, d. [Sam[ue]ll, Jr. & Mary], b. Feb. 27, 178[ ]	206
Russel, of Litchfield, m. Rachel PERKINS, of Hamden, Oct. 12, 1820, by Samuel Miller, of Wallingford	167
Samuel Green, s. [Sam[ue]ll, Jr. & Mary], b. July 24, 1783	206
Siliman, s. [Sam[ue]ll, Jr. & Mary], b. Nov. 10, 1785	206
Willis, m. Eunice WOODING, b. of Hamden, Sept. 15, 1850, by Rev. Charles Bartlett	71
HUNBERILL, HUNBEROLL, Truman, m. Patty WELLMOTT, June 3, 1801, by Simeon Bristol, J.P.	175
----, m. Patty WILLMOTT, June 25, [1801], by [ ]	176
HUTCHINGS, John C., of Troy, N.Y., m. Catherine A. PAYNE, of Hamden, Feb. 20, 1853, by Rev. George J. Harrison	78
IVES, Adaline A., of Hamden, m. George K. WHITING, of New Haven, May 31, 1843, by Rev. James Birney	27
Augusta L., m. Charles H. LANGDON, Dec. 17, 1845, by Rev. C. W. Everest	34
Beda, d. Elam, b. Dec. 31, 1793	210
Bede, [ch. of Elam & Sarah], b. Dec. 31, 1793	233
Bets[e]y, m. Leman BRADLEY, Dec. 13, 1795, by Simeon Bristol, J.P.	175
Betsey, [d. Eber & Esther], b. Mar. 18, 1800; d. Sept. 29, 1801	41
Betsey, d. [Eber & Easther], b. Mar. 18, 1800	213
Caroline, of North Haven, m. James M. PAYNE, of Hamden, Sept. 20, 1846, by Rev. George L. Fuller	37
Cornelia, of Hamden, m. James L. ENSIGN, of New York City, May 13, 1846, by Rev. I. P. Warren	36
Eber, b. Sept. 16, 1756; m. Esther MOWATT, May 4, 1793	41
Elam, m. Sarah HITCHCOCK, May 9, 1790	233
Elam, [s. Elam & Sarah], b. Jan. 7, 1802	229
Elam, [s. Elam & Sarah], b. Jan. 7, 1802	233
Elam, Jr., m. Louisa TODD, b. of Hamden, Apr. 15, 1822, by Rev. Eliphalet B. Coleman	168
Eliza, m. Henry IVES, b. of Hamden, Apr. 20, 1831, by Rev. Stephen Hubbel	8
Emily G., of Hamden, m. Willis GOODYEAR, of Lawyersville, N.Y., Nov.	

HAMDEN VITAL RECORDS

	Page
IVES, (cont.)	
17, 1852, by Rev. Andrew T. Pratt, of New Haven	76
Esther, [d. Eber & Esther], b. Jan. 2, 1803	41
Eunice, d. Eber & Easther, b. Aug. 5, 1795	213
Eunice, [d. Eber & Esther], b. Aug. 5, 1795; d. Sept. 27, 1801	41
Henry, [s. Elam & Sarah], b. Jan. 24, 1808	233
Henry, m. Eliza IVES, b. of Hamden, Apr. 20, 1831, by Rev. Stephen Hubbel	8
Hobart, m. Emily GOODYEAR, b. of Hamden, [1842], by Rev. Leverett Griggs, of North Haven. Recorded Nov. 24, 1842	24
James, [s. Elam & Sarah], b. Dec. 8, 1815	233
Jason, [s. Elam & Sarah], b. Apr. 28, 1795	233
Jason, s. Elam & Sarah, b. Apr. 28, 1796	212
Jesse, m. Mrs. Susan HALL, b. of Hamden, Sept. 20, 1842, by Rev. James Birney	24
Jesse G., of Hamden, m. Harriet L. MUNSON, of North Haven, Nov. 28, 1832, by Rev. Stephen Hubbel	10
John, s. John & Susannah, b. Aug. 26, 1778	205
Julia, twin with Julius, d. [Elam & Sarah], b. Jan. 24, 1811	233
Julia, of Hamden, m. Benjamin EASTMAN, of North Haven, June 7, 1832, by Rev. Stephen Hubbell	10
Julius, twin with Julia, [s. Elam & Sarah], b. Jan. 24, 1811	233
Lucius, [s. Elam & Sarah], b. May 5, 1813	233
Lucy, m. Alvan BRADLEY, Dec. 31, 1797	175
Lyman, [s. Elam & Sarah], b. Apr. 21, 1800	229
Lyman, [s. Elam & Sarah], b. Apr. 21, 1800	233
Lyman, s. Elam & Sarah, d. Oct. 15, 1803	178
Margaret E., of Hamden, m. Asahel C. AUSTIN, of Plymouth, July 4, 1852, by Rev. Austin Putnam	75
Mary, [d. Elam & Sarah], b. Nov. 28, 1805	233
Mary, m. Chester DICKERMAN, b. of Hamden, [Nov.] 24, [1825], by Jeremiah Atwater, Jr.	3
Mary C., of Hamden, m. Henry W. STEELE, of Waterbury, Nov. 30, 1848, by Rev. Israel P. Warren	58
Merwin, of Hamden, m. Elizabeth Hudson GREEN, of New Haven, May 5, 1847, by Rev. I. P. Warren	39
Parsons, s. Elam & Sarah, b. Aug. 29, 1791	209
Persons, [s. Elam & Sarah], b. Aug. 29, 1791	233
Phebe, m. Benjamin GAYLORD, Jr., Jan. 4, 1776, by Simeon Bristol, J.P.	175
Russel, m. Emiline BRADLEY, b. of Hamden, Jan. 22, 1834, by Rev. Stephen Hubbel	11
Sally, d. Elam & Sarah, b. Jan. 8, 1798	229
Salley, [d. Elam & Sarah], b. Jan. 8, 1798	233
Sally, [d. Elam & Sarah], d. Oct. 17, 1803	178
Sarah, of Hamden, m. Charles W. KIMBALL, of New Haven, Feb. 8, 1852, by Rev. T. A. Lovejoy	74
Susan Charlotte, m. Horace Putnam SHARES, b. of North Haven, Oct. 9, 1854, by Rev. Austin Putnam	82
William, [s. Elam & Sarah], b. Jan. 1, 1804	229
William, [s. Elam & Sarah], b. Jan. 1, 1804	233
JACKSON, John, of Birmingham, m. Lucy Ann BIDWELL, of Hamden, Mar. 20, 1843, by Rev. Austin Putnam	27

	Page
JOHNSON, Clarisa, of Hamden, m. Amos **FROST**, of Wallingford, Mar. 26, 1823, by Rev. Eliph[alet] B. Coleman	173
Elisabeth A., m. Henry **HOTCHKISS**, b. of Hamden, June 21, 1840, by Rev. Henry Fitch, in Grace Church	20
Ephraim, m. Betsey S. **PERKINS**, b. of Hamden, Oct. 3, 1841, by Elihu Dickerman, J.P.	21
Frances E., of Hamden, m. Ezra **STILES**, of North Haven, Apr. 9, 1854, by Rev. Austin Putnam	81
Garry B., of Humphreysville, m. Hubaal **DOOLITTLE**, of Hamden, Dec. 19, 1840, by Rev. Henry Fitch	20
Hezekiah, of Hamden, m. Rosina **JUDD**, of Canaan, June 3, 1844, by Charles Stearns	30
Laura Ann, m. Lee **DORMAN**, b. of Hamden, [Mar.] 17, [1843], by C. Stearns	29
Sarah Jane, m. Henry **ALLING**, b. of Hamden, May 7, 1850, by Rev. Charles Bartlett	66
Sylvanus, of Iowa City, Iowa, m. Emily **BRADLEY**, of Hamden, Apr. 13, 1845, by Rev. Charles Stearns. Int. Pub.	31
Uriah, of Hamden, m. Lydia **ALLEN**, of Wallingford, Aug. 4, 1833, by Ransom Johnson	12
William Yale, s. Abner & Fanny, b. Aug. 12, 1823	40
JONES, Bloomfield, s. Return E. & Nancy, b. Nov. 1, 1808; d. May 24, 1810	230
Catharine, of Hamden, m. John T. **NEWTON**, of Woodbridge, May 14, 1854, by Rev. Lyman Leffingwell	82
Jasper Davis, s. Return E. & Nancy, b. July 27, 1807; d. Dec. 18, 1807	230
Louisa Mariah, d. Return E. & Nancy, b. Oct. 5, 1814	231
Minerva L., of Hamden, m. Amos P. **STONE**, of New Haven, Feb. 1, 1846, by Rev. John Doolittle, at Merlin Jones	37
Nancy, d. Return E. & Nancy, b. June 6, 1811	231
Orlando, m. Sarah L. **THOMAS**, May 21, 1848, by Rev. I. P. Warner	56
Patty, m. Joel **GOODYEAR**, b. of Hamden, Nov. 11, 1824, by Rev. Abraham Alling	2
Polly, m. Horace **BRADLEY**, b. of Hamden, Jan. 1, 1813	176
Return Ep[h]raim, m. Nancy **TUTTLE**, Nov. 9, 1806. Witness Asa Tuttle	176
Rhoda, m. Samuel **ALLING**, b. of Hamden, Oct. 13, [1844], by Rev. Charles Stearns	31
Samuel, m. Rhoda **MUNSON**, b. of Hamden, Feb. 13, 1823, by Rev. Abraham Alling	170
JUDD, Rosina, of Canaan, m. Hezekiah **JOHNSON**, of Hamden, June 3, 1844, by Charles Stearns	30
KEEP, Elisabeth S., m. Horace **WARNER**, b. of Hamden, Dec. 29, 1840, by Rev. Henry Fitch	20
John P., m. Amelia **GORHAM**, b. of Hamden, June 8, 1843, by Rev. Austin Putnam	27
KELSEY, Israel, of Middletown, m. Eveline A. **WHITING**, of Hamden, Oct. 29, 1826, by Rev. William T. Potter	5
KIMBALL, Charles W., of New Haven, m. Sarah **IVES**, of Hamden, Feb. 8, 1852, by Rev. T. A. Lovejoy	74
KIMBERLY, Mary, of Hamden, m. Beacher **PORTER**, of Meriden, Aug. 15, 1822, by Reuben Iues	169
KNIGHT, Robert, of Portland, Me., m. Mrs. Martha **MANSFIELD**, of Hamden, Nov. 18, 1846, by Rev. Joseph H. Nichols	38

	Page
LADEL, Mary Ann, of Washington, Vt., m. John M. OSTRANDER, of Hamden, June 16, 1852, by Rev. Austin Putnam	75
LAMBERT, Jeremiah, of Milford, m. Lois GOODYEAR, of Hamden, Oct. 26, 1834, by Rev. Stephen Hubbell	13
LANGDON, Charles H., m. Augusta L. IVES, Dec. 17, 1845, by Rev. C. W. Everest	34
LANSING, James H., m. Sarah D. BEECHER, of Westville, Conn., Apr. 23, 1848, by Rev. Austin Putnam	55
LEEK, Dana, m. Abigail GOODYEAR, b. of Hamden, Nov. 11, 1832, by Rev. William Walter	10
David, m. Julia Maria MANSFIELD, b. of Hamden, Sept. 26, 1822, by Rev. Harry Croswell, of New Haven	169
Elisha, m. Hannah GILBERT, May 15, 1808	234
Emily J., of Hamden, m. Francis R. BENHAM, of New Haven, Nov. 30, 1848, by Rev. Israel P. Warren	58
Henry, [s. Elisha & Hannah], b. May 24, 1809	234
Henry, m. Abiah WOLCOTT, b. of Hamden, Apr. 30, 1840, by Rev. Orson Cowles	19
Horace, m. Laura Ann GOODYEAR, b. of Hamden, Feb. 1, 1826, by Rev. Ira M. Garfield	4
Martha, [d. Elisha & Hannah], b. Oct. 30, 1811	234
Martha, m. James WARNER, b. of Hamden, Feb. 25, 1838, by Rev. Orlando Starr	16
Phebe, m. Amasa HITCHCOCK, b. of Hamden, May 26, 1833, by Rev. Stephen Hubbel	11
Russel, m. Manerva BRADLEY, Nov. 2, 1823, by Rev. Bishop Brownell, in Grace Church	2
LEONARD, Caroline M., m. Jere GILBERT, b. of Hamden, Jan. 30, 1853, by Rev. Theodore A. Lovejoy	77
LEWIS, Henry C., of Fair Haven, m. Mary A. B. FORD, of Hamden, Oct. 3, 1852, by Rev. T. A. Lovejoy	76
LINES, Lucretia, of Bethany, m. Eneas GORHAM, of Hamden, Nov. 18, 1849, by Rev. Austin Putnam	63
LINSLEY, Merriman Munson, s. Samuel M., b. June 15, 1822	41
Samuel M., d. Jan. 9, 1824; ae. 28 y. on Sept. 2, 1823	70
LITTLE, Lucy C., m. Joseph BURNS, b. of New Haven, Sept. 24, 1854, by Rev. Lyman Leffingwell	82
LOUNSBURY, Maria, m. Noah H. PERKINS, b. of Waterbury, June 24, 1839, by Rev. John H. Rouse, of Bethany, at the home of Mr. Sheldon Wooding	18
	231
MANSFIELD, Beda, d. Enos & Elizabeth, b. Dec. 7, 180[ ]	
Cornelia B., of Hamden, m. Uriah ROBINSON, of North Branford, Sept. 17, 1843, by Rev. Austin Putnam	28
	231
Eliza, d. [Enos & Elizabeth], b. Aug. 19, 1802	
Ellen, of Hamden, m. George D. GOWER, of New Sharon, Me., Mar. 31, 1850, by Rev. C. W. Everest	65
Emily, of Hamden, m. Samuel DAVIS, of New Haven, Mar. 1, 1848, by Rev. C. W. Everest	54
Jesse M., m. Julia TUTTLE, b. of Hamden, June 19, 1845, by Rev. C. W. Everest	32
Jesse M., m. Catharine B. WARNER, b. of Hamden, Nov. 4, 1850, by Rev. C. W. Everest	69

MANSFIELD, (cont.)
Jesse Merrick, m. Charlotte HEATON, b. of Hamden, Oct. 23, 1825, by Rev. Abraham Alling — 5
Julia Maria, m. David LEEK, b. of Hamden, Sept. 26, 1822, by Rev. Harry Croswell, of New Haven — 169
Laura, d. Ebenezer & Laura, b. Mar. 8, 1826 — 41
Maria D., of Hamden, m. David HOTCHKISS, of Meriden, May 8, 1842, by Rev. Henry Fitch — 22
Martha, Mrs., of Hamden, m. Robert KNIGHT, of Portland, Me., Nov. 18, 1846, by Rev. Joseph H. Nichols — 38
MARTIN, Emily, of Stratford, N.H., m. Charles D. HENRY, of Hamden, Apr. 30, 1849, by Rev. C. W. Everest, in Grace Church — 60
Merit D., m. Sarah M. SMITH, Apr. 16, 1840, by Rev. Henry Fitch — 19
MASON, Rachel L., m. Job L. MUNSON, b. of Hamden, Dec. 30, 1850, by Rev. Austin Putnam — 71
MATHER, Celia M., m. Heman TERRILL, b. of Hamden, Apr. 2, 1851, by Rev. Austin Putnam — 72
McDONALD, Allan, s. [Alling], b. Aug. 31, 1787 — 206
Mary, d. Alling, b. Aug. 8, 1784 — 206
Sarah, d. [Alling], b. Nov. 27, 1785 — 206
MERRIAM, Cornelia, m. George W. COOLEY, May 28, 1848, by Rev. George L. Fuller — 57
Harvey M., m. Nancy L. ALLING, b. of Hamden, June 3, 1849, by Rev. James D. Moore — 61
Maria, of Southington, m. Leman DOOLITTLE, of Cheshire, Oct. 30, 1823, by Rev. Eliphalet B. Coleman — 2
Maria, m. Lewis DOOLITTLE, b. of Cheshire, Oct. 30, 1823, by Eliphalet B. Coleman — 174
MERWIN, John W., m. Martha CAMP, b. of Milford, Oct. 29, 1843, by Rev. Austin Putnam — 29
MILES, Mary, m. Jeremiah PECK, Jan. 23, 1800 — 175
MINOR, Polly A., of Woodbury, m. Eilson PECK, of Hamden, Oct. 13, 1850, by Rev. Israel P. Warren — 69
MITCHELL, George, of Meredith, N.Y., m. Julia HOUGH, of Hamden, Jan. 1, 1849, by Rev. Israel P. Warren — 58
MIX, Elihu, of Hamden, m. Caroline CLINTON, of Woodbridge, Sept. 28, 1820, by Rev. Abraham Alling — 169
Henry, m. Louisa WARNER, b. of Hamden, Nov. 9, 1842, by Rev. Henry Fitch — 23
James P., of Hamden, m. Hannah COLLINS, of Woodbridge, Aug. 21, 1853, by Rev. Lyman Leffingwell — 79
James S., of New Haven, m. Eunice L. BASSETT, of Hamden, June 16, 1840, by Rev. Henry Fitch — 20
Jane, m. William H. TURNER, b. of Hamden, Apr. 17, 1836, by Rev. John H. Rouse — 15
Sarah A., m. Daniel B. BIGELOW, Dec. 1, 1850, by Rev. Charles Bartlett — 72
MONSON, Edjar, of Canaan, m. [   ] GRANNIS, of Cheshire, Aug. 17, 1835, by Rev. John H. Rouse — 13
Harriott, m. Lyman HOTCHKISS, b. of Hamden, Apr. 2, 1828, by Rev. Lucius Baldwin — 6
MORGAN, Abigail, m. Daniel CHATTERTON, Aug. 24, 1794 — 176
Deborah, m. Daniel CHATTERTON, Oct. 14, 1788 — 176

	Page
MORSE, Sidney S., of Harrington, m. Rebecca J. DORMAN, of Hamden, Nov. 9, 1828, by Eli Barnett	7
MOULTHROP, Horace, of New Haven, m. Charlotte HALE, of Hamden, Oct. 10, 1849, by Rev. Charles Bartlett	63
MOWATT, Esther, b. Mar. 22, 1763; m. Eber IVES, May 4, 1793	41
MUNSON, Abagail, m. Ezeriah BRISTOL, b. Cheshire, Jan. 5, 1832, by Rev. David Bradley	9
Albert, of Hamden, m. Sarah A. CAMP, of Southbury, June 1, 1851, by Rev. Austin Putnam	73
Alva, m. Patty Malinda DORMAN, b. of Hamden, May 4, 1825, by Rev. Abraham Alling	3
Austin, s. [Ezra & Mabel], b. July 12, 1790	213
Baszil, [s. Job L. & Lucy], b. Dec. 30, 1781	214
Chaunc[e]y, s. [Ezra & Mabel], b. June 6, 1792	213
Chaunc[e]y, of Northford, m. Alma HOUGH, of Hamden, Feb. 2, 1824, by Rev. Eliphalet B. Coleman	1
Ebenezer Beach, [s. Job L. & Lucy], b. Sept. 14, 1777, at Stockbridg[e]	214
Har[r]iot, d. [Ezra & Mabel], b. Feb. 21, 1788	213
Harriet L., of North Haven, m. Jesse G. IVES, of Hamden, Nov. 28, 1832, by Rev. Stephen Hubbel	10
Henry, m. Jane FORD, Jan. 29, 1834, by Rev. Geo[rge] E. De La Van	11
Henry, m. Jane FORD, Jan. 29, 1834, by Rev. Geo[rge] E. Delavan	12
Isaac, Jr., m. Esther Maria BARNES, Jan. 1, 1823, by Rev. Sam[uel] Merwin	169
Job L., m. Lucy BEACH, Oct. 2, 1775	176
Job L., [s. Job L. & Lucy], b. Nov. 23, 1789	214
Job L., m. Rachel L. MASON, b. of Hamden, Dec. 30, 1850, by Rev. Austin Putnam	71
Julia Ann, of Hamden, m. Nehemiah CURTIS, of Newton, Apr. 25, 1830, by Rev. David Bradley	7
Juliette, m. William H. WOODIN, b. of Hamden, Sept. 25, 1853, by Rev. Lyman Leffingwell	79
Justus Gilbert, s. [Ezra & Mabel], b. Mar. 7, 1795	213
Keziah, d. [Ezra & Mabel], b. Jan. 31, 1798	213
Lucy, [d. Job L. & Lucy], b. Oct. 19, 1787	214
Lucy, m. Hubbard BRADLEY, b. of Hamden, Nov. 18, 1822, by Rev. Abraham Alling	170
Lydia, d. Ezra & Mabel, b. Mar. 21, 1786	213
Mary E., m. John G. SMITH, b. of Hamden, Nov. 7, 1841, by Rev. Henry Fitch, in Grace Church	22
Mehitabel, [d. Job L. & Lucy], b. Dec. 14, 1779	214
Merriman E., of Wallingford, m. Lucy TUTTLE, of Hamden, Apr. 11, 1847, by Rev. S. B. Paddock	39
Rhoda, m. Samuel JONES, b. of Hamden, Feb. 13, 1823, by Rev. Abraham Alling	170
Rosetta, m. Cyrus WARNER, b. of Hamden, Nov. 28, 1847, by Rev. George L. Fuller	53
Sarah, [d. Job L. & Lucy], b. Mar. 1, 1785	214
Sarah, m. Jesse ALLING, b. of Hamden, May 29, 1822, by Rev. Abraham Alling	170
Silas, m. Lewis HEATON, b. of Hamden, Nov. 17, 1823, by Rev. Abraham Alling	174

	Page
MYER, Martin, m. Polly **EMMONS**, of New Haven, Jan. [ ], 1823, by Rev. Eliph[alet] B. Coleman	173
NAILS, Stephen, of New London, m. Mrs. Polly **STEPHENS**, of New Haven, [Apr.] 14, [1822], by Caleb Alling	167
NEALES, Julia, Mrs. of Cheshire, m. Caleb A. **FINCH**, of Woodbridge, May 23, 1824, by Amasa Bradley, J.P.	3
NEWTON, John, Jr., of Naugatuck, m. Eliza M. **THOMAS**, of Hamden, May 10, 1846, by Rev. Joseph H. Frost	36
John T., of Woodbridge, m. Catharine **JONES**, of Hamden, May 14, 1854, by Rev. Lyman Leffingwell	82
NICCOLS, David, of Huntington, m. Leva **WOOLCOT**, of Hamden, Nov. 15, 1821, by Rev. Abraham Alling	169
OSBORN, John, m. Lavinia **DICKERMAN**, b. of Hamden, May 24, [1849], by Rev. I. P. Warren	60
OSTRANDER, John M., of Hamden, m. Mary Ann **LADEL**, of Washington, Vt., June 16, 1852, by Rev. Austin Putnam	75
PALMER, Robert, of Branford, m. Lorana **DOOLITTLE**, of Hamden, Feb. 8, 1835, by Rev. Stephen Hubbell	13
PARKER, Amelia E., of Wallingford, m. John T. **HENRY**, of Hamden, June 21, 1845, by Rev. C. W. Everest	32
PARSONS, Maria, m. Elias **BRADLEY**, Dec. 20, 1835, by Rev. Stephen Hubbel	14
Sally, m. Uri **TODD**, b. of Hamden, May 1, 1825, by Rev. E. B. Coleman	4
PAYNE, Catherine A., of Hamden, m. John C. **HUTCHINGS**, of Troy, N.Y., Feb. 20, 1853, by Rev. George J. Harrison	78
Henrietta M., of Hamden, m. Joseph H. **ALLEN**, of Troy, N.Y., July 6, 1847, by Rev. George L. Fuller	51
James M., of Hamden, m. Caroline **IVES**, of North Haven, Sept. 20, 1846, by Rev. George L. Fuller	37
PECK, Abigail, m. Jared **ALLING**, Apr. 6, [1800?], by Simeon Bristol. Recorded Apr. 7, 1800	175
Amos, s. Amos & Lois, b. Nov. 14, 1794	213
Amos, Jr., of Hamden, m. Louisa **TODD**, of Woodbridge, Feb. 19, 1817, by [ ]	14
Amos B., m. Mary **DICKERMAN**, b. of Hamden, Oct. 26, 1842, by James Birney	24
Amos Bennet, [s. Amos, Jr.], b. Feb. 1, 1820	43
Eilson, of Hamden, m. Polly A. **MINOR**, of Woodbury, Oct. 13, 1850, by Rev. Israel P. Warren	69
Elizabeth, of Hamden, m. Lambert W. **TALMAGE**, of Prospect, Jan. 1, 1851, by Rev. Israel P. Warren	69
Frances, of Hamden, m. Mary **ANDREWS**, of Simsbury, Mar. 2, 1835, by Rev. Stephen Hubbell	13
Henry, m. Paulina **SHARES**, b. of Hamden, Apr. 19, 1826, by Rev. E. B. Coleman	5
Henry, of Hamden, m. Mrs. Emeline **ROOT**, of Derby, Aug. 15, [1847], by Rev. I. P. Warren	51
Jeremiah, m. Mary **MILES**, Jan. 23, 1800	175
Jeremiah, of Hamden, m. Ruth **TODD**, of North Haven, Jan. 5, 1831, by Rev. Stephen Hubbel	8
Joel, of Farmington, m. wid. Mary **BASSETT**, of Hamden, Jan. 28, 1824, by Rev. Eliphalet B. Coleman	1

HAMDEN VITAL RECORDS 127

	Page
PECK, (cont.)	
John Burton, [s. Amos, Jr.], b. Feb. 18, 1825	43
John Burton, m. Adeline **BRADLEY**, Apr. 2, 1846, by Rev. Daniel March	36
Lewis, of Hamden, m. Eunice **WOODING**, of Woodbridge, Apr. 3, 1821, by Rev. Eliphalet B. Coleman	168
Lois, m. Lewis **PERKINS**, b. of Hamden, Dec. 1, 1831, by Rev. David Bradley	9
Louisa Jennet, [d. Amos, Jr.], b. Dec. 24, 1818	43
Olive, m. Seymour **GOODYEAR**, May 8, 1805, by Rev. Abraham Alling	232
PERKINS, Benjamin, of Southington, m. Mrs. Asenath **BARNES**, of Hamden, Mar. 31, 1851, by Rev. Israel P. Warren	72
Betsey S., m. Ephraim **JOHNSON**, b. of Hamden, Oct. 3, 1841, by Elihu Dickerman, J.P.	21
Clarisa, m. Sylvester **SHERMAN**, Nov. 10, 1847, by Thomas Wilmot, J.P.	52
Hannah, of Hamden, m. Ebenezer **HAWES**, of New Haven, Nov. 30, 1820, by Samuel Miller	167
Jerusha A., m. Elias **STRONG**, b. of Hamden, Aug. 10, 1852, by Rev. T. A. Lovejoy	75
Lewis, m. Lois **PECK**, b. of Hamden, Dec. 1, 1831, by Rev. David Bradley	9
Noah H., m. Maria **LOUNSBURY**, b. of Waterbury, June 24, 1839, by Rev. John H. Rouse, of Bethany, at the home of Mr. Sheldon Wooding	18
Rachel, of Hamden, m. Russel **HUMMISTON**, of Litchfield, Oct. 12, 1820, by Samuel Miller, of Wallingford	167
Wyllys, of Woodbridge, m. Laura **DICKERMAN**, of Hamden, Feb. 7, 1828, by Samuel Miller	7
PHELPS, John P., of Winchester, m. Nancy M. **GORHAM**, of Hamden, Nov. 21, 1854, by Rev. Austin Putnam	49
PIERPONT, Alfred, of North Haven, m. Eliza **POTTER**, of Hamden, Dec. 4, 1821, by Rev. Abraham Alling	170
Ammi Miles, s. [Russel & Sara Miles}, b. Mar. 20, 1799	229
Bethiah, d. Russel, b. Feb. 2, 1805	229
Cornelia R., m. George R. **COOPER**, b. of Hamden, Nov. 25, 1847, by Rev. C. W. Everest	53
Joseph, of North Haven, d. Feb. 8, 1824, ae. 93 y. 4 m. 26 d.	70
Julia Eliza, of North Haven, m. Joseph **CHIPMAN**, of New Haven, June 19, 1842, by Rev. Henry Fitch	22
Nancy, d. Russel & Sarah Miles, b. Jan. 9, 1792	229
Russel, m. Sarah Miles **TUTTLE**, Dec. 8, 1790	176
Russel, s. Russel & Sarah M., b. June 11, 1814; bp. June 11, 1814, by Rev. Reuben Ives; d. June 11, 1814	231
Sally Roszetta, d. Russel & Sarah M., b. Nov. 13, 1808	230
Sarah M., w. Russel, d. Aug. 24, 1841, ae. 72 y. next Feb.	70
Sarah R., m. Elias **FORD**, Dec. 24, 1834, by Rev. John H. Rouse	12
PORTER, Beacher, of Meriden, m. Mary **KIMBERLY**, of Hamden, Aug. 15, 1822, by Reuben Iues	169
Caroline, of Milford, m. Hiram **WELTON**, of Watertown, Sept. 5, 1849, by Rev. I. P. Warren	62
POST, Jeremiah K. Jr., of Saybrook, m. Mary **GOODYEAR**, of Hamden, Dec. 5, 1849, by Rev. Israel P. Warren	64
POTTER, Amelia M., of Hamden, m. Charles A. **TUTTLE**, of Fair Haven, Dec. 27, 1847, by Rev. C. W. Everest	54
Dennis J., m. Martha **ALLING**, b. of Hamden, Oct. 15, 1848, by Rev.	

	Page
POTTER, (cont.)	
George L. Fuller	58
Eliza, of Hamden, m. Alfred **PIERPONT**, of North Haven, Dec. 4, 1821, by Rev. Abraham Alling	170
Jane, m. Jared D. **GORHAM**, b. of Hamden, [Nov.] 16, [1837], by Rev. Orlando Starr	16
Jennet, of Hamden, m. Henry **BARNS**, of New Haven, May 16, 1825, by Rev. Abraham Alling	3
Louisa M., of Hamden, m. Ira F. **WEBSTER**, of Tolland, Nov. 26, 1849, by Rev. Austin Putnam	63
Maria, of Hamden, m. Philip **FRASEUR**, of Rainham, Mass., Feb. 9, 1823, by Rev. Abraham Alling	170
Rachel, of Hamden, m. Philow **CURTIS**, of Stratford, Feb. 17, 1823, by Rev. Abraham Alling	170
Sarah, of Northfield, m. Caleb H. **WILSON**, of Fair Haven, Feb. 12, 1840, by Rev. Henry Fitch	18
PRESTON, Horace, of Cheshire, m. Mrs. Rhoda **ANDREWS**, of Woodbridge, Apr. 17, 1825, by Amasa Bradley, J.P.	3
READ, Jesse, s. [Peter & Lidia], b. Oct. 2, 1790	208
Mary, d. Peter & Lidia, b. Sept. 11, 1787; d. May 6, 1789	208
Rufus, s. [Peter & Lidia], b. July 10, 1789	208
REMER, Lewis H., m. Eliza M. **STRONG**, b. of Hamden, Dec. 5, 1850, by Rev. Austin Putnam	69
RICE, Benjamin H., of Meriden, m. Mary A. **BRADLEY**, of Hamden, Apr. 18, 1848, by Rev. Daniel March	55
RICHARDSON, Emeline E., m. Oliver J. **SPERRY**, b. of Westville, May 6, 1849, by Rev. George L. Fuller	60
ROBERTS, Mirtha M., of Meriden, m. Levi C. **ALLEN**, of Hamden, Oct. 19, 1831, by Rev. Stephen Hubbel	9
ROBINSON, Uriah, of North Branford, m. Cornelia B. **MANSFIELD**, of Hamden, Sept. 17, 1843, by Rev. Austin Putnam	28
ROGERS, Harriett M., m. Luzurne L. **GOODYEAR**, b. of Hamden, June 23, 1850, by Rev. C. W. Everest	68
Mary E., m. Dennis S. **SANFORD**, b. of Hamden, Apr. 2, 1851, by Rev. Charles Bartlett	72
ROOT, Emeline, Mrs. of Derby, m. Henry **PECK**, of Hamden, Aug. 15, [1847], by Rev. I. P. Warren	51
Emily, d. Josiah & Merab, b. May 20, 1805	230
Nancy, d. Dr. Josiah & Merab, b. May 4, 1801	214
William, s. Josiah & Merab, b. June 10, 1798	213
RUGG, Charles, of Canton, m. Jane **SLOPER**, of Southington, Apr. 11, 1849, by Rev. Austin Putnam	59
Harvey, m. Jane M. **TERRILL**, b. of Hamden, June 4, 1848, by Rev. Austin Putnam	56
RUSSELL, RUSSEL, Barlow, of East Haven, m. Emily **ALLING**, of Hamden, Nov. 23, 1845, by Rev. J. H. Frost	34
Emeline, of Waterbury, m. John **HINE**, of Cheshire, July 25, 1832, by Rev. David Bradley	10
Ransam, of Hamden, m. Mary J. **ALLING**, of New Haven, Mar. 28, 1852, by Rev. Austin Putnam	74
SABIN, Seth H., m. Lucretia **WOODING**, b. of Hamden, Nov. 17, 1850, by Rev. Charles Bartlett	71

HAMDEN VITAL RECORDS 129

	Page
SANDERSON, Solomon, of Hamden, m. Sarah **WEDMORE**, of East Haven, Aug. 31, 1823, by Rev. Matthew	174
SANFORD, Anna Amelia, [d. Derias & Arleia], b. Dec. 24, 1828	234
Aurelia, Mrs., m. Samuel **DOUGLASS**, b. of Hamden, Dec. 15, 1852, by Leverett Hitchcock, J.P.	76
Cynthia, m. Julius A. **GORHAM**, May 24, 1848, by Rev. I. P. Warren	56
Darias, m. Aurelia P. **DOOLITTLE**, b. of Hamden, Sept. 3, 1827, by Samuel Miller	6
Dennis S., m. Mary E. **ROGERS**, b. of Hamden, Apr. 2, 1851, by Rev. Charles Bartlett	72
Elisabeth, [d. Derias & Arleia], b. Sept. 28, 1836	234
Emeline E., [d. Derias & Arleia], b. Sept. 12, 1832	234
Frances, of Hamden, m. Orchard **SHEPHERD**, of East Haven, Jan. 27, 1847, by Rufus Dorman, J.P.	38
Lockwood, of N[orth] Haven, m. Almirah **SMITH**, of Hamden, Apr. 7, 1844, by Rev. Charles Stearns	30
M. Marthy, [d. Derias & Arleia], b. Nov. 28, 1829	234
Phidelia, [ch. of Derias & Arleia], b. Sept. 4, 1834	234
Robert A., of Rockford, Ill., m. Ann A. **GAYLORD**, of Hamden, July 22, 1851, by Rev. Israel P. Warren	73
SCOTT, SCOOTT, John Henry, s. John Henry & Almery, bd. Aug. 7, 1823	178
Laura, of Hamden, m. George **SMITH**, of Watertown, Aug. 24, 1834, by Rev. George Delavan	12
SCRANTON, [see also **SERAN**], Harry, of Guilford, m. Jane L. **ALLING**, of Hamden, July 3, 1842, by Rev. Aaron Hill	23
SEARLES, Emeline, of Hartland, m. Alfred **BROCKETT**, of Hamden, Apr. 24, 1854, by Rev. Austin Putnam	82
SEELEY, William, m. Eliza **COOPER**, Jan. 2, 1821, by Rev. Charles Atwater, of North Branford	167
SERAN, [see also **SCRANTON**], Levina, m. Seymour **DICKERMAN**, May [ ], 1816 (Perhaps "Scranton"?)	177
SHARES, Daniel W., m. Jennett **BASSETT**, Apr. 26, 1835, by Rev. Stephen Hubbel	14
Horace Putnam, m. Susan Charlotte **IVES**, b. of North Haven, Oct. 9, 1854, by Rev. Austin Putnam	82
Paulina, m. Henry **PECK**, b. of Hamden, Apr. 19, 1826, by Rev. E. B. Coleman	5
William, of North Haven, m. Mrs. Mabel **BOOTH**, of Hamden, July 3, 1842, by Rev. A. Putnam	25
SHELTON, Mary Elizabeth, of New Haven, m. Henry **BASSETT**, of Hamden, May 2, 1847, by Rev. I. P. Warren	39
SHEPHERD, Orchard, of East Haven, m. Frances **SANFORD**, of Hamden, Jan. 27, 1847, by Rufus Dorman, J.P.	38
SHERMAN, Mary E., of Woodbridge, m. John L. **SPERRY**, of Westville, Conn., June 4, 1845, by Rev. J. H. Frost	34
Sylvester, m. Clarisa **PERKINS**, Nov. 10, 1847, by Thomas Wilmot, J.P.	52
SIMPSON, Anne, m. Henry F. **BLAKELY**, b. of Hamden, July 25, 1839, by Rev. Orson Cowles	18
SLADE, George, of Hamden, m. Mrs. Abi **TYLER**, of New Haven, June 2, 1839, by Rev. Henry Fitch	18
SLOPER, Jane, of Southington, m. Charles **RUGG**, of Canton, Apr. 11, 1849, by	

	Page
SLOPER, (cont.)	
Rev. Austin Putnam	59
SMITH, Almirah, of Hamden, m. Lockwood **SANFORD**, of N[orth] Haven, Apr. 7, 1844, by Rev. Charles Stearns	30
Charlotte E., of Hamden, m. John **ALLING**, of New Haven, Jan. 23, 1850, by Rev. Israel P. Warren	65
George, of Watertown, m. Laura **SCOTT**, of Hamden, Aug. 24, 1834, by Rev. George Delavan	12
Hiram S., m. Charlotte E. **TODD**, Mar. 20, 1844, by Rev. James Birney	30
John G., m. Mary E. **MUNSON**, b. of Hamden, Nov. 7, 1841, by Rev. Henry Fitch, in Grace Church	22
Jude, Jr., m. Eliza A. **TUTTLE**, b. of North Haven, May 1, 1833, by Rev. Stephen Hubbel	11
Jude B., of North Haven, m. Amelia **HULL**, of Hamden, Sept. 21, 1831, by Rev. Stephen Hubbell	9
Rebecca, of Humphreysville, m. John **COLBURN**, Jr., of New Haven, Sept. 12, 1847, by Rev. Austin Putnam	52
Sarah M., m. Merit D. **MARTIN**, Apr. 16, 1840, by Rev. Henry Fitch	19
Sidney, of Orange, m. Selina A. **GOODYEAR**, of Hamden, May 5, 1831, by Rev. Stephen Hubbell	8
Susannah, of New Haven, m. Charles D. **BASSETT**, of Hamden, Dec. 31, 1849, by Rev. Austin Putnam	64
SPERRY, Hepsey, m. Thomas **WAITE**, Dec. 6, 1835, by Rev. Thomas Bainbridge	13
John L., of Westville, Conn., m. Mary E. **SHERMAN**, of Woodbridge, June 4, 1845, by Rev. J. H. Frost	34
John L., m. Eunice R. **WOODIN**, b. of Hamden, May 31, 1847, by Rev. Austin Putnam	50
Oliver J., m. Emeline E. **RICHARDSON**, b. of Westville, May 6, 1849, by Rev. George L. Fuller	60
Sarah, of Hamden, m. Joseph B. **WHALEY**, of Waterbury, June 8, 1851, by Rev. T. A. Lovejoy	74
STACY, Mary, of Wallingford, m. William **HORTON**, of Cheshire, June 26, 1831, by Rev. David Bradley	8
STEELE, Henry W., of Waterbury, m. Mary C. **IVES**, of Hamden, Nov. 30, 1848, by Rev. Israel P. Warren	58
STEPHENS, Elizabeth, m. Samuel W. **STEPHENS**, b. of Cheshire, Mar. 28, 1842, by Rev. Ira Abbott	22
Malinda L., of Hamden, m. Frederick A. **DAY**, of New Haven, Feb. 12, 1843, by Rev. Ira Abbott	26
Polly, Mrs., of New Haven, m. Stephen **NAILS**, of New London, [Apr.] 14, [1822], by Caleb Alling	167
Samuel W., m. Elizabeth **STEPHENS**, b. of Cheshire, Mar. 28, 1842, by Rev. Ira Abbott	22
STEVENS, Alfred, of Cheshire, m. Eliza **GAYLORD**, of Hamden, Nov. 26, 1823, by Rev. Eliphalet B. Coleman	1
Luey Ann, m. William **TODD**, b. of Hamden, Oct. 16, 1853, by Rev. J. L. Dickinson	80
STILES, Ezra, of North Haven, m. Frances E. **JOHNSON**, of Hamden, Apr. 9, 1854, by Rev. Austin Putnam	81
Lusina, of North Haven, m. Lewis **GOODYEAR**, of Hamden, Dec. 10, 1811	177

	Page
STONE, Amos P., of New Haven, m. Minerva L. **JONES**, of Hamden, Feb. 1, 1846, by Rev. John Doolittle, at Merlin Jones	37
STRONG, Elias, m. Jerusha A. **PERKINS**, b. of Hamden, Aug. 10, 1852, by Rev. T. A. Lovejoy	75
Eliza M., m. Lewis H. **REMER**, b. of Hamden, Dec. 5, 1850, by Rev. Austin Putnam	69
STUART, Smith, m. Mary **CANNING**, b. of New Haven, June 13, 1853, by Rev. Austin Putnam	78
TALMAGE, Lambert W., of Prospect, m. Elizabeth **PECK**, of Hamden, Jan. 1, 1851, by Rev. Israel P. Warren	69
TAYLOR, Nathaniel J., of Waterbury, m. Eliza **WOODING**, of Hamden, Mar. 8, 1851, by Rev. Charles Bartlett	72
Sherman D., of Claridon, O., m. Theresia H. **CANDEE**, of Naugatuck, Aug. 22, 1843, by Rev. James Birney	28
TERRILL, TERRELL, George, of Hamden, m. Sarah Elisabeth **DORSETT**, Apr. 7, 1846, by Rev. Joseph H. Frost	36
Heman, m. Celia M. **MATHER**, b. of Hamden, Apr. 2, 1851, by Rev. Austin Putnam	72
Jane M., m. Harvey **RUGG**, b. of Hamden, June 4, 1848, by Rev. Austin Putnam	56
Warren Upson, of Hamden, m. Harriet E. **CHURCHILL**, of Norway, Me., Dec. 4, 1854, by Rev. Austin Putnam	49
THOMAS, Caleb, Jr., m. Mahitibel **WARNER**, b. of Hamden, Feb. 17, 1824, by Rev. Abraham Alling	1
Eliza M., of Hamden, m. John **NEWTON**, Jr., of Naugatuck, May 10, 1846, by Rev. Joseph H. Frost	36
Sarah L., m. Orlando **JONES**, May 21, 1848, by Rev. I. P. Warner	56
THOMPSON, Abraham A., of New Haven, m. Catherine E. **FORD**, of Hamden, May 5, 1844, by Rev. Austin Putnam	30
Ellen J., m. Albert B. **CANDEE**, b. of Hamden, July 4, 1847, by Rev. C. W. Everest	50
John, of East Haven, m. Hester **BARNS**, of Hamden, June 16, 1822, by Rev. Abraham Alling	170
Mary E., of Hamden, m. William **HALL**, of New Haven, Jan. 16, 1854, by Rev. Austin Putnam	81
Roxanna, m. Ichabod **HITCHCOCK**, Mar. 13, 1800	1
Sally, of Litchfield, m. John **HUBBARD**, of Hamden, Jan. 1, 1812, by Rev. Lyman Beecher	1
THORPE, THORP, Loyal, m. Mrs. Mary Ann **DOUGLASS**, b. of North Haven, Nov. 13, 1848, by Rev. Austin Putnam	59
Sylvester, of North Haven, m. Julia **DOOLITTLE**, of Hamden, Feb. 7, 1841, by Elam Griffing, J.P.	20
TODD, Angeline, m. Jonathan **DICKERMAN**, b. of Hamden, Nov. 9, 1825, by Rev. E. B. Coleman	4
Charlotte E., m. Hiram S. **SMITH**, Mar. 20, 1844, by Rev. James Birney	30
Joel E., of North Haven, m. Amanda F. **CLARKE**, of Hamden, Sept. 26, 1849, by Rev. Austin Putnam	62
	167
Leanord, m. Julia **BRADLEY**, Dec. 24, 1821, by Tillatson Bronson	14
Louisa, of Woodbridge, m. Amos **PECK**, Jr., of Hamden, Feb. 19, 1817	
Louisa, m. Elam **IVES**, Jr., b. of Hamden, Apr. 15, 1822, by Rev. Eliphalet B. Coleman	168

	Page
TODD, (cont.)	
Ruth, of North Haven, m. Jeremiah **PECK**, of Hamden, Jan. 5, 1831, by Rev. Stephen Hubbel	8
Uri, m. Sally **PARSONS**, b. of Hamden, May 1, 1825, by Rev. E. B. Coleman	4
William, m. Luey Ann **STEVENS**, b. of Hamden, Oct. 16, 1853, by Rev. J. L. Dickinson	80
TOUSLEY, George W., of Hamden, m. Almena C. **HALL**, of Wallingford, June 2, 1850, by Rev. Charles Bartlett	67
TRIP, Hannah, of Hamden, m. Joel **AUGUR**, of Northford, Dec. 7, 1825, by Rev. Abraham Alling	5
TURNER, Amelia M., of Northfield, m. Chauncey B. **WEBSTER**, of Waterbury, July 15, 1850, by Rev. Austin Putnam	68
Elisabeth, of Fair Haven, m. James E. **BISHOP**, of North Haven, Feb. 1, 1846, by Rev. John Doolittle	37
William H., m. Jane **MIX**, b. of Hamden, Apr. 17, 1836, by Rev. John H. Rouse	15
TUTTLE, Abigail A., m. Amos A. **BRADLEY**, b. of Hamden, Jan. 1, 1850, by Rev. C. W. Everest	64
Ambrose, m. Mrs. Sophronia **DICKERMAN**, b. of Hamden, Mar. 4, 1841, by Rev. A. Putnam	25
Asa, s. [Jotham & Keziah], b. Nov. 8, 1783	205
Beri S., of Wallingford, m. Eliza **BRUNSON**, of Cheshire, Aug. 30, 1831, by Rev. David Bradley	9
Charles A., of Fair Haven, m. Amelia M. **POTTER**, of Hamden, Dec. 27, 1847, by Rev. C. W. Everest	54
Charles M., of North Haven, m. Caroline A. **DICKERMAN**, of Hamden, Oct. 17, 1849, by Rev. I. P. Warren	62
Eli, s. Jotham & Keziah, b. Dec. 28, 1781	205
Eliza A., m. Jude **SMITH**, Jr., b. of North Haven, May 1, 1833, by Rev. Stephen Hubbel	11
Easther, d. Jotham & Keziah, b. Feb. 26, 1789	209
George R., of North Haven, m. Elizabeth **GOODYEAR**, of Hamden, [ ], [1831(?)], b. Rev. Stephen Hubbel	8
Julia, m. Jesse M. **MANSFIELD**, b. of Hamden, June 19, 1845, by Rev. C. W. Everest	32
Julia C., of Hamden, m. William **FRANCES**, of Wallingford, Apr. 29, 1840, by Rev. Henry Fitch	19
Julin, of Cheshire, m. Silvia **TUTTLE**, of Hamden, Jan. 24, [1825], by Rev. Eliph[alet] B. Coleman	2
Laura A., of Hamden, m. J. W. **CANNON**, of Milwaukie, Wis., Sept. 9, 1850, by Rev. Israel P. Warren	68
Lucy, of Hamden, m. Merriman E. **MUNSON**, of Wallingford, Apr. 11, 1847, by Rev. S. B. Paddock	39
Lumon, s. Eli & Mary, b. Apr. 10, 1800	214
Maria S., m. Elias **WARNER**, Nov. 13, 1831, by Smith Dayton, Elder	9
Mary, d. [Jotham & Keziah], b. Mar. 30, 178[ ]	205
Mary, d. Eli & Mary, b. Mar. 20, 1804	230
Mary, m. Medad A. **BASSETT**, Oct. 13, 1841, by Rev. A. Putnam	24
Mehetabel, m. Ziba **ANDREWS**, May 28, 1848, by Rev. George L Fuller	57
Nancy, m. Return Ep[h]rain **JONES**, Nov. 9, 1806. Witness Asa Tuttle	176
Orrin, of Bridgeport, m. Mrs. Sybil **DORMAN**, of Hamden, Apr. 28, 1845,	

HAMDEN VITAL RECORDS 133

	Page
TUTTLE, (cont.)	
by Rev. Charles Stearns	32
Orrin, of Bridgeport, m. Mrs. Sylvia **HEATON**, of Hamden, June 21, 1849, by Rev. Cha[rle]s Bartlett	61
Sally, m. Ives **ANDREWS**, b. of Hamden, Dec. 22, [18]42, by Rev. Ja[me]s Birney	25
Sarah Miles, m. Russel **PIERPONT**, Dec. 8, 1790	176
Silvia, of Hamden, m. Julin **TUTTLE**, of Cheshire, Jan. 24, [1825], by Rev. Eliph[alet] B. Coleman	2
TYLER, Abi, Mrs. of New Haven, m. George **SLADE**, of Hamden, June 2, 1839, by Rev. Henry Fitch	18
UMBERFIELD, Lewis, of Woodbridge, m. Mary Ann **WHITING**, of New Haven, Aug. 10, 1845, by Rev. J. H. Frost	35
VAN ELTEN, Simon, of Auburn, N.Y., m. Anna M. **HINE**, of Naugatuck, June 5, 1853, by Rev. D. H. Thayer	79
VAN HOUTEN, Peter L., m. Margaret **DICKERMAN**, Jan. 11, 1837, by Rev. Stephen Hubbel	14
VAN TUYL, Andrew P., of New York City, m. Elizabeth **GILBERT**, of Hamden, Apr. 18, 1849, by Rev. Austin Putnam	60
WAITE, John Dudley, of Orange, m. Emily Amelia **FORD**, of Hamden, Mar. 1, 1843, by Rev. Austin Putnam	26
Thomas, m. Hepsey **SPERRY**, Dec. 6, 1835, by Rev. Thomas Bainbridge	13
WAKEMAN, William, m. Julia **WILSON**, b. of Fairfield, Conn., Oct. 10, 1849, by Rev. George L. Fuller	65
WALTER, John J., m. Julia M. **FORD**, b. of Hamden, Sept. 20, 1854, by Rev. Austin Putnam	82
Sophia G., of Hamden, m. J. G. Walter **WATKINS**, of Antigua, W.I., July 23, 1849, by Rev. C. W. Everest	61
WARNER, Albert, m. Sarah M. **WARNER**, b. of Hamden, Jan. 16, 1853, by Rev. Theodore A. Lovejoy	77
Alvin, [s. Zenas], b. Jan. 6, 1816	42
Amanda, [d. Zenas], b. Mar. 24, 1804	42
Antoinette R., of Hamden, m. John L. **CHAMPLIN**, of South Warren, Pa., Apr. 18, 1852, by Rev. T. A. Lovejoy	75
Catharine B., m. Jesse M. **MANSFIELD**, b. of Hamden, Nov. 4, 1850, by Rev. C. W. Everest	69
Cyrus, m. Rosetta **MUNSON**, b. of Hamden, Nov. 28, 1847, by Rev. George L. Fuller	53
Dinia, [d. Zenas], b. Aug. 29, 1807	42
Elias, m. Maria S. **TUTTLE**, Nov. 13, 1831, by Smith Dayton, Elder	9
Eliza Ann, m. Edwin E. **CHATTERTON**, b. of Hamden, Nov. 20, 1853, by Rev. Austin Putnam	80
Elisabeth, of Hamden, m. Alfred **DOOLITTLE**, of Woodbridge, Dec. 14, 1820, by Rev. Abraham Alling	169
Elizabeth M., m. Bennett **DOOLITTLE**, b. of Hamden, Aug. 29, 1842, by Rev. Aaron Hill	23
Ellen, of Hamden, m. William C. **GOODWIN**, of New Haven, Sept. 26, 1853, by Rev. Austin Putnam	80
Emma, of Hamden, m. George **HICKS**, of New Haven, July 3, 1823, by Rev. Eliph[alet] B. Coleman	173
Frederick, of Hamden, m. Harriet A. **HOADLEY**, of Bethany, Oct. 30, 1853, by Rev. Lyman Leffingwell	79

	Page
WARNER, (cont.)	
Hezekiah, [s. Zenas], b. Apr. 12, 1814	42
Horace, m. Elisabeth S. **KEEP**, b. of Hamden, Dec. 29, 1840, by Rev. Henry Fitch	20
James, [s. Zenas], b. Nov. 24, 1809	42
James, m. Martha **LEEK**, b. of Hamden, Feb. 25, 1838, by Rev. Orlando Starr	16
James, of Norfolk, m. Electa B. **DYKE**, of Hamden, July 21, 1853, by Rev. Austin Putnam	78
Jesse, m. Permelia **GAYLORD**, b. of Hamden, Mar. 21, 1821, by Rev. Eliphalet B. Coleman	168
Joel Goodyear, m. Patty **JONES**, b. of Hamden, Nov. 11, 1824, by Rev. Abraham Alling	2
Levi, 2nd, m. Charlotte **HUBBELL**, b. of Hamden, Apr. 15, 1849, by Rev. Israel P. Warren	59
Louisa, [d. Zenas], b. Mar. 29, 1821	42
Louisa, m. Elijah **HART**, Jr., b. of Hamden, Mar. 15, 1826, by Rev. Abraham Alling	5
Louisa, m. Henry **MIX**, b. of Hamden, Nov. 9, 1842, by Rev. Henry Fitch	23
Mahitibel, m. Caleb **THOMAS**, Jr., b. of Hamden, Feb. 17, 1824, by Rev. Abraham Alling	1
Reuben, [s. Zenas], b. Feb. 8, 1818	42
Roesy, [d. Zenas], b. Dec. 28, 1811	42
Roxey C., m. Philas **DORMAN**, Sept. 20, 1847, by Rev. George L. Fuller	52
Russell, m. Louisa Jane **DORMAN**, b. of Hamden, Feb. 15, 1849, by Rev. George L. Fuller	59
Samuel, Jr., m. Abigail **GORHAM**, b. of Hamden, Feb. 8, 1821, by Rev. Abraham Alling	169
Sarah M., m. Albert **WARNER**, b. of Hamden, Jan. 16, 1853, by Rev. Theodore A. Lovejoy	77
Sherman, of New Haven, m. Adaline L. **AUGUR**, of Hamden, May 9, 1853, by Rev. Austin Putnam	78
Walter, [s. Zenas], b. Aug. 13, 1805	42
Zenas, [s. Zenas], b. Feb. 12, 1824	42
WARREN, Susan H., of Goshen, m. William **CANADA**, Jr., of New Haven, Mar. 19, 1851, by Rev. Israel P. Warren	71
William M., of Stuben, N.Y., m. Mary B. **HAWLEY**, of Hampden, Jan. 19, 1835, by Rev. E. L. Cleaveland, of New Haven	15
WATKINS, J. G. Walter, of Antigua, W.I., m. Sophia G. **WALTER**, of Hamden, July 23, 1849, by Rev. C. W. Everest	61
WEBSTER, Chauncey B., of Waterbury, m. Amelia M. **TURNER**, of Northfield, July 15, 1850, by Rev. Austin Putnam	68
Ira F., of Tolland, m. Louisa M. **POTTER**, of Hamden, Nov. 26, 1849, by Rev. Austin Putnam	63
WEDMORE, Sarah, of East Haven, m. Solomon **SANDERSON**, of Hamden, Aug. 31, 1823, by Rev. Mr. Matthew	174
WELLMOTT, [see under **WILMOT**]	
WELTON, Hiram, of Watertown, m. Caroline **PORTER**, of Milford, Sept. 5, 1849, by Rev. I. P. Warren	62
Lucius B., of New Haven, m. Eliza J. **DOOLITTLE**, of Hamden, May 20, 1850, by Rev. Israel P. Warren	66
WHALEY, Joseph B., of Watterbury, m. Sarah **SPERRY**, of Hamden, June 8,	

	Page
WHALEY, (cont.)	
1851, by Rev. T. A. Lovejoy	74
WHITING, Eveline A., of Hamden, m. Israel P. KELSEY, of Middletown, Oct. 29, 1826, by Rev. William T. Potter	5
George K., of New Haven, m. Adaline A. IVES, of Hamden, May 31, 1843, by Rev. James Birney	27
Mary Ann, of New Haven, m. Lewis UMBERFIELD, of Woodbridge, Aug. 10, 1845, by Rev. J. H. Frost	35
Sarah A., of Hamden, m. Lucius FLINT, of Williamstown, Vt., Apr. 24, 1854, by Rev. Austin Putnam	82
WILES, Charlott[e], [d. James & Sally], b. Dec. 10, 1799	232
Etheline, [d. James & Sally], b. July 22, 1806	232
Lois, [d. James & Sally], b. July 30, 1812	232
Mariah, [d. James & Sally], b. Feb. 1, 1802	232
Sarah Ann, [d. James & Sally], b. July 27, 1816	232
WILLIAMS, Charlotte, of Fair Haven, m. Lyman HOTCHKISS, of Hamden, Jan. 21, 1853, by Rev. Theodore A. Lovejoy	77
John, m. Maria WILLIS, Dec. 1, 1845, by Rev. C. W. Everest	33
WILLIS, Maria, m. John WILLIAMS, Dec. 1, 1845, by Rev. C. W. Everest	33
WILMOT, WELLMOTT, WILLMOTT, Daniel, of Waterbury, m. [ ] HANDY, of Hamden, Jan. 30, 1840, by Rev. John H. Rouse, of Bethany	19
Patty, m. Truman HUNBEROLL, June 3, 1801, by Simeon Bristol, J.P.	175
Patty, m. [ ] HUNBERILL, June 25, [1801]	176
WILSON, Caleb H., of Fair Haven, m. Sarah POTTER, of Northfield, Feb. 12, 1840, by Rev. Henry Fitch	18
Julia, m. William WAKEMAN, b. of Fairfield, Conn., Oct. 10, 1849, by Rev. George L. Fuller	65
WINCHESTER, Joseph F., of Vermont, m. Esther P. GRISWOLD, of West Haven, [Nov.] 16, [1843], by Rev. Charles Stearns	29
WOLCOTT, WOOLCOT, WOOLCOTT, Abiah, m. Henry LEEK, b. of Hamden, Apr. 30, 1840, by Rev. Orson Cowles	19
Clarinda L., of Plymouth, m. William I. BASSETT, of Waterbury, June 9, 1850, by Rev. Austin Putnam	68
Leva, of Hamden, m. David NICCOLS, of Huntington, Nov. 15, 1821, by Rev. Abraham Alling	169
Marcea, m. Russel DICKERMAN, b. of Hamden, Dec. 7, 1823, by Rev. Pierpont Brockett	174
WOODING, WOODIN, Charles, Jr., m. Rhoda COOPER, b. of Hamden, Oct. 30, 1822, by Rev. Abraham Alling	170
Eliza, of Hamden, m. Nathaniel J. TAYLOR, of Waterbury, Mar. 8, 1851, by Rev. Charles Bartlett	72
Eunice, of Woodbridge, m. Lewis PECK, of Hamden, Apr. 3, 1821, by Rev. Eliphalet B. Coleman	168
Eunice, m. Willis HUMISTON, b. of Hamden, Sept. 15, 1850, by Rev. Charles Bartlett	71
Eunice R., m. John L. SPERRY, b. of Hamden, May 31, 1847, by Rev. Austin Putnam	50
Hobart, m. Lucy M. DYKE, b. of Hamden, Nov. 19, 1854, by Rev. Austin Putnam	49
Javan, Jr., m. Rhoda COOPER, b. of Hamden, Oct. 30, 1822, by Rev. Abraham Alling	170

	Page
WOODING, WOODIN, (cont.)	
Javan, m. Pheby **FRANKLIN**, Dec. 21, 1835, by Rev. Thomas Bainbridge	13
Lucretia, m. Seth H. **SABIN**, b. of Hamden, Nov. 17, 1850, by Rev. Charles Bartlett	71
Lydia, of Hamden, m. Ira **ABBETT**, of New Haven, Sept. 1, 1831, by Rev. Noah Lening	9
Rhoda M., m. Jared **BENHAM**, b. of Hamden, Sept. 23, [1844], by Rev. Charles Stearns	31
William H., m. Juliette **MUNSON**, b. of Hamden, Sept. 25, 1853, by Rev. Lyman Leffingwell	79
WOODRUFF, Margaret, of Orange, m. William W. **ANDREWS**, of Bethany, May 14, 1843, by Rev. Aaron S. Hill	27
NO SURNAME,	
Freeman, of Berlin, m. Clarissa **BRADLEY**, of North Haven, Sept. 11, 1837, by Rev. Orlando Starr (Written Freeman ----**IPER**)	16

HAMPTON VITAL RECORDS
1786 - 1851

	Vol.	Page
ABBE, ABBEE, Charles, of Mansfield, m. Ann M. **FLINT**, of Hampton, Apr. 18, 1844, by W[illia]m Barnes	2	295
Elizabeth, m. Judah **BACK**, Jr., Nov. 22, 1801	1	339
Elizabeth, d. Dec. 31, 1803	1	332
Polly, m. Stephen **LINKON**, Mar. 3, 1806	1	246
ABBOTT, ABBOT, Alles, m. Amos **UTLEY**, Jr., b. of Hampton, Apr. 27, 1790	1	275
Anna, d. Benjamin, Jr. & Lucy, b. Mar. 7, 1790	1	253
Asa, of Windham, m. Wid. Sarah **FULLER**, of Wyoming, Penn., Feb. 7, 1782	1	282
Asenath, d. Henry & Sarah, b. Oct. 9, 1793	1	288
Benjamin, Jr., m. Lucy **FLINT**, b. of Hampton, Dec. 21, 1786	1	253
Benjamin, of Hampton, m. Hannah **BROWN**, of Canterbury, Jan. 30, 1793	1	307
Benjamin, of Hampton, m. Hannah **BROWN**, of Canterbury, Jan. 30, 1793	1	324
Betsa, d. Henry & Sarah, b. Oct. 8, 1784	1	288
Caroline E., of Hampton, m. Thomas A. **FARNHAM**, of Brooklyn, Mar. 19, 1838, by Rev. Dexter Bullard	2	313
Caroline Elizabeth, d. [James & Asenath], b. Jan. 28, 1815	1	237
Charles Fuller, s. Chauncey G. & Marian, b. Aug. 13, 1823	2	344
Chauncey G., s. Asa & Sarah, b. May 8, 1794; adm. fr. 1820	1	282
Chauncey G., m. Mary Ann **FULLER**, b. of Hampton, Mar. 11, 1821, by Lodovicus Weld	2	339
Chloe Eliza, d. [James & Asenath], b. Oct. 11, 1824	1	237
Daniel E., [d. Chauncey G. & Marian], b. Feb. 13, 1825; adm.fr. 1846	2	352
Ebenezer, s. Benjamin, Jr. & Lucy, b. Mar. 31, 1792	1	253
Edwin, s. [James & Asenath], b. Sept. 30, 1829; d. Nov. 27, 1830	1	237
Eunice, d. Henry & Sarah, b. July 2, 1791	1	288
George Prentiss, s. Chauncey G. & Marian, b. Oct. 25, 1821; adm. fr. 1843	2	344
Hannah, m. Josiah **COLLINS**, b. of Windham, May 24, 1775	1	300
Hardin, s. Henry & Sarah, b. May 3, 1787	1	288
Harriet A., of Hampton, m. Frederick L. **RISLEY**, of Manchester, Sept. 3, 1838, by Rev. Daniel G. Sprague	2	312
Harriet Asenath, d. [James & Asenath], b. Oct. 14, 1816	1	237
Henrietta P., [d. Chauncey G. & Marian], b. Feb. 25, 1839	2	352
Henry, m. Sarah **GREENSLIT**, b. of Hampton, Apr. 7, 1772	1	288
Henry W., adm. fr. 1848	TM	
Hepzibah, w. Nathan, d. May 26, 1790, in the 64th y. of her age	1	258
James, s. Asa & Sarah, b. Oct. 28, 1785; adm. fr. 1816	1	282
James, m. Asenath **BURNETT**, b. of Hampton, Jan. 20, 1814	1	237
James B., adm. fr. 1840	TM	
James Burnett, s. [James & Asenath], b. Dec. 3, 1818	1	237

	Vol.	Page
ABBOTT, ABBOT, (cont.)		
John, m. Elizabeth **HEB[B]ARD**, Apr. 3, 1791	1	295
John F., [s. Chauncey G. & Marian], b. Feb. 21, 1833	2	352
Levina, d. Henry & Sarah, b. Oct. 13, 1777	1	288
Lora Hammond, d. [James & Asenath], b. May 21, 1821	1	237
Lucius, [s. Chauncey G. & Marian], b. Feb. 25, 1829	2	352
Lucy, d. Benjamin, Jr. & Lucy, b. May 13, 1788	1	253
Maria Cecelia, d. [James & Asenath], b. Sept. 12, 1831	1	237
Martha, of Hampton, m. Dorrance **KNOX**, of Plainfield, Dec. 2, 1827, by Chauncey F. Cleveland, J.P.	2	325
Mary Ann, [d. Chauncey G. & Marian], b. Jan. 24, 1835	2	352
Maryan Andras, w. Benjamin, d. Dec. 8, 1788	1	307
Olive, d. Asa & Sarah, b. Mar. 28, 1790	1	282
Olive, m. Marvin **INGALS**, b. of Hampton, Sept. 16, 1833, by Dexter Bullard	2	325
Patyence, d. Asa & Sarah, d. Jan. 16, 1786	1	282
Patty, d. Asa & Sarah, b. Nov. 13, 1783	1	282
Polly, d. Asa & Sarah, b. June 13, 1787	1	282
Sally, d. Henry & Sarah, b. May 20, 1782	1	288
Sally, d. Asa & Sarah, b. July 31, 1792	1	282
Sally, m. Ebenezer **GREENSLITT**, Jan. 15, 1815	1	218
Sarah, m. Aaron **FARNAM**, b. of Hampton, Aug. 11, 1803	1	323
Sarah Ann, d. Warren W. & Mariah E., b. Jan. 3, 1824; d. Aug. 5, 1825	1	236
Sarah B., [d. Chauncey G. & Marian], b. Mar. 11, 1837	2	352
Stephen Andrews, s. Henry & Sarah, b. Aug. 21, 1775	1	288
Thomas H., [s. Chauncey G. & Marian], b. Mar. 17, 1827	2	352
Urial, s. Henry & Sarah, b. Jan. 17, 1780	1	288
Warren W., s. Asa & Sarah, b. Oct. 3, 1796	1	282
Warren W., adm. fr. 1818	TM	
William Asa, s. [James & Asenath], b. Feb. 6, 1827	1	237
-----, st. b. s. [Asa & Sarah], buried Feb. 1, 1789	1	282
-----, s. [James & Asenath], b. Aug. 23, 1823; d. Aug. 23, 1823, lived 12 hrs.	1	237
ADAMS, Elizabeth, m. Daniel **MARTIN**, b. of Hampton, Apr. 17, 1806	1	245
Erastus, of Canterbury, m. Nancy **CURTIS**, of Hampton, Aug. 23, 1824, by Daniel G. Sprague; adm. fr. 1828	2	332
George, adm. fr. 1842 from Pomfret	TM	
John Andrew, s. Thomas & Mary, b. Nov. 15, 1790	1	251
Lyman D., of Killingly, m. Eliza **MARTIN**, of Hampton, Aug. 20, 1849, by Richard Woodruff, V.D.M. Intention published	3	3
Rufus, s. Thomas & Mary, b. Feb. 17, 1788	1	251
ALDRICH, Eliza, m. Nehemiah R. **CLAPP**, b. of Abington, Jan. 2, 1842, by Rev. B. N. Harris. Intention published in Abington	2	301
Newel, adm. fr. 1844 from Killingly	TM	
ALEXANDER, Nancy, m. Augustus **SMITH**, b. of Hampton, Jan. 1, 1835, by Dexter Bullard	2	355
ALLEN, [see also **ALLYN**], Abner, adm. fr. 1805	TM	
Hiram, adm. fr. 1840	TM	
Jared, adm. fr. 1848	TM	
Maria, of Windham, m. Charles L. **SMITH**, of Hampton, Jan. 25, 1835, by Alfred Burnham	2	355

HAMPTON VITAL RECORDS 139

	Vol.	Page
ALLEN, [see also ALLYN], (cont.)		
Minor, adm. fr. 1844, from Chaplin	TM	
Nelson, m. Miranda A. FOSTER, Dec. 2, 1833, by Daniel G. Sprague	2	329
Rufus H., adm. fr. 1848, from Windham	TM	
ALLSTON, Charles, of Pomfret, m. Mercy M. ROCKWELL, of Hampton, Oct. 1, 1838, by Rev. Daniel G. Sprague	2	311
ALLWORTH, ALWORTH, Amaryllis, m. Jerome PEARL, May 14, 1800	2	346
B[e]ulah, m. Samuel MOSELEY, May 1, 1803	1	339
Esther, m. Eben[eze]r ROBBINS, b. of Hampton, Oct. 28, 1804	1	341
Mariam, of Brooklyn, m. Daniel KIMBALL, of Hampton, Nov. 29, 1787	1	254
Mary, m. Asa HOVEY, b. of Hampton, Dec. 13, 1792	1	301
ALLYN, [see also ALLEN], Polly, m. Andrew HARTSHORN, Jan. 10, 1798	1	215
ALTON, Charles, adm. fr. 1840	TM	
ALWORTH, [see under ALLWORTH]		
AMES, Israel, m. Mary R. THOMPSON, b. of Hampton, Jan. 19, 1840, by Chauncey F. Cleveland, J.P.	2	306
Mary Ann, of Hampton, m. Ira YOUNG, of Killingly, July 13, 1835, by Chauncey F. Cleveland, J.P.	2	316a
APLEY, Elias Parks, s. William & Betsey, b. June 17, 1818	2	333
Lester B., of Chaplin, m. Nancy P. BURNHAM, of Hampton, Mar. 14, 1847, by Rev. Alfred Burnham	2	243
Lester Bill, s. William & Betsey, b. June 27, 1822	2	333
William, adm. fr. 1820	TM	
ARNOLD, Stephen S., m. Mary J. CURTIS, b. of Killingly, Nov. 28, 1845, by Rev. W[illia]m Barnes	2	294
ASHLEY, Abigail, d. Samuel & Lucy, b. Mar. 1, 1790	1	276
Abner, Jr., s. Abner, Jr. & Trephenia, b. May 2, 1782	1	311
Abner, of Hampton, m. Patience BARROW, of Tolland, Dec. 14, 1791	1	264
Achsah, m. Harvey SMITH, Mar. 9, 1820	2	342
Alvin, s. Abner, Jr., & Trephenia, b. July 24, 1788; d. Dec. 12, 1792	1	311
Anna, m. John BUTTS, b. of Hampton, Jan. 3, 1793	1	251
Ardelia, d. [Erastus & Fanny], b. Nov. 3, 1813	1	230
Ardelia, of Hampton, m. George Davison, of Brooklyn, June 7, 1836, by Rev. Daniel G. Sprague	2	316
Asenath, d. Samuel & Lucy, b. Dec. 2, 1794	1	276
Benjamin, s. Abner, Jr. & Trephenia, b. July 2, 1786	1	311
Betsey, d. Joseph & Elizabeth, b. Oct. 16, 1799	1	258
Betsey, m. Leonard ORMSBY, May 29, 1806	1	244
Caroline, d. Joseph & Elizabeth, b. Apr. 13, 1805	1	258
Caroline, m. Milton WALKER, Apr. 18, 1832, by Daniel G. Sprague	2	319
Charles C., adm. fr. 1839	TM	
Daniel, m. Sarah HUNTINGTON, Jan. 11, 1836, by Rev. Daniel G. Sprague	2	317a
Ebenezer, adm. fr. 1802	TM	
Elijah, s. Abner, Jr. & Trephenia, b. July 29, 1784	1	311

ASHLEY, (cont.)

	Vol.	Page
Elisha L., [s. Ransford & Esther], b. Aug. 8, 1824; adm. fr. 1846	2	299
Emily M., d. [Ransford & Esther], b. Sept. 22, 1817	2	299
Erastus, s. Joseph, Jr. & Elizabeth, b. Feb. 19, 1786	1	258
Erastus, m. Fanny SMITH, Nov. 26, 1812; adm. fr. 1813	1	230
Fannie L., of Hampton, m. John C. CHURCH, of Providence, Jan. 7, 1852, by Richard Woodruff, V.D.M.	3	13
Hannah, of Hampton, m. George MASON, of Providence, R.I., Dec. 7, 1820, by Lodovicus Weld	2	340
Harriet, m. W[illia]m LINCOLN, of Windham, Mar. 5, 1834, by Daniel G. Sprague	2	349
Henry, adm. fr. 1841, from Chaplin	TM	
James, adm. fr. 1839	TM	
James, m. Lora Ann BURNHAM, b. of Hampton, Mar. 4, 1844, by Rev. W[illia]m Barnes	2	295
Joseph, Jr., of Hampton, m. Elizabeth ROCKARD, of Pomfret, June 30, 1785	1	258
Joseph, adm. fr. 1787	TM	
Joseph, s. Joseph & Elizabeth, b. Aug. 28, 1787	1	258
Laura, d. Joseph & Elizabeth, b. May 17, 1794	1	258
Laura, m. George LINCOLN, Mar. 7, 1823, by L. Weld	2	343
Lester B., adm. fr. 1847, from Windham	TM	
Lodentia, d. [Erastus & Fanny], b. Feb. 25, 1815	1	230
Lodentia, of Hampton, m. Jeremiah CHURCH, of Abington, Oct. 11, 1843, by Rev. W[illia]m Barnes	2	298
Lucretia, [d. Ransford & Esther], b. Aug. 18, 1826	2	299
Lucy, of Windham, m. David SPENCER, of Canterbury, Mar. 24, 1785	1	305
Lucy, d. Samuel & Lucy, b. Sept. 3, 1796	1	276
Lucy, of Mansfield, m. Asa S. LITCHFIELD, of Hampton, May 1, 1822, by Daniel Searles, J.P.	2	336
Maria E., m. Samuel GRIGGS, May 29, 1836, by Rev. Daniel G. Sprague	2	317
Nabbey, m. James HOLT, Nov. 28, 1809	1	226
Orrin, s. Joseph & Elizabeth, b. Jan. 31, 1802	1	258
Orrin, adm. fr. 1833	TM	
Ransford, b. Oct. 4, 1789; adm. fr. 1810; m. Esther PHELPS, Oct. 18, 1811	2	299
Samuel, of Hampton, m. Lucy NYE, of Tolland, July 2, 1789; adm. fr. 1787	1	276
Samuel, s. Samuel & Lucy, b. July 27, 1791	1	276
Sarah, m. Benjamin S. SAFFORD, Jan. 25, 1821, by Rev. Lodovicus Weld	2	340
Sarah Ann, d. [Ransford & Esther], b. Apr. 18, 1823; d. Mar. 13, 1829	2	299
Sophia, d. Joseph & Elizabeth, b. Dec. 15, 1789	1	258
Trephenia, d. Abner, Jr. & Trephenia, b. July 20, 1792	1	311
Walter, s. Joseph & Elizabeth, b. Nov. 7, 1791; d. Mar. 14, 1795	1	258
Walter, s. Joseph & Elizabeth, b. May 17, 1796	1	258
Walter, adm. fr. 1835	TM	
William, adm. fr. 1810	TM	
William, [s. Ransford & Esther], b. Dec. 21, 1829; d. June 6, 1830	2	299

	Vol.	Page
ASHLEY, (cont.)		
William, adm. fr. 1832	TM	
William S., [s. Ransford & Esther], b. Oct. 13, 1831	2	299
ASPENWALL, Lydia, d. Asa & Hannah, b. Feb. 27, 1788	1	287
Sophia, d. Asa & Hannah, b. Mar. 21, 1785	1	287
ATWOOD, Lerin S., adm. fr. 1848, from Mansfield	TM	
Milvin H., adm. fr. 1847, from Willington	TM	
AUSTIN, Albert, b. Oct. 3, 1818	1	215
Alvan, m. Mary **HURLBURT**, b. of Windham, May 15, 1836, by Rev. Dexter Bullard	2	316
Solomon, adm. fr. 1847, from Voluntown	TM	
AVERY, David, adm. fr. 1833	TM	
Denison, of Coventry, m. Emeline **SMITH**, of Windham, Apr. 3, 1836, by Rev. David Bullard	2	316
Edgar Orrin Hughes, s. William P. & Harriet, b. Sept. 14, 1833	2	325
Elizabeth Ann, d. William P. & Harriet, b. Feb. 2, 1840	2	325
Frderick A., adm. fr. 1838	TM	
Harriet Marian, d. William P. & Harriet, b. Dec. 15, 1835, at Jewett City	2	325
Ruth, of Brooklyn, m. John **BREWSTER**, of Hampton, June 4, 1789	1	280
William P., m. Harriet **HUGHES**, b. of Hampton, Oct. 16, 1832, by Dexter Bullard	2	350
William T., adm. fr. 1822	TM	
AYER, AYERS, Augustus, adm. fr. 1844, from Pomfret	TM	
William, of Windham, m. Cornelia **SPAFFORD**, of Hampton, July 4, 1852, by Mason Cleveland, Magistrate	2	242
William D., of Franklin, m. Abby N. **SHOALES**, of Canterbury, Apr. 24, 1843, by Rev. John F. Blanchard	2	298
BABCOCK, Enos, of Hartford, m. Matilda B. **MARTIN**, of Hampton, Oct. 4, 1841, by Rev. George J. Tillotson, of Brooklyn, Conn.	2	301
BACK, Apphia, d. Judah & Prescilla, b. May 18, 1770	1	310
Augustus, s. Judah & Prescilla, b. Apr. 8, 1784	1	310
Augustus, m. Polly **DEARBORN**, Mar. 27, 1808	1	221
Christehana, d. Judah & Priscilla, b. Jan. 1, 1767	1	310
Christiana, d. Erastus & Anna, b. Jan. 5, 1806	1	256
Elisha, s. Judah & Prescilla, b. Mar. 19, 1765	1	310
Emeline Anna, d. Erastus & Anna, b. Sept. 11, 1814	1	256
Erastus, s. Judah & Prescilla, b. July 6, 1780	1	310
Erastus, m. Anna **FLINT**, b. of Hampton, Apr. 18, 1805; adm. fr. 1813	1	340
Erastus Gilbert, s. Erastus & Anna, b. Jan. 4, 1811	1	256
Eunice, d. Judah & Prescilla, b. Sept. 30, 1776	1	310
George Henry, s. Erastus & Anna, b. Nov. 2, 1821	1	256
Harriet, m. Alpheas D. **HOLT**, b. of Hampton, Dec. 2, 1821, by Roger Taintor, J.P.	2	337
Judah, m. Prescilla [ ], Dec. 30, 1761	1	310
Judah, Jr., m. Elizabeth **ABBEE**, Nov. 22, 1801	1	339
Judah D., s. Judah & Prescilla, b. Aug. 26, 1768	1	310
Lois, d. Judah & Prescilla, b. Oct. 2, 1778	1	310
Lucinda, d. Judah & Prescilla, b. Apr. 25, 1787	1	310
Lucius, s. Judah, Jr. & Elizabeth, b. May 26, 1803	1	339

	Vol.	Page
BACK, (cont.)		
Lucy Diantha, d. [Augustus & Polly], b. Nov. 22, 1815	1	221
Lyman, s. Judah & Prescilla, b. Apr. 6, 1762	1	310
Lyman, s. [Augustus & Polly], b. Sept. 25, 1810	1	221
Peleg, s. Judah & Prescilla, b. May 20, 1772	1	310
Peter, s.* Judah & Prescilla, b. Mar. 19, 1774 *(hand corrected to Betsa, d. in margin of original manuscript)	1	310
Philena, d. Judah & Prescilla, b. Apr. 26, 1782	1	310
Sally, d. Erastus & Anna, b. Mar. 27, 1808	1	256
Simeon, s. Judah & Prescilla, b. May 29, 1763	1	310
William Palmer, s. Erastus & Anna, b. Feb. 21, 1819	1	256
BACKUS, Calvin, adm. fr. 1839	TM	
Caroline, d. Chester & Sally, b. Nov. 12, 1821	2	346
Caroline, of Hampton, m. Royal H. **FLECHER**, of Mendon, Mass, Apr. 4, 1843, by Rev. W[illia]m Barnes	2	299
Chester, d. May 30, 1830	2	346
Clark, s. Chester & Sally, b. Jan. 7, 1819	2	346
Dellicena, adm. fr. 1821	TM	
Sarah A., of Hampton, m. Joseph C. **LADD**, of Sterling, Nov. 26, 1846, by Rev. W[illia]m Barnes	2	243
BADGER, Chester E., adm. fr. 1839	TM	
Edmond, adm. fr. 1799	TM	
George, adm. fr. 1843	TM	
Jane L., d. [Jared & Almira], b. June 1, 1827	2	353
Jared, s. [Capt. Edmund], b. Aug. 12, 1799; adm. fr. 1823	1	285
Jared, m. Almira **JACKSON**, Feb. 20, 1827, by Daniel G. Sprague	2	327
Jared, m. Almira **JACKSON**, Feb. 20, 1827	2	353
Laura, d. [Capt. Edmund], b. Jan. 5, 1806	1	285
Lewis, s. [Capt. Edmund], b. Feb. 1, 1801; adm. fr. 1822	1	285
Mary, [twin with Olive], d. Capt. Edmund, b. Apr. 12, 1796; d. May 5, 1796	1	285
Olive, [twin with Mary], d. Capt. Edmund, b. Apr. 12, 1796	1	285
BAILEY, Almara, d. Sylvanus & Mira, b. Jan. 1, 1819	1	324
Solomon, adm. fr. 1818	TM	
BAKER, George W., adm. fr. 1845, from Canterbury	TM	
BARBER, Alfred, m. Eliza **GARDINER**, b. of Canterbury, June 21, 1835, by Alfred Burnham	2	316a
BARD, Ann, m. John G. **CURTIS**, b. of Mansfield, Aug. 3, 1840, by Rev. Dexter Bullard	2	305
BARNES, Mary Elizabeth, d. Rev. William & Eunice H., b. June 30, 1846	2	357
Nathan Hale, s. Rev. William & Eunice H., b. July 12, 1845	2	357
William Henry, s. William & Eunice H., b. May 14, 1843	2	357
BARNET, David, adm. fr. 1819	TM	
BARNUM, Patty, m. Elijah **GREENSLITT**, Nov. 10, 1812	1	218
BARRETT, BARRET, Charles, of Belchortown, Mass., m. Sally **JENNINGS**, of Hampton, Nov. 28, 1821, by Rev. John Paine	2	338
Jeffords, adm. fr. 1844, from Thompson	TM	
BARROWS, BARROW, Charles, Jr., adm. fr. 1842	TM	
Patience, of Tolland, m. Abner **ASHLEY**, of Hampton, Dec. 14,		

HAMPTON VITAL RECORDS 143

	Vol.	Page
BARROWS, BARROW, (cont.)		
1791	1	264
BATES, E. M., of Cazenovia, N.Y., m. F. H. **GROSVENOR**, of Hampton, Sept. 13, 1837, by Rev. Daniel G. Sprague	2	313
BEERS, Anna, of Hampton, m. John **THOMPSON**, of Tyringham, Mass., June 30, 1822, by Roswell Preston, J.P.	2	335
Ezra D., m. Maximilla **HOLT**, b. of Hampton, Feb. 7, 1836, by Rev. Dexter Bullard; adm. fr. 1839	2	356
Ezra D., adm. fr. 1840	TM	
BENNETT, BENNET, Abel, s. Lucy, b. Aug. 27, 1805	1	241
Asenath, w. Isaac, Jr., d. Sept. 12, 1813, in the Town of Volney, Oneida County, New York	1	224
Betsey, m. Bela **READ**, b. of Hampton, Nov. 8, 1792	1	312
Edward Brown, s. William, Jr. & Marina B., b. Apr. 12, 1842	2	323
Elisha, of Wisconsin, m. Fidelia **HOLT**, of Hampton, July 8, 1845, by Rev. W[illia]m Barnes	2	294
Elizabeth, m. Jonathan **LUMMIS**, b. of Hampton, Nov. 20, 1788	1	265
Fidealia, d. [William & Anna], b. Sept. 26, 1811	1	226
George W., s. William & Marina B., b. Feb. 9, 1851	3	14
Hannah, m. Samuel **HOLT**, b. of Hampton, Nov. 28, 1799	1	337
Isaac, s. [William & Anna], b. Dec. 21, 1804	1	226
Isaac, Jr., m. Asenath **UTLEY**, Apr. 18, 1811	1	224
Isaac, adm. fr. 1832	TM	
John, adm. fr. 1828	TM	
Lucy, d. Isaac & Sarah, b. Oct. 24, 1776	1	241
Lucy had s. Abel, b. Aug. 27, 1805	1	241
Lydia, m. Roger **CLARK**, b. of Hampton, Feb. 27, 1794	1	320
Lyman, s. [William & Anna], b. Jan. 24, 1814	1	226
Nathan, adm. fr. 1842	TM	
Polly, m. Cyrus **UTLEY**, b. of Hampton, Apr. 4, 1797	1	335
Ruth, of Windham, m. Jacob **PARK**, of Groton, Dec. 2, 1773	1	283
Sally, m. Thomas **GROW**, Jr., Jan. 17, 1811	1	240
Samuel F., adm. fr. 1832	TM	
Samuel Fuller, s. [William & Anna], b. Sept. 18, 1809	1	226
Sanford, m. Frances F. **JACOBS**, b. of Canterbury, Sept. 6, 1843, by Rev. John F. Blanchard. Witnesses: Emeline F. Lyon, Marcus Lyon, Hannah M. Blanchard	2	297
Sarah, wid. William, d. Sept. 14, 1788	1	287
Sarah, m. Elisha **LANPHEAR**, b. of Hampton, Oct. 21, 1790	1	269
William, s. Isaac, b. Aug. 14, 1764; m. Anna **FULLER**, d. Samuel, Feb. 20, 1800	1	226
William, m. Anna **FULLER**, b. of Hampton, Feb. 20, 1800; adm. fr. 1788	1	336
William, s. [William & Anna], b. Oct. 17, 1807	1	226
William, Jr., adm. fr. 1834	TM	
William, Jr., m. Marina **BROWN**, Nov. 16, 1836, by Rev. Daniel G. Sprague	2	315
BERODISH, Moses S., of Douglass, m. Julia M. **HODGKINS**, of Hampton, Sept. 10, 1839, by Rev. Roswell Whitmore	2	313
BERRY, Isaac B., m. Emily **FULLER**, b. of Hampton, Feb. 3, 1836, by Rev. Dexter Bullard	2	317a
BILL, Amanda, d. Rozzell & Rebecca, b. Jan. 21, 1784	1	290

	Vol.	Page
BILL, (cont.)		
Elisha, s. Rozzel & Rebecca, b. Jan. 31, 1782	1	290
Elisha, adm. fr. 1816	TM	
Esther, d. Rozzell & Rebecca, b. Mar. 24, 1791	1	290
Esther, m. Ezra **CLARK**, Aug. 20, 1812	1	220
Eunice, d. Rozzel & Rebecca, b. Jan. 17, 1779	1	290
BINGHAM, BINGAM, Anson, adm. fr. 1835	TM	
Eleazer, Jr., m. Ann **JACKSON**, Apr. 10, 1832, by Daniel G. Sprague	2	330
Sumner, of Windham, m. Sophia **HOLT**, of Hampton, Sept. 10, 1833, by Dexter Bullard	2	325
BISHOP, Susan, m. Daniel L. **DUNHAM**, b. of Canterbury, Jan. 15, 1844, by Rev. John F. Blanchard. Witnesses: Hannah M. Blanchard, Lorenzo D. Blanchard	2	296
BLACKMAN, Hannah, of Windham, m. Jonathan **CLARK**, of Hampton, Jan. 15, 1801	1	337
BLACKMER, John A., adm. fr. 1844, from Mansfield	TM	
BLAKELEY, Daniel, adm. fr. 1846	TM	
BLANCHARD, Elias, adm. fr. 1787	TM	
Elias, s. Elias & Lucy, b. Mar. 22, 1792; d. Sept. 17, 1792	1	318
John, adm. fr. 1788	TM	
Lucy, d. Elias & Lucy, b. Sept. 20, 1785	1	318
Patty, d. Elias & Lucy, b. Oct. 11, 1793	1	318
Sanford, s. Elias & Lucy, b. Dec. 9, 1788; d. Jan. 20, 1789	1	318
BOLAH, Hannah, of Mansfield, m. Seth **GINNINGS**, of Windham, Nov. 24, 1785	1	294
BOWDISH, Nathaniel, of Preston, m. Mary **ROBINS**, of Hampton, Oct. 11, 1790	1	271
BOWEN, Lemond W., adm. fr. 1844, from Killingly	TM	
BOWERS, Alfred, adm. fr. 1826	TM	
Alpheas, m. Lucy **FLINT**, June 14, 1819	2	351
Alpheas, adm. fr. 1826	TM	
Chauncey, m. Sally **MOSELEY**, Mar. 21, 1826, by Daniel G. Sprague; adm. fr. 1826	2	351
Edward R., s. [Alpheas & Lucy], b. Aug. 11, 1821; d. Nov. 1, 1823	2	351
Edward R., s. [Alpheas & Lucy], b. Nov. 1, 1825	2	351
Ira M., s. [Alpheas & Lucy], b. Apr. 10, 1823	2	351
John Chauncey, s. [Chauncey & Sally], b. Feb. 6, 1832	2	351
Sarah Hammond, d. [Chauncey & Sally], b. Feb. 15, 1829	2	351
Theodore Dwight, s. [Chauncey & Sally], b. June 11, 1839	2	351
Uriel Moseley, s. [Chauncey & Sally], b. May 22, 1827; adm. fr. 1848	2	351
BOYDON, Elijah, adm. fr. 1840	TM	
BOYNTON, Leander W., of Coventry, m. Mary A. **FULLER**, of Hampton, Oct. 8, 1838, by Rev. Daniel G. Sprague	2	311
BRACKET, John, adm. fr. 1839	TM	
BRADFORD, Betsey, d. John & Triphena, b. July 29, 1791	1	309
Betsey, m. Thomas Hurlbutt **UPTON**, Dec. 1, 1814	1	241
Hannah Davison, [d. John & Triphena], b. Dec. 23, 1785	1	309
John, m. Triphena **FORD**, b. of Hampton, Nov. 25, 1790	1	309
John, of Canterbury, m. Jane **CONGDON**, of Hampton, Apr. 23, 1850, by Rev. Isaac H. Coe. Intention published	3	11

	Vol.	Page
BRADFORD, (cont.)		
Lorin, s. John & Tryphena, b. July 29, 1800	1	309
Luther, of Canterbury, m. Clarissa **FULLER**, of Hampton, Feb. 11, 1821, by Rev. Ludovicus Weld	2	339
Polly, d. John & Triphena, b. Mar. 2, 1795; d. June 23, 1797	1	309
Polly, d. John & Tryphena, b. Mar. 4, 1798	1	309
Warren, s. John & Tryphena, b. Jan. 10, 1804	1	309
William, s. John & Triphena, b. Feb. 25, 1793	1	309
BREWSTER, Augustus, s. John & Mary, d. Jan. 30, 1789	1	280
Betsey A., m. Joseph **PRENTIS**, Apr. 23, 1815	1	222
Betsey Avery, d. John & Ruth, b. Sept. 11, 1798	1	280
Francis Augustus, s. [Dr. William Augustus & Lucy], b. July 18, 1817; adm. fr. 1839	1	239
John, of Hampton, m. Ruth **AVERY**, of Brooklyn, June 4, 1789	1	280
John, Jr., adm. fr. 1801	TM	
Mary S., of Hampton, m. Gideon C. **SEAGER**, of Killingly, Sept. 3, 1836, by Rev. Daniel C. Sprague	2	316
Mary Sophia, d. [Dr. William Augustus & Lucy], b. Jan. 23, 1819	1	239
Royal, adm. fr. 1793	TM	
Ruth, w. John, d. May 18, 1823	1	280
Sophia, d. John & Ruth, b. Apr. 9, 1795; d. Apr. 24, 1800	1	280
William, s. John & Mary, d. Jan. 4, 1789	1	280
William Augustus, s. John & Ruth, b. Dec. 10, 1791; adm. fr. 1813	1	280
William Augustus, Dr., m. Lucy **CHAMBERLAIN**, Mar. 14, 1813	1	239
William Henry, s. [Dr. William Augustus & Lucy], b. July 3, 1814; adm. fr. 1838	1	239
BRIGHAM, Austin, adm. fr. 1838	TM	
BROTON, Ray, adm. fr. 1834	TM	
BROWN, Anna, of Westown, Mass., m. Solomon **LAMPSON**, Dec. 14, 1791	1	307
Anna, m. Erastus **FULLER**, Dec. 28, 1806	1	338
Frederick, of Plainfield, m. Lydia Ann **INGALS**, of Hampton, Jan. 18, 1836, by Rev. Alfred Burnham	2	316a
Gurdon, of Brooklyn, m. Caroline L. **HAMMOND**, of Hampton, Sept. 28, 1847, by Rev. Isaac H. Coe. Intnention published. Adm. fr. 1844	3	3
Hannah, of Canterbury, m. Benjamin **ABBOTT**, of Hampton, Jan. 30, 1793	1	307
Hannah, of Canterbury, m. Benjamin **ABBOTT**, of Hampton, Jan. 30, 1793	1	324
Henry, Jr., m. Dinah **FORD**, b. of Hampton, Nov. 28, 1798; adm. fr. 1798	1	326
Henry, d. Oct. 23, 1806	1	248
James Clinton, s. James L. & Eliza J., b. Aug. 4, 1838	2	312
John, adm. fr. 1801	TM	
John, m. Polly **WALCOTT**, b. of Hampton, Feb. 11, 1806	1	249
Marina, d. John & Polly, b. July 3, 1809	1	249
Marina, m. William **BENNET**, Jr., Nov. 16, 1836, by Rev. Daniel G. Sprague	2	315
Mary, d. Dec. 9, 1828	2	353
Sanford, of North Stonington, m. Lucy **THOMPSON**, of		

	Vol.	Page
BROWN, (cont.)		
Brooklyn, Oct. 16, 1831, by Daniel G. Sprague	2	322
Sarah, w. Henry, d. Mar. 8, 1820	1	248
William, s. John & Polly, b. Nov. 9, 1806; adm. fr. 1828	1	249
William, of Pomfret, m. Maria **HAMMOND**, of Hampton, Nov. 8, 1831, by Daniel G. Sprague	2	320
-----, d. [Henry, Jr. & Dinah], b. Aug. 4, 1799; d. Sept. 1, 1799	1	326
BUCKLAND, Elizabeth Hammond, d. [Epaphras & Elizabeth], b. Apr. 23, 1819	1	244
Epaphras, m. Elizabeth **HAMMOND**, Oct. 15, 1816	1	244
BULKELEY, BULKLEY, Andrew J., adm. fr. 1840	TM	
Dan, m. Phebe **BURNETT**, May 25, 1813	1	233
Fidelia, d. [Dan & Phebe], b. June 16, 1815	1	233
Fidelia, m. Nelson **HIGGINS**, b. of Hampton, Mar. 3, 1844, by Rev. W[illia]m Barnes	2	295
Harriet, m. Samuel L. **MOSELEY**, June 23, 1811	1	222
Harriet Burnett, d. [Dan & Phebe], b. July 20, 1814; d. Sept. 29, 1814	1	233
Judeth, m. Solomon **TAINTON**, Dec. 13, 1797	1	232
BULLEN, Abigail, m. Joseph **MARTIN**, Jr., b. of Windham, June 2, 1774	1	259
BUNN, [see also **BURNS**], Henry, of Killingly, m. Huldah Elizabeth **HOLMES**, of Hampton, Nov. 8, 1847, by Phillip Pearl, J.P. (Perhaps "Burns")	3	1
BURDICK, Julia, of Voluntown, m. Charles **NEFF**, of Hampton, Aug. 21, 1837, by Rev. Daniel G. Sprague	2	314
Lucy, of Griswold, m. George J. **JACKSON**, of Canterbury, Mar. 5, 1843, by Rev. John F. Blanchard	2	299
BURNAM, [see under **BURNHAM**]		
BURNETT, BURNET, Alathea, d. [Clark & Lucretia], b. Aug. 13, 1822, in Brooklyn	2	349
Albert, s. [Clark & Lucretia], b. June 8, 1813, in Canterbury	2	349
Asenath, d. James & Chloe, b. Apr. 13, 1791	1	297
Asenath, m. James **ABBOTT**, b. of Hampton, Jan. 20, 1814	1	237
Calvin Avery, s. Luther & Cinthia, b. Jan. 29, 1804	1	233
Chloe, d. James & Chloe, b. July 26, 1784	1	297
Claris[s]a, d. James & Chloe, b. June 20, 1781	1	297
Clark, m. Lucretia **SMITH**, Sept. 15, 1812; adm. fr. 1816	2	349
David, m. Asenath **MOSELEY**, Sept. 5, 1820, by Rev. Lodovicus Weld	2	341
Dolly, d. Luther & Cinthia, b. Mar. 26, 1802	1	333
Dwight, s. [Clark & Lucretia], b. Dec. 3, 1823, in Brooklyn	2	349
Edmond, s. [Clark & Lucretia], b. Dec. 11, 1814, in Windham	2	349
Elizabeth, d. James & Chloe, b. June 26, 1786	1	297
Esther, m. Dyer **FORD**, b. of Hampton, May 1, 1794	1	321
Esther, s. [sic] Luther & Cynthia, b. June 18, 1796	1	333
Foster, adm. fr. 1827	TM	
Hamilton, adm. fr. 1844	TM	
Harvey, s. Luther & Cinthia, b. Feb. 4, 1798	1	333
Harvey, [s. Luther], b. Feb. 4, 1798	1	335
James, m. Chloe [ ], Feb. 28, 1781	1	297
James, s. James & Chloe, b. Sept. 16, 1782	1	297

	Vol.	Page
BURNETT, BURNET, (cont.)		
James, d. Jan. 27, 1840	1	297
John, s. James & Chloe, b. July 1, 1793	1	297
John B., m. Harriet **WOODWORTH**, Oct. 5, [1846], by Rev. W[illia]m Barnes; adm. fr. 1847	2	243
Jonathan, adm. fr. 1821	TM	
Julia Amelia, d. [Clark & Lucretia], b. Aug. 31, 1818	2	349
Lester, m. Olive B. **CLEVELAND**, Jan. 1, 1828	2	357
Lora, m. Hezekiah **HAMMOND**, Feb. 29, 1824(?) (1814?)	1	248
Lucy Smith, d. [Clark & Lucretia], b. Dec. 18, 1816	2	349
Luther, m. Cinthia **DURKEE**, b. of Hampton, Apr. 2, 1794	1	333
Luther, m. Apr. 2, 1794	1	335
Luther, [s. Luther], b. June 18, 1796	1	335
Luther, adm. fr. 1797	TM	
Mary, d. Luther & Cinthia, b. Nov. 18, 1807	1	333
Phebe, d. James & Chloe, b. Feb. 19, 1789	1	297
Phebe, m. Dan **BULKLEY**, May 25, 1813	1	233
Sally, d. Luther & Cinthia, b. Nov. 7, 1805; d. Nov. 30, 1806	1	333
Servington Savary, s. [Clark & Lucretia], b. Jan. 27, 1827	2	349
Warren, s. Luther & Cinthia, b. Feb. 18, 1800	1	333
William Wallace, s. [Clark & Lucretia], b. Mar. 21, 1820	2	349
Willington C., s. [Lester & Olive B.], b. Sept. 21, 1828	2	357
BURNHAM, BURNAM, Achsah, d. Josiah & Mary, b. Oct. 19, 1795	1	302
Adonijah, b. July 25, 1770; m. Abigail **FULLER**, Jan. 9, 1800	1	260
Alba, adm. fr. 1826	TM	
Alba, see also Elba		
Albert Augustus, s. [Eben[eze]r & Eunice], b. Apr. 12, 1823	1	241
Albert D., of Homer, N.Y., m. Sophia L. **BURNHAM**, of Hampton, June 4, 1848, by Rev. Isaac H. Coe. Intention published	3	4
Albert Dwight, s. Ebenezer, 2d, & Sophronia, b. Nov. 7, 1844	2	352
Alfred, adm. fr. 1820	TM	
Alfred A., of Danbury, m. Delia D. **CLEVELAND**, of Hampton, Dec. 20, 1848, by Richard Woodruff, V.D.M.	3	6
Alva, s. Jedediah & Phebe, b. Jan. 20, 1801; adm. fr. 1822	1	334
Amelia, d. Andrew & Zilpha, b. Oct. 29, 1796	1	304
Andrew, m. Zilpha **GOODELL**, b. of Hampton, Dec. 15, 1791	1	304
Andrew, s. Andrew & Zilpha, b. Sept. 17, 1800	1	304
Anson, s. Adonijah & Abigail, b. Mar. 24, 1805; adm. fr. 1826	1	260
Asa, s. Adonijah & Abigail, b. Aug. 28, 1802; adm. fr. 1824	1	260
Asa, m. Mary **BURNHAM**, b. of Hampton, May 3, 1831, by Rev. Alfred Burnham	2	318
Augustus, adm. fr. 1816	TM	
Auretia, d. Eliphaz & Lydia, b. July 7, 1804	1	330
Betsey, d. Andrew & Zilpha, b. Feb. 12, 1794	1	304
Betsey, d. Jedediah & Phebe, b. Dec. 1, 1798	1	334
Betsey, d. [Jedediah & Phebe], d. Apr. 16, 1802	2	328
Calvin, s. [Ebenezer, 2d, & Sally], b. Nov. 28, 1829	2	352
Celenda, d. Eliphaz & Lydia, b. Aug. 29, 1797	1	330
Charles, s. [Eben[eze]r & Eunice], b. Nov. 4, 1817	1	241
Charles, adm. fr. 1842	TM	
Chester, s. Adonijah & Abigail, b. Aug. 28, 1810; adm. fr. 1832	1	260

BURNHAM, BURNAM, (cont.)

	Vol.	Page
Chester, m. Jane BURNHAM, b. of Hampton, June 2, 1844, by Rev. Alfred Burnham	2	295
Chester D., adm. fr. 1844, from Mansfield	TM	
Clarissa, of Hampton, m. Elijah GRIGGS, Jr., of Pomfret, Mar. 17, 1822, by Rev. John Paine	2	336
Clarrissa, m. Benjamin F. ROBINSON, b. of Hampton, Apr. 9, 1835, by Dexter Bullard	2	350
Clarrissa Fuller, d. Adonijah & Abigail, b. Mar. 5, 1815	1	260
Cynthia S., m. Ele[a]sar BURNHAM, b. of Hampton, Mar. 20, 1844, by W[illia]m Barnes	2	295
Daniel, s. Daniel & Martha, b. Apr. 2, 1788; adm. fr. 1810	1	279
Daniel, Jr., m. Eunice CLARK, Oct. 14, 1813	1	233
Darius, s. Josiah & Sally, b. Oct. 22, 1783	1	302
Darius, s. Josiah & Mary, d. Apr. 16, 1790	1	302
Darius, s. Josiah & Mary, b. May 10, 1791	1	302
Darius, adm. fr. 1820	TM	
David, s. Jedediah & Phebe, b. Aug. 13, 1796; adm. fr. 1818	1	334
Delia Eliza, d. Asa & Mary, b. Apr. 29, 1832; d. Mar. 12, 1834	2	330
Delia Eliza, d. Asa & Mary, b. Dec. 30, 1833; d. Sept. 28, 1836	2	330
Eben[eze]r, s. Josiah & Mary, b. June 28, 1797	1	302
Eben[eze]r, m. Eunice HOLT, Nov. 26, 1807; adm. fr. 1806	1	241
Ebenezer, 2d, adm. fr. 1818	TM	
Ebenezer, 2d, m. Sally CHENEY, Mar. 6, 1825	2	352
Ebenezer, 2d, of Hampton, m. Sophronia COLBURN, of Chaplin, Jan. 13, 1834, by Alfred Burnham	2	331
Edmond, adm. fr. 1832	TM	
Edward, s. [Eben[eze]r & Eunice], b. Jan. 11, 1811	1	241
Edwin, s. [Jedediah & Phebe], b. Mar. 25, 1814; d. June 25, 1814	2	328
Edwin, of Windham, m. Amanda LINCOLN, of Chaplin, Jan. 1, 1840, by Rev. Dexter Bullard	2	306
Edwin Hovey, s. [Josiah, Jr. & Polly], b. July 17, 1815	1	231
Elba, s. Daniel & Martha, b. Dec. 25, 1791; adm. fr. 1816	1	279
Elba, see also Alba		
Eleazer, adm. fr. 1807	TM	
Eleazer, adm. fr. 1843	TM	
Ele[a]sar, m. Cynthia S. BURNHAM, b. of Hampton, Mar. 20, 1844, by W[illia]m Barnes	2	295
Elias, adm. fr. 1807	TM	
Elias, adm. fr. 1838, from Pomfret	TM	
Eliphaz, of Windham, m. Lydia SMITH, of Canterbury, Dec. 26, 1793; adm. fr. 1802	1	330
Elisha, adm. fr. 1832	TM	
Elisha, m. Mary SMITH, b. of Windham, Dec. [ ], 1836, by Rev. Alfred Burnham	2	356
Eliza Ann, of Hampton, m. Albert MILLS, of Springfield, Mass., Oct. 15, 1844, by W[illia]m Barnes	2	295
Emeline Sally, d. [Daniel, Jr. & Eunice], b. Mar. 7, 1817	1	233
Emily, d. Jedediah & Phebe, b. Aug. 3, 1811	2	328
Emily, d. [Jesse & Olivia], b. Aug. 23, 1825	2	345
Emily Maria, d. [Jesse & Olivia], b. Oct. 26, 1827	2	345
Emma, d. Andrew & Zilpha, b. Sept. 6, 1798	1	304

BURNHAM, BURNAM, (cont.)

	Vol.	Page
Erastus, s. Daniel & Martha, b. May 13, 1786	1	253
Erastus, s. Daniel & Martha, b. May 13, 1786; adm. fr. 1811	1	279
Erastus, adm. fr. 1833	TM	
Fanny, d. D[aniel] & Martha, b. Jan. 29, 1798	1	279
Fanny, m. Needham **STATE**, Jan. 20, 1825, by Charles Moulton, J.P.	2	330
Fanny Martin, d. [Eliphaz & Lydia], b. Aug. 15, 1813	1	330
Festus, s. Daniel & Martha, b. Apr. 25, 1796; adm. fr. 1817	1	279
George, s. [Ebenezer, 2d, & Sally], b. Mar. 12, 1826; adm. fr. 1847	2	352
George, m. Susan T. **PARSONS**, b. of Hampton, Oct. 21, 1847, by Rev. Isaac H. Coe. Intention published	3	1
George W., of Hartford, m. Miranda E. **SMITH**, of Windham, Jan. 1, 1840, by Rev. Dexter Bullard	2	306
Gurdon, s. Jedediah & Phebe, b. Mar. 20, 1803; adm. fr. 1824	1	334
Harriet, d. Jedediah & Phebe, b. June 23, 1806	1	334
Harriet, m. Austin **PRESTON**, Jan. 10, 1825, by Daniel G. Sprague	2	331
Harriet, of Hampton, m. Minor **ROBINSON**, of Windham, Jan. 1, 1834, by Alfred Burnham	2	329
Harriet Lucinda, d. [Ebe[neze]r & Eunice], b. Nov. 16, 1814	1	241
Harvey, s. Daniel & Martha, b. Sept. 21, 1793; adm. fr. 1816	1	279
Henry Clark, s. [Festus & Lora], b. Jan. 30, 1826	2	332
Jacob, s. Eliphaz & Lydia, b. Oct. 27, 1794; adm. fr. 1817	1	330
Jacob Holt, s. [Eben[eze]r & Eunice], b. Nov. 27, 1828	1	241
James, Jr., adm. fr. 1816	TM	
James Augustus, s. [Jesse & Olivia], b. Apr. 20, 1832	2	345
Jane, m. Chester **BURNHAM**, b. of Hampton, June 2, 1844, by Rev. Alfred Burnham	2	295
Jane Elizabeth, d. Adonijah & Abigail, b. Aug. 21, 1819	1	260
Jedediah, m. Phebe **MARTIN**, b. of Hampton, Oct. 12, 1786; adm. fr. 1788	1	250
Jedediah, s. Jedediah & Phebe, b. Feb. 3, 1793	1	250
Jedediah, Jr., adm. fr. 1817	TM	
Jedediah, s. [Jedediah & Phebe], d. Dec. 15, 1820	2	328
Jennette, d. Asa & Mary, b. Mar. 29, 1835; d. Oct. 6, 1836	2	330
Jesse, m. Olivia **BURNAM**, Mar. 21, 1822, by Edmund Badger, J.P.; adm. fr. 1818	2	345
Job, s. Andrew & Zilpha, b. Oct. 12, 1792	1	304
Joel, adm. fr. 1830	TM	
John, adm. fr. 1803	TM	
John J., adm. fr. 1831	TM	
John Martin, s. Jedediah & Phebe, b. Apr. 22, 1789; d. Mar. 13, 1790	1	250
John Martin, s. Jedediah & Phebe, b. Apr. 5, 1791; d. Feb. 14, 1792	1	250
John Sheppard, s. [Eben[eze]r & Eunice], b. Dec. 26, 1808	1	241
Joseph, d. Sept. 5, 1792	1	290
Josiah, m. Sally **HOVEY**, b. of Windham, Dec. 5, 1782	1	302
Josiah, s. Josiah & Sally, b. Aug. 10, 1788	1	302
Josiah, Jr., m. Polly **JEWETT**, Feb. 10, 1814; adm. fr. 1816	1	231

BURNHAM, BURNAM, (cont.)

	Vol.	Page
Juletta, d. Eliphaz & Lydia, b. Dec. 16, 1807	1	330
Julia Ann, m. Herbert **HUGHES**, b. of Hampton, Apr. 21, 1839, by Rev. Dexter Bullard	2	308
Julia M., m. Francis W. **WHIPPLE**, Nov. 27, 1845, by Rev. Henry J. Coe. Intention published	2	294
Lester, s. James & Terresa, b. May 26, 1808	1	242
Lester H., m. Nancy **HIBBARD**, b. of Hampton, Sept. 9, 1838, by Rev. Dexter Bullard; adm. fr. 1833	2	312
Lora Ann, d. Festus & Lora, b. Apr. 24, 1824	2	332
Lora Ann, m. James **ASHLEY**, b. of Hampton, Mar. 4, 1844, by Rev. W[illia]m Barnes	2	295
Lorinda, d. Daniel & Martha, b. Mar. 7, 1803	1	279
Lorenda, d. Eliphaz & Lydia, b. Mar. 22, 1803	1	330
Lorenda, of Hampton, m. Lucius **BURNAM**, of Windham, Nov. 17, 1826, by Alfred Burnam	2	328
Lucia Maria, of Hampton, m. Alvah **HORTON**, of Ashford, Feb. 13, 1837, by Rev. Dexter Bullard	2	314
Lucius, of Windham, m. Lorenda **BURNAM**, of Hampton, Nov. 17, 1826, by Alfred Burnam	2	328
Lucy, d. Jedediah & Phebe, b. Dec. 1, 1794	1	334
Lucy, d. [Jedediah & Phebe], d. Apr. 27, 1802	2	328
Luther, s. Adonijah & Abigail, b. Nov. 2, 1800; adm. fr. 1822	1	260
Luther Josiah, s. [Ebenezer, 2d, & Sally], b. Jan. 3, 1832	2	352
Lydia, of Hampton, m. Frances **HIBBARD**, of Canterbury, Nov. 24, 1831, by Rev. Alfred Burnham	2	344
Lydia Ann Smith, d. [Eliphaz & Lydia], b. Feb. 26, 1812	1	330
Lyman, s. Adonijah & Abigail, b. Apr. 2, 1808	1	260
Marcia Maria, d. Luther & Marcia, b. Feb. 19, 1828	2	322
Marcus, m. Achsah **HOLT**, Dec. 13, 1831, by Daniel G. Sprague	2	345
Maria, d. Jedediah & Phebe, b. June 3, 1809	1	334
Mariah, m. Dr. George H. **CHURCH**, Mar. 18, 1824, by Charles Moulton, J.P.	2	348
Mary, m. Asa **BURNHAM**, b. of Hampton, May 3, 1831, by Rev. Alfred Burnham	2	318
Mary Eliza, d. [Eben[eze]r & Eunice], b. Nov. 20, 1812	1	241
Mason, s. Daniel & Martha, b. Sept. 6, 1801	1	279
Nancy P., of Hampton, m. Lester B. **APLEY**, of Chaplin, Mar. 14, 1847, by Rev. Alfred Burnham	2	243
Nancy Permelia, s. [sic] [Eben[eze]r & Eunice], b. Jan. 17, 1820	1	241
Nathan, adm. fr. 1827	TM	
Newman, adm. fr. 1818	TM	
Olive Maria, d. [Jesse & Olivia], b. Nov. 23, 1823; d. Sept. 8, 1824	2	345
Oliver B., of East Win[d]sor, m. Margaret **CHURCH**, of Hampton, Nov. 24, 1831, by Rev. Alfred Burnham	2	333
Oliver B., adm. fr. 1832	TM	
Olivia, m. Jesse **BURNAM**, Mar. 21, 1822, by Edmund Badger, J.P.	2	345
Patty, d. Daniel & Martha, b. Mar. 8, 1790	1	279
Phebe, d. Jedediah & Phebe, b. Apr. 24, 1787	1	250
Phebe, m. Elisha **FULLER**, b. of Hampton, Oct. 29, 1805	1	247

	Vol.	Page
BURNHAM, BURNAM, (cont.)		
Phebe, d. Jed[edia]h & Phebe, d. Oct. 30, 1820	2	328
Rufus, of Windham, m. Mariah SMITH, of Hampton, Jan. 1, 1822, by Roger Taintor, J.P.	2	337
Sally, d. Josiah & Sally, b. Oct. 15, 1786	1	302
Sally, m. Abel ROBINSON, May 21, 1821	1	301
Septimus, adm. fr. 1816	TM	
Simeon, s. Josiah & Mary, b. Mar. 5, 1793	1	302
Sophia, d. Josiah & Mary, b. Mar. 13, 1799	1	302
Sophia L., of Hampton, m. Albert D. BURNHAM, of Homer, N.Y., June 4, 1848, by Rev. Isaac H. Coe. Intention published	3	4
Thomas D., adm. fr. 1843	TM	
----, s. [Adonijah & Abigail], b. [ ] 13, 1813; d. Apr. 15, 1813	1	260
----, infant child of [Adonijah & Abigail], b. Apr. 16, 1822; d. Apr. 23, 1822	1	260
BURNS, [see also BUNN], Henry, adm. fr. 1848, from Killingly	TM	
BUTLER, Barzilda, adm. fr. 1832, by certificate	TM	
Betsey, d. [W[illia]m & Loiza], b. Mar. 14, 1811	1	219
Betsey H., of Hampton, m. William P. DUNHAM, of Mansfield, Sept. 2, 1827, by Jared Andrus	2	326
Charles, s. W[illia]m & Loiza, b. May 22, 1806	1	219
Claris[s]a, d. William & Loissa, b. Jan. 2, 1792	1	270
Clarissa, d. [W[illia]m & Loiza], b. May 17, 1808	1	219
Daniel, d. May 12, 1789	1	270
Fanny, m. Enoch CLARK, Dec. 13, 1818	1	219
John, of Chaplin, m. Eliza FORD, of Hampton, Dec. 29, 1833, by Dexter Bullard	2	322
John K., adm. fr. 1834, by certificate	TM	
Loiza, m. Lyman FULLER, Feb. 11, 1811	1	224
Lusa, d. William & Loissa, b. Apr. 9, 1790	1	270
William, of Hampton, m. Loissa HUNTINGTON, of Windham, Oct. 2, 1788	1	270
William, adm. fr. 1818	TM	
William, Jr., adm. fr. 1821	TM	
BUTT, BUTTS, Anna, d. John & Anna, b. July 4, 1794	1	251
Elizabeth, w. John, d. Jan. 1, 1792, ae. 46 y. 6 m. 18 d.	1	251
John, of Hampton, m. Elizabeth HUNTINGTON, of Mansfield, May 4, 1785	1	251
John, m. Anna ASHLEY, b. of Hampton, Jan. 3, 1793	1	251
John Turner, s. John & Elizabeth, b. Mar. 30, 1787	1	251
Mary Jane, d. Samuel & Ruth, b. May 5, 1834	2	352
Samuel, d. Apr. 12, 1791	1	258
Samuel, of Hampton, m. Ruth NEFF, of Brooklyn, Jan. 4, 1831, by Rev. Daniel G. Sprague; adm. fr. 1831	2	319
Samuel, s. Samuel & Ruth, b. Oct. 4, 1832	2	352
BUTTON, Charles C., adm. fr. 1814	TM	
Charles C., m. Eleathea HOLT, May 6, 1835, by Daniel G. Sprague	2	347
Charles Chandler, s. Charles C. & Lucy, b. Feb. 1, 1815; adm. fr. 1836	2	347
Delia Eleathea, d. C[harles] C. & Eleathea, b. May 10, 1841	2	347

	Vol.	Page
BUTTON, (cont.)		
George Curtis, s. [Lyndon T. & Sarah A.], b. Jan. 1, 1840; d. Nov. 1, 1841	2	244
Henry Taintor, s. [Charles C. & Lucy], b. Apr. 20, 1830	2	347
Hiram, adm. fr. 1840	TM	
John Calvin, s. C[harles] C. & Eleathea, b. Jan. 10, 1840; d. July 26, 1840	2	347
Joseph G., adm. fr. 1844, from Mansfield	TM	
Lucy, [w. Charles C.], d. Jan 29, 1835, ae. 43 y.	2	347
Lucy Caroline, d. C[harles] C. & Eleathea, b. Aug. 20, 1838; d. Oct. 18, 1839	2	347
Lucy Rosetta, d. C[harles] C. & Eleathea, b. Nov. 23, 1836; d. Oct. 27, 1838	2	347
Lyndon T., m. Sarah A. CURTIS, Nov. 25, 1838; adm. fr. 1838	2	244
Lyndon Taylor, s. [Charles C. & Lucy], b. Mar. 6, 1817; adm. fr. 1838	2	347
Mary G., d. [Lyndon T. & Sarah A.], b. Oct. 28, 1842	2	244
Samuel A., adm. fr. 1840, from Mansfield	TM	
William T., s. [Lyndon T. & Sarah A.], b. Oct. 6, 1841	2	244
William Thurston, s. [Charles C. & Lucy], b. July 1, 1819; adm. fr. 1840	2	347
Worthington Bulkley, s. [Charles C. & Lucy], b. May 16, 1822; adm. fr. 1844	2	347
BUTTS, [see under **BUTT**]		
CADY, Elijah, adm. fr. 1840	TM	
Esther, of Pomfret, m. Jonathan **FULLER**, of Canterbury, Aug. 28, 1777	1	308
Hannah M., of Hampton, m. William A. **DUNN**, of Phillipston, Mass., Aug. 23, 1850, by Richard Woodruff, V.D.M. Intention published	3	11
Phebe, of Brooklyn, m. Paul **HOLT**, Jr., of Hampton, Jan. 15, 1789	1	271
Sybil, m. Charles M. **COMMINS**, Jan. 21, 1824	2	352
William, adm. fr. 1848, from Brooklyn	TM	
CANADA, Margaret, m. Elijah **SIMONS**, b. of Windham, Apr. 6, 1780	1	320
CANFIELD, William H., adm. fr. 1845	TM	
CARD, Carlos, adm. fr. 1844, from Lebanon	TM	
CAREY, Henry, adm. fr. 1831	TM	
Wolcott, adm. fr. 1844, from Windham	TM	
CARPENTER, Joseph F., adm. fr. 1835, by certificate	TM	
Louis, m. Silas **CLEVELAND**, Jr., Mar. 22, 1795	1	327
Samuel, adm. fr. 1842	TM	
CARVER, William H., adm. fr. 1846	TM	
CHAFFEE, Charlotte Elen, b. Sept. 2, 1827	2	325
Maria, d. Fred[eric]k & Betsey, b. Mar. 15, 1821	1	276
CHALLOR, Justin, adm. fr. 1835	TM	
CHAMBERLAIN, Betsey, of Hampton, m. Stephen **RECKARD**, of Pomfret, Mar. 26, 1823, by Lodovicus Weld	2	343
Lucy, m. Dr. William Augustus **BREWSTER**, Mar. 14, 1813	1	239
Schuyler, adm. fr. 1818	TM	
CHAMPION, Ferdinand, m. Julia Ann **MANLEY**, b. of Hampton,		

HAMPTON VITAL RECORDS 153

	Vol.	Page
CHAMPION, (cont.)		
Jan. 12, 1840, by Rev. Dexter Bullard; adm. fr. 1840, from Windham	2	306
Silas, adm. fr. 1839, from Lebanon	TM	
Solomon, adm. fr. 1840, from Hartford	TM	
CHAPIN, Otis, adm. fr. 1837	TM	
CHAPLIN, Sarah, of Mansfield, m. James **HOWARD**, of Hampton, Dec. 4, 1782	1	287
CHAPMAN, Daniel C., adm. fr. 1846, from Voluntown	TM	
Ebenezer, adm. fr. 1818	TM	
Esther, of Ashford, m. Benjamin **MOULTON**, Jr., of Hampton, Nov. 27, 1801	1	239
William, adm. fr. 1844, from Woodstock	TM	
CHENEY, Bethiah, of Pomfret, m. Benjamin **FLINT**, of Windham, Apr. 12, 1770	1	295
B[e]ulah, d. July 19, 1838, ae. 72	1	332
Charles, s. Elijah & B[e]ulah, b. Sept. 30, 1797; adm. fr. 1820	1	332
Charles, s. Elijah & B[e]ulah, d. Sept. 10, 1825	1	332
Charles, s. [Elijah & B[e]ulah], b. Sept. 21, 1805; adm. fr. 1831	1	332
Elijah, m. B[e]ulah **FARNAM**, b. of Hampton, Aug. 19, 1797	1	332
Elijah, d. Apr. 26, 1834, ae. 83	1	332
Harry, s. Elijah & B[e]ulah, b. Sept. 2, 1803	1	332
Marvin, adm. fr. 1832	TM	
Mary, d. [Elijah & B[e]ulah], b. July 10, 1808; d. July 26, 1809	1	332
Sally, m. Ebenezer **BURNAM**, 2d, Mar. 6, 1825	2	352
Sarah, d. Elijah & B[e]ulah, b. Mar. 24, 1799	1	332
Sophronia, d. [Elijah & B[e]ulah], b. Mar. 5, 1807	1	332
Sophronia, of Hampton, m. Reuben **READ**, of Weston, Mass., Mar. 2, 1830, by Daniel G. Sprague	2	320
Warren, s. [Elijah & B[e]ulah], b. Dec. 20, 1810	1	332
William, s. Elijah & B[e]ulah, b. Oct. 20, 1798; adm. fr. 1820	1	332
CHESTER, Elisha, adm. fr. 1842, from Mansfield	TM	
Esther E., m. Elisha S. **FULLER**, June 19, 1833, by Daniel G. Sprague	2	344
CHILD, Horace, s. Charles & Olive, b. Jan. 6, 1791, at Pomfret	1	319
Julia, d. Charles & Olive, b. July 17, 1793	1	319
CHURCH, Charles, adm. fr. 1838	TM	
Charles C., m. Eunice W. **HOVEY**, Mar. 1, 1843, by Rev. W[illia]m Barnes	2	300
Diantha S., of Hampton, m. Silas **TIFFANY**, of Douglass, Mass., Oct. 4, 1829, by Charles Moulton, J.P.	2	318
Eliza Ann, of Hampton, m. Joseph **CROCKER**, of Douglass, Mass., Oct. 2, 1834, by Dexter Bullard	2	355
George H., Dr., m. Mariah **BURNAM**, Mar. 18, 1824, by Charles Moulton, J.P.; adm. fr. 1821	2	348
Jeremiah, of Abington, m. Lodentia **ASHLEY**, of Hampton, Oct. 11, 1843, by Rev. W[illia]m Barnes	2	298
John C., of Providence, m. Fannie L. **ASHLEY**, of Hampton, Jan. 7, 1852, by Richard Woodruff, V.D.M.	3	13
Margaret, of Hampton, m. Oliver B. **BURNHAM**, of East Win[d]sor, Nov. 24, 1831, by Rev. Alfred Burnham	2	333
Mary Frances, m. Philander Leroy **FULLER**, b. of Hampton, Nov.		

	Vol.	Page
CHURCH, (cont.)		
28, 1833, by Chauncey F. Cleveland, J.P.	2	328
Robert P., m. Sarah **HEBBARD,** Sept. 22, 1819; adm. fr. 1818	1	254
Samuel, adm. fr. 1815	TM	
Samuel, Jr., adm. fr. 1823	TM	
CLAPP, Barnum*, adm. fr. 1839 *(Corrected to "Burnam" by L.B.B.)	TM	
Burnam, m. Asenath **HUNT,** June 13, 1837, by David Fox, J.P.	2	356
Charles Jonathan, s. [David & Temperance D.], b. Mar. 2, 1839	3	6
Christopher, s. [David & Temperance D.], b. June 6, 1841	3	6
Cordana, d. [David & Temperance D.], b. Mar. 5, 1835	3	6
David, s. [David & Temperance D.], b. Apr. 15, 1836	3	6
David, adm. fr. 1839	TM	
David, adm. fr. 1840	TM	
David, m. Temperance D. **WHITE,** [ ]	3	6
Delia, d. [David & Temperance D.], b. Apr. 16, 1849	3	6
Dyer, s. [David & Temperance D.], b. Oct. 15, 1843	3	6
Henry, s. [David & Temperance D.], b. June 5, 1847	3	6
John W., of Pomfret, m. Olive D. **HOLT,** of Hampton, Apr. 14, 1851, by Richard Woodruff, V.D.M. Intention publsihed	3	13
Jonathan, adm. fr. 1841	TM	
Milton, s. [David & Temperance D.], b. Dec. 14, 1845	3	6
Nehemiah R., m. Eliza **ALDRICH,** b. of Abington, Jan. 2, 1842, by Rev. B. N. Harris. Intention published in Abington	2	301
CLARK, CLARKE, Abel, s. Stephen & Dinah, b. Jan. 10, 1779	1	281
Abel, s. Stephen & Dinah, d. Sept. 11, 1790	1	281
Abel, s. Roger & Lydia, b. Oct. 1, 1797; d. Apr. 23, 1817	1	320
Abigail, d. Sept. 7, 1811	1	332
Alfred, s. William, Jr. & Eunice F. Preston, b. May 22, 1784; d. Nov. 1, 1787	1	283
Alfred, s. William, Jr. & Eunice F., b. June 19, 1789	1	283
Allen, [s. Ezra & Esther], [ ]	1	220
Ama, d. Amos, Jr. & Olive, b. Aug. 18, 1788	1	268
Amanda, d. John & Lucy, b. May 27, 1782	1	274
Amanda, d. Amasa & Eleanor, b. Mar. 31, 1793	1	267
Amanda, m. Jeremiah **HALL,** Mar. 19, 1809	1	235
Amasa, m. Eleanor **FULLER,** b. of Hampton, June 25, 1788	1	267
Amasa, adm. fr. 1788	TM	
Amos, Jr., m. Olive **LINKON,** b. of Windham, Jan. 27, 1785	1	268
Amos, d. Sept. 12, 1807	1	332
Anna, d. John & Phebe, b. Feb. 26, 1801	1	259
Arastus, s. Stephen & Dinah, b. May 6, 1783	1	281
Augustus, s. Stephen & Dinah, b. Mar. 20, 1788; d. Nov. 10, 1790	1	281
Augustus Adams, s. [William, Jr. & Laura], b. Dec. 9, 1817	1	231
Beriah, s. John & Lucy, b. Nov. 6, 1786	1	274
Betsey, d. Jeremiah, Jr. & Hannah, b. Apr. 4, 1787	1	267
Betsey, d. Eben[eze]r & Eunice, b. Dec. 18, 1794	1	312
Betsey, of Lebanon, m. Ludovius **WELD,** of Hampton, Nov. 11, 1795	1	326
Betsey, [twin with Polly], d. John & Phebe, b. Dec. 16, 1796	1	259
Betsey, s. [sic] d. Titus & Alice, b. Aug. 29, 1807	1	314
Calvin Herschell, s. [Jonathan & Hannah], b. Dec. 4, 1818; d. July 20, 1822	1	337

	Vol.	Page
CLARK, CLARKE, (cont.)		
Charles, s. Isreal & Polly, b. [ ], 1784	1	263
Charles, s. William & Patience, b. Apr. 27, 1790	1	313
Charles, adm. fr. 1813	TM	
Charles, m. Phebe **CLARK**, May 4, 1815	1	221
Chester, s. Jeremiah, Jr. & Hannah, b. Sept. 13, 1792	1	267
Cornelia, d. Henry & Anna F., b. Nov. 27, 1835	2	326
Daniel, s. Daniel & Mehetable, b. Aug. 28, 1781	1	265
David, s. Jeremiah, Jr. & Hannah, b. Apr. 26, 1781	1	267
David, s. [Amasa & Eleanor], b. Oct. 12, 1806	1	267
Deborah, m. John **RINGE**, b. of Hampton, Apr. 6, 1795	1	323
Dwight, s. Thomas & Peggy, b. June 23, 1822	1	235
Ebenezer, m. Eunice **MARTIN**, b. of Hampton, Feb. 12, 1778	1	312
Ebenezer, Jr., s. Ebenezer & Eunice, b. Jan. 17, 1779	1	284
Ebenezer, s. Eben[eze]r & Eunice, b. Jan. 17, 1779	1	312
Ebenezer, s. William & Patience, b. Nov. 9, 1784	1	313
Ebenezer, Jr., of Hampton, m. Hannah **SALISBURY**, of Pomfret, May [ ], 1803	1	319
Ebenezer, adm. fr. 1803	TM	
Edmon, s. [James & Sally], b. July 23, 1812	1	214
Edwin Augustus, s. Thomas & Peggy, b. Jan. 13, 1820	1	235
Eleanor, d. John & Phebe, b. July 8, 1803	1	259
Elisha, s. Amos, Jr. & Olive, b. Jan. 28, 1791	1	268
Elizabeth, m. Asa **WALCUTT**, b. of Hampton, Nov. 25, 1784	1	250
Elizabeth, d. July 14, 1801	1	332
Elvira, d. [Heman & Patience], b. Mar. 28, 1806; d. July 3, 1807	1	234
Elvira, d. [Heman & Patience], b. Oct. 26, 1809	1	234
Ely, of Ashford, m. Jerusha **MARTIN**, of Hampton, July 2, 1838, by Rev. David Bullard	2	312
Emeline Lucy, d. [Thomas & Peggy], b. May 26, 1814; d. Sept. 26, 1814	1	235
Enoch, s. Daniel & Mehetable, b. May 30, 1792	1	265
Enoch, m. Fanny **BUTLER**, Dec. 13, 1818; adm. fr. 1817	1	219
Erastus, see under Arastus		
Eunice, d. William, Jr. & Eunice F., b. Jan. 19, 1786	1	283
Eunice, d. Amasa & Eleanor, b. Apr. 25, 1789	1	267
Eunice, d. Ebenezer & Eunice, b. Apr. 19, 1791	1	284
Eunice, d. Eben[eze]r & Eunice, b. Apr. 21, 1791	1	312
Eunice, m. Daniel **BURNHAM**, Jr., Oct. 14, 1813	1	233
Eunice, [d. Ezra & Esther], [ ]	1	220
Ezra, s. Ebenezer & Eunice, b. Oct. 20, 1788	1	284
Ezra, s. Eben[eze]r & Eunice, b. Oct. 21, 1788	1	312
Ezra, m. Esther **BILL**, Aug. 20, 1812; adm. fr. 1813	1	220
Fanny, d. Amos & Olive, b. June 19, 1805	1	268
George Thomas, s. Tho[ma]s & Peggy, b. May 5, 1816	1	235
Griffin, s. [Amasa & Eleanor], b. Nov. 28, 1801; adm. fr. 1824	1	267
Hannah, d. Jeremiah, Jr. & Hannah, b. Aug. 20, 1774	1	267
Hannah, m. Phinehas **FLINT**, b. of Windham, Feb. 24, 1780	1	289
Hannah, [w. Jeremiah], was **GOULD**, d. Sept. 10, 1807	1	267
Hannah, w. [Stephen], d. Nov. 19, 1813, ae. 93	1	281
Hannah E., of Hampton, m. Mason **LINCOLN**, of Chaplin, Oct. 29, 1838, by Rev. Dexter Bullard	2	310

CLARK, CLARKE, (cont.)

	Vol.	Page
Hannah W., of Hampton, m. Charles W. **TRUMBULL**, of Mansfield, June 16, 1835, by Rev. Daniel G. Sprague	2	316a
Hannah Wood, d. Jonathan & Hannah, b. Apr. 1, 1807	1	337
Harvey, s. Amasa & Eleanor, b. Sept. 18, 1797	1	267
Harvey, m. Anna F. **WILLIAMS**, Sept. 17, 1820, by Rev. Ludovicus Weld	2	341
Heman, s. William & Patience, b. Feb. 28, 1779	1	313
Heman, m. Patience CLARK, Apr. 20, 1805; adm. fr. 1804	1	234
Henry, s. Jeremiah, Jr. & Hannah, b. Mar. 31, 1785	1	267
Henry Lord, s. [Thomas & Peggy], b. May 19, 1811	1	235
Hermiene Rebecca, d. [Ezra & Esther], b. Mar. 4, 1813	1	220
Isaac, s. Roger & Lydia, b. Feb. 28, 1795; d. June 1, 1848	1	320
Isaac, adm. fr. 1819	TM	
Isreal, m. Polly **STEDMAN**, b. of Windham, May 24, 1781	1	263
James, s. Daniel & Mehetable, b. Aug. 14, 1786	1	265
James, m. Sally **RICHARDSON**, Jan. 29, 1808	1	214
James, adm. fr. 1821	TM	
James, Jr., adm. fr. 1848, from Chaplin	TM	
Jared, s. Roger & Lydia, b. Dec. 18, 1802	1	320
Jeremiah, Jr., m. Hannah **FLINT**, b. of Windham, Feb. 18, 1783* *(Probably 1773)	1	267
Jeremiah, s. Jeremiah, Jr. & Hannah, b. Nov. 15, 1776	1	267
Jeremiah, Jr., adm. fr. 1789	TM	
Jeremiah, s. Amasa & Eleanor, b. Sept. 23, 1795	1	267
Jeremiah, Sr., d. May 31, 1798	1	267
Jeremiah, adm. fr. 1817	TM	
John, s. John & Lucy, b. Sept. 24, 1784	1	274
John, Jr., adm. fr. 1787	TM	
John, Jr., of Hampton, m. Phebe **CURTISS**, of Dudley, Mar. 7, 1793	1	259
John, s. Titus & Alice, b. July 6, 1802	1	314
Jonathan, of Hampton, m. Hannah **BLACKMAN**, of Windham, Jan. 15, 1801; adm. fr. 1801	1	337
Jonathan G., m. Susan H. **LAWTON**, Oct. 1, 1839	2	357
Jona[than] Gould, s. Jona[than] & Hannah, b. Feb. 18, 1802; adm. fr. 1823	1	337
Jonathan Lawton, s. [Jonathan G. & Susan H.], b. Apr. 14, 1843; d. June 27, 1848	2	357
Josiah, s. Amos, Jr. & Olive, b. May 27, 1796	1	268
Julia Ann, d. Charles & Phebe, b. Jan. 31, 1820	1	221
Laura Maria, d. [Heman & Patience], b. June 28, 1813	1	234
Lester, s. [Amasa & Eleanor], b. Oct. 31, 1808	1	267
Lora, d. William & Patience, b. June 16, 1786	1	313
Lucy, m. Benjamin **MARTIN**, b. of Windham, July 24, 1764	1	266
Lucy, of Mansfield, m. Ebenezer **MOSELEY**, Jr., of Windham, Oct. 8, 1785	1	298
Lucy, of Lisbon, m. Daniel **DENISON**, Jr., of Hampton, Apr. 24, 1788	1	253
Lucy, d. John & Lucy, b. May 27, 1791	1	274
Lucy, d. Eben[eze]r & Eunice, b. May 17, 1796	1	312
Lucy, d. Amos, Jr. & Olive, b. Jan. 14, 1802	1	268

	Vol.	Page
CLARK, CLARKE, (cont.)		
Lucy, m. Seth **UTLEY**, Mar. 21, 1822, by Jared Andrus	2	336
Lucy Grosvenor, d. [William, Jr. & Laura], b. Dec. 7, 1815	1	231
Lydia, d. Roger & Lydia, b. Aug. 28, 1807	1	320
Mary Eliza, d. [William, Jr. & Laura], b. Feb. 24, 1814	1	231
Mary Elizabeth, d. [Jonathan G. & Susan H.], b. June 10, 1840	2	357
Mehetable, d. Daniel & Mehetable, b. Oct. 24, 1783	1	265
Milton, s. John & Lucy, b. June 23, 1780	1	274
Nancy, d. Isreal & Polly, b. Feb. 4, 1787	1	263
Nathan, adm. fr. 1808	TM	
Newton, s. Jonathan & Hannah, b. Oct. 1, 1803; adm. fr. 1825	1	337
Norman, s. [James & Sally], b. Mar. 29, 1810	1	214
Olive, d. William & Patience, b. Mar. 3, 1788	1	313
Oliver, s. Amos, Jr. & Olive, b. Aug. 28, 1786	1	268
Orrin, s. Eben[eze]r & Hannah, b. Mar. 24, 1806	1	319
Orson Martin, s. [Ezra & Esther], b. May 19, 1815	1	220
Patience, d. Eben[eze]r & Eunice, b. June 17, 1784	1	312
Patience, m. Heman **CLARK**, Apr. 20, 1805	1	234
Patience Martin, d. Ebenezer & Eunice, b. June 17, 1784	1	284
Patty, d. William & Patience, b. Sept. 10, 1782	1	313
Permele, d. Stephen & Dinah, b. May 28, 1781	1	281
Phebe, d. Stephen & Dinah, b. Apr. 3, 1786	1	281
Phebe, d. John & Phebe, b. May 2, 1794	1	259
Phebe, m. James **UTLEY**, Apr. 7, 1808	1	246
Phebe, m. Charles **CLARKE**, May 4, 1815	1	221
Polly, d. Jeremiah, Jr. & Hannah, b. May 26, 1779	1	267
Polly, d. Isreal & Polly, b. June 1, 1782	1	263
Polly, w. Isreal, d. Feb. 11, 1787	1	263
Polly, [twin with Betsey], d. John & Phebe, b. Dec. 16, 1796	1	259
Polly, d. Amos, Jr. & Olive, b. June 12, 1799	1	268
Roger, m. Lydia **BENNET**, b. of Hampton, Feb. 27, 1794; adm. fr. 1794	1	320
Rufus, s. John & Lucy, b. Apr. 20, 1789	1	274
Rufus, s. John & Lucy, d. July 24, 1791	1	274
Salisbury, s. Eben[eze]r & Hannah, b. May 14, 1804	1	319
Sally, d. Jeremiah, Jr. & Hannah, b. Feb. 2, 1783	1	267
Sally, d. Amasa & Eleanor, b. Aug. 21, 1799	1	267
Sally, m. James **MARTIN**, b. of Hampton, Mar. 6, 1821, by Roger Taintor, J.P.	2	338
Samuel, s. Jeremiah, Jr. & Hannah, b. Oct. 31, 1789	1	267
Sarah, d. Daniel & Mehetable, b. Jan. 15, 1789	1	265
Sarah Ann, d. [James & Sally], b. Oct. 29, 1814	1	214
Schuyler, adm. fr. 1838	TM	
Sophia, d. [James & Sally], b. Sept. 17, 1808	1	214
Sophronia, d. [James & Sally], b. Apr. 28, 1817	1	214
Stephen, m. Dinah **PRESTON**, Dec. 18, 1777	1	281
Stephen, [Sr.], d. Feb. 27, 1786, ae. 64	1	281
Stephen, Jr., adm. fr. 1803	TM	
Submit, d. Mar. 19, 1813	1	292
Thomas, s. Amasa & Eleanor, b. Feb. 12, 1791; adm. fr. 1816	1	267
Thomas, m. Peggy **HAZEN**, Nov. 29, 1810	1	235
Timothy, d. July 1, 1798	1	292
Titus, m. Alice **PUTNEY**, Oct. 22, 1799	1	314

	Vol.	Page
CLARK, CLARKE, (cont.)		
Warren, s. Titus & Alice, b. Aug. 13, 1800	1	314
Warren, adm. fr. 1833	TM	
Willard, s. Stephen & Dinah, b. June 22, 1792; d. Oct. 9, 1790	1	281
William, of Mansfield, m. Patience **ROBINS**, of Windham, May 7, 1778	1	313
William, s. William & Patience, b. Sept. 10, 1780; adm. fr. 1804	1	313
William, Jr., m. Eunice Ford **PRESTON**, Apr. 15, 1783	1	283
William, s. [Amasa & Eleanor], b. May 4, 1804	1	267
William, Jr., m. Laura **GROSVENOR**, Apr. 8, 1813	1	231
William, adm. fr. 1830, by certificate	TM	
W[illia]m, m. Hannah **DENNISON**, Nov. 29, 1832, by Daniel G. Sprague	2	326
William, adm. fr. 1844, from Mansfield	TM	
William Albert, s. [Charles & Phebe], b. July 15, 1816	1	221
-----, infant of Tho[ma]s & Peggy, b. July 5, 1818; d. Aug. 16, 1818	1	235
CLEVELAND, Abijah, adm. fr. 1844	TM	
Chauncey F., m. Diantha **HOVEY**, Dec. 13, 1821, by Charles Moulton, J.P.	2	337
Chauncey Fitch, s. Silas & Louis, b. Feb. 16, 1799; adm. fr. 1820	1	327
Delia D., of Hampton, m. Alfred A. **BURNHAM**, of Danbury, Dec. 20, 1848, by Richard Woodruff, V.D.M.	3	6
Delia Diantha, d. Chauncey F. & Diantha, b. Apr. 20, 1825	2	351
Edward S., s. Mason & Eliza M., b. May 22, 1825	2	349
Henry Mason, s. [Mason & Eliza M.], b. Mar. 8, 1827	2	349
John, s. Silas & Louis, b. Sept. 5, 1797	1	327
John J., adm. fr. 1846	TM	
John Jacob, s. C[h]auncey & Diantha, b. June 16, 1823	2	333
Mason, s. Silas & Louis, b. Feb. 25, 1796	1	327
Mason, adm. fr. 1835	TM	
Olive B., m. Lester **BURNETT**, Jan. 1, 1828	2	357
Silas, Jr., m. Louis **CARPENTER**, Mar. 22, 1795	1	327
Silas, adm. fr. 1840, from Canterbury	TM	
COBURN, [see also **COLBURN**], Eleazer, adm. fr. 1800	TM	
Francis, adm. fr. 1840	TM	
Jonathan, adm. fr. 1818	TM	
Martha, m. James **MARTIN**, b. of Hampton, June 25, 1789	1	278
Nathaniel, d. Dec. 6, 1788	1	258
Sarah, w. Edward, d. July 28, 1791, in the 55th y. of her age	1	307
COCKING, COCKINGS, [see also **CORKING**], John, m. Mary C. **FULLER**, Apr. 18, 1841, by Z. Baker. Intention published. Adm. fr. 1840	2	304
Millen, adm. fr. 1848, from Woodstock	TM	
COCKRAN, John, adm. fr. 1787	TM	
COE, Freden P., m. Betsey A. **COOK**, b. of Lebanon, Apr. 20, 1846, by Rev. I. H. Coe. Intention published. Adm. fr. 1848, from Ashford (Probably Fredk.)	2	293
Isaac H., m. Emily E. **SEARLES**, Oct. 11, 1846, by Rev. W[illia]m Barnes; adm. fr. 1847 from Ashford	2	243
COLBION, Melany, of Hampton, m. Jerome B. **WILSON**, of Brooklyn, Aug. 19, 1827, by Amos Babcock, Minister	2	326
COLBURN, [see also **COBURN**], Charles Dwight, s. Charles O. &		

	Vol.	Page
COLBURN, [see also COBURN], (cont.)		
Fidelia, b. July 1, 1832	2	316a
Charles O., m. Fidelia NEFF, Oct. 25, 1830, by Chauncey F. Cleveland, J.P.; adm. fr. 1832	2	318
Erastus Warren, s. [Jonathan, Jr. & Olive], b. Feb. 26, 1815	1	285
Jonathan, m. Clyanna SPAULDING, b. of Hampton, Feb. 17, 1791	1	329
Jonathan, s. Jonathan & Clyanna, b. Nov. 29, 1792	1	329
Jonathan, Jr., m. Olive EVERETT, Dec. 5, 1813	1	285
Lois Ann, d. [Jonathan, Jr. & Olive], b. Apr. 19, 1817	1	285
Lucy Jane, d. Charles O. & Fidelia, b. Jan. 21, 1831	2	316a
Sophronia, of Chaplin, m. Ebenezer BURNHAM, 2d, of Hampton, Jan. 13, 1834, by Alfred Burnham	2	331
COLLENDAR, Lewis, m. Mary G. CURTIS, b. of Hampton, Nov. 27, 1835, by Rev. Daniel G. Sprague	2	317a
COLLINS, Arastus, s. Josiah & Hannah, b. June 5, 1787	1	300
Aurilla, d. Josiah & Hannah, b. Mar. 17, 1784	1	300
Erastus, see under Arastus		
Hannah, d. Josiah & Hannah, b. Feb. 28, 1780	1	300
John, s. Josiah & Hannah, b. Mar. 10, 1777	1	300
Josiah, m. Hannah ABBOTT, b. of Windham, May 24, 1775	1	300
Josiah, s. Josiah & Hannah, b. July 27, 1782; d. Jan. 29, 1783	1	300
Nancy, d. Josiah & Hannah, b. Apr. 30, 1790	1	300
Nancy, m. Amos MARTIN, Mar. 4, 1813	1	233
Sarah W., of Brooklyn, Conn., m. Samuel A. LARKIN, of Providence, R.I., Mar. 30, 1840, by Rev. Dexter Bullard	2	305
COMMINS, [see under CUMMINGS]		
CONANT, Susanna, of Bridgewater, Mass., m. W[illia]m DURKEE, 2nd, of Hampton, Jan. 26, 1812	1	238
CONGDON, Jane, of Hampton, m. John BRADFORD, of Canterbury, Apr. 23, 1850, by Rev. Isaac H. Coe. Intention published	3	11
Thomas, adm. fr. 1840, from Pomfret	TM	
CONNER, Catharine, of Hampton, m. David MILLER, of Glastonbury, Oct. 5, 1848, by Richard Woodruff, V.D.M.	3	5
COOK, Alfred A., s. Amos & Sarah, b. Aug. 11, 1847	2	319
Amos, m. Sarah J. HAMMOND, Oct. 24, 1839, by Rev. Daniel G. Sprague	2	307
Amos, adm. fr. 1846	TM	
Betsey A., m. Freden P. COE, b. of Lebanon, Apr. 20, 1846, by Rev. I. H. Coe. Intention published	2	293
COOPER, John M., m. Jane CUMMINS, June 11, 1843, by Rev. George Greenslit	2	298
COPELAND, [see also COPLIN], Amasa, adm. fr. 1831	TM	
	2	333
Charles, s. Royal & Harriet, b. Apr. 20, 1840	2	333
Charles, s. Royal & Harriet, d. May 23, 1843	2	333
David, s. [Royal & Harriet], b. Oct. 8, 1830	2	333
Eliza, d. Royal & Harriet, b. June 5, 1823	2	333
Eliza, m. Denis C. RAWSON, Apr. 21, 1846, by W[illia]m Barnes	2	350
Emily, d. Royal & Harriet, b. Apr. 26, 1842	2	333
Harvey, s. Royal & Harriet, b. Apr. 15, 1827; adm. fr. 1848	2	333
Henry, s. [Royal & Harriet], b. July 1, 1834	2	333
Silas, s. Thomas L. & Elizabeth, b. Dec. 9, 1830	2	316a
Thomas L., m. Elizabeth DAVIS, Mar. 10, 1830, by Amos		

	Vol.	Page
COPELAND, [see also **COPLIN**], (cont.)		
Babcock, 3rd, Elder. Intention published. Adm. fr. 1831 by certificate	2	320
Wyllis, adm. fr. 1834, by certificate	TM	
COPLIN, [see also **COPELAND**], Rebecca, of Brooklyn, m. Nathaniel **FORD**, of Hampton, Oct. 27, 1788	1	309
Sarah, of Pomfret, m. Richard **RINGE**, of Windham, Nov. 9, 1783	1	305
CORKING, [see also **COCKING**], Joseph, m. Sophia **CUMMINGS**, Mar. 22, 1846, by Rev. W[illia]m Barnes	2	293
CORY, Mary Ann, m. John **HALL**, July 13, 1826, by Nath[anie]l F. Martin, J.P.	2	328
COVELL, Elijah, of Glastonbury, m. Patty **SMITH**, of Hampton, June 12, 1839, by Rev. Daniel G. Sprague	2	307
CROOKER, Joseph, of Douglass, Mass., m. Eliza Ann **CHURCH**, of Hampton, Oct. 2, 1834, by Dexter Bullard	2	355
CULVER, Asa Leffingwell, s. Roswell & Sally, b. Jan. 4, 1806	1	240
Caroline Matilda, d. Roswell & Sally, b. May 29, 1801	1	240
Jona Edwards, s. Roswell & Sally, b. Dec. 18, 1803	1	240
Roswell, adm. fr. 1808	TM	
CUMMINGS, CUMMINS, COMMINS, Ann Janette, d. [Edmund & Mary], b. May 11, 1830	2	327
Annie, d. Stephen & Patty, b. May 2, 1778	1	276
Betsey, d. Stephen & Pattey, b. Oct. 22, 1781	1	276
Betsey, of Hampton, m. Shubael **FITCH**, of Windham, Oct. 31, 1820, by Lodovicus Weld	2	341
Charles Harvey, s. [Charles M. & Sybel], b. Dec. 12, 1825	2	352
Charles M., m. Sybel **CADY**, Jan. 21, 1824	2	352
Charles Mumford, s. [Stephen, Jr. & Polly], b. Oct. 29, 1799; adm. fr. 1821	1	333
Edmund, s. [Stephen, Jr. & Polly], b. Nov. 17, 1801; adm. fr. 1823	1	333
Edmund, m. Mary **PRESTON**, Dec. 4, 1826, by Daniel G. Sprague	2	327
Edwin Bingham, s. [Charles M. & Sybel], b. Sept. 2, 1835	2	352
Eliza, d. [Stephen, Jr. & Polly], b. Mar. 22, 1807	1	333
Eliza, [d. Stephen, Jr. & Polly], d. Jan. 30, 1837, ae. 29	1	333
Ellen Eliza, d. [Charles M. & Sybel], b. Dec. 19, 1841	2	352
Emeline Jane, d. [Charles M. & Sybel], b. Aug. 7, 1829	2	352
George, s. [Stephen, Jr. & Polly], b. June 30, 1815; adm. fr. 1836	1	333
Guy, s. Stephen & Martha, d. Nov. 18, 1809; adm. fr. 1803	1	276
Hezekiah, Jr., adm. fr. 1844	TM	
Jane, m. John M. **COOPER**, June 11, 1843, by Rev. George Greenslit	2	298
John, s. [Stephen, Jr. & Polly], b. May 20, 1811	1	333
John B., adm. fr. 1840	TM	
Maria, d. [Stephen, Jr. & Polly], b. Jan. 8, 1818	1	333
Martha, [w. Stephen], d. Sept. 14, 1818, ae. 76	1	276
Mary Ann, d. [Stephen, Jr. & Polly], b. Feb. 2, 1813	1	333
Pattey, d. Stephen & Pattey, d. June 3, 1792, in the 20th y. of her age	1	276
Sarah Blanchard, d. [Charles M. & Sybell], b. Apr. 9, 1833	2	352
Sophia, d. [Stephen, Jr. & Polly], b. Jan. 10, 1821	1	333
Sophia, m. Joseph **CORKING**, Mar. 22, 1846, by Rev. W[illia]m		

	Vol.	Page
CUMMINGS, CUMMINS, COMMINS, (cont.)		
Barnes	2	293
Stephen, Jr., of Hampton, m. Polly **MUMFORD**, of Ashford, Dec. 31, 1797	1	333
Stephen, s. [Stephen, Jr. & Polly], b. Oct. 30, 1808	1	333
Stephen, Jr., adm. fr. 1817	TM	
Stephen, d. Mar. 26, 1825, ae. 82	1	276
Stephen, 3rd, [s. Stephen, Jr. & Polly], d. Aug. 18, 1827, ae. 19	1	333
William, s. [Stephen, Jr. & Polly], b. May 28, 1805	1	333
CUNNINGHAM, Susan, m. Daniel **DENISON**, 3rd, Mar. 27, 1821	2	345
CURTIS, CURTISS, Abigail, [d. John & Hannah], b. Nov. 17, 1753	2	257
Anna, [d. John & Hannah], b. Dec. 24, 1767	2	257
Anne, single woman, had s. Samuel **SPAULDING**, Jr., b. Oct. 15, 1790	1	318
Anson, [s. Epaphras & Elizabeth], b. Mar. 5, 1789; d. Nov. 5, 1789	2	257
Anson, [s. Epaphras & Elizabeth], b. Mar. 20, 1794	2	257
Arte, d. Frederick & Pearcy, b. Jan. 21, 1804	1	319
Artemissa, of Hampton, m. Arnold **WATSON**, of Middletown, Sept. 8, 1828, by Amos Babcock, Elder. Intention published	2	323
Barnum, adm. fr. 1840	TM	
Betsey, [d. Epaphras & Elizabeth], b. Apr. 10, 1804	2	257
Charlotte, d. Ebenezer & Charlotte, b. May 3, 1792	1	315
Ebenezer, [s. John & Hannah], b. Mar. 4, 1765	2	257
Ebenezer, of Hampton, m. Charlotte **PUTNAM**, of Preston, Nov. 24, 1791	1	315
Ebenezer, adm. fr. 1794	TM	
Ebenezer, [s. Epaphras & Elizabeth], b. July 26, 1806; d. Dec. 26, 1806	2	257
Elisha, [s. John & Hannah], b. July 3, 1772	2	257
Eliza A., m. Sylvester G. **HOLT**, Feb. 24, 1840, by Rev. Asa Bing	2	306
Elizabeth, [d. John & Hannah], b. Feb. 18, 1770	2	257
Elizabeth, w. [Epaphras], d. Mar. 8, 1825, ae. 58 y.	2	257
Epaphras, [s. John & Hannah], b. July 13, 1759; d. July 22, 1759	2	257
Epaphras, [s. John & Hannah], b. Oct. 12, 1762	2	257
Epaphras, m. Elizabeth **WALDO**, May 3, 1787, by Rev. John Staples	2	257
Epaphras, [s. Epaphras & Elizabeth], b. Dec. 15, 1801	2	257
Epaphras, d. Feb. 15, 1818, in 51st y.	2	257
Frederick, [s. John & Hannah], b. July 3, 1760; d. July 3, 1830	2	257
Frederick, adm. fr. 1799	TM	
Frederick, s. Frederick & Pearcy, b. Jan. 28, 1801; adm. fr. 1825	1	319
Frederick, adm. fr. 1836	TM	
Hannah, [d. John & Hannah], b. May 18, 1775	2	257
Hannah, w. [John, Sr.], d. Feb. 27, 1814, ae. 77 y. 10 m. 27 d.	2	257
Hannah, w. John, d. Feb. 28, 1814	1	324
John, of Canterbury, (now Hampton), m. Hannah **MOSELEY**, d. Rev. Samuel, of Hampton, May 29, 1753	2	257
John, [s. John & Hannah], b. Sept. 11, 1755; d. Apr. 19, 1820	2	257
John, Sr., d. Dec. 23, 1816, ae. 84	2	257
John, Jr., d. Apr. 18, 1820	1	324
John, adm. fr. 1831	TM	

	Vol.	Page
CURTIS, CURTISS, (cont.)		
John, adm. fr. 1840	TM	
John G., m. Ann **BARD**, b. of Mansfield, Aug. 3, 1840, by Rev. Dexter Bullard	2	305
John Judson, s. Fred[eric]k & Pearcy, b. Dec. 13, 1809	1	319
Joseph, adm. fr. 1839	TM	
Joseph, adm. fr. 1840	TM	
Joseph G., adm. fr. 1831	TM	
Joseph Stewart, s. Fred[eric]k & Pearcy, b. Aug. 31, 1806	1	319
Mary Ann, d. Frederick & Ann O., b. Apr. 22, 1830	2	321
Mary G., m. Lewis **COLLENDAR**, b. of Hampton, Nov. 27, 1835, by Rev. Daniel G. Sprague	2	317a
Mary J., m. Stephen S. **ARNOLD**, b. of Killingly, Nov. 28, 1845, by Rev. W[illia]m Barnes	2	294
Minerva, [d. Epaphras & Elizabeth], b. Dec. 25, 1790	2	257
Nancy, m. Thomas **WHIPPLE**, Apr. 12, 1812	1	224
Nancy, of Hampton, m. Erastus **ADAMS**, of Canterbury, Aug. 23, 1824, by Daniel G. Sprague	2	332
Phebe, of Dudley, m. John **CLARK**, Jr., of Hampton, Mar. 7, 1793	1	259
Russell, adm. fr. 1840, from Middletown	TM	
Samantha, [d. Epaphras & Elizabeth], b. Nov. 17, 1807	2	257
Samuel, [s. John & Hannah], b. Aug. 22, 1757	2	257
Sarah A., m. Lyndon T. **BUTTON**, Nov. 25, 1838	2	244
Steward May, s. Joseph S. & Julia, b. Mar. 2, 1835	2	347
Waldo, [s. Epaphras & Elizabeth], b. June 9, 1796	2	257
Zophoni, adm. fr. 1836	TM	
DAINS, [see also **DEAN**], Daniel, adm. fr. 1840, from Brooklyn	TM	
DANIELS, John, adm. fr. 1788	TM	
DANIELSON, Lucy, m. Rev. Daniel G. **SPRAGUE**, Jan. 4, 1826	2	324
DARBEE, DARBY, [see also **DERBE**], Alpheas, adm. fr. 1840, from Brooklyn	TM	
David, adm. fr. 1832	TM	
David P., adm. fr. 1844, from Killingly	TM	
Lois, m. Ebenezer **GRIFFIN**, Jan. 1, 1804	1	227
Maria, of Hampton, m. Serel **SMITH**, of Hampton, Oct. 24, 1838, by Rev. Daniel G. Sprague	2	310
DAVIS, Elizabeth, m. Thomas L. **COPELAND**, Mar. 10, 1830, by Amos Babcock, 3rd. Elder. Intention published	2	320
DAVISON, George, of Brooklyn, m. Ardelia **ASHLEY**, of Hampton, June 7, 1836, by Rev. Daniel G. Sprague	2	316
Samuel, of Plainfield, Mass., m. Olive **MARTIN**, of Hampton, Jan. 14, 1823, by Ludovicus Weld	2	335
DAY, Ebenezer S., adm. fr. 1808, from Windham	TM	
Hervey, adm. fr. 1809, from Plainfield	TM	
DEAN, [see also **DAINS**], John, adm. fr. 1848	1	221
DEARBORN, Polly, m. Augustus **BACK**, Mar. 27, 1808		
DENISON, DENNISON, Andrew Clark, s. Daniel & Susan, b. June 27, 1822	2	345
Daniel, Jr., of Hampton, m. Lucy **CLARK**, of Lisbon, Apr. 24, 1788	1	253
Daniel, s. Daniel, Jr. & Lucy, b. June 6, 1791; adm. fr. 1812	1	253
Daniel, 3rd, m. Susan **CUNNINGHAM**, Mar. 27, 1821	2	345

	Vol.	Page
DENISON, DENNISON, (cont.)		
Daniel, Jr., d. Nov. 10, 1822	1	253
Daniel, d. Aug. 4, 1823	1	254
Daniel, 3rd, d. Feb. 25, 1838	2	357
Daniel Harris, s. [Daniel & Susan], b. Sept. 14, 1824; d. Sept. 15, 1824	2	345
Daniel L. Lester, s. Daniel & Susan, b. Sept. 4, 1838	2	357
Hannah, d. Daniel & Lucy, b. July 13, 1803	1	253
Hannah, m. W[illia]m CLARK, Nov. 29, 1832, by Daniel G. Sprague	2	326
James Harvey, s. [Daniel & Susan], b. June 16, 1826; adm. fr. 1848	2	345
John Cunningham, s. [Daniel & Susan], b. Aug. 7, 1832	2	345
Lucy, d. Daniel, Jr. & Lucy, b. Jan. 16, 1798	1	253
Lucy, m. Josiah C. JACKSON, Apr. 9, 1827, by Daniel G. Sprague	2	326
Lydia, d. Daniel, Jr. & Lucy, b. July 28, 1789	1	253
Lydia, m. Harvey FULLER, Dec. 16, 1810	1	238
Lydia, w. Daniel, d. Sept. 6, 1819, ae. 85 y.	1	254
Mary Elizabeth, d. [Daniel & Susan], b. Aug. 5, 1828	2	345
Polly, m. Daniel FARNHAM, b. of Hampton, Oct. 22, 1848, by Rev. Alfred Burnham	3	5
DERBE, [see also DARBEE], Asiel, adm. fr. 1829, by certificate	TM	
DEXTER, George, adm. fr. 1818	TM	
DICKINSON, Francis L., adm. fr. 1840	TM	
DIXSON, Rebeccah, of Voluntown, m. Allexander DORRANCE, of Hampton, Mar. 18, 1790	1	273
DODGE, Polly, m. James W. SPRAGUE, Apr. 8, 1802	1	237
DORRANCE, Allexander, of Hampton, m. Rebeccah DIXSON, of Voluntown, Mar. 18, 1790	1	273
Alexander, s. Alexander & Rebeccah, b. Feb. 15, 1796	1	273
Alexander, d. Oct. 27, 1801, ae. 34 y.; adm. fr. 1790	1	273
Alexander, adm. fr. 1848	TM	
Augustus Dixson, s. Alexander & Rebec[c]ah, b. Jan. 11, 1792	1	273
James, adm. fr. 1795	TM	
Jane, m. Flavel MOSELEY, Feb. 10, 1803	1	339
Jedediah K., m. Jane L. SPICER, b. of Hampton, Jan. 1, 1844, by Rev. W[illia]m Barnes; adm. fr. 1844	2	297
John, adm. fr. 1800; twin with Lemuel	TM	
Lemuel, [twin with John], adm. fr. 1800	TM	
Nancy, d. Alexander & Rebeccah, b. Dec. 20, 1793	1	273
Nancy, [d. Alexander & Rebeccah], d. Mar. 26, 1800, ae. 7 y.	1	273
Nancy, d. [Alexander & Rebeccah], b. Jan. 28, 1801	1	273
Rebeckah, Jr., m. Isaac FULLER, May 27, 1804	1	339
Rebecca, w. [Alexander], d. June 16, 1815, ae. 50 y.	1	273
Robert D., adm. fr. 1843, from Killingly	TM	
Robert Dixson, s. Alexander & Rebeccah, b. Jan. 31, 1798	1	273
Trumbull, adm. fr. 1802	TM	
DOUGLASS, Henry, adm. fr. 1845, from Plainfield	TM	
DOWLEY, John E., adm. fr. 1840	TM	
DOWNING, Anna, of Brooklyn, m. Asa KIMBALL, of Hampton, Mar. 15, 1804	1	245
Francis P., adm. fr. 1846, from Pomfret	TM	

	Vol.	Page
DOWNING, (cont.)		
Lora, m. John **SWEET**, Apr. 10, 1811	1	260
Sally, of Brooklyn, m. Ezra **FISK**, of Hampton, Apr. 3, 1798	1	341
DUDLEY, James H., of Douglass, Mass., m. Eliza A. **PRENTISS**, of Hampton, Sept. 28, 1836, by Rev. Daniel G. Sprague	2	315
DUNHAM, Daniel L., of Canterbury, m. Susan **BISHOP**, of Canterbury, Jan. 15, 1844, by Rev. John F. Blanchard. Witnesses: Hannah M. Blanchard, Lorenzo D. Blanchard	2	296
William P., of Mansfield, m. Betsey H. **BUTLER**, of Hampton, Sept. 2, 1827, by Jared Andrus	2	326
DUNLAP, Sarah, m. Jeremiah* **HOLT**, Jan. 1, 1801 *(Corrected to Nehemiah by L.B.B.)	1	271
DUNN, William A., of Phillipston, Mass., m. Hannah M. **CADY**, of Hampton, Apr. 23, 1850, by Richard Woodruff, V.D.M. Intention published	3	11
DURKEE, Abel, s. Jeremiah & Mary, b. Sept. 23, 1787	1	284
Abel, s. Asel & Sally, b. June 2, 1794	1	321
Abiel, adm. fr. 1808	TM	
Abigail, w. Capt. William, d. May 30, 1791, in the 78th y. of her age	1	262
Abigail, w. Benjamin, d. Sept. 15, 1795	1	311
Anna, d. Andrew & Mary, b. Apr. 19, 1766	1	334
Asel, m. Sally **PRESTON**, b. of Hampton, June 10, 1793; adm. fr. 1796	1	321
Betsa, m. Dyer **HUGHES**, b. of Hampton, May 17, 1795	1	325
Betsey, m. Dyer **HUGHES**, May 17, 1795	1	322
Chloe, d. Eliphalet & Elizabeth, b. Mar. 18, 1803	1	264
Cinthia, d. Andrew & Mary, b. Feb. 8, 1772	1	334
Cinthia, m. Luther **BURNET**, b. of Hampton, Apr. 2, 1794	1	333
David M., m. Marenda **SPENCER**, Nov. 20, 1814; adm. fr. 1813	1	329
David M., s. [David M. & Marenda], b. June 4, 1816	1	329
David Martin, s. Eliphalet & Elizabeth], b. Apr. 24, 1792; adm. fr. 1813	1	264
Ebenezer, s. Andrew & Mary, b. Nov. 26, 1769	1	334
Eliphalet, m. Elizabeth **MARTIN**, b. of Hampton, Nov. 29, 1787	1	264
Eliphalet, s. Eliphalet & Elizabeth, b. July 18, 1789	1	264
Eliphalet, s. Eliphalet & Elizabeth, d. Jan. 26, 1812	1	264
Eliphalet, [Sr.], d. June 17, 1812	1	264
Eliza, d. [W[illia]m, 3rd, & Edy], b. Nov. 9, 1830	2	323
Elizabeth, d. Eliphalet & Elizabeth, b. Feb. 18, 1797	1	264
Emeline, d. [David M. & Marenda], b. Mar. 13, 1818	1	329
Eunice, d. Benjamin & Abigail, b. Jan. 1, 1792	1	311
Gurdon, s. Asel & Sally, b. Mar. 26, 1797	1	321
Harriet, d. William & Margaret, b. Aug. 29, 1801	1	264
Henry, Jr., of Hampton, m. Sally **RUSSELL**, of Ashford, Sept. 25, 1794	1	325
Henry, s. Henry, Jr. & Sally, b. Apr. 28, 1795	1	325
Henry, d. Apr. 22, 1820	1	291
Jacob, s. Jeremiah & Mary, b. Jan. 8, 1794	1	284
Jacob, s. Jeremiah & Mary, d. Feb. 17, 1796	1	284
Jared, s. Andrew & Mary, b. Sept. 2, 1786	1	334
Jeremiah, m. Mary **SIMONS**, b. of Windham, Nov. 26, 1778	1	284
Jeremiah, s. Jeremiah & Mary, b. Nov. 19, 1791	1	284

	Vol.	Page
DURKEE, (cont.)		
John, s. W[illia]m, 3rd, & Edy, b. May 29, 1829	2	323
John Henry, s. Abiel & Clyrana, b. Oct. 13, 1821; d. Dec. 15, 1823	1	325
Louis, d. Andrew & Mary, b. June 16, 1777	1	334
Lucinda, d. Jeremiah & Mary, b. Aug. 12, 1789	1	284
Lucy, m. Jeremiah **FARNAM**, b. of Hampton, Nov. 9, 1774	1	328
Margaret, d. William, Jr. & Margaret, b. Mar. 4, 1797	1	264
Mary, d. Jeremiah & Mary, b. July 10, 1782	1	284
Mary, w. Jeremiah, d. Oct. 27, 1794* *(Probably 1795?)	1	284
Mary Ann, d. [David M. & Marenda], b. June 21, 1820	1	329
Mary Sophia, d. W[illia]m & Susanna], b. Feb. 12, 1815	1	238
Nabby, d. Jeremiah & Mary, b. Sept. 27, 1795	1	284
Nabby, m. Thomas **FARNAM**, Dec. 24, 1797	1	309
Paulina, d. W[illia]m & Susanna, b. Apr. 6, 1812; d. Nov. 15, 1815	1	238
Releaf, d. June 16, 1803	1	264
Robert, s. Andrew & Mary, b. Feb. 23, 1779	1	334
Royal, s. Andrew & Mary, b. June 19, 1784; adm. fr. 1808	1	334
Rozzel, s. Asel & Sally, b. Oct. 29, 1795	1	321
Sally, d. Andrew & Mary, b. Jan. 27, 1774	1	334
Sally, m. Foster **PRESTON**, b. of Hampton, Apr. 2, 1797	1	336
Sally, d. Asel & Sally, b. Mar. 21, 1799	1	321
Sarah, w. Henry, d. June 23, 1820	1	291
Sarah Clyrana, d. Abiel & Clyrana, b. June 13, 1823	1	325
Sophia, d. Henry & Sarah, b. Dec. 12, 1792	1	291
Susan, w. W[illia]m, 2nd, d. Apr. 16, 1819	1	238
Susannah, d. Jeremiah & Mary, b. Aug. 27, 1785	1	284
Thomas, s. Jeremiah & Mary, b. Jan. 17, 1780	1	284
Wilkes, s. Andrew & Mary, b. July 25, 1768	1	334
William, Jr., m. Margaret **LUMMIS**, b. of Hampton, May 3, 1787	1	264
William, s. William, Jr. & Margaret, b. July 16, 1794	1	264
William, Capt., d. Jan. 15, 1795, in the 85th y. of his age	1	262
W[illia]m, 2d, of Hampton, m. Susanna **CONANT**, of Bridgewater, Mass., Jan. 26, 1812; adm. fr. 1814	1	238
William, 3rd, adm. fr. 1818	TM	
William, Jr., m. Clarry **LUMMIS**, b. of Hampton, Jan. 10, 1821, by Ludovicus Weld	2	340
William, m. Ede **HOLT**, Dec. 14, 1828, by C. F. Cleveland, J.P.	2	321
William, d. June 9, 1847* *(1807?)	1	264
EASTMAN, George W., adm. fr. 1844	TM	
Sarah, of Ashford, m. Samuel **UTLEY**, of Hampton, Jan. 7, 1790	1	286
Simeon, m. Hannah C. **GRIFFIN**, Mar. 15, 1838, by Rev. Daniel G. Sprague	2	313
EDGERTON, John, adm. fr. 1835, by certificate	TM	
ELDREDGE, Richard, m. Nancy **MARSHALL**, b. of Hampton, Dec. 1, 1836, by Rev. Dexter Bullard	2	315
EVERETT, Olive, m. Jonathan **COLBURN**, Jr., Dec. 5, 1813	1	285
FAIRBANKS, Charles, adm. fr. 1846	TM	
Mary Adaline, d. Charles, b. Aug. 1, 1846	3	3
FARNHAM, FARNAM, Aaron, s. Jeremiah & Lucy, b. Nov. 15, 1776	1	328
Aaron, s. John & Martha, b. Feb. 21, 1797	1	336
Aaron, m. Sarah **AB[B]OTT**, b. of Hampton, Aug. 11, 1803	1	323
Aaron, s. Aaron & Sarah, b. Jan. 16, 1804	1	323

	Vol.	Page
FARNHAM, FARNAM, (cont.)		
Abial, m. Chloe **SIMONS**, b. of Windham, June 21, 1781	1	282
Abigail, d. Thomas & Nabby, b. Mar. 21, 1804	1	309
Anna, of Canterbury, m. Benjamin **MOLTON**, of Windham, Feb. 14, 1771	1	308
Asa, s. Jeremiah & Lucy, b. Apr. 26, 1783	1	328
Asa, s. Jeremiah & Lucy, d. Dec. 25, 1785	1	328
Betsey, d. [Aaron & Sarah], b. Aug. 20, 1813	1	323
B[e]ulah, m. Elijah **CHENEY**, b. of Hampton, Aug. 19, 1797	1	332
Catharine, [d. Thomas & Nabby], b. Mar. 29, 1809	1	309
Clara[s]sa, d. Abial & Chloe, b. Mar. 18, 1785	1	282
Clarris[s]a, m. Philip **PEARL**, Jr., Dec. 8, 1805	1	243
Clarrissa, w. Jeremiah, d. Apr. 21, 1820	2	344
Daniel, m. Polly **DENISON**, b. of Hampton, Oct. 22, 1848, by Rev. Alfred Burnham	3	5
Daniel Hughes, s. Jeremiah & Clarissa, b. Mar. 25, 1820; adm. fr. 1840 from Ashford	2	344
Dolla Amanda, [d. Thomas & Nabby], b. Dec. 26, 1812	1	309
Elisha, s. Thomas & Nabby, b. June 8, 1806	1	309
Fanny, d. Thomas & Nabby, b. Mar. 18, 1798	1	309
Flora, d. Thomas & Nabby, b. May 21, 1802	1	309
Henry Abbott, s. [Aaron & Sarah], b. Dec. 2, 1807	1	323
Jeremiah, m. Lucy **DURKEE**, b. of Hampton, Nov. 9, 1774	1	328
Jeremiah, s. Jeremiah & Lucy, b. Jan. 5, 1781	1	328
Jeremiah, Jr., m. Clarrissa **HUGHES**, Feb. 14, 1811	2	344
Jeremiah, adm. fr. 1816	TM	
Jeremiah, Jr., m. Lucy **FARNHAM**, 2d, Mar. 6, 1822, by Charles Moulton, J.P.	2	344
John, m. Martha **MARTIN**, b. of Hampton, Mar. 15, 1796; adm. fr. 1796	1	336
John, s. [Aaron & Sarah], b. Apr. 16, 1812; adm. fr. 1838	1	323
John, s. Jeremiah & Clarrissa, b. June 5, 1817	2	344
Jonathan Clark, s. John & Martha, b. Dec. 15, 1799	1	336
Lucretia, d. Thomas & Nabby, b. July 30, 1799	1	309
Lucy, d. Jeremiah & Lucy, b. Sept. 16, 1778	1	328
Lucy, w. Jeremiah, d. Sept. 2, 1809	1	328
Lucy, 2d, m. Jeremiah **FARNHAM**, Jr., Mar. 6, 1822, by Charles Moulton, J.P.	2	344
Lucy Durkee, d. Jeremiah & Clarrissa, b. Aug. 6, 1814	2	344
Martha, w. William, d. Apr. 16, 1792, in the 68th y. of her age	1	258
Mary, m. Silas **SPENCER**, Jan. 8, 1778	1	326
Mary, d. Thomas & Nabby, b. Feb. 3, 1801	1	309
Mary, of Hampton, m. Asa **KNIGHT**, of Jully, N.Y., Sept. 23, 1833, by Daniel G. Sprague	2	331
Nathaniel, d. Oct. 9, 1781	1	251
Olive, d. Abial & Chloe, b. June 4, 1791	1	282
Olive, m. Joseph **SPAULDING**, Jan. 2, 1816	2	333
Philetus, s. Jeremiah & Clarrissa, b. May 8, 1811; adm. fr. 1833	2	344
Philetus, m. Olive H. **SPAULDING**, b. of Hampton, May 10, 1840, by Rev. Dexter Bullard; adm. fr. 1833	2	305
Polly, d. Abial & Chloe, b. Oct. 27, 1789	1	282
Polly, d. Abial & Chloe, d. Oct. 22, 1791	1	282
Rufus, s. Jeremiah & Lucy, b. July 8, 1775	1	328

HAMPTON VITAL RECORDS 167

	Vol.	Page
FARNHAM, FARNAM, (cont.)		
Sally, d. Abial & Chloe, b. Dec. 2, 1787	1	282
Sally, w. Aaron, d. Sept. 25, 1815	1	323
Sally Levina, d. [Aaron & Sarah], b. Apr. 12, 1809	1	323
Sarah, m. David **FISK**, Mar. 26, 1747	1	254
Thomas, m. Nabby **DURKEE**, Dec. 24, 1797	1	309
Thomas A., of Brooklyn, m. Caroline E. **ABBOTT**, of Hampton, Mar. 19, 1838, by Rev. Dexter Bullard	2	313
Thomas Allen, [s. Thomas & Nabby], b. Mar. 18, 1815	1	309
William, d. Oct. 28, 1800	1	258
William, s. [Aaron & Sarah], b. Aug. 6, 1810	1	323
William Holt, s. [Aaron & Sarah], b. Oct. 20, 1805	1	323
William Holt, s. [Aaron & Sarah], d. Jan. 28, 1809	1	323
Zelinda, [d. Thomas & Nabby], b. Apr. 26, 1811	1	309
FAULKNER, Anna, m. Jonathan **HOLT**, Jr., b. of Hampton, then Windham, Oct. 19, 1780	1	279
Bentley, adm. fr. 1818	TM	
Bentley, adm. fr. 1840, from Ashford	TM	
Caleb, m. Mary **HOLT**, b. of Hampton, Mar. 27, 1821, by Roger Taintor, J.P.; adm. fr. 1825	2	339
Samuel, adm. fr. 1817, from Brooklyn	TM	
FENTON, Chauncey, adm. fr. 1825	TM	
FISH, [see also **FISK**], Bingham, adm. fr. 1833	TM	
David, Jr., adm. fr. 1802	TM	
David, adm. fr. 1839, from Windham	TM	
FISHER, Willard, adm. fr. 1832	TM	
FISK, [see also **FISH**], Amanda, d. [Amaziah* & Priscilla], b. May 22, 1798 *(Perhaps Amasa)	1	251
Amaziah, s. [David & Sarah], b. Oct. 6, 1747	1	254
Anne, d. Jonathan & Mehetable, b. May 24, 1792	1	293
Asa, s. Jonathan & Mehetable, b. Nov. 11, 1783	1	293
Betsey, d. Ezra & Sally, b. Sept. 30, 1800	1	341
Bingham, s. Amaziah* & Priscilla, b. July 12, 1792 *(Perhaps Amasa)	1	250
Daniel, s. Ezra & Sally, b. Nov. 3, 1798	1	341
David, m. Sarah **FARNUM**, Mar. 26, 1747	1	254
David, s. [David & Sarah], b. Aug. 12, 1754; d. July 24, 1775	1	254
Elba, s. Amasa & Priscilla, b. Mar. 5, 1787; d. Feb. 16, 1788	1	250
Elba, s. Amasa & Priscilla, b. Jan. 30, 1789	1	250
[E]unice, d. Nathan & [E]unice, b. June 14, 1793	1	292
Ezra, of Hampton, m. Sally **DOWNING**, of Brooklyn, Apr. 3, 1798	1	341
Frances F., of Hampton, m. Milo B. **SADLER**, of Milford, Mass., May 7, 1848, by Rev. Isaac H. Coe. Intention published	3	4
Hannah, d. [David & Sarah], b. July 27, 1765	1	254
Jonathan, Jr., b. Aug. 26, 1755; m. Mehetable **SMITH**, b. of Hampton, Feb. 8, 1781	1	293
Laura Webb, d. Bingham & Lydia M., b. June 22, 1835	3	2
Lucy, d. [David & Sarah], b. Apr. 27, 1760	1	254
Lucy, d. Amasa & Priscilla, b. Aug. 2, 1780	1	250
Mary Smith, d. Bingham & Lydia M., b. Aug. 31, 1832	3	2
Nathan, m. Eunice **FORD**, b. of Hampton, Feb. 3, 1793	1	292
Patty, d. Amasa & Priscilla, b. Apr. 28, 1783; d. July 10, 1784	1	250

	Vol.	Page
FISK, [see also **FISH**], (cont.)		
Patty, d. Jonathan & Mehetable, b. Mar. 20, 1790	1	293
Patty, d. Amasa & Priscilla, b. Mar. 11, 1791; d. Aug. 8, 1792	1	250
Philenea, d. Jonathan & Mehetable, b. June 9, 1786	1	293
Priscilla, w. Amaziah*, d. Sept. 16, 1799 *(Perhaps Amasa)	1	251
Rufus, s. Jonathan & Mehetable, b. Dec. 17, 1781	1	293
Sarah, d. [David & Sarah], b. Apr. 13, 1749; d. Feb. 4, 1796	1	254
Sarah, d. Amaziah* & Priscilla, b. June 11, 1796 *(Perhaps Amasa)	1	251
Stephen, s. Jonathan & Mehetable, b. Apr. 8, 1788	1	293
William Augustus, s. Ezra & Sally, b. Dec. 26, 1805	1	341
FITCH, Daniel, adm. fr. 1817	TM	
Lorena, m. Daniel **GREEN**, Dec. 18, 1825, by Daniel G. Sprague	2	350
Samuel, s. David & Jane, b. June 4, 1780	1	314
Shubael, of Windham, m. Betsey **CUMMINS**, of Hampton, Oct. 31, 1820, by Lodovicus Weld	2	341
FITTS, Mary C., m. Charles M. **ROCKWELL**, b. of Hampton, Apr. 25, 1852, by Richard B. Eldredge	3	14
Naoma, of Ashford, m. Nathaniel F. **MARTIN**, of Hampton, Jan. 27, 1839, by Rev. Dexter Bullard	2	309
FLECHER, Royal H., of Mendon, Mass., m. Caroline **BACKUS**, of Hampton, Apr. 4, 1843, by Rev. W[illia]m Barnes	2	299
FLINT, Amasa, s. Nathaniel, Jr. & Lucy, b. Aug. 25, 1774	1	307
Amasa, m. Hannah **MARTIN**, b. of Hampton, Sept. 10, 1795	1	324
Amasa, s. Amasa & Hannah, b. Aug. 9, 1798	1	324
Amelia, d. Benjamin & Bethiah, b. Feb. 13, 1787	1	295
Ann M., of Hampton, m. Charles **ABBE**, of Mansfield, Apr. 18, 1844, by W[illia]m Barnes	2	295
Anna, m. Erastus **BACK**, b. of Hampton, Apr. 18, 1805	1	340
Anna Waldo, d. [Nathaniel & Eunice], b. Sept. 1, 1806	2	329
Asa, s. Benjamin & Bethiah, b. Mar. 29, 1779	1	295
Benjamin, of Windham, m. Bethiah **CHENEY**, of Pomfret, Apr. 12, 1770	1	295
Benjamin, s. Benjamin & Bethiah, b. Jan. 4, 1791	1	295
Betsey, d. Nathaniel, Jr. & Lucy, b. Feb. 15, 1780	1	307
Betsey, d. [Nathaniel & Eunice], b. July 13, 1804	2	329
Betsey, m. Elisha **MARTIN**, b. of Hampton, Feb. 25, 1827, by Chauncey F. Cleveland, J.P.	2	327
Charlotte, d. Benjamin & Bethiah, b. Apr. 19, 1774	1	295
Cheney, s. Benjamin & Bethiah, b. June 6, 1793	1	295
Chloe, d. Benjamin & Bethiah, b. May 10, 1772	1	295
Daniel, m. Elizabeth **MARTIN**, b. of Hampton, Jan. 1, 1784	1	251
Daniel, s. Daniel & Elizabeth, b. July 17, 1786	1	251
Ebenezer, s. Nathaniel, Jr. & Lucy, b. Apr. 20, 1779	1	307
Ebenezer, s. Daniel & Elizabeth, b. Aug. 7, 1792	1	251
Ebenezer, s. [Nathaniel & Eunice], b. July 8, 1812	2	329
Eliphalet, s. Phinehas & Hannah, b. June 14, 1791	1	289
Elisha, s. Benjamin & Bethiah, b. Aug. 30, 1781	1	295
Elizabeth, d. Daniel & Elizabeth, b. Oct. 29, 1784	1	251
Esther Moulton, d. [Nathaniel & Eunice], b. Oct. 29, 1814	2	329
Eunice, d. Nathaniel, Jr. & Lucy, b. Apr. 19, 1777	1	307
Eunice, d. [Nathaniel & Eunice], b. Nov. 28, 1794	2	329
George Albert, s. [Nathaniel, Jr. & Sophronia], b. July 3, 1820	2	343

HAMPTON VITAL RECORDS 169

	Vol.	Page
FLINT, (cont.)		
Hannah, d. Benjamin & Bethiah, b. Aug. 16, 1770	1	295
Hannah, m. Jeremiah **CLARK**, Jr., b. of Windham, Feb. 18, 1783* *(Should be 1773)	1	267
Hannah, d. Phinehas & Hannah, b. June 28, 1793	1	289
Jeremiah, s. Phinehas & Hannah, b. Nov. 16, 1784	1	289
John, s. Phinehas & Hannah, b. May 9, 1787	1	289
Lora, m. John **ORMSBY**, Feb. 25, 1808	1	244
Lucius, m. Nancy **HALL**, b. of Windham, Feb. 10, 1839, by Rev. Dexter Bullard	2	308
Lucy, m. Benjamin **ABBOTT**, Jr., b. of Hampton, Dec. 21, 1786	1	253
Lucy, d. Amasa & Hannah, b. Sept. 21, 1796	1	324
Lucy, d. [Nathaniel & Eunice], b. July 27, 1802	2	329
Lucy, m. Alpheas **BOWERS**, June 14, 1819	2	351
Lydia, d. [Nathaniel & Eunice], b. Aug. 28, 1808	2	329
Meret Dwight, s. [Nathaniel, Jr. & Sophronia], b. Oct. 13, 1833	2	343
Nathaniel, s. Nathaniel, Jr. & Lucy, b. Jan. 2, 1772	1	307
Nathaniel, Jr., adm. fr. 1788	TM	
Nathaniel, 3rd, m. Eunice **MOLTON**, b. of Hampton, June 20, 1793	1	319
Nathaniel, m. Eunice **MOULTON**, June 20, 1793	2	329
Nathaniel, d. Mar. 2, 1795	1	324
Nathaniel, s. [Nathaniel & Eunice], b. Apr. 19, 1800; adm. fr. 1824	2	329
Nathaniel, Jr., s. Nath[anie]l & Eunice, b. Apr. 19, 1801	2	343
Nathaniel, Jr., m. Sophronia **SESSIONS**, June 17, 1819	2	343
Nathaniel, adm. fr. 1826	TM	
Orrin, adm. fr. 1840	TM	
Patience, d. Phinehas & Hannah, b. Nov. 28, 1780; d. Jan. 31, 1786	1	289
Patience, d. Phinehas & Hannah, b. Mar. 12, 1789	1	289
Phinehas, m. Hannah **CLARK**, b. of Windham, Feb. 24, 1780	1	289
Phinehas, s. Phinehas & Hannah, b. Aug. 17, 1782	1	289
Phyle, d. Daniel & Elizabeth, b. Oct. 17, 1790	1	251
Polly, d. Benjamin & Bethiah, b. Nov. 5, 1783	1	295
Polly, d. Daniel & Elizabeth, b. Jan. 20, 1789; d. Apr. 28, 1791	1	251
Polly, d. Daniel & Elizabeth, d. Apr. 28, 1791	1	251
Sally, m. Charles **PRESTON**, b. of Hampton, Nov. 11, 1790	1	275
Sarah, d. Benjamin & Bethiah, b. Apr. 14, 1776; d. Apr. [ ], 1776	1	295
Sarah, d. Benjamin & Bethiah, b. June 2, 1777	1	295
Sarah Moulton, d. [Nathaniel & Eunice], b. July 8, 1797	2	329
Sophia, d. [Nathaniel & Eunice], b. July 4, 1810	2	329
FORD, Abigail, w. Isaac, d. Sept. 6, 1847	3	2
Abraham, Jr., of Hampton, m. Sally **INGELS**, of Pomfret, Jan. 22, 1788	1	262
Albert, s. John & Lucy, b. Jan. 6, 1810	1	249
Alonzo, s. Nath[anie]l & Jerusha, b. Feb. 9, 1798	1	303
Amos, Jr., m. Anne **HOLT**, b. of Hampton, June 22, 1786	1	286
Amos, Jr., m. Nabby **SNOW**, Oct. 4, 1807; adm. fr. 1803	1	286
Amos, d. Feb. 4, 1841	1	286
Anna, w. Amos, Jr., d. Oct. 10, 1806	1	286
Anne, d. Amos, Jr. & Anne, b. Aug. 30, 1787	1	286

	Vol.	Page

FORD, (cont.)
Benjamin, adm. fr. 1793	TM	
Caroline Rebecca, [d. Isaac & Abigail], b. Mar. 17, 1841	3	2
C[h]loe, d. Abraham & Abigail, d. Mar. 6, 1791	1	314
C[h]loe, d. Dyer & Esther, b. Nov. 25, 1794	1	321
Claris[s]a, d. Nabby, b. Oct. 24, 1788	1	314
Danforth, s. John & Lucy, b. Aug. 5, 1817	1	249
Dinah, m. Henry BROWN, Jr., b. of Hampton, Nov. 28, 1798	1	326
Dyer, m. Esther BURNET, b. of Hampton, May 1, 1794	1	321
Dyer, s. Dyer & Esther, b. May 8, 1798	1	321
Ebenezer, s. Nathaniel & Rebecca, b. Jan. 16, 1789	1	309
Eliza, of Hampton, m. John BUTLER, of Chaplin, Dec. 29, 1833, by Dexter Bullard	2	322
Elizabeth, d. Amos & Lydia, d. Apr. 24, 1790	1	272
Elizabeth, d. [Amos, Jr. & Nabby], b. Aug. 27, 1814	1	286
Esther, d. Dyer & Esther, b. Mar. 18, 1796	1	321
Eunice, m. Nathan FISK, b. of Hampton, Feb. 3, 1793	1	292
Harriet Ede, [d. Isaac & Abigail], b. May 12, 1843	3	2
Hiram Asahel, [s. Isaac & Abigail], b. Mar. 27, 1836	3	2
Isaac, s. [Amos, Jr. & Nabby], b. Aug. 13, 1808; adm. fr. 1830	1	286
Isaac, m. Abigail HOLT, Dec. 26, 1830, by Chauncey F. Cleveland, J.P.; adm. fr. 1830	2	318
Jacob, of Hampton, m. Lydia SMITH, of Lebanon, Sept. 13, 1788	1	260
John, m. Lucy FOSTER, b. of Hampton, May 2, 1805; adm. fr. 1806	1	249
Julia Ann, [d. Isaac & Abigail], b. Dec. 1, 1832, at Chaplin	3	2
Laura, d. John & Lucy, b. Aug. 15, 1805	1	249
Lucy, d. John & Lucy, b. Mar. 7, 1808	1	249
Lydia, d. Jacob & Lydia, b. Mar. 17, 1791	1	260
Martin Clark, [s. Isaac & Abigail], b. Apr. 29, 1845	3	2
Mary Abigail, [d. Isaac & Abigail], b. Jan. 19, 1834	3	2
Nabby had d. Claris[s]a, b. Oct. 24, 1788	1	314
Nabby, w. Amos, d. Mar. 6, 1847, at Windham	1	286
Nathaniel, of Hampton, m. Rebecca COPLIN, of Brooklyn, Oct. 27, 1788	1	309
Phinehas, s. Amos, Jr. & Anne, b. June 25, 1790	1	286
Sarah Jane, d. Isaac & Abigail, b. May 16, 1831	3	2
Sophia, d. Abraham & Sally, b. Dec. 17, 1788	1	262
Thomas Clark, s. [John & Lucy], b. July 22, 1813	1	249
Triphena, m. John BRADFORD, b. of Hampton, Nov. 25, 1790	1	309
William, s. Nathaniel & Rebecca, b. Aug. 9, 1790	1	309
William Elisha, [s. Isaac & Abigail], b. Apr. 22, 1838, at Chaplin	3	2
----, child of [John & Lucy], b. Jan. 24, 1807; d. same day	1	249

FOSDICK, Lydia, of Hampton, m. Ebenezer LYON, of Ashford, Oct. 15, 1837, by Amasa Lyon, J.P. — 2, 313

FOSTER, Abigail, m. Lyman FOSTER, Jan. 31, 1811 — 1, 328
Alice Ann, d. [Lyman & Abigail], b. Apr. 5, 1815	1	328
Alice Ann, m. Ira H. LEWIS, Apr. 6, 1835, by Daniel G. Sprague	2	327
Asenath, d. Joseph & Chloe, d. May 29, 1813	1	341
Calvin Cady, s. [Lyman & Abigail], b. Dec. 3, 1829	1	328
Chloe, w. Joseph, d. Mar. 15, 1810	1	341
Chloe, of Hampton, m. Erastus RINDGE, of Groton, Apr. 17, 1822, by Jared Andrus	2	336

HAMPTON VITAL RECORDS 171

	Vol.	Page
FOSTER, (cont.)		
Chloe S., of Hampton, m. Isaac C. **PERKINS**, of Hartford, Mar. 4, 1849, by Rev. Isaac H. Coe. Intention published	3	5
Chloe Sophia, d. [Lyman & Abigail], b. Jan. 30, 1822	1	328
Joseph, s. Joseph & Chloe, b. May 22, 1803	1	341
Joseph, m. Fanny **WILLIAMS**, of Ashford, Nov. 3, 1811; adm. fr. 1803	1	341
Lucius H., of Hampton, m. Harty **WILSON**, of Plainfield, Nov. 8, 1846, by Rev. W[illia]m Barnes	2	243
Lucius Henry, s. [Lyman & Abigail], b. Aug. 4, 1819; adm. fr. 1840	1	328
Lucy, m. John **FORD**, b. of Hampton, May 2, 1805	1	249
Lucy Mariah, d. [Lyman & Abigail], b. Dec. 8, 1824; d. June 10, 1849	1	328
Lyman, m. Abigail **FOSTER**, Jan. 31, 1811; adm. fr. 1813	1	328
Lyman White, s. [Lyman & Abigail], b. May 31, 1817; adm. fr. 1839	1	328
Mary Jane, d. Joseph & Chloe, b. Sept. 22, 1805	1	341
Miranda A., m. Nelson **ALLEN**, Dec. 2, 1833, by Daniel G. Sprague	2	329
Maranda Abigail, d. Lyman & Abigail, b. Dec. 30, 1812	1	328
Nancy, m. David **GREENSLITT**, Dec. 29, 1803	1	219
Rebecca, d. Joseph & Chloe, b. Dec. 6, 1807; d. same day	1	341
FOWLER, Mary J., of Canterbury, m. Joseph H. **FULLER**, of Hampton, Nov. 23, 1851, by Rev. Alfred Burnham	3	13
FOX, Abigail, w. David, d. Apr. 5, 1814	1	242
Allathea, w. David, d. Nov. 12, 1809	1	242
Anson, s. David & Allathea, b. Dec. 7, 1797, in Franklin; adm. fr. 1819	1	242
Benjamin, [twin with Thomas Fuller], [s. David & Abigail], b. Mar. 25, 1814; stillborn	1	242
Clarrissa, d. David & Allathea, b. Jan. 23, 1791, in Franklin; d. Nov. 25, 1809	1	242
Clarissa, 1ˢᵗ d. [David, Jr. & Rhoda], b. July 21, 1823	1	215
Cynthia, d. David & Allathea, b. Nov. 5, 1800, in Franklin; d. May 2, 1802	1	242
David, b. Dec. 23, 1759; m. Allathear **ROBINSON**, Oct. 27, 1785	1	242
David, s. David & Allathea, b. Nov. 19, 1788, in Franklin	1	242
David, m. Abigail **FULLER**, Feb. 25, 1810	1	242
David, m. Eunice **PALMER**, May 22, 1814	1	242
David, Jr., m. Rhoda **FULLER**, May 18, 1817; adm. fr. 1812	1	215
David, d. Sept. 7, 1826, ae. 68 y.	2	326
Edwin, 2d s. [David, Jr. & Rhoda], b. Dec. 17, 1824; adm. fr. 1847	1	215
Harriet, 2d d. [David, Jr. & Rhoda], b. Feb. 17, 1828; d. June 30, 1843	1	215
Jesse, s. David & Allathea, b. Oct. 21, 1786; d. May 10, 1789, in Franklin	1	242
Jesse, s. David & Allathea, b. Jan. 24, 1793, in Franklin	1	242
Joel, 1ˢᵗ s. [David, Jr. & Rhoda], b. May 18, 1818	1	215
Joel, s. David & Martha, d. Mar. [ ], 1821. "Was lost at or near the New South Shetland Islands in the South Seas"	2	346
Joel, adm. fr. 1840	TM	
Luther, s. David & Allathea, b. May 28, 1803; d. Nov. 16, 1809	1	242

	Vol.	Page
FOX, (cont.)		
Mary, d. David & Allathea, b. Aug. 9, 1805	1	242
Mildred, d. David & Allathea, b. May 17, 1795, in Franklin; d. Nov. 26, 1800	1	242
Sarah G., m. Edwin A. **TWEEDEY**, Nov. 24, 1831, by Daniel G. Sprague	2	332
Sarah Griffin, d. David & Abigail, b. July 30, 1811	1	242
Thomas Fuller, [twin with Benjamin], [s. David & Abigail], b. Mar. 25, 1814	1	242
FRANCIS, Irene, m. Elisha **FULLER**, 2d, July 21, 1816	1	230
Maria, m. Ransom **KINGSBURY**, b. of Hampton, Apr. 28, 1813	1	237
Sophia, m. Nath[anie]l **HODGKINS**, Jr., Nov. 1, 1812	1	229
FRANKLIN, Benjamin A., m. Lucena R. **HOLT**, Mar. 26, 1839, by Rev. Daniel G. Sprague	2	308
Benjamin Addison, s. Benjamin A. & Lucena R., b. Feb. 24, 1840	2	343
Benjamin Addison, s. Benjamin A. & Lucena R., b. Feb. 24, 1840	3	2
Jane B., of Windham, m. Joseph R. **SPAULDING**, of Pomfret, Jan. 31, 1839, by Rev. Daniel G. Sprague	2	309
John, m. Laura P. **HAMMOND**, b. of Hampton, Mar. 29, 1842, by Rev. Nathan S. Hunt, of Abington, Pomfret; adm. fr. 1841, from Ashford	2	301
FRINK, Charles, of Scotland, m. Caroline **SPAFFORD**, May 17, 1841, by Rev. Daniel C. Frost	2	304
FULLER, Abel, s. [Samuel & Sarah], b. Dec. 23, 1777; d. Jan. 18, 1813	1	223
Abel, adm. fr. 1806	TM	
Abigail, b. May 22, 1770; m. Adonijah **BURNAM**, Jan. 9, 1800	1	260
Abigail, d. Abijah & Abigail, b. May 22, 1778	1	312
Abigail, m. David **FOX**, Feb. 25, 1810	1	242
Abigail Loiza, d. [Lyman & Loiza], b. Nov. 27, 1815	1	224
Abijah, s. Abijah & Abigail, b. May 16, 1785	1	312
Anna, d. [Samuel & Sarah], b. Sept. 1, 1772	1	223
Anna, d. Samuel, b. Sept. 1, 1772; m. William **BENNETT**, s. Isaac, Feb. 20, 1800	1	226
Anna, m. William **BENNETT**, b. of Hampton, Feb. 20, 1800	1	336
Anne, d. [John, Jr. & Jerusha], b. Oct. 16, 1817	1	228
Arthur Lee, s. Abijah & Abigail, b. Mar. 27, 1780	1	312
Benjamin, m. Joanna **TROWBRIDGE**, b. of Windham, Sept. 28, 1780	1	269
Benjamin, s. Benjamin & Joanna, b. May 1, 1781; adm. fr. 1806	1	269
Benjamin, adm. fr. 1788	TM	
Benjamin, Jr., m. Lucy **HODGKINS**, Aug. 26, 1805; adm. fr. 1806	1	234
Benjamin, Jr., of Hampton, m. Sally **GOODWIN**, of Coventry, Jan. 30, 1823, by Lodovicus Weld	2	335
Benjamin, m. Clarissa **UTLEY**, Apr. 16, 1823, by Lodovicus Weld	2	335
Betsey, d. Jonathan & Esther, b. Mar. 2, 1786, at Windham	1	308
Caleb, s. Samuel & Mary, b. Sept. 10, 1803; adm. fr. 1826	1	299
Caroline, d. [Isaac & Rebeckah, Jr.], b. Apr. 17, 1805	1	339
Catharine Chloe, d. [Elisha & Phebe], b. Feb. 24, 1811; d. July 11, 1811	1	247
Catharine Chloe, d. [Elisha & Phebe], b. Dec. 7, 1812	1	247
Charles, s. Rufus & Rhoda, b. Apr. 10, 1803	1	295
Charles Huntington, s. [Samuel & Mary], b. May 24, 1812; adm.		

	Vol.	Page
FULLER, (cont.)		
fr. 1834	1	299
Charlotte Wood, d. [Lewis & Eliza], b. May 5, 1827	2	353
Chloe, d. Joseph & Mary, b. Dec. 11, 1774	1	303
Clarrissa, d. Abijah & Abigail, b. Nov. 6, 1789	1	312
Clarissa, of Hampton, m. Luther **BRADFORD**, of Canterbury, Feb. 11, 1821, by Rev. Ludovicus Weld	2	339
Daniel, s. Benjamin & Joanna, b. Oct. 7, 1785	1	269
Daniel, s. Joseph & Mary, b. Feb. 14, 1789	1	303
Daniel, s. Rufus & Rhoda, b. May 18, 1805	1	295
Daniel, Capt., d. Oct. 11, 1818, ae. 82 y.	1	237
Daniel, m. Betsey **NEFF**, Sept. 26, 1820, by David Avery, J.P.	2	341
Doriann, m. Samuel W. **SKINNER**, Sept. 16, 1846, by Rev. W[illia]m Barnes	2	243
Edgar Harrison, s. [Lewis & Eliza], b. Nov. 7, 1840	2	353
Edwin, s. [Elisha, 2d, & Polly], b. Apr. 22, 1813	1	230
Edwin J., m. Louisa **SNOW**, b. of Hampton, Nov. 1, 1841, by Rev. B. N. Harris; adm. fr. 1836	2	301
Eleanor, m. Amasa **CLARK**, b. of Hampton, June 25, 1788	1	267
Elijah, s. Joseph & Mary, b. Apr. 21, 1777; adm. fr. 1801	1	303
Elisha, s. Joseph & Mary, b. Jan. 30, 1782	1	303
Elisha, s. Benjamin & Joanna, b. Jan. 26, 1783; adm. fr. 1803	1	269
Elisha, m. Phebe **BURNAM**, b. of Hampton, Oct. 29, 1805; adm. fr. 1803	1	247
Elisha, 2d, m. Polly **SPENCER**, Oct. 26, 1806; adm. fr. 1804	1	230
Elisha, 2d, m. Irene **FRANCIS**, July 21, 1816	1	230
Elisha S., m. Esther E. **CHESTER**, June 19, 1833, by Daniel G. Sprague	2	344
Elisha Spencer, s. [Elisha, 2d, & Polly], b. May 13, 1811; adm. fr. 1833	1	230
Emily, d. [Benjamin, Jr. & Lucy], b. Jan. 15, 1814	1	234
Emily, m. Isaac B. **BERRY**, b. of Hampton, Feb. 3, 1836, by Rev. Dexter Bullard	2	317a
Erastus, m. Anna **BROWN**, Dec. 28, 1806	1	338
Erastus Baldwin, s. Rufus & Rhoda, b. Mar. 30, 1811	1	295
Eunice, d. [Samuel & Sarah], b. July 18, 1766; d. Mar. 17, 1790	1	223
Eunice, w. Samuel, Jr., d. Apr. 20, 1793	1	299
Eunice, d. [Samuel & Mary], b. Aug. 16, 1805; d. Oct. 16, 1806	1	299
Eunice, m. Nehemiah **HOLT**, Sept. 10, 1809	1	271
Francis D., adm. fr. 1843	TM	
George, s. [Benjamin, Jr. & Lucy], b. Oct. 9, 1820; adm. fr. 1844	1	234
George, of Hampton, m. Sarah **TOLMER**, of Pomfret, Sept. 3, 1848, by Rev. Isaac H. Coe. Intention published	3	5
Harriet, d. Rufus & Rhoda, b. Mar. 31, 1801	1	295
Harriet, of Hampton, m. Chester **NYE**, of Columbia, May 31, 1843, by Rev. W[illia]m Barnes	2	298
Harriet C., of Hampton, m. Edwin M. **TANNER**, of Plainfield, July 1, 1849, by Rev. F. P. Coe	3	4
Harvey, s. Joseph & Mary, b. Sept. 13, 1784	1	303
Harvey, m. Lydia **DENISON**, Dec. 16, 1810; adm. fr. 1805	1	238
Henry, [s. Samuel & Lucy], [ ]	1	225
Henry L., adm. fr. 1844	TM	
Horace Hammond, s. [Lewis & Eliza], b. Jan. 15, 1824; adm. fr.		

	Vol.	Page
FULLER, (cont.)		
1847	2	353
Isaac, s. Jonathan & Esther, b. June 28, 1791	1	308
Isaac, m. Rebeckah **DORRANCE**, Jr., May 27, 1804; adm. fr. 1795	1	339
Isaac, d. Feb. 18, 1814, ae. 54	1	339
Jacob Holt, s. [Lewis & Eliza], b. Jan. 1, 1821; adm. fr. 1842	2	353
James, s. Benjamin & Joanna, b. Jan. 29, 1788; adm. fr. 1809	1	269
James, m. Pamelia **WARNER**, Dec. 17, 1809; adm. fr. 1809	1	236
James Warner, s. [James & Pamelia], b. Jan. 23, 1813	1	236
Jane S., of Hampton, m. John S. **SEARLES**, of Brooklyn, Jan. 22, 1845, by W[illia]m Barnes	2	294
Jared, s. [Benjamin, Jr. & Lucy], b. Jan. 19, 1806; adm. fr. 1827	1	234
Jerusha H., m. Henry **WHITON**, Jan. 25, 1839, by Rev. Daniel G. Sprague	2	309
Jerusha Hodgkins, d. [John, Jr. & Jerusha], b. Aug. 23, 1815	1	228
Jesse, of Brooklyn, m. Mary Ann **RATHBONE**, of Lyme, Aug. 8, 1841, by Rev. B. N. Harris	2	301
Joel, s. [Samuel & Sarah], b. Aug. 21, 1780; adm. fr. 1803	1	223
Joel, m. Alice **ROBBINS**, Apr. 25, 1805	1	246
Joel, s. Joel & Alice, b. Aug. 6, 1806	1	246
John, s. Jonathan & Esther, b. Sept. 27, 1784, at Dallon	1	308
John, Jr., m. Esther **MOSELEY**, b. of Hampton, Jan. 11, 1787	1	271
John, s. John, Jr. & Esther, b. Feb. 19, 1790	1	271
John, Jr., d. Mar. 17, 1796	1	271
John, Jr., m. Jerusha **HODGKINS**, Dec. 1, 1814; adm. fr. 1811	1	228
John B., adm. fr. 1848	TM	
John Nathaniel, s. [John, Jr. & Jerusha], b. Mar. 23, 1823	1	228
Jonathan, of Canterbury, m. Esther **CADY**, of Pomfret, Aug. 28, 1777	1	308
Jonathan, adm. fr. 1809	TM	
Joseph, m. Mary **HOLT**, b. of Windham, Nov. 7, 1771	1	303
Joseph, s. Joseph & Mary, b. June 8, 1779	1	303
Joseph, Jr., adm. fr. 1804	TM	
Joseph, s. [Elisha & Phebe], b. Mar. 18, 1809; d. Apr. 1, 1809	1	247
Joseph H., adm. fr. 1848	TM	
Joseph H., of Hampton, m. Mary J. **FOWLER**, of Canterbury, Nov. 23, 1851, by Rev. Alfred Burnham	3	13
Josiah W., adm. fr. 1842	TM	
Juliaetta, d. Harvey & Lydia, b. Feb. 6, 1813	1	238
Juliaetta E., of Hampton, m. Daniel **HOLT**, of Glastonbury, Oct. 6, 1840, by Erastus Dickenson	2	305
Laura, d. [Benjamin, Jr. & Lucy], b. Jan. 5, 1812	1	234
Laura J., m. James R. **YOUNG**, b. of Hampton, Dec. 9, 1834, by Chauncey F. Cleveland, J.P.	2	349
Lester, s. Benjamin & Joanna, b. Sept. 29, 1794; adm. fr. 1816	1	269
Lester, s. [Benjamin, Jr. & Lucy], b. Oct. 11, 1811; d. Mar. 11, 1812	1	234
Lester, s. [Benjamin, Jr. & Lucy], b. Jan. 12, 1819; adm. fr. 1840	1	234
Luis, s. Benjamin & Joanna, b. Oct. 2, 1797	1	269
Lewis, m. Eliza **HOLT**, Dec. 2, 1819; adm. fr. 1819	2	353
Lois, d. Abijah & Abigail, b. Feb. 9, 1782	1	312
Lucian Hills, s. [Elisha, 2d, & Polly], b. Jan. 12, 1815	1	230

	Vol.	Page
FULLER, (cont.)		
Lucius, [twin with Rufus], s. Rufus & Rhoda, b. Mar. 21, 1808; adm. fr. 1830	1	295
Lucius L., s. [Lyman & Loiza], b. Mar. 27, 1812	1	224
Lucius Lord, twin with Lyman Law, s. Elisha & Phebe, b. Nov. 8, 1806	1	247
Lucy, d. [Samuel & Sarah], b. June 30, 1770; d. June 29, 1785	1	223
Lucy, d. [John, Jr. & Jerusha], b. Apr. 15, 1821	1	228
Luis, see under Lewis		
Luther, adm. fr. 1817	TM	
Lyman, m. Loiza **BUTLER**, Feb. 11, 1811; adm. fr. 1812	1	224
Lyman Law, twin with Lucius Lord, s. Elisha & Phebe, b. Nov. 8, 1806	1	247
Maria Cornelia, d. Elisha & Irene, b. Mar. 7, 1819	1	230
Mary, w. [Samuel, Sr.], d. Nov. 1, 1814	1	299
Mary, d. Oct. 23, 1824	2	319
Mary A., of Hampton, m. Leander W. **BOYNTON**, of Coventry, Oct. 8, 1838, by Rev. Daniel G. Sprague	2	311
Mary A., of Brooklyn, Conn., m. Benjamin C. **GRANT**, of Canterbury, Jan. 14, 1844, by Rev. John F. Blanchard. Witnesses: Francis W. Whipple, Elizabeth B. Curtis, Hannah M. Blanchard	2	296
Mary Ann, m. Chauncey G. **ABBOTT**, b. of Hampton, Mar. 11, 1821, by Lodovicus Weld	2	339
Mary Ann, d. [Lewis & Eliza], b. Jan. 16, 1831	2	353
Mary Augusta, d. Harvey & Lydia, b. Apr. 8, 1818	1	238
Mary C., m. John **COCKINS**, Apr. 18, 1841, by Z. Baker. Intention published	2	304
Mary Corinna, d. Elisha & Irene, b. June 18, 1817	1	230
Mary Huntington, d. [Samuel & Mary], b. Apr. 5, 1810; d. Feb. 8, 1814	1	299
Mary J., of Hampton, m. Simon **FULLER**, of Windham, Oct. 25, 1830, by Daniel G. Sprague	2	322
Mary Joanna, d. [James & Pamelia], b. June 11, 1810	1	236
Mason Olney, s. [Samuel & Lucy], b. Dec. 19, 1815; adm. fr. 1838	1	225
Mattilda, d. Jonathan & Esther, b. Apr. 18, 1793	1	308
Olive, d. [Samuel & Sarah], b. July 24, 1775	1	223
Phebe, m. William **HOWARD**, b. of Windham, Apr. 10, 1777	1	296
Philander Leory, s. [Elisha, 2d, & Polly], b. Aug. 24, 1809; adm. fr. 1831	1	230
Philander Leroy, m. Mary Frances **CHURCH**, b. of Hampton, Nov. 28, 1833, by Chauncey F. Cleveland, J.P.	2	328
Polly, d. Joseph & Mary, b. Oct. 13, 1772	1	303
Polly, d. Jonathan & Esther, b. Apr. 3, 1778, at Canterbury	1	308
Polly, m. Ebenezer **GRIFFIN**, Oct. 21, 1798; d. June 18, 1800	1	227
Polly, w. Elisha, 2d, d. June 15, 1815	1	230
Rebecca, w. [Isaac], d. June 16, 1815	1	339
Rhoda, m. David **FOX**, Jr., May 18, 1817	1	215
Robert, s. Jonathan & Esther, b. Apr. 6, 1788	1	308
Rufus, [twin with Lucius], s. Rufus & Rhoda, b. Mar. 21, 1808	1	295
Rufus, d. Apr. 1, 1835	1	295
Sally, m. William **HOLT**, 3rd, b. of Hampton, Nov. 6, 1788	1	257
Samuel, b. Jan. 20, 1734; m. Sarah **READ**, Oct. 22, 1761	1	223

	Vol.	Page
FULLER, (cont.)		
Samuel, s. [Samuel & Sarah], b. Nov. 21, 1762; d. Mar. 14, 1814	1	223
Samuel, s. Jonathan & Esther, b. Jan. 2, 1783, at Dallon	1	308
Samuel, Jr., m. Eunice **HOVEY**, b. of Hampton, Mar. 16, 1790	1	299
Samuel, s. Samuel, Jr. & Eunice, b. July 20, 1791	1	299
Samuel, s. Jonathan & Esther, d. Nov. 27, 1793	1	308
Samuel, Jr., m. Mary **HUNTINGTON**, Apr. 27, 1797	1	299
Samuel, [Sr.], d. May 12, 1805	1	223
Samuel, [sr.], d. Mar. 14, 1814	1	299
Samuel, m. Lucy **MOSELEY**, Feb. 9, 1815; adm. fr. 1815	1	225
Sarah, d. [Samuel & Sarah], b. Oct. 9, 1764; d. Mar. 2, 1767	1	223
Sarah, d. [Samuel & Sarah], b. July 14, 1768	1	223
Sarah, Wid., of Wyoming, Penn., m. Asa **ABBOTT**, of Windham, Feb. 7, 1782	1	282
Sarah, m. Asa **KNIGHT**, Nov. 27, 1786	1	338
Sarah, w. Thomas, d. May 12, 1801	1	341
Sarah, m. John **LITCHFIELD**, b. of Hampton, Feb. 21, 1821, by Lodovicus Weld	2	339
Seymour, s. Abijah & Abigail, b. Aug. 15, 1787	1	312
Simon, s. [Samuel & Mary], b. July 20, 1807; adm. fr. 1829	1	299
Simon, of Windham, m. Mary J. **FULLER**, of Hampton, Oct. 25, 1830, by Daniel G. Sprague	2	322
Stephen, adm. fr. 1800	TM	
Theodore L., adm. fr. 1847	TM	
Thomas, s. Benjamin & Joanna, b. Aug. 16, 1790	1	269
Thomas, s. Nathaniel & Mary, b. July 23, 1791; adm. fr. 1816	1	278
Thomas, Capt., d. Nov. 13, 1813, ae. 81	1	341
Uriel, s. John, Jr. & Esther, b. Oct. 14, 1794; adm. fr. 1816	1	271
Uriel, m. Amelia **HOVEY**, Dec. 2, 1819	2	342
William, s. Samuel & Mary, b. Jan. 28, 1801	1	299
William, s. [Benjamin, Jr. & Lucy], b. Nov. 20, 1809; adm. fr. 1833	1	234
William, d. Jan. 1, 1822	2	319
William Campbell, s. Jonathan & Esther, b. Nov. 16, 1779, at Canterbury	1	308
William L., adm. fr. 1804	TM	
W[illia]m Lord, s. [Joel & Alice], b. Sept. 1, 1807	1	246
-----, s. [John, Jr. & Esther], b. June 6, [ ]; d. same month ae. 17 d.	1	271
GAGER, Marry A., m. Harry **GREENSLIT**, b. of Windham, Feb. 23, 1846, by Rev. Isaac H. Coe. Intention published	2	293
GALLUP, Mercy Maria, d. Oliver & Susan, b. Oct. 1, 1823	2	345
Susannah, w. Albert W[illia]m, d. July 13, 1825	2	345
Susannah Waldo, [d. Oliver & Susan], b. July 4, 1825	2	345
GARDINER, [see also **GARDNER**], Eliza, m. Alfred **BARBER**, b. of Canterbury, June 21, 1835, by Alfred Burnham	2	316a
GARDNER, [see also **GARDINER**], Jesse, adm. fr. 1816	TM	
GATES, William J., m. Manna A. **SEARLES**, b. of Hampton, Apr. 7, 1850, by Rev. Isaac H. Coe. Intention published	3	11
GEER, Aaron, adm. fr. 1844, from Chaplin	TM	
Anne, m. Jonathan **KINGSBURY**, Jr., Jan. 14, 1768	1	316
Asa, s. Ebenezer Stoel & Lucy, b. May 8, 1792	1	317
Ebenezer, s. Ebenezer Stoel & Lucy, b. Mar. 24, 1790	1	317

	Vol.	Page

GEER, (cont.)
   Ebenezer Stoel, of Hampton, m. Lucy **HEBBARD**, of Windham,
      Nov. 25, 1789; adm. fr. 1803 — 1 — 317
   Elizabeth, of Windham, m. Jedediah **LANPHEAR**, of Mansfield,
      May 3, 1784 — 1 — 268
   Lucy, m. William **HOWARD**, [Sr.], Dec. 3, 1807 — 1 — 296

GENNINGS, [see under **JENNINGS**]

GILBERT, Septimus, of Brooklyn, m. Lodema K. **PEARL**, of
      Hampton, Apr. 16, 1833, by Daniel G. Sprague — 2 — 324

GINNINGS, [see under **JENNINGS**]

GLADDING, Amanda, d. Josiah & Hannah, b. Mar. 9, 1797 — 1 — 327
   Joseph, s. Josiah & Hannah, b. July 25, 1800 — 1 — 327
   Josiah, m. Hannah **HALL**, Nov. 19, 1796 — 1 — 327
   William, s. Josiah & Hannah, b. Aug. 20, 1798 — 1 — 327

GOODELL, GOODEL, GOODALL, Aaron, adm. fr. 1788 — TM
   Emily, d. Isaac & Chloe, b. Feb. 12, 1810 — 1 — 248
   Isaac, m. Chloe **HAMMOND**, b. of Hampton, Nov. 27, 1804;
      adm. fr. 1803 — 1 — 248
   John, s. Isaac & Chloe, b. Nov. 23, 1807 — 1 — 248
   Mary, d. Isaac & Chloe, b. Nov. 8, 1816 — 1 — 248
   Walter, s. Isaac & Chloe, b. July 6, 1806   (Arnold Copy
      has the name "Walter **HAMMOND**") — 1 — 248
   Zilpha, m. Andrew **BURNAM**, b. of Hampton, Dec. 15, 1791 — 1 — 304

GOODSPEED, Charles C., adm. fr. 1840 — TM

GOODWIN, Carroline Mary, d. Azel & Sarah, b. Feb. 20, 1803 — 1 — 278
   Pattey, d. Azel & Sarah, b. July 14, 1799 — 1 — 278
   Sally, of Coventry, m. Benjamin **FULLER**, Jr., of Hampton, Jan.
      30, 1823, by Lodovicus Weld — 2 — 335

GORDON, Alexander M., adm. fr. 1833 — TM
   David F., adm. fr. 1833 — TM
   Samuel, adm. fr. 1831 — TM

GOULD, Elizabeth Malenda, d. James R. & Almira, b. Nov. 27, 1837 — 2 — 346
   James R., adm. fr. 1837, from Woodstock — TM
   Willard, adm. fr. 1818 — TM

GRANT, Benjamin C., of Canterbury, m. Mary A. **FULLER**, of
   Brooklyn, Conn., Jan. 14, 1844, by Rev. John F. Blanchard.
   Witnesses: Francis W. Whipple, Elizabeth B. Curtis, Hannah
   M. Blanchard — 2 — 296

GREEN, GREENE, Daniel, m. Lorena **FITCH**, Dec. 18, 1825, by
   Daniel G. Sprague; adm. fr. 1823 — 2 — 350
   Daniel, adm. fr. 1830, by certificate — TM
   Joseph, adm. fr. 1840 — TM
   Samuel, Jr., adm. fr. 1841, from Griswold — TM
   Stephen, of Griswold, m. Chloe **NEFF**, of Hampton, Dec. 10,
      1832, by Alfred Burnham — 2 — 354
   Thomas Wales*, s. Thomas & Jerusha, b. Aug. 29, 1832 — 2 — 351
      *(Corrected by L.B.B. to "Thomas Wales **GROW**")

GREENSLIT, GREENSLITT, Asenath, d. Joel & Hannah, b. Mar. 10,
   1778 — 1 — 277
   Daniel Burnam, s. [Elijah & Patty], b. Dec. 25, 1823; d. July 14,
      1825 — 1 — 218
   David, b. Feb. 25, 1777; m. Nancy **FOSTER**, Dec. 29, 1803; adm.

	Vol.	Page
GREENSLIT, GREENSLITT, (cont.)		
fr. 1803	1	219
David, s. [David & Nancy], b. June 2, 1817	1	219
David, 2d, adm. fr. 1839	TM	
Ebenezer, b. July 13, 1789; m. Sally **ABBOTT**, Jan. 15, 1815; adm. fr. 1816	1	218
Elijah, b. July 8, 1781; m. Patty **BARNUM***, Nov. 10, 1812 *(Burnam?)	1	218
Elijah, Jr., adm. fr. 1810	TM	
George, s. [Ebenezer & Sally], b. Aug. 13, 1815	1	218
Geo[rge] W., adm. fr. 1837	TM	
Harry, b. May 22, 1793; adm. fr. 1819	1	217
Harry, m. Mary A. **GAGER**, b. of Windham, Feb. 23, 1846, by Rev. Isaac H. Coe. Intention published	2	293
Henry, m. Mary **WHEELER**, Jan. 20, 1819	2	342
Joel, m. Hannah **KINGSBURY**, May 8, 1776	1	277
Joel, s. Joel & Hannah, b. Apr. 2, 1780	1	277
Joel Manning, s. [Elijah & Patty], b. Jan. 18, 1827	1	215
John, s. [Elijah & Patty], b. Jan. 27, 1816; d. Feb. 3, 1816	1	218
John Burnam, s. [Elijah & Patty], b. Sept. 10, 1817; adm. fr. 1839	1	218
Lora, d. Joel & Hannah, b. June 26, 1789	1	277
Lora, [d. Joel & Hannah], d. Feb. 20, 1791	1	277
Lucius, s. [David & Nancy], b. Apr. 21, 1806; adm. fr. 1831	1	219
Lyman, m. Mary **WOODWORTH**, Nov. 4, 1849, by Rev. Isaac H. Coe. Intention published. Adm. fr. 1843	3	3
Lyman Elijah, s. [Elijah & Patty], b. Dec. 4, 1821; adm. fr. 1843	1	218
Mary, d. [Ebenezer & Sally], b. Jan. 11, 1817	1	218
Mary Ann, d. Henry & Mary, b. Aug. 8, 1821	2	342
Patty, d. Joel & Hannah, b. Dec. 28, 1784	1	277
Polly, m. Hezekiah **HAMMOND**, Jr., b. of Hampton, Oct. 26, 1804	1	248
Sarah, m. Henry **ABBOTT**, b. of Hampton, Apr. 7, 1772	1	288
Sibble, d. Joel & Hannah, b. June 24, 1782	1	277
Sophia, d. Joel & Hannah, b. Apr. 12, 1787	1	277
Sybil, see under Sibble		
Truman Kingsbury, s. Joel & Hannah, b. Oct. 23, 1791	1	277
William, s. [David & Nancy], b. Jan. 29, 1813	1	219
William F., adm. fr. 1834	TM	
GRIFFIN, Benjamin, m. Mary **HOWARD**, b. of Hampton, Jan. 4, 1786	1	254
Betsey, d. [Ebenezer & Polly], b. Mar. 22, 1797	1	227
Betsey, m. Ziba H. **PHELPS**, Jan. 1, 1818	2	332
Byron Parsons, s. [Charles & Sarah], b. Mar. 28, 1840	2	244
Catharine, d. [Ebenezer & Lois], b. Aug. 1, 1809; d. Aug. 14, 1809	1	227
Charles, s. [Ebenezer & Lois], b. Mar. 27, 1808; d. May 1, 1808	1	227
Charles, s. [Ebenezer & Lois], b. Apr. 1, 1813; adm. fr. 1834	1	227
Charles, m. Sarah **PARSONS**, May 3, 1837; adm. fr. 1834	2	244
Charles, d. Sept. 30, 1846	2	244
Ebenezer, m. Polly **FULLER**, Oct. 21, 1798	1	227
Ebenezer, m. Lois **DARBEE**, Jan. 1, 1804	1	227
Ebenezer, s. [Ebenezer & Lois], b. Jan. 23, 1807; d. Jan. 25, 1807	1	227
Ebenezer, m. Lydia **PARSONS**, b. of Hampton, Mar. 31, 1834, by		

	Vol.	Page
GRIFFIN, (cont.)		
Dexter Bullard; adm. fr. 1834	2	355
Ellavisia, d. [Ebenezer & Lois], b. Oct. 16, 1810	1	227
Elvisia Ann, d. [Charles & Sarah], b. July 7, 1841	2	244
Frank, s. [Ebenezer & Lois], b. June 15, 1817; adm. fr. 1839	1	227
George, s. [Ebenezer & Lois], b. Oct. 1, 1814; d. Oct. 22, 1814	1	227
George, s. [Ebenezer & Lois], b. Mar. 16, 1816; adm. fr. 1838	1	227
Hannah, d. [Ebenezer & Lois], b. Sept. 17, 1818	1	227
Hannah C., m. Simeon **EASTMAN**, Mar. 15, 1838, by Rev. Daniel G. Sprague	2	313
Harriet, d. [Ebenezer & Lois], b. Jan. 31, 1806; d. Feb. 5, 1806	1	227
Helen Amelia, d. [Charles & Sarah], b. Dec. 29, 1838	2	244
John Howard, s. Benjamin & Mary, b. Oct. 5, 1786	1	254
Louisa Maria, d. [Charles & Sarah], b. Dec. 2, 1842	2	244
Lucy Thurston, d. Ebenezer & Lydia, b. Sept. 13, 1837	1	227
Mary, d. [Ebenezer & Lois], b. Dec. 16, 1804	1	227
Mary, m. Albert **LYON**, b. of Hampton, Jan. 17, 1832, by Dexter Bullard, Chaplin	2	349
Mehetable, m. Thomas **STEDMAN**, Jr., b. of Windham, Sept. 23, 1760	1	256
Polly, w. Ebenezer, d. June 18, 1800	1	227
Royal Durkee, s. [Ebenezer & Lois], b. Jan. 29, 1812; adm. fr. 1835	1	227
William Henry, s. [Charles & Sarah], b. Feb. 9, 1846	2	244
GRIGGS, Appleton Meach, s. Daniel & Elizabeth, b. Aug. 13, 1820	1	249
Daniel, m. Elizabeth **HOWET**, b. of Hampton, Jan. 12, 1806	1	249
Daniel Ashley, s. Daniel & Eliza, b. Nov. 1, 1809	1	249
David Avery, s. Daniel & Eliza, b. June 23, 1811	1	249
Elijah, Jr., of Pomfret, m. Clarissa **BURNAM**, of Hampton, Mar. 17, 1822, by Rev. John Paine	2	336
Elizabeth, d. Daniel & Elizabeth, b. Dec. 8, 1806	1	249
George, s. Daniel & Elizabeth, b. Apr. 2, 1816	1	249
Jesse, adm. fr. 1847	TM	
John, 2d, adm. fr. 1818	TM	
John, s. Daniel & Elizabeth, b. Aug. 11, 1822	1	249
John, Jr., adm. fr. 1840	TM	
Julia Thorpe, d. Daniel & Eliza, b. Mar. 25, 1808	1	249
Justin, adm. fr. 1812	TM	
Lucy Paulina, d. Daniel & Elizabeth, b. Sept. 25, 1818	1	249
Mary K., m. John **WHITMORE**, [Mar.] 18, 1834, by Daniel G. Sprague	2	346
Nathan, s. Daniel & Elizabeth, b. Feb. 1, 1814	1	249
Nathan, adm. fr. 1821	TM	
Samuel, m. Maria E. **ASHLEY**, May 29, 1836, by Rev. Daniel G. Sprague	2	317
Samuel, adm. fr. 1844, from Chaplin	TM	
Titus, adm. fr. 1841, from Thompson	TM	
GROSVENOR, Charles F., adm. fr. 1823	TM	
Charles S., m. Angelina **MOSELEY**, Oct. 16, 1827	1	232
F. H., of Hampton, m. E. M. **BATES**, of Cazenovia, N.Y., Sept. 13, 1837, by Rev. Daniel G. Sprague	2	313
Laura, m. William **CLARK**, Jr., Apr. 8, 1813	1	231

	Vol.	Page
GROSVENOR, (cont.)		
Maria Jane, d. [Charles S. & Angelina], b. Feb. 15, 1829	1	232
Payson P., adm. fr. 1830	TM	
GROW, David, s. Thomas, Jr. & Experience, b. Oct. 2, 1791	1	252
Eaton, s. Nathaniel & Susannah, b. July 16, 1788	1	255
Edwin Ruthven, s. [Joseph & Betsey], b. Dec. 1, 1813	1	228
Frederick Plummer, s. [Joseph & Betsey], b. May 4, 1816	1	228
Jerusha, d. Thomas & Jerusha, b. Oct. 26, 1837	2	351
John, s. Thomas, Jr. & Experience, b. Dec. 28, 1793; d. Jan. 4, 1810	1	252
Joseph, s. Thomas, Jr. & Experience, b. Sept. 11, 1787	1	252
Joseph, m. Betsey **ROBBINS**, Dec. 8, 1808; adm. fr. 1809	1	228
Julia Ann, d. [Joseph & Betsey], b. Feb. 4, 1812	1	228
Marcia, d. Thomas & Jerusha, b. Feb. 27, 1835	2	351
Olive, m. Jacob **HOVEY**, b. of Hampton, Jan. 1, 1789	1	274
Samuel Miner, s. [Joseph & Betsey], b. Oct. 21, 1810; d. Feb. 8, 1811	1	228
Thomas, m. Martha **WINTER**, b. of Hampton, Nov. 10, 1786	1	251
Thomas, Jr., m. Sally **BENNETT**, Jan. 17, 1811; adm. fr. 1803	1	240
Thomas, m. Sarah **HIDE**, Aug. 18, 1811	1	252
Thomas, Dea., d. June 5, 1824, ae. 81	1	252
Thomas Wales, s. Thomas & Jerusha, b. Aug. 29, 1832 (Arnold Copy has "Thomas Wales **GREENE**". Corrected by L.B.B.)	2	351
GUILD, Morris L., of Woodstock, m. Lucy A. **SAFFORD**, of Hampton, Jan. 1, 1843, by Rev. W[illia]m Barnes; adm. fr. 1844	2	300
HALE, Anne, of Mansfield, m. William **MARTIN**, Jr., of Windham, July 3, 1782	1	252
HALL, Amasa C., adm. fr. 1834	TM	
Amasa C., of Norwich, m. Lucy G. **HAMMOND**, of Hampton, Nov. 15, 1838, by Rev. Daniel G. Sprague	2	309
Edwin, s. [Jeremiah & Amanda], b. July 4, 1809; adm. fr. 1830	1	225
Edwin, m. Lucy **WHITON**, [Mar.] 17, 1834, by Daniel G. Sprague	2	346
George B., s. John & Mary Ann, b. May 7, 1831	2	328
Hannah, m. Josiah **GLADDING**, Nov. 19, 1796	1	327
Harriet Augusta, d. Jeremiah & Amanda Clark, b. Sept. 7, 1831	1	235
Harriet S., d. John & Mary Ann, b. May 6, 1832	2	328
Jeremiah, m. Amanda **CLARK**, Mar. 19, 1809	1	235
Jeremiah, adm. fr. 1829	TM	
John, m. Mary Ann **CORY**, July 13, 1826, by Nath[anie]l F. Martin, J.P.	2	328
Nancy, m. Lucius **FLINT**, b. of Windham, Feb. 10, 1839, by Rev. Dexter Bullard	2	308
Theodore, m. Mary **ROBINSON**, Sept. 5, 1825, by Nathaniel F. Martin, J.P.	2	330
HAMMOND, HAMMON, HAMOND, Achsah, m. John **HOLT**, b. of Hampton, Apr. 3, 1806		247
Albert, s. [Hezekiah, Jr. & Polly], b. Nov. 2, 1811; d. Oct. 25, 1813	1	248
Alfred, s. Uriel & Sally, b. Sept. 2, 1809; adm. fr. 1830	1	245
Ariel, adm.fr. 1800	TM	
Asahel, m. Betsey **ROBINSON**, b. of Hampton, Dec. 9, 1801	1	340

	Vol.	Page
HAMMOND, HAMMON, HAMOND, (cont.)		
Betsey, d. George R. & Sarah E., b. July 21, 1844	2	294
Calista W., d. [Hezekiah & Hannah], b. May 21, 1820; d. Sept. 3, 1822	1	240
Caroline L., of Hampton, m. Gurdon **BROWN**, of Brooklyn, Sept. 28, 1847, by Rev. Isaac H. Coe. Intention published	3	3
Charles, s. Josiah, Jr. & Elizabeth, b. Apr. 27, 1794; adm. fr. 1816	1	261
Charles, m. Artemesia **RINDGE**, Apr. 2, 1818	1	261
Charles Harvey, s. [Charles & Artemesia], b. May 6, 1819	1	261
Charles Stedman, s. George R. & Sarah E., b. June 4, 1846	2	294
Charlotte, d. [Hezekiah & Hannah], b. Nov. 16, 1822	1	240
Chloe, m. Isaac **GOODALL**, b. of Hampton, Nov. 27, 1804	1	248
Cynthia Ann, d. Alfred & Cynthia, b. Nov. 24, 1845	2	300
Eleanor, m. Jacob **HOLT**, b. of Hampton, May 20, 1790	1	252
Elisha, adm. fr. 1827	TM	
Elisha Griffin, s. Hezekiah & Polly, b. May 26, 1805	1	248
Elizabeth, d. Josiah, Jr. & Elizabeth, b. Mar. 15, 1787	1	261
Elizabeth, m. Epaphras **BUCKLAND**, Oct. 15, 1816	1	244
Elizabeth, w. Josiah, Jr., d. Sept. 20, 1839	1	261
Emeline, d. [Asahel & Betsey], b. Apr. 12, 1808	1	340
Emeline, of Hampton, m. Daniel **WHEELER**, of Plainfield, May 25, 1829, by Daniel G. Sprague	2	320
Eunice, d. Alfred & Cynthia, b. Oct. 25, 1848	3	12
Frances J., m. Jedediah **LEAVENS**, Jr., Jan. 15, 1833, by Daniel G. Sprague	2	354
Frances Josephine, d. [Asahel & Betsey], b. Apr. 17, 1812	1	340
George Asahel, s. George R. & Sarah Elizabeth, b. May 26, 1841	2	294
George K., adm. fr. 1836	TM	
George Robinson, s. [Asahel & Betsey], b. May 28, 1814	1	340
Hannah, d. Josiah & Abigail, d. June 7, 1792	1	290
Henry Kirke, s. [Asahel & Betsey], b. Sept. 25, 1823	2	319
Henry Robinson, s. George R. & Sarah Elizabeth, b. Nov. 28, 1842	2	294
Hezekiah, m. Hannah **WARREN**, Apr. 22, 1819	1	240
Hezekiah, m. Lora **BURNETT**, Feb. 29, 1824* *(1814/5?)	1	248
Hezekiah, Jr., m. Polly **GREENSLITT**, b. of Hampton, Oct. 26, 1804; adm. fr. 1804	1	248
John Alfred, s. Alfred & Cynthia, b. Mar. 10, 1843	2	300
Josiah, Jr., adm. fr. 1787	TM	
Josiah, adm. fr. 1843	TM	
Josiah, d. Mar. 3, 1844	1	261
Justin, s. Asahel & Betsey, b. Mar. 2, 1804	1	340
Katharine, d. [Asahel & Betsey], b. May 31, 1810	1	340
Laura, see also Lora		
Laura P., m. John **FRANKLIN**, b. of Hampton, Mar. 29, 1842, by Rev. Nathan S. Hunt, of Abington, Pomfret	2	301
Laura Pamelia, d. Asahel & Betsey, b. Nov. 25, 1802	1	340
Laura Pamelia, d. Asahel & Betsey, b. Nov. 15, 1819	1	340
Laura Permelia, d. Asahel & Betsey, b. Nov. 15, 1819	2	319
Lora, see also Laura		
Lora, d. [Hezekiah & Lora], b. Dec. 27, 1816	1	248
Lora, w. Hezekiah, d. Jan. 17, 1817	1	248

	Vol.	Page

HAMMOND, HAMMON, HAMOND, (cont.)

	Vol.	Page
Lucy G., of Hampton, m. Amasa C. **HALL**, of Norwich, Nov. 15, 1838, by Rev. Daniel G. Sprague	2	309
Lucy Griffin, d. [Asahel & Betsey], b. May 4, 1816	1	340
Maria, d. [Hezekiah, Jr. & Polly], b. Feb. 27, 1809	1	248
Maria, of Hampton, m. William **BROWN**, of Pomfret, Nov. 8, 1831, by Daniel G. Sprague	2	320
Mary Ann, d. Hezekiah, Jr. & Polly, b. Feb. 28, 1807	1	248
Mary Ann, m. Edward S. **MOSELEY**, Jan. 6, 1834, by Daniel G. Sprague	2	323
Polly, w. Hezekiah, d. Dec. 26, 1814	1	248
Sally, m. Uriel **MOSELEY**, b. of Hampton, Sept. 15, 1785	1	262
Sally, w. Uriel, d. Jan. 20, 1850	3	12
Sarah J., m. Amos **COOK**, Oct. 24, 1839, by Rev. Daniel G. Sprague	2	307
Uriel, adm. fr. 1804	TM	
Uriel, m. Sally **HOLT**, June 11, 1807; adm. fr. 1804	1	245
Walter*, s. Isaac & Chloe, b. July 6, 1806 *(Should be Walter **GOODALL**)	1	248
-----, 1ˢᵗ child [Uriel & Sally], b. May 13, 1808; d. May 14, 1809	1	245
HARRINGTON, Josiah, adm. fr. 1842, from Windham	TM	
HARRIS, Benjamin N., adm. fr. 1843	TM	
Edwin, adm. fr. 1844, from Canterbury	TM	
Edwin, of South Coventry, m. Lucy J. **MARTIN**, of Hampton, July 2, 1848, by Rev. Isaac H. Coe. Intention published	3	4
Jephtha J., adm. fr. 1845, from Plainfield	TM	
Nathan, adm. fr. 1845, from Plainfield	TM	
HARTSHORN, HARTSON, Andrew, b. Dec. 12, 1774; m. Polly **ALLYN**, Jan. 10, 1798	1	215
Andrew, m. Nancy **TRUMBULL**, Feb. 28, 1813; adm. fr. 1817	1	215
Lucius Martin, s. [Andrew & Polly], b. Oct. 27, 1798; d. Mar. [ ], 1804	1	215
Mary, d. [Andrew & Nancy], b. Oct. 27, 1813	1	215
Mason, s. [Andrew & Polly], b. Sept. 11, 1802	1	215
Orrin, adm. fr. 1839, from Ashford	TM	
Polly, d. Dec. 8, 1802	1	215
Polly, w. Andrew, d. Dec. 8, 1802	2	322
Sumbit*, d. [Andrew & Polly], b. Apr. 17, 1800 *(Submit?)	1	215
HARVEY, Israel E., of Colchester, m. Harriet **SMITH**, of Hampton, Apr. 9, 1846, by Rev. W[illia]m Barnes	2	293
HAWKINS, Jenkins, adm. fr. 1838	TM	
HAZEN, Peggy, m. Thomas **CLARK**, Nov. 29, 1810	1	235
HEBBARD, [see under **HIBBARD**]	TM	
HENDEE, Amasa, adm. fr. 1818	1	261
Amasa, m. Mary S. **LOCKE**, July 1, 1819	1	261
Daniel Amasa, s. [Amasa & Mary S.], b. May 16, 1820	1	261
Joseph, s. [Amasa & Mary], b. Nov. 4, 1823	1	261
Mary Ann, d. Amasa & Mary S., b. Nov. 28, 1821	1	322
HERRICK, Polly, m. Daniel **SEARLES**, b. of Brooklyn, July 4, 1793		
HEWITT, HEWIT, [see also **HOWET**], Abigail Meech, d. Robert & Abigail, b. Nov. 19, 1800	1	311
Appleton, s. Robert & Abigail, b. June 18, 1790	1	311

	Vol.	Page
HEWITT, HEWIT, [see also **HOWET**], (cont.)		
Appleton Rosseter, s. Robert & Abigail, b. July 28, 1802	1	311
Charles, s. Robert & Abigail, b. July 9, 1796	1	311
Elizabeth, d. Robert & Abigail, b. June 11, 1786	1	311
George Washington, s. Robert & Abigail, b. Mar. 17, 1799	1	311
John Shipley, s. Robert & Abigail, b. Sept. 11, 1810	1	311
Lucy, d. Robert & Abigail, b. Dec. 20, 1793	1	311
Lucy, m. Ludovicus **ROBBINS**, June 24, 1817	1	216
Mariah, d. Robert & Abigail, b. Dec. 9, 1806	1	311
Robert, m. Abigail **MEECH**, b. of Preston, Dec. 11, 1783	1	311
Robert, adm. fr. 1794	TM	
Robert Miner, s. Robert & Abigail, b. Feb. 25, 1792	1	311
Sarah, d. Robert & Abigail, b. Sept. 19, 1804	1	311
Thomas, s. Robert & Abigail, b. June 20, 1788	1	311
----, 1ˢᵗ child {Robert & Abigail], b. Mar. 24, 1785	1	311
HEWLING, Burrell J., m. Augusta P. **JACOBS**, b. of Canterbury, Dec. 14, 1843, by Rev. John F. Blanchard. Witnesses: Emeline F. Lyon, Marcus Lyon, Hannah M. Blanchard	2	297
HIBBARD, HEBARD, HEBBARD, HIBARD, Elizabeth, m. John **ABBOTT**, Apr. 3, 1791	1	295
Francis, adm. fr. 1830	TM	
Frances, of Canterbury, m. Lydia **BURNHAM**, of Hampton, Nov. 24, 1831, by Rev. Alfred Burnham	2	344
Henry, s. Warner & Polly, b. Oct. 22, 1796	1	276
Josiah F., adm. fr. 1844, from Chaplin	TM	
Lucy, of Windham, m. Ebenezer Stoel **GEER**, of Hampton, Nov. 25, 1789	1	317
Lucy Maria, d. William & Lucy, b. Aug. 3, 1821	2	336
Lyman, adm. fr. 1830	TM	
Marvin, adm. fr. 1818	TM	
Nancy, m. Lester H. **BURNHAM**, b. of Hampton, Sept. 9, 1838, by Rev. Dexter Bullard	2	312
Patty, m. Francis **SPALDING**, Mar. 11, 1811	1	240
Sarah, m. Robert P. **CHURCH**, Sept. 22, 1819	1	254
Warner, of Hampton, m. Polly **WHITE**, of Windham, Apr. 2, 1789	1	276
William, adm. fr. 1835	TM	
HIDE, [see under **HYDE**]		
HIGGINS, Eugene Bulkeley, s. Nelson & Fidelia, b. Jan. 15, 1846	2	324
Nelson, adm. fr. 1840	TM	
Nelson, m. Fidelia **BULKELEY**, b. of Hampton, Mar. 3, 1844, by Rev. W[illia]m Barnes	2	295
HILL, Willard, m. Sarah S. **SPAULDING**, Mar. 15, 1838, by Rev. Daniel G. Sprague	2	318
HINSDALE, Dolly, m. Lewis **ROBINSON**, May 15, 1817	1	216
HODGKINS, HODKINS, Abigail, m. Thomas **UTLEY**, b. of Hampton, then Windham, May 25, 1780	1	272
Anna, w. Thomas, d. Dec. 12, 1805	1	323
Francis Dwight, s. [Nath[anie]l, Jr. & Sophia], b. Mar. 29, 1819; d. Aug. 10, 1820, ae. 1 y. 5 m.	1	229
Jerusha, d. Nath[anie]l & Jerusha, b. Sept. 20, 1794	1	263
Jerusha, w. Nath[anie]l, d. Aug. 14, 1813	1	263
Jerusha, m. John **FULLER**, Jr., Dec. 1, 1814	1	228

	Vol.	Page
HODGKINS, HODKINS, (cont.)		
Jerusha S., m. Charles P. **MOSELEY**, Apr. 12, 1830, by Daniel G. Sprague	2	321
Jerusha Sophia, [twin with Julia Maria], [d. Nath[anie]l, Jr. & Sophia], b. Nov. 10, 1813	1	229
Julia M., of Hampton, m. Moses S. **BERODISH**, of Douglass, Sept. 10, 1839, by Rev. Roswell Whitmore	2	313
Julia Maria, [twin with Jerusha Sophia, d. Nath[anie]l, Jr. & Sophia], b. Nov. 10, 1813	1	229
Lucretia, m. Harvey **LUMMIS**, [Apr.] 3, 1834, by Daniel G. Sprague	2	346
Lucy, d. Nathaniel & Jerusha, b. Oct. 14, 1787	1	263
Lucy, m. Benjamin **FULLER**, Jr., Aug. 26, 1805	1	234
Mary, m. David **WHITON**, Dec. 10, 1805	1	255
Nathaniel, m. Jerusha **SPENCER**, b. of Windham, Jan. 1, 1784	1	263
Nathaniel, s. Nathaniel & Jerusha, b. Oct. 8, 1790	1	263
Nath[anie]l, Jr., m. Sophia **FRANCIS**, Nov. 1, 1812; adm. fr. 1813	1	229
Nathaniel, Jr., m. Lucretia **PRESTON**, June 12, 1827	2	354
Nathaniel, Jr., d. Sept. 25, 1830	2	354
Nathaniel Dwight, s. Nathaniel, Jr. & Lucretia, b. July 27, 1830	2	354
Polly, d. Nathaniel & Jerusha, b. Feb. 11, 1785	1	263
Sarah, m. Solomon **SMITH**, Jr., b. of Hampton, Jan. 16, 1787	1	255
Sophia, w. Nathaniel, Jr., d. Feb. 19, 1826	1	229
Thomas, d. Dec. 2, 1808	1	323
HOLBROOK, George W., adm. fr. 1834, by certificate	TM	
HOLMES, HOMES, David, adm. fr. 1835, by certificate	TM	
Huldah Elizabeth, of Hampton, m. Henry **BUNN**, of Killingly, Nov. 8, 1847, by Phillip Pearl, J.P.	3	1
Joseph F., of Providence, R.I., m. Mary Ann **HOLT**, of Hampton, Apr. 22, 1841, by Rev. Daniel C. Frost	2	304
HOLT, Abial, s. Abial & Abigail, b. Oct. 24, 1790	1	291
Abigail, of Stonington, m. Benjamin **MINER**, of Colebrook, July 21, 1804	1	243
Abigail, of Hampton, m. Freeman **MINER**, of Colebrook, July 21, 1804	1	315
Abigail, d. [Thomas & Ede], b. Aug. 13, 1809	1	257
Abigail, m. Isaac **FORD**, Dec. 26, 1830, by Chauncey F. Cleveland, J.P.	2	318
Achsah, d. John & Achsah, b. Sept. 6, 1808	1	247
Achsah, m. Marcus **BURNHAM**, Dec. 13, 1831, by Daniel G. Sprague	2	345
Almyra, d. Jacob & Eleanor, b. Mar. 3, 1797	1	252
Almira, d. Nehemiah & Eunice, b. Apr. 13, 1813	1	271
Alpheas D., m. Harriet **BACK**, b. of Hampton, Dec. 2, 1821, by Roger Taintor, J.P.; adm. fr. 1822	2	337
Anna, d. Nehemiah, Jr. & Mary, b. Apr. 19, 1791	1	270
Anna, w. Nehemiah, d. Apr. 1, 1810	1	270
Anna, m. Simeon M. **KENDALL**, Mar. 21, 1821, by Jared Andrus	2	338
Anne, m. Amos **FORD**, Jr., b. of Hampton, June 22, 1786	1	286
Asiel S., adm. fr. 1826	TM	
Betsey Maria, d. Josiah & Mary, b. Mar. 14, 1806	1	340

HAMPTON VITAL RECORDS

	Vol.	Page
HOLT, (cont.)		
Caleb Faulkner, s. Jona[than] & Anna, b. Jan. 8, 1801	1	279
Caleb Faulkner, s. Jonathan & Anna, d. Aug. 22, 1806	1	279
Calvin Jefferds, s. John & Achsah, b. Apr. 13, 1820; d. June 14, 1820	1	247
Chandler, s. [Thomas & Ede], b. Feb. 12, 1803; adm. fr. 1824	1	257
Charles, adm. fr. 1840, from Woodstock	TM	
Charles Austin, s. Nehemiah & Eunice, b. Jan. 6, 1816	1	271
Charles Evans, s. John H. & Eliza, b. Oct. 22, 1842	3	2
Charlotte Wood, d. John & Achsah, b. Oct. 11, 1824; d. May 12, 1825	1	247
Clark A., adm. fr. 1816	TM	
Daniel, s. Nehemiah & Eunice, b. July 2, 1810	1	271
Daniel, of Glastonbury, m. Juliaetta E. **FULLER**, of Hampton, Oct. 6, 1840, by Erastus Dickenson	2	305
Daniel C., adm. fr. 1838	TM	
Daniel C., m. Sophia **PARSONS**, Apr. 4, 1847, by Rev. Isaac H. Coe	2	244
Ede, m. William **DURKEE**, Dec. 14, 1828, by C. F. Cleveland, J.P.	2	321
Ede, w. Thomas, d. Jan. 28, 1844	1	257
Ede H., d. Thomas & Ede, b. July 12, 1798	1	257
Eleathea, d. Jacob & Eleanor, b. May 5, 1795	1	252
Eleathea, d. John & Achsah, b. May 3, 1813	1	247
Ellathea, d. [Jacob & Eleanor], d. Oct. 29, 1813	1	253
Eleathea, m. Charles C. **BUTTON**, May 6, 1835, by Daniel G. Sprague	2	347
Eliza, d. Jacob & Eleanor, b. Sept. 18, 1800	1	253
Eliza, m. Lewis **FULLER**, Dec. 2, 1819	2	353
Elizabeth, d. Nehemiah & Sarah, b. Mar. 23, 1805	1	271
Erastus, s. Hezekiah & Hannah, b. May 6, 1830	2	323
Eunice, d. Jacob & Hannah, b. June 18, 1786	1	252
Eunice, d. Josiah & Mary, b. Nov. 8, 1804	1	340
Eunice, m. Eben[eze]r **BURNHAM**, Nov. 26, 1807	1	241
Fidelia, of Hampton, m. Elisha **BENNET**, of Wisconsin, July 8, 1845, by Rev. W[illia]m Barnes	2	294
Francis, s. Jacob & Eleanor, b. July 27, 1809	1	253
Frederick Faulkner, s. Josiah & Mary, b. Oct. 29, 1812	1	340
George Washington, s. Alpheas D., b. Apr. 28, 1822; adm. fr. 1844	2	334
Hannah, d. Jacob & Hannah, b. Sept. 30, 1788	1	252
Hannah, w. Jacob, d. Sept. 30, 1788	1	252
Henry, s. Nehemiah & Sarah, b. Apr. 6, 1803	1	271
Hezekiah, [twin with Zebadiah], s. Jacob & Eleanor, b. Jan. 6, 1803; adm. fr. 1824	1	253
Hiraim, s. Nehemiah, Jr. & Mary, b. Jan. 31, 1798	1	270
Hiram, adm. fr. 1820	TM	
Huldah, w. James, d. July 12, 1799	1	337
Jacob, s. Zabadiah & Jerusha, b. Mar. 19, 1780	1	252
Jacob, of Hampton, m. Hannah **JEFFORDS**, of Brooklyn, Oct. 1, 1783	1	252
Jacob, m. Eleanor **HAMMOND**, b. of Hampton, May 20, 1790; adm. fr. 1788	1	252
Jacob, s. Jacob & Eleanor, b. Apr. 22, 1791	1	252

	Vol.	Page
HOLT, (cont.)		
James, m. Chloe **STILES**, June 29, 1800; adm. fr. 1788	1	337
James, m. Nabby **ASHLEY**, Nov. 28, 1809; adm. fr. 1809	1	226
James H., adm. fr. 1838	TM	
Jemme, s. Jonathan, Jr. & Anne, b. Feb. 17, 1786	1	279
Jeremiah*, m. Sarah **DUNLAP**, Jan. 1, 1801 *(Should be Nehemiah)	1	271
John, s. Jacob & Hannah, b. June 20, 1784	1	252
John, m. Achsah **HAMMOND**, b. of Hampton, Apr. 3, 1806	1	247
John, d. May 7, 1848	1	247
John Hammond, s. John & Achsah, b. July 3, 1818; adm. fr. 1840	1	247
John Henry, s. John H. & Eliza, b. Oct. 27, 1846	3	2
Joliva, m. Jedediah **MORSE**, of Franklin, Apr. 25, 1830, by Charles Moulton, J.P.	2	318
Jonathan, Jr., m. Anna **FAULKNER**, b. of Hampton, then Windham, Oct. 19, 1780	1	279
Joseph Hutchens, s. Josiah & Mary, b. Feb. 5, 1809	1	340
Joshua, d. July 5, 1791	1	290
Josiah, s. Jonathan, Jr. & Anne, b. Apr. 10, 1784	1	279
Josiah, m. Mary **PRIER**, Feb. 10, 1804; adm. fr. 1806	1	340
Julia, d. Jona[tha]n & Anna, b. Jan. 7, 1803	1	279
Lester, s. Jacob & Eleanor, b. Apr. 6, 1807; adm. fr. 1827	1	253
Lester, m. Clarrissa **JOHNSON**, [ ], by Daniel G. Sprague	2	354
Lucian, s. Nehemiah & Sarah, b. Oct. 24, 1806	1	271
Lucian, adm. fr. 1835, by certificate	TM	
Lucena R., m. Benjamin A. **FRANKLIN**, Mar. 26, 1839, by Rev. Daniel G. Sprague	2	308
Lucina Rosetta, d. John & Achsah, b. Feb. 1, 1816	1	247
Lucinda, d. Nehemiah, Jr. & Mary, b. June 2, 1789	1	270
Lucinda, m. Rufus **LUMMIS**, Dec. 1, 1814	1	231
Lucy, d. January*, Jr. & Anna, b. Apr. 17, 1788 *(Jonathan)	1	279
Lucy, of Hampton, m. Nathaniel Sweet **NILES**, of Brooklyn, Aug. 12, 1792	1	295
Marian, d. [James & Nabbey], b. Aug. 25, 1810	1	226
Mary, m. Joseph **FULLER**, b. of Windham, Nov. 7, 1771	1	303
Mary, d. Jona[tha]n & Anna, b. Dec. 4, 1792	1	279
Mary, w. William, d. Sept. 15, 1799	1	338
Mary, w. Nehemiah, Jr., d. Dec. 11, 1799	1	270
Mary, m. Caleb **FAULKNER**, b. of Hampton, Mar. 27, 1821, by Roger Taintor, J.P.	2	339
Mary Ann, of Hampton, m. Joseph F. **HOLMES**, of Providence, R.I., Apr. 22, 1841, by Rev. Daniel C. Frost	2	304
Mary Utley, d. Lester & Clarissa, b. June 26, 1838	2	307
Maxamilla, d. Jonathan, Jr. & Anne, b. Feb. 11, 1797	1	279
Maximilla, m. Ezra D. **BEERS**, b. of Hampton, Feb. 7, 1836, by Rev. Dexter Bullard	2	356
Minor Newton, s. [Alpheas D.], b. Jan. 19, 1824; adm. fr. 1845	2	334
Mira, d. Nehemiah, Jr. & Mary, b. Oct. 21, 1793	1	270
Mira, d. Nehemiah, Jr. & Mary, d. July 2, 1796	1	270
Norris Burnham, s. John H. & Eliza, b. Feb. 1, 1843	3	2
Nathan Johnson, s. Lester & Clarissa, b. Oct. 16, 1833	2	307

HAMPTON VITAL RECORDS 187

	Vol.	Page
HOLT, (cont.)		
Nathaniel, s. Jonathan, Jr. & Anne, b. Apr. 24, 1782	1	279
Nathaniel, Jr., adm. fr. 1787	TM	
Nehemiah, d. Apr. 16, 1799	1	270
Nehemiah, m. Eunice **FULLER**, Sept. 10, 1809	1	271
Olive D., of Hampton, m. John W. **CLAPP**, of Pomfret, Apr. 14, 1851, by Richard Woodruff, V.D.M. Intention published	3	13
Olive Dimmis, d. Lester & Clarissa, b. Jan. 7, 1831	2	307
Oliver, adm. fr. 1799	TM	
Paul, Jr., of Hampton, m. Phebe **CADY**, of Brooklyn, Jan. 15, 1789	1	271
Paul, Jr., m. Dinah **STEEL**, Nov. 27, 1800	1	271
Phebe, w. Paul, Jr., d. May 31, 1800	1	271
Philo, twin with Sophia, s. [Jacob & Eleanor], b. Aug. 4, 1811; adm. fr. 1833	1	253
Polly, d. Nehemiah, Jr. & Mary, d. Sept. 26, 1794	1	270
Polly, d. Nehemiah, Jr. & Mary, b. Oct. 25, 1795	1	270
Roswell Sessions, s. [Thomas & Ede], b. Mar. 12, 1805	1	257
Rufus, adm. fr. 1804	TM	
Salena Elizabeth, d. John & Achsah, b. Feb. 7, 1811	1	247
Salima E., m. Harvey **HUGHES**, Dec. 13, 1831, by Daniel G. Sprague	2	345
Sally, d. Nehemiah, Jr. & Mary, b. July 20, 1787	1	270
Sally, m. Stephen **UTLEY**, b. of Hampton, Jan. 15, 1797	1	329
Sally, d. Sam[ue]ll & Hannah, b. Nov. 20, 1801	1	337
Sally, m. Uriel **HAMMOND**, June 11, 1807	1	245
Sally, m. Harvey **HORTON**, b. of Hampton, Mar. 26, 1822, by Ludovicus Weld	2	337
Samuel, s. Jonathan, Jr. & Anne, b. Apr. 26, 1790	1	279
Samuel, m. Hannah **BENNET**, b. of Hampton, Nov. 28, 1799; adm. fr. 1795	1	337
Samuel, Jr., adm. fr. 1814	TM	
Samuel B., m. Abigail **WHITMORE**, b. of Hampton, May 24, 1842, by Rev. Roswell Whitmore; adm. fr. 1829	2	300
Sarah, d. Thomas & Ede, b. May 4, 1796	1	257
Sarah, w. Nehemiah, d. Nov. 9, 1808	1	271
Sarah Ellen, d. Lester & Clarissa, b. May 13, 1836	2	307
Sophia, d. Jacob & Eleanor, b. Mar. 8, 1805; d. Feb. 22, 1808	1	253
Sophia, twin with Philo, d. [Jacob & Eleanor], b. Aug. 4, 1811	1	253
Sophia, of Hampton, m. Sumner **BING[H]AM**, of Windham, Sept. 10, 1833, by Dexter Bullard	2	325
Stephen Day, s. Tho[ma]s & Ede, b. Dec. 11, 1800	1	257
Susan Porter, d. Josiah & Mary, b. Dec. 27, 1810	1	340
Susanna, d. Sam[ue]l & Hannah, b. Sept. 22, 1800	1	337
Sylvester G., m. Eliza A. **CURTIS**, Feb. 24, 1840, by Rev. Asa Bing	2	306
Silvester Gilbert, s. [James & Nabbey], b. Nov. 1, 1812; adm. fr. 1834	1	226
Thomas, m. Ede **MARTIN**, b. of Hampton, Jan. 12, 1792	1	257
Thomas, adm. fr. 1804	TM	
William, 3rd, m. Sally **FULLER**, b. of Hampton, Nov. 6, 1788; adm. fr. 1788	1	257

	Vol.	Page
HOLT, (cont.)		
William, s. William, 3rd & Sally, b. Oct. 26, 1789	1	257
William, 3rd, d. May 8, 1793	1	257
W[illia]m Dunlap, s. Nehemiah & Sarah, b. Nov. 7, 1808	1	271
William Leavens, s. Josiah & Mary, b. Oct. 3, 1807	1	340
W[illia]m Welch, s. [Thomas & Ede], b. Mar. 17, 1811	1	257
Zebadiah, [twin with Hezekiah], s. Jacob & Eleanor, b. Jan. 6, 1803; adm. fr. 1824	1	253
-----, s. [John & Achsah], b. Dec. 25, 1806; d. Jan. 6, 1807	1	247
HOOPER, John, adm. fr. 1842, from Windham	TM	
HORTON, Alvah, of Ashford, m. Lucia Maria **BURNHAM**, of Hampton, Feb. 13, 1837, by Rev. Dexter Bullard	2	314
Alva, adm. fr. 1844, from Ashford	TM	
Elisha, s. Henry & Sally, b. Sept. 3, 1823	2	333
Harvey, m. Sally **HOLT**, b. of Hampton, Mar. 26, 1822, by Ludovicus Weld; adm. fr. 1821	2	337
HOUDE, Joseph E., of Hartford, m. Marcia **WOODWORTH**, of Hampton, Aug. 1, 1852, by Rev. Thomas Tallman	2	242
HOVEY, Achsah, d. Ebenezer & Dorcas, d. Sept. 17, 1792	1	301
Achsah, d. Asa & Mary, b. Oct. 1, 1793	1	301
Albert Griffin, s. [Jonathan, Jr. & Patience], b. July 27, 1808; d. Dec. 21, 1810	1	331
Alfred, s. Jonathan & Eunice, b. Apr. 10, 1785	1	306
Amelia, d. Jacob & Olive, b. June 9, 1796	1	274
Amelia, m. Uriel **FULLER**, Dec. 2, 1819	2	342
Ann F., of Hampton, m. Anson **KIMBALL**, of Windham, Oct. 27, 1828, by Chauncey F. Cleveland, J.P.	2	322
Ann Fuller, d. [Jonathan, Jr. & Patience], b. Nov. 3, 1802	1	331
Asa, m. Mary **ALWORTH**, b. of Hampton, Dec. 13, 1792; adm. fr. 1794	1	301
Chloe Lavina, d. [Jonathan, Jr. & Patience], b. Mar. 27, 1811	1	331
Daniel, adm. fr. 1827	TM	
Daniel Alfred, s. [Jonathan, Jr. & Patience], b. Feb. 24, 1806	1	331
Darius, s. Ebenezer & Dorcas, d. Sept. 12, 1775	1	301
Diantha, d. Jacob & Olive, b. [ ] 27, 1798; d. Mar. 23, 1799	1	274
Diantha, d. Jacob & Olive, b. Apr. 2, 1800	1	274
Diantha, m. Chauncey F. **CLEVELAND**, Dec. 13, 1821, by Charles Moulton, J.P.	2	337
Dilla, d. Jacob & Olive, b. July 26, 1802; d. Nov. 19, 1811	1	274
Dorcas, w. Ebenezer, d. June 13, 1792	1	301
Elatheah, d. Jonathan & Eunice, b. Mar. 31, 1787; d. Aug. 4, 1791	1	306
Eliza Ann Stedman, d. [Jeremiah*, Jr.], b. Sept. 8, 1822 *(Corrected to Jonathan by L.B.B.)	1	330
Eunice, m. Samuel **FULLER**, Jr., b. of Hampton, Mar. 16, 1790	1	299
Eunice, w. Jonathan, d. May 17, 1810	1	306
Eunice W., m. Charles C. **CHURCH**, Mar. 1, 1843, by Rev. W[illia]m Barnes	2	300
Eunice Wooddard, d. [Jonathan, Jr. & Patience], b. July 27, 1813	1	331
Frances, d. [Jeremiah*, Jr.], b. Feb. 5, 1819; d. June 21, 1820 *(Corrected to Jonathan by L.B.B.)	1	330
Frederick, adm. fr. 1804	TM	

	Vol.	Page
HOVEY, (cont.)		
Hiram, s. [Jonathan, Jr. & Patience], b. June 19, 1817; d. Jan. 21, 1818	1	331
Jacob, m. Olive **GROW**, b. of Hampton, Jan. 1, 1789	1	274
Jacob, s. Jacob & Olive, b. June 26, 1793	1	274
Jacob, s. Jacob & Olive, d. Jan. 11, 1796	1	274
James Albert, s. [Jonathan, Jr. & Patience], b. Apr. 29, 1815; adm. fr. 1836	1	331
James Stedman, s. [Jonathan, Jr. & Patience], b. June 10, 1804	1	331
James Stedman, [s. Jonathan, Jr. & Patience], d. Mar. 1, 1810	1	331
Jonathan, Jr., m. Patience **STEDMAN**, Apr. 16, 1802; adm. fr. 1799	1	331
Marina L., m. Eleazer **LITCHFIELD**, Mar. 8, 1829, by Charles Moulton, J.P.	2	318
Marina Lavinia, d. Jacob & Olive, b. Apr. 6, 1805	1	274
Nabby, m. Joseph **WORKS**, Nov. 16, 1794	1	294
Olive, d. Jacob & Olive, b. Dec. 14, 1789	1	274
Olive, m. Dr. Charles **MOULTON**, Dec. 18, 1810	1	230
Polly, d. Asa & Mary, b. June 19, 1796	1	301
Sally, m. Josiah **BURNAM**, b. of Windham, Dec. 5, 1782	1	302
-----, s. [Jonathan, Jr. & Patience], b. Feb. 2, 1810; d. Feb. 2, 1810	1	331
HOWARD, Anna C., d. James & Sarah, b. Oct. 16, 1798	1	287
Anson, s. William & Phebe, b. Apr. 3, 1781	1	296
Anson, m. Olive **PEARL**, Jan. 2, 1812; adm. fr. 1803	1	221
Betsey, d. Stephen & Polly, b. Dec. 5, 1791	1	306
Betsey, m. Thomas **RINDGE**, Jr., Nov. 25, 1813	1	229
Chauncey, s. W[illia]m & Phebe, b. Aug. 11, 1796; adm. fr. 1818	1	296
Chloe, d. William & Phebe, b. July 28, 1787	1	296
Daniel, s. William & Phebe, b. June 22, 1785; d. Jan. 25, 1787	1	296
Daniel, s. William & Phebe, b. Aug. 26, 1789	1	296
Daniel, s. W[illia]n & Phebe, d. Feb. 10, 1805	1	296
Eleanor, d. William & Phebe, b. Oct. 9, 1792	1	296
James, of Hampton, m. Sarah **CHAPLIN**, of Mansfield, Dec. 4, 1782	1	287
James, s. James & Sarah, b. Oct. 25, 1783; d. Feb. 16, 1811	1	287
James, d. Jan. 28, 1811, [ae.] 57 y.	1	287
John, Capt., d. June 16, 1789	1	287
John, adm. fr. 1812	TM	
John C., s. James & Sarah, b. Apr. 1, 1791	1	287
John C., Capt., m. Sarah M. **SUMNER**, Oct. 7, 1823	2	342
Lora, d. William & Phebe, b. May 14, 1779; d. Mar. 23, 1782	1	296
Lora, d. William & Phebe, b. Oct. 14, 1782	1	296
Lucy, d. James & Sarah, b. Sept. 24, 1786	1	287
Maria, d. James & Sarah, b. Apr. 12, 1796	1	287
Mary, m. Benjamin **GRIFFIN**, b. of Hampton, Jan. 4, 1786	1	254
Nathan, s. Stephen & Polly, b. Feb. 9, 1789	1	306
Phebe, d. William & Phebe, b. Nov. 3, 1777	1	296
Phebe, w. W[illia]m, d. July 15, 1806	1	296
Sally, d. James & Sarah, b. May 1, 1794	1	287
Sally, d. [Stephen & Polly], b. Jan. 10, 1795	1	306
Sarah, w. Capt. John, d. Mar. 19, 1812	1	287
Sophia, d. [Stephen & Polly], b. Feb. 2, 1808	1	306

	Vol.	Page
HOWARD, (cont.)		
Stephen, of Hampton, m. Polly JUIT, of Coventry, Apr. 3, 1788	1	306
William, m. Phebe FULLER, b. of Windham, Apr. 10, 1777	1	296
William, s. W[illia]m & Phebe, b. June 18, 1802	1	296
William, [Sr.], m. Lucy GEER, Dec. 3, 1807	1	296
William, adm. fr. 1829	TM	
HOWET, [see also HEWITT], Elizabeth, m. Daniel GRIGGS, b. of Hampton, Jan. 12, 1806	1	249
HUGHES, Ardelia Elizabeth, d. [Dyer & Anna], b. Feb. 7, 1845; d. Nov. 13, 1856	1	325
Betsey, d. May 31, 1855	1	322
Betsey A., d. [Dyer & Betsey], b. Dec. 20, 1800	1	322
Clarrissa, m. Jeremiah FARNHAM, Jr., Feb. 14, 1811	2	344
Clarrissa H., d. [Dyer & Betsey], b. Mar. 5, 1807	1	322
Dyer, m. Betsey DURKEE, May 17, 1795	1	322
Dyer, m. Betsa DURKEE, b. of Hampton, May 17, 1795	1	325
Dyer, s. [Dyer & Betsey], b. Nov. 12, 1797; adm. fr. 1818	1	322
Dyer, m. Anna KIMBALL, Apr. 29, 1819; adm. fr. 1821	1	325
Dyer, adm. fr. 1821	TM	
Dyer, d. Aug. 4, 1852	1	322
Eunice, d. [Dyer & Betsey], b. Aug. 9, 1811; d. Oct. 31, 1811	1	322
Harriet, d. [Dyer & Betsey], b. Aug. 8, 1805	1	322
Harriet, m. William P. AVERY, b. of Hampton, Oct. 16, 1832, by Dexter Bullard	2	350
Harriet Loiza, d. Herbert & Julia Ann, b. Aug. 8, 1842	2	323
Harvey, s. [Dyer & Betsey], b. Mar. 7, 1803; adm. fr. 1824	1	322
Harvey, m. Salima E. HOLT, Dec. 13, 1831, by Daniel G. Sprague	2	345
Henry Holt, s. Harvey & Celina E., b. Apr. 18, 1841; d. May 14, 1842	2	304
Herbert, s. [Dyer & Betsey], b. Feb. 18, 1809; adm. fr. 1832	1	322
Herbert, m. Julia Ann BURNHAM, b. of Hampton, Apr. 21, 1839, by Rev. Dexter Bullard; adm. fr. 1832	2	308
Mary C., m. William B. NEWTON, June 11, 1832, by Dexter Bullard	2	345
Mary Cutler, d. [Dyer & Betsey], b. Aug. 23, 1813	1	322
Orren, s. [Dyer & Betsey], b. July 23, 1799; d. Sept. 27, 1831	1	328
Pearley, adm. fr. 1805	TM	
HUMPHREY, Samuel, Jr., adm. fr. 1806	TM	
HUNT, Asenath, m. Burnam CLAPP, June 13, 1837, by David Fox, J.P.	2	356
Lydia, d. Joseph & Sarah, b. Oct. 30, 1794	1	322
Manning F., adm. fr. 1840	TM	
HUNTINGTON, Caleb, s. William & Mary, d. Dec. 19, 1790	1	296
Clarissa, d. William & Mary, d. Jan. 3, 1791	1	296
Elijah, adm. fr. 1838, from Ashford	TM	
Elisha, s. William & Mary, d. Dec. 4, 1790	1	296
Elizabeth, of Mansfield, m. John BUTT, of Hampton, May 4, 1785	1	251
Loissa, of Windham, m. William BUTLER, of Hampton, Oct. 2, 1788	1	270
Mary, m. Samuel FULLER, Jr., Apr. 27, 1797	1	299
Mary, w. W[illia]m, d. Mar. 14, 1814	1	296

	Vol.	Page
HUNTINGTON, (cont.)		
Sarah, d. William & Mary, b. Nov. 12, 1790	1	296
Sarah, m. Daniel **ASHLEY**, Jan. 11, 1836, by Rev. Daniel G. Sprague	2	317a
William, s. William & Mary, d. Jan. 21, 1792	1	296
William, [Sr.], d. Mar. 8, 1814	1	296
HURLBURT, George W., adm. fr. 1842	TM	
Mary, m. Alvan **AUSTIN**, b. of Windham, May 15, 1836, by Rev. Dexter Bullard	2	316
Thomas, s. Mary **UPTON**, b. Sept. 22, 1784	1	241
HURLBUTT, Thomas, s. Mary **UPTON**, b. Sept. 22, 1784	1	241
Thomas, adm. fr. 1833	TM	
William H., adm. fr. 1846	TM	
HUTCHINS, Elizabeth, m. Josiah **LUCE**, b. of Windham, Oct. 10, 1838, by Rev. Dexter Bullard	2	311
James, of Windham, m. Lucretia **JENNINGS**, of Hampton, Sept. 18, 1831, by Reuben Torrey	2	319
HUTCHINSON, Elizabeth, of Lebanon, m. John **ROBBINS**, of Hampton, Dec. 27, 1781	1	252
HYDE, HIDE, Sarah, m. Thomas **GROW**, Aug. 18, 1811	1	252
William H., adm. fr. 1846	TM	
INGALLS, INGALS, INGLES, INGELS, Dillie, m. George **LINKON**, Feb. 16, 1796	1	327
Elisha, adm. fr. 1823	TM	
Emily, d. [Marvin & Amelia], b. Sept. 28, 1826	2	334
John, s. Marvin & Amelia, b. Oct. 7, 1823	2	334
Joseph Royal, s. Oliver & Elizabeth, b. Aug. 8, 1842	2	317a
Lewis G., adm. fr. 1845	TM	
Lydia Ann, of Hampton, m. Frederick **BROWN**, of Plainfield, Jan. 18, 1836, by Rev. Alfred Burnham	2	316a
Marvin, m. Olive **ABBOTT**, b. of Hampton, Sept. 16, 1833, by Dexter Bullard	2	325
Mary, d. Oliver & Elizabeth, b. Oct. 1, 1837	2	317a
Oliver, m. Elizabeth **MOOREHOUSE**, b. of Hampton, Dec. 27, 1835, by Rev. Alfred Burnham; adm. fr. 1834	2	317a
Pamella, m. Benjamin **SPALDING**, Mar. 20, 1816	1	217
Sally, of Pomfret, m. Abraham **FORD**, Jr., of Hampton, Jan. 22, 1788	1	262
INGRAHAM, George Washington, s. John & Sally, b. May 20, 1822; d. Sept. 6, 1824	1	247
John, adm. fr. 1818	TM	
John, adm. fr. 1827, by certificate	TM	
Lucy Leach, d. John & Sally, b. Oct. 23, 1824	1	247
Nancy Maria, d. John & Sally, b. Oct. 19, 1817	1	247
Samuel Faulkner, s. John & Sally, b. Nov. 12, 1819, in Lyme	1	247
JACKSON, Almira, m. Jared **BADGER**, Feb. 20, 1827, by Daniel G. Sprague	2	327
Almira, m. Jared **BADGER**, Feb. 20, 1827	2	353
Ann, m. Eleazer **BINGHAM**, Jr., Apr. 10, 1832, by Daniel G. Sprague	2	330
George J., of Canterbury, m. Lucy **BURDICK**, of Griswold, Mar. 5, 1843, by Rev. John F. Blanchard	2	299

	Vol.	Page
JACKSON, (cont.)		
Joseph, s. Thomas & Nancy, d. June 1, 1784	1	287
Josiah, s. Thomas & Nancy, b. Nov. 12, 1773	1	287
Josiah C., adm. fr. 1826, from Chaplin	TM	
Josiah C., m. Lucy **DENISON**, Apr. 9, 1827, by Daniel G. Sprague; adm. fr. 1824	2	326
Nathan, adm. fr. 1827	TM	
Seldon, adm. fr. 1835	TM	
Thomas, adm. fr. 1791	TM	
JACOBS, Augusta P., m. Burrell J. **HEWLING**, b. of Canterbury, Dec. 14, 1843, by Rev. John F. Blanchard. Witnesses: Emeline F. Lyon, Marcus Lyon, Hannah M. Blanchard	2	297
Frances F., m. Sanford **BENNETT**, b. of Canterbury, Sept. 6, 1843, by Rev. John F. Blanchard. Witnesses: Emeline F. Lyon, Marcus Lyon, Hannah M. Blanchard	2	297
JADELFORD, Joshua, adm. fr. 1842, from Brooklyn	TM	
JEFFORDS, Hannah, of Brooklyn, m. Jacob **HOLT**, of Hampton, Oct. 1, 1783	1	252
JENNINGS, JINNINGS, GINNINGS, GENNINGS, Abel, s. Nathan & Zerviah, b. Mar. 3, 1788	1	317
Abel, s. Nathan & Zerviah, d. July 5, 1809	1	317
Alfred, s. Seth & Hannah, b. Nov. 23, 1786	1	294
Asaph, s. Nathan & Zerviah, b. Nov. 1, 1783; adm. fr. 1816	1	317
Betsey, d. Nathan & Zerviah, b. June 3, 1786	1	317
Betsey D., d. Seth & Hannah, b. May 13, 1791	1	294
Clarissa, d. Nathan & Zerviah, b. Aug. 4, 1794	1	317
Daniel, adm. fr. 1832	TM	
Eunice, d. Nathan & Zerviah, b. Dec. 3, 1791	1	317
Hannah, d. Nathan & Zerviah, b. Jan. 4, 1799	1	317
Harry, s. Seth & Hannah, b. Aug. 12, 1794	1	294
Lucretia, of Hampton, m. James **HUTCHINS**, of Windham, Sept. 18, 1831, by Reuben Torrey	2	319
Lucy, d. Nathan & Zerviah, b. Dec. 14, 1781	1	317
Lydia, w. Nathan, d. Mar. 8, 1810	1	317
Nathan, m. Zerviah **RITCHARDSON**, b. of Windham, Dec. 14, 1780	1	317
Nathan, m. Lydia **JOHNSON**, Oct. 23, 1801	1	317
Nathan, m. Sarah **KNIGHT**, June 20, 1810	1	317
Olive, d. Nathan & Zerviah, b. Dec. 15, 1789	1	317
Patty, d. Seth & Hannah, b. May 26, 1799	1	294
Permilla, d. Nathan & Zerviah, b. Dec. 1, 1796	1	317
Rufus, s. Seth & Hannah, b. Jan. 31, 1789	1	294
Sally, d. Nathan & Zerviah, b. Dec. 28, 1800	1	317
Sally, of Hampton, m. Charles **BARRETT**, of Belchortown, Mass., Nov. 28, 1821, by Rev. John Paine	2	338
Seth, of Windham, m. Hannah **BOLAH**, of Mansfield, Nov. 24, 1785	1	294
Zerviah, w. Nathan, d. Feb. 19, 1801	1	317
JEWETT, JEWET, JEWITT, JUIT, Abigail, b. Nov. 8, 1784	1	298
Anna, d. Benjamin, Jr. & Abigail, d. Nov. 4, 1795	1	278
Anson, s. Benjamin, Jr. & Abigail, b. Feb. 12, 1792	1	278
Betsey, d. [Ebenezer & Abigail], b. May 8, 1797	1	298

	Vol.	Page
JEWETT, JEWET, JEWITT, JUIT, (cont.)		
Clarasa, d. Ebenezer & Abigail, b. Mar. 31, 1788	1	298
Synthia, d. Benjamin, Jr. & Abigail, b. Nov. 9, 1794	1	278
Ebenezer, s. Ebenezer & Abigail, b. Nov. 30, 1799; adm. fr. 1821	1	298
Ebenezer, Jr., adm. fr. 1848	TM	
Levi, s. Benjamin, Jr. & Abigail, b. July 3, 1788	1	278
Maria, d. Ebenezer, Jr. & Maria, b. Jan. 3, 1826	2	350
Miner, adm. fr. 1804	TM	
Polly, of Coventry, m. Stephen **HOWARD**, of Hampton, Apr. 3, 1788	1	306
Polly, d. Ebenezer & Abigail, b. June 19, 1793	1	298
Polly, m. Josiah **BURNAM**, Jr., Feb. 10, 1814	1	231
Rufus, s. Ebenezer & Abigail, b. Aug. 3, 1790	1	298
Sarah, d. Benjamin, Jr. & Hannah, d. Nov. 22, 1789	1	278
JOHNSON, Clarrissa, m. Lester **HOLT**, [ ], by Daniel G. Sprague	2	354
Lydia, m. Nathan **JINNINGS**, Oct. 23, 1801	1	317
Stephen, adm. fr. 1803	TM	
JUIT, [see under **JEWETT**],		
KEAN, Josiah, adm. fr. 1848, from Chaplin	TM	
KEEPS, Ephraim B., of Monson, Mass., m. Julia M. **SMITH**, of Hampton, May 20, 1836, by Rev. Daniel G. Sprague	2	317
KENDALL, Nathan, of Brooklyn, m. Chloe **PRESTON**, of Hampton, Nov. 9, 1823, by Ludovicus Weld	2	334
Simeon M., m. Anna **HOLT**, Mar. 21, 1821, by Jared Andrus	2	338
KIMBALL, Anna, d. Anna & Asa, b. May 25, 1804	1	245
Anna, m. Dyer **HUGHES**, Apr. 29, 1819	1	325
Anson, of Windham, m. Ann F. **HOVEY**, of Hampton, Oct. 27, 1828, by Chauncey F. Cleveland, J.P.	2	322
Ardela Loisa, d. Asa & Anna, b. Sept. 10, 1806	1	245
Asa, of Hampton, m. Anna **DOWNING**, of Brooklyn, Mar. 15, 1804	1	245
Asa, s. Asa & Anna, b. Feb. 27, 1809	1	245
Daniel, of Hampton, m. Mariam **ALWORTH**, of Brooklyn, Nov. 29, 1787	1	254
Daniel, s. Daniel & Mariam, b. July 6, 1792	1	254
Daniel, s. Asa & Anna, b. June 30, 1812; d. Sept. 23, 1814	1	245
George Dwight, s. Anson M. & Ann F., b. Nov. 21, 1834	2	322
John Henry, s. Asa & Mary Ann, b. Jan. 3, 1832	2	342
Josiah, s. Daniel & Mariam, b. Aug. 29, 1788	1	254
Washington, s. [Asa & Anna], b. June 28, 1814	1	245
KINGSBURY, Ama, d. Jonathan & Lodema, b. Aug. 13, 1783	1	316
Anne, d. Jonathan & Anne, b. Nov. 21, 1768	1	316
Anne, w. Jonathan, d. Oct. 23, 1773, in the 28th y. of her age	1	316
Artimissa, d. Jonathan & Lodema, b. June 15, 1776	1	316
George Ransom, s. [Ransom & Maria], b. June 13, 1814	1	237
Hannah, m. Joel **GREENSLIT**, May 8, 1776	1	277
Jonathan, Jr., m. Anne **GEER**, b. of Windham, Jan. 14, 1768	1	316
Jonathan, of Windham, m. Lodema **RANSOM**, of Kent, June 21, 1774	1	316
Jonathan, s. Jonathan & Lodema, b. Apr. 15, 1794	1	316
Jonathan, the elder, d. Sept. 25, 1802, ae. 57	1	316

	Vol.	Page
KINGSBURY, (cont.)		
Jonathan, Jr., adm. fr. 1813	TM	
Lester, s. Jonathan & Lodema, b. May 28, 1787; adm. fr. 1808	1	316
Lewis, s. Jonathan & Lodema, b. Mar. 5, 1785; adm. fr. 1806	1	316
Lodema, d. Jonathan & Lodema, b. Feb. 24, 1781 (Arnold Copy has "Lodema **KINGSLEY**". Corrected by L.B.B.)	1	316
Lodema, w. Jonathan, d. Mar. 24, 1814, ae. 62	1	316
Lora, d. Jonathan & Anne, b. Sept. 8, 1771	1	316
Maria, d. [Ransom & Maria], b. Jan. 14, 1818	1	237
Mercy, d. Jonathan & Anne, b. Oct. 9, 1773; d. May 12, 1774, ae. 7 m.	1	316
Ransom, s. Jonathan & Lodeman, b. Mar. 10, 1789	1	316
Ransom, m. Maria **FRANCIS**, b. of Hampton, Apr. 28, 1813; adm. fr. 1810	1	237
Rhoda, d. Jonathan & Loedama, b. Mar. 31, 1778	1	316
Rhoda, m. John **TWEEDEY**, Oct. 20, 1801	1	334
Washington Francis, s. [Ransom & Maria], b. Dec. 16, 1815	1	237
KINGSLEY, Emily H. Hammond, d. [John, Jr. & Anne], b. Nov. 23, 1810	1	232
James Harvey, s. [John, Jr. & Anne], b. Jan. 27, 1809	1	232
John, Jr., m. Anne **RINDGE**, Mar. 17, 1808	1	232
John, Dea., d. Feb. 24, 1813, ae. 79 y. 7 m. 20 d.	1	232
Lodema, d. Jonathan & Lodema, b. Feb. 24, 1781 (Probably Lodema **KINGSBURY**)	1	316
KNIGHT, Asa, m. Sarah **FULLER**, Nov. 27, 1786	1	338
Asa, s. [Asa & Sarah], b. Oct. 7, 1787	1	338
Asa, of Jully, N.Y., m. Mary **FARNHAM**, of Hampton, Sept. 23, 1833, by Daniel G. Sprague	2	331
Darias, s. [Asa & Sarah], b. May 8, 1792	1	338
Sarah, m. Nathan **JINNINGS**, June 20, 1810	1	317
KNOWLTON, Mehetable, m. Roswell **PRESTON**, Oct. 18, 1798	1	335
KNOX, Dorrance, of Plainfield, m. Martha **ABBOTT**, of Hampton, Dec. 2, 1827, by Chauncey F. Cleveland, J.P.	2	325
LADD, Joseph C., of Sterling, m. Sarah A. **BACKUS**, of Hampton, Nov. 26, 1846, by Rev. W[illia]m Barnes	2	243
Merril, of Windham, m. Harriet Louisa **LITCHFIELD**, of Hampton, Oct. 23, 1849, by Rev. Joseph Brewster	3	3
LAMPHEAR, [see under **LANPHEAR**]		
LAMPSON, Hannah, d. Solomon & Anna, b. Jan. 14, 1792	1	307
Solomon, m. Anna **BROWN**, of Westown, Mass., Dec. 14, 1791	1	307
LANPHEAR, LAMPHEAR, Chester, s. Jede[dia]h & Elizabeth, b. Apr. 14, 1799; adm. fr. 1821	1	268
Dyer, s. Jedediah & Elizabeth, b. Feb. 19, 1794; adm. fr. 1818	1	268
Elisha, adm. fr. 1788	TM	
Elisha, m. Sarah **BENNETT**, b. of Hampton, Oct. 21, 1790	1	269
Elisha, s. Elisha & Sarah, b. Nov. 13, 1791	1	269
Jedediah, of Mansfield, m. Elizabeth **GEER**, of Windham, May 3, 1784; adm. fr. 1787	1	268
Lucy, d. Jedediah & Elizabeth, b. July 3, 1786	1	268
Mary, d. June 16, 1789	1	268
Matilda, d. Jedediah & Elizabeth, b. Feb. 24, 1790	1	268
Samuel, adm. fr. 1848	TM	

	Vol.	Page
LANPHEAR, LAMPHEAR, (cont.)		
Solomon, of Mansfield, d. Dec. 7, 1782	1	268
Solomon, s. Jedediah & Elizabeth, b. Apr. 14, 1788	1	268
Solomon, adm. fr. 1818	TM	
LARKIN, Samuel A., of Providence, R.I., m. Sarah W. **COLLINS**, of Brooklyn, Conn., Mar. 30, 1840, by Rev. Dexter Bullard	2	305
LATHROP, Eunice, m. Gurdon **SEARLES**, b. of Hampton, Dec. 31, 1820, by Roger Taintor, J.P.	2	340
George H., adm. fr. 1822	TM	
Gordon, adm. fr. 1794	TM	
Laura, m. Thomas **WELCH**, Nov. 6, 1815	1	221
Lora, d. Jonathan & Elizabeth, b. Apr. 29, 1792	1	314
LAWTON, Olive, of Pomfret, m. Nathan **SPAULDING**, of Suffield, Oct. 14, 1838, by Rev. James Grow	2	311
Susan H., m. Jonathan G. **CLARK**, Oct. 1, 1839	2	357
LEAVENS, Jedediah, Jr., m. Frances J. **HAMMOND**, Jan. 15, 1833, by Daniel G. Sprague	2	354
LELAND, Josiah, of Palmer, Mass., m. Maranda **NEFF**, of Hampton, Aug. 15, 1841, by Rev. B. N. Harris	2	301
LEWIS, Asa, adm. fr. 1834	TM	
Edward, adm. fr. 1836	TM	
Enoch B., adm. fr. 1840	TM	
Ira H., m. Alice Ann **FOSTER**, Apr. 6, 1835, by Daniel G. Sprague; adm. fr. 1834	2	327
Lucy Ann, m. Evean **MALBONE**, Jan. 14, 1849, by W[illia]m Clark, J.P.	3	5
Nelson, adm. fr. 1832	TM	
Sophia, m. Ebenezer C. **SNOW**, b. of Hampton, Mar. 27, 1836, by Rev. Alfred Burnham	2	317
LINCOLN, LINKON, Alfred, adm. fr. 1840	TM	
Amanda, of Chaplin, m. Edwin **BURNHAM**, of Windham, Jan. 1, 1840, by Rev. Dexter Bullard	2	306
Charles, s. George & Dillie, b. Sept. 7, 1809	1	327
Charles Albert, s. Samuel & Hannah H., b. June 6, 1823	2	343
Emily Cornelia, d. Mason & Hannah E., b. Sept. 12, 1843	2	310
George, m. Dille **INGALLS**, Feb. 16, 1796; adm. fr. 1800	1	327
George, s. George & Dillie, b. Oct. 2, 1796	1	327
George, m. Laura **ASHLEY**, Mar. 7, 1823, by L. Weld	2	343
Henry, of Scotland, m. Lucy R. **WEBB**, May 17, 1841, by Rev. Daniel C. Frost	2	304
Isaac, s. Stephen & Polly, b. June 19, 1807	1	246
Jabez N., adm. fr. 1848	TM	
Jerusha, m. Nathaniel Ford **MARTIN**, b. of Windham, Dec. 1, 1783	1	303
John, s. George & Dillie, b. Apr. 17, 1801	1	327
John, adm. fr. 1823	TM	
John H., adm. fr. 1849	TM	
Lydia Ann, m. Martin **SANFORD**, b. of Hampton, Apr. 18, 1847, by Edward Pratt, Abington. Intention published in the Cong. Meeting House	2	244
Mason, of Chaplin, m. Hannah E. **CLARK**, of Hampton, Oct. 29, 1838, by Rev. Dexter Bullard; adm. fr. 1839, from Chaplin	2	310

	Vol.	Page
LINCOLN, LINKON, (cont.)		
Olive, m. Amos **CLARK**, Jr., b. of Windham, Jan. 27, 1785	1	268
Polly, d. Stephen & Polly, b. [ ]	1	246
Prudence, d. Stephen & Polly, b. Oct. 13, 1805 [sic]	1	246
Sally, d. George & Dillie, b. Nov. 27, 1803	1	327
Sally, m. Alonzo **MARTIN**, [ ]	2	317a
Sam[ue]ll, s. George & Dillie, b. Aug. 19, 1798; adm. fr. 1820	1	327
Samuel, s. Stephen & Polly, b. Apr. 26, 1813	1	246
Stephen, m. Polly **ABBEE**, Mar. 3, 1806	1	246
William, s. George & Dillie, b. May 17, 1807; adm. fr. 1830	1	327
W[illia]m, of Windham, m. Harriet **ASHLEY**, Mar. 5, 1834, by Daniel G. Sprague	2	349
LITCHFIELD, Andrew Jackson, s. John & Sarah, b. Aug. 26, 1825; adm. fr. 1847	2	335
Andrew M., adm. fr. 1823	TM	
Asa S., of Hampton, m. Lucy **ASHLEY**, of Mansfield, May 1, 1822, by Daniel Searles, J.P.	2	336
Asa S., adm. fr. 1826	TM	
Caroline Rebecca, d. Andrew M. & Caroline, b. Jan. 19, 1838	2	324
Daniel, adm. fr. 1840	TM	
Daniel Fuller, s. John & Sarah, b. June 28, 1835	2	335
Edward, m. Amanda **PRESTON**, b. of Hampton, Mar. 28, 1821, by Ludovicus Weld; adm. fr. 1821	2	339
Eleazer, m. Marina L. **HOVEY**, Mar. 8, 1829, by Charles Moulton, J.P.; adm. fr. 1827	2	318
Harriet Louisa, of Hampton, m. Merril **LADD**, of Windham, Oct. 23, 1849, by Rev. Joseph Brewster	3	3
Henry Clay, s. Asa & Lucy, b. July 10, 1829	2	319
Isaac Fuller, s. Andrew M. & Caroline, b. May 24, 1831	2	321
John, m. Sarah **FULLER**, b. of Hampton, Feb. 21, 1821, by Lodovicus Weld; adm. fr. 1821	2	339
Lucy Mariah, d. John & Sarah, b. Aug. 4, 1831	2	335
Nancy Dixon, d. Andrew M. & Caroline, b. June 21, 1833	2	321
Sarah, d. John & Sarah, b. Dec. 12, 1821	2	335
Uriah, adm. fr. 1816, from Brooklyn	TM	
Uriah, d. July 30, 1833	2	325
Uriah, s. Andrew M. & Caroline, b. Mar. 12, 1836	2	324
LOCKE, Mary S., m. Amasa **HENDEE**, July 1, 1819	1	261
LOGAN, Charles, s. Jonathan, b. Aug. 3, 1809	1	297
Clarrissa, d. Jonathan, b. May 10, 1811	1	297
Jonathan, Jr., adm. fr. 1821	TM	
William, adm. fr. 1818	TM	
LOMBARD, Albert W., adm. fr. 1840	TM	
LONG, Edward B., adm. fr. 1834, by certificate	TM	
William, adm. fr. 1842, from Windham	TM	
LOOMIS, LUMMIS, LUMMISS, Betsey, d. Jonathan & Elizabeth, b. Oct. 21, 1791	1	265
Betsey, m. William **SMITH**, Nov. 25, 1813	1	238
Clarry, d. Jonathan & Elizabeth, b. Apr. 10, 1796	1	265
Clarry, m. William **DURKEE**, Jr., b. of Hampton, Jan. 10, 1821, by Ludovicus Weld	2	340
Clarrey Sophia, d. [Rufus & Lucinda], b. Sept. 7, 1830	1	231

	Vol.	Page
LOOMIS, LUMMIS, LUMMISS, (cont.)		
Daniel, adm. fr. 1794	TM	
Daniel, s. Daniel & Olive, b. Dec. 27, 1797	1	223
Daniel, s. [Rufus & Lucinda], b. Jan. 29, 1817	1	231
Edward Payson, s. Harvey & Lucretia, b. Jan. 16, 1835	2	346
Elizabeth, m. Joshua **MARTIN**, b. of Hampton, May 20, 1790	1	289
Eunice, d. Jona[tha]n & Eliz[abet]h, b. Nov. 26, 1810	1	269
Harvey, s. Jona[than] & Eliza[bet]h, b. Mar. 9, 1800; adm. fr. 1821	1	265
Harvey, m. Lucretia **HODGKINS**, [Apr.] 3, 1834, by Daniel G. Sprague	2	346
Hiram Holt, s. [Rufus & Lucinda], b. Dec. 22, 1821	1	231
John, d. Feb. 26, 1787	1	265
John, s. [Rufus & Lucinda], b. Feb. 13, 1819	1	231
John W., adm. fr. 1842	TM	
Jonathan, m. Elizabeth **BENNETT**, b. of Hampton, Nov. 20, 1788	1	265
Lucy, d. Jonathan & Elizabeth, b. Apr. 1, 1798	1	265
Lucy Lucinda, d. [Rufus & Lucinda], b. Feb. 5, 1826	1	231
Lucy Maria, d. [Rufus & Lucinda], b. Mar. 6, 1828	1	231
Margaret, m. William **DURKEE**, Jr., b. of Hampton, May 3, 1787	1	264
Mary, d. Jona[than] & Eliza]bet]h, b. Apr. 22, 1803	1	265
Mary, m. John S. **MARCEY**, Dec. 4, 1823	2	347
Mary Elizabeth, d. [Rufus & Lucinda], b. Dec. 2, 1823	1	231
Rhoda, d. Jona[tha]n & Eliz[abet]h, b. May 11, 1807	1	269
Rufus, s. Jonathan & Elizabeth, b. Sept. 11, 1789	1	265
Rufus, m. Lucinda **HOLT**, Dec. 1, 1814; adm. fr. 1815	1	231
Ruth Avery, d. Jona[tha]n & Eliz[abet]h, b. Mar. 21, 1805	1	269
Sally, d. Jonathan & Elizabeth, b. Jan. 5, 1794	1	265
Zenas, of Coventry, m. Betsey **ORMSBY**, of Hampton, Nov. 27, 1835, by Rev. Daniel G. Sprague	2	317a
----, d. Jona[than] & Eliza[bet]h, b. Mar. 12, 1802; d. Mar. 13, 1802	1	265
LUCE, Josiah, m. Elizabeth **HUTCHINS**, b. of Windham, Oct. 10, 1838, by Rev. Dexter Bullard	2	311
Polly, m. Antipas **UTLEY**, b. of Hampton, May 29, 1795	1	330
LYON, LION, Albert, m. Mary **GRIFFIN**, b. of Hampton, Jan. 17, 1832, by Dexter Bullard, Chaplin	2	349
Albert G., adm. fr. 1832, by certificate	TM	
Alvin, s. Robert & Allis, b. Nov. 26, 1777	1	304
Bethiah, d. Robert & Allis, b. Apr. 11, 1774	1	304
Bethiah, d. Robert & Allis, d. Dec. 30, 1777	1	304
Bethiah, d. Robert & Allis, b. Nov. 9, 1784	1	304
Bethiah, d. Robert & Allis, d. Aug. 14, 1791	1	304
Dwight Lee, s. Albert & Mary, b. Sept. 6, 1836, at Ashford; d. Aug. 17, 1838	2	307
Ebenezer, of Ashford, m. Lydia **FOSDICK**, of Hampton, Oct. 15, 1837, by Amasa Lyon, J.P.	2	313
Ezra, adm. fr. 1820	TM	
George Griffin, s. Albert & Mary, b. Sept. 13, 1832	2	307
Hannah, d. Robert & Allis, b. Jan. 30, 1776	1	304
Hannah, d. Robert & Allis, d. Dec. 21, 1777	1	304
Harriet Pearl, d. Albert & Mary, b. June 28, 1834	2	307
John, adm. fr. 1833	TM	

	Vol.	Page
LYON, LION, (cont.)		
Lois Maria, d. Albert & Mary, b. Mar. 9, 1839	2	307
Lucy, d. Robert & Allis, b. Sept. 19, 1786	1	304
Marcus, adm. fr. 1833	TM	
Marvin, adm. fr. 1821	TM	
Marvin, of Providence, R.I., m. Asenath **MASON**, of Hampton, Apr. 4, 1836, by Rev. Daniel G. Sprague	2	317
Nabba, d. Robert & Allis, b. Aug. 7, 1788	1	304
Pelatiah, s. Robert & Allis, b. Jan. 17, 1781	1	304
Polly, d. Robert & Allis, b. Dec. 20, 1782	1	304
Sarah, d. Robert & Allis, b. June 30, 1779	1	304
Walter, adm. fr. 1818	TM	
Warren, adm. fr. 1818	TM	
Willard, of Ashford, m. Harriet **PEARL**, of Hampton, Dec. 21, 1836, by Rev. Stephen Cushing, Eastford	2	315
William L., adm. fr. 1835, by certificate	TM	
MACENTISE, George, adm. fr. 1839	TM	
William, adm. fr. 1839	TM	
MALBONE, Evean, m. Lucy Ann **LEWIS**, Jan. 14, 1849, by W[illia]m Clark, J.P.	3	5
Sarah, m. Samuel **VICKUS**, Mar. 16, 1842	2	300
MANLEY, Julia Ann, m. Ferdinand **CHAMPION**, b. of Hampton, Jan. 12, 1840, by Rev. Dexter Bullard	2	306
MARCEY, John S., m. Mary **LUMMIS**, Dec. 4, 1823	2	347
MARSHALL, Nancy, m. Richard **ELDREDGE**, b. of Hampton, Dec. 1, 1836, by Rev. Dexter Bullard	2	315
MARTIN, Abel, s. Shuba[e]l & Abigail, b. July 19, 1779	1	293
Alles, d. Benjamin & Lucy, b. Mar. 6, 1765	1	266
Alonzo, m. Sally **LINCOLN**, [ ]; adm. fr. 1819	2	317a
Amasa, m. Ursula **UTLEY**, b. of Hampton, Feb. 14, 1786	1	280
Amasa, s. Amasa & Ursula, b. Dec. 25, 1796; adm. fr. 1803	1	280
Amos, s. Amasa & Ursula, b. July 3, 1786	1	280
Amos, m. Nancy **COLLINS**, Mar. 4, 1813	1	233
Anna, d. William, Jr. & Anne, b. Jan. 13, 1786	1	252
Anna, d. Nath[anie]l F. & Jerusha, b. Sept. 2, 1795	1	303
Anson, s. Nathaniel F. & Jerusha, b. Apr. 25, 1793; adm. fr. 1816	1	303
Arabella, d. Joseph, Jr. & Abigail, b. Apr. 23, 1795	1	259
Arabella, m. Harvey **NEFF**, b. of Hampton, Nov. 23, 1820, by Rev. Lodovicus Weld	2	340
Asa, s. Amasa & Ursula, b. Feb. 8, 1792; adm. fr. 1821	1	280
Asa, m. Lucy **PHELPS**, Jan. 19, 1817	1	217
Asaph, s. Joseph, Jr. & Abigail, b. Apr. 10, 1783; adm. fr. 1804	1	259
Benjamin, m. Lucy **CLARKE**, b. of Windham, July 24, 1764	1	266
Benjamin, s. Benjamin & Lucy, b. Apr. 17, 1771	1	266
Benjamin, [Sr.], d. Feb. 7, 1806	1	266
Betsey, d. Benjamin & Lucy, b. Mar. 18, 1785; d. Oct. 25, 1790	1	266
Betsey, d. Amasa & Ursula, b. Mar. 20, 1790	1	280
Caroline Eliza, d. [W[illia]m & Betsey], b. Oct. 24, 1821	2	343
Charles, s. [Thomas & Hannah], b. Nov. 29, 1813	1	239
Clarry, d. Benjamin & Lucy, b. Feb. 17, 1781	1	266
Cline, [twin with Vine], d. Benjamin & Lucy, b. Apr. 9, 1783	1	266
Cornelia, d. [Nathaniel & Serapta], b. Jan. 10, 1815	1	225

	Vol.	Page
MARTIN, (cont.)		
Danford, s. [Nathaniel & Serapta], b. Nov. 18, 1813; d. Dec. 30, 1813, ae. 6 w.	1	225
Danie., s. Joseph, Jr. & Abigail, b. Apr. 20, 1781	1	259
Daniel, of Hampton, m. Elizabeth **ADAMS**, of Hampton, Apr. 17, 1806; adm. fr. 1804	1	245
David, m. Sabra **SHARP**, Jan. 13, 1803	1	324
Dinah, w. David, d. Mar. 28, 1802	1	324
Eda, d. Benjamin & Lucy, b. Sept. 30, 1766	1	266
Ede, m. Thomas **HOLT**, b. of Hampton, Jan. 12, 1792	1	257
Elisha, s. Joseph & Abigail, b. Sept. 17, 1776	1	259
Elisha, adm. fr. 1798	TM	
Elisha, m. Betsey **FLINT**, b. of Hampton, Feb. 25, 1827, by Chauncey F. Cleveland, J.P.	2	327
Elisha, adm. fr. 1840	TM	
Eliza, d. [Alonzo & Sally], b. July 22, 1825	2	317a
Eliza, of Hampton, m. Lyman D. **ADAMS**, of Killingly, Aug. 20, 1849, by Richard Woodruff, V.D.M. Intention published	3	3
Elizabeth, d. Joseph, Jr. & Abigail, b. Mar. 28, 1779	1	259
Elizabeth, m. Daniel **FLINT**, b. of Hampton, Jan. 1, 1784	1	251
Elizabeth, m. Eliphalet **DURKEE**, b. of Hampton, Nov. 29, 1787	1	264
Elizabeth, d. Joshua & Elizabeth, b. Jan. 14, 1793	1	289
Emelia, m. David **SPENCER**, Jan. 10, 1825, by Daniel G. Sprague	2	331
Eunice, m. Ebenezer **CLARK**, b. of Hampton, Feb. 12, 1778	1	312
Eunice, d. Amasa & Ursula, b. Sept. 20, 1803	1	280
Fenton, s. Shuba[e]l & Abigail, b. Sept. 9, 1795	1	293
Fenton, adm. fr. 1840	TM	
George, s. William, Jr. & Anne, b. Feb. 12, 1790	1	252
George, s. [Asa & Lucy], b. Dec. 4, 1819	1	217
Hannah, d. Benjamin & Lucy, b. Apr. 25, 1775	1	266
Hannah, m. Amasa **FLINT**, b. of Hampton, Sept. 10, 1795	1	324
Harvey, d. Amasa & Ursula, b. Nov. 5, 1800; d. Aug. 21, 1803	1	280
Henry, s. [Asa & Lucy], b. Mar. 29, 1823; adm. fr. 1844	1	217
Horatio, s. Nath[anie]l F. & Jerusha, b. Oct. 24, 1804	1	303
Horatio, s. [Alonzo & Sally], b. Jan. 22, 1828	2	317a
Isaac Newton, s. [Asa & Lucy], b. Apr. 23, 1827	1	217
James, m. Martha **COBURN**, b. of Hampton, June 25, 1789	1	278
James, s. William, Jr. & Anne, b. Mar. 23, 1798	1	252
James, adm. fr. 1819	TM	
James, m. Sally **CLARK**, b. of Hampton, Mar. 6, 1821, by Roger Taintor, J.P.	2	338
Jasper, s. [Nathaniel & Serapta], b. Oct. 11, 1810	1	225
Jerusha, d. Benjamin & Lucy, b. June 14, 1773	1	266
Jerusha, [d. Benjamin & Lucy], d. Jan. 31, 1793	1	266
Jerusha, d. Nath[anie]l Ford & Jerusha, b. Sept. 19, 1800	1	303
Jerusha, of Hampton, m. Ely **CLARK**, of Ashford, July 2, 1838, by Rev. David Bullard	2	312
Jerusha L., [w. Nath[anie]l Ford], d. Jan. 26, 1838	1	303
John, adm. fr. 1801	TM	
Jonathan, m. Susannah **MARTIN**, b. of Hampton, Mar. 3, 1791	1	285
Joseph, Jr., m. Abigail **BULLEN**, b. of Windham, June 2, 1774	1	259

MARTIN, (cont.)

	Vol.	Page
Joseph, Jr., m. Sally **SMITH**, b. of Hampton, Feb. 3, 1822, by Roger Taintor, J.P.; adm. fr. 1822	2	337
Joshua, s. Amasa & Ursula, b. June 10, 1788	1	280
Joshua, m. Elizabeth **LUMMISS**, b. of Hampton, May 20, 1790	1	289
Joshua, s. Joshua & Elizabeth, b. Nov. 22, 1790	1	289
Julia, d. [Nathaniel & Serapta], b. June 17, 1812	1	225
Laura Loiza, d. [Amos & Nancy], b. Apr. 4, 1814	1	233
Lora, d. Nathaniel F. & Jerusha, b. Mar. 29, 1786	1	303
Lora, d. James & Martha, b. Feb. 2, 1792	1	278
Lucy, d. Benjamin & Lucy, b. Mar. 19, 1769	1	266
Lucy, d. Shuba[e]l & Abigail, b. Sept. 12, 1793	1	293
Lucy, w. Benjamin, d. July 13, 1835	1	266
Lucy Hendy, d. Benjamin & Lucy, d. July 3, 1792	1	266
Lucy J., of Hampton, m. Edwin **HARRIS**, of South Coventry, July 2, 1848, by Rev. Isaac H. Coe. Intention published	3	4
Maria, d. [Asa & Lucy], b. Aug. 2, 1825	1	217
Martha, of Hampton, m. Joseph **SNOW**, Jr., of Ashford, Nov. 19, 1795	1	325
Martha, m. John **FARNAM**, b. of Hampton, Mar. 15, 1796	1	336
Mary D., m. Salathiel **NEFF**, b. of Hampton, Dec. 31, 1789	1	292
Matilda, d. [Asa & Lucy], b. July 21, 1817	1	217
Matilda B., of Hampton, m. Enos **BABCOCK**, of Hartford, Oct. 4, 1841, by Rev. George J. Tillotson, of Brooklyn, Conn.	2	301
Nabby, d. Joseph, Jr. & Abigail, b. Oct. 23, 1789	1	259
Nancy Rosetta, d. [Amos & Nancy], b. Aug. 2, 1816	1	233
Nathaniel, s. Nathaniel F. & Jerusha, b. Mar. 9, 1788	1	303
Nathaniel, s. James & Martha, b. Jan. 18, 1790; adm. fr. 1812	1	278
Nathaniel, m. Serapta **WILLIAMS**, Feb. 4, 1810; adm. fr. 1812	1	225
Nathaniel F., of Hampton, m. Naoma **FITTS**, of Ashford, Jan. 27, 1839, by Rev. Dexter Bullard	2	309
Nathaniel F., d. Sept. 26, 1847	1	303
Nathaniel Ford, m. Jerusha **LINKON**, b. of Windham, Dec. 1, 1783	1	303
Nelson, s. Shuba[e]l & Abigail, b. Nov. 17, 1798; adm. fr. 1820	1	293
Norman, adm. fr. 1848	TM	
Olive, d. Nathaniel F. & Jerusha, b. Sept. 27, 1784	1	303
Olive had d. Mary **MINOR**, b. Oct. 16, 1806	1	303
Olive, of Hampton, m. Samuel **DAVISON**, of Plainfield, Mass., Jan. 14, 1823, by Ludovicus Weld	2	335
Olive had d. Mary Ann **MINOR**, d. Sept. 11, 1832	1	303
Patte, d. Benjamin & Lucy, b. Feb. 14, 1777	1	266
Phebe, m. Jedediah **BURNAM**, b. of Hampton, Oct. 12, 1786	1	250
Phinehas, s. Benjamin & Lucy, b. Feb. 3, 1779	1	266
Phinehas, s. Benjamin & Lucy, d. Apr. 5, 1790	1	266
Polly, d. Shuba[e]l & Abigail, b. Aug. 30, 1791	1	293
Royal, s. Shuba[e]l & Abigail, b. Jan. 29, 1782	1	293
Sally, d. Shuba[e]l & Abigail, b. Dec. 22, 1783; d. Apr. 16, 1786	1	293
Sally, d. Shuba[e]l & Abigail, b. Oct. 24, 1787	1	293
Sally, d. Amasa & Ursula, b. Aug. 30, 1794	1	280
Salmon, s. William, Jr. & Anne, b. Sept. 22, 1783; d. Nov. 20, 1787	1	252

	Vol.	Page
MARTIN, (cont.)		
Sarah, d. William, Jr. & Anne, b. Nov. 17, 1787	1	252
Sarah, d. William, Jr. & Anne, d. May 22, 1800	1	252
Sarah Jerusha, s. [sic] [Alonzo & Sally], b. Mar. 8, 1830	2	317a
Stedman, s. Jonathan & Susannah, b. Dec. 10, 1792	1	285
Susannah, m. Jonathan **MARTIN**, b. of Hampton, Mar. 3, 1791	1	285
Tamme, d. Benjamin & Lucy, b. Feb. 18, 1789; d. Oct. 21, 1790	1	266
Thomas, s. Joseph, Jr. & Abigail, b. July 15, 1785	1	259
Thomas, m. Hannah **MOULTON**, b. of Hampton, Mar. 21, 1813	1	239
Ursula, [w. Amasa], d. Feb. 9, 1848	1	280
Vine, [twin with Cline], d. Benjamin & Lucy, b. Apr. 10, 1783	1	266
Vine, s. Shuba[e]l & Abigail, b. Sept. 24, 1789	1	293
William, Jr., of Windham, m. Anne **HALE**, of Mansfield, July 3, 1782	1	252
William, s. William, Jr. & Anne, b. Sept. 16, 1792; d. Mar. 20, 1795	1	252
William, s. William, Jr. & Anne, b. Nov. 13, 1795	1	252
William, 2d, adm. fr. 1817	TM	
W[illia]m, m. Betsey **WALCOTT**, Jan. 2, 1820	2	343
Zac[c]heas, s. Shuba[e]l & Abigail, b. Dec. 5, 1785	1	293
Zaccheas, adm. fr. 1841	TM	
Zurviah, w. Joseph, d. Jan. 17, 1800	1	338
MASON, Asenath, of Hampton, m. Marvin **LYON**, of Providence, R.I., Apr. 4, 1836, by Rev. Daniel G. Sprague	2	317
George, of Providence, R.I., m. Hannah **ASHLEY**, of Hampton, Dec. 7, 1820, by Lodovicus Weld	2	340
MAY, Leveret, adm. fr. 1840, from Hartford	TM	
MEECH, Abigail, m. Robert **HEWIT[T]**, b. of Preston, Dec. 11, 1783	1	311
MELONY, Normand, adm. fr. 1839	TM	
MILLER, Augustus, adm. fr. 1847	TM	
David, of Glastonbury, m. Catharine **CONNER**, of Hampton, Oct. 5, 1848, by Richard Woodruff, V.D.M.	3	5
MILLS, Albert, of Springfield, Mass., m. Eliza Ann **BURNHAM**, of Hampton, Oct. 15, 1844, by W[illia]m Barnes	2	295
MINER, MINOR, Benjamin, of Colebrook, m. Abigail **HOLT**, of Stonington, July 21, 1804	1	243
Freeman, of Colebrook, m. Abigail **HOLT**, of Hampton, July 21, 1804	1	315
Maria, d. Benjamin & Abigail, b. Sept. 30, 1804	1	243
Maria, of Hampton, m. Ebenezer **UTLEY**, of Chaplin, Aug. 14, [1825], by Rev. George S. White, at the house of Amasa Clark	2	348
Mary, d. Olive **MARTIN**, b. Oct. 16, 1806	1	303
Mary Ann, d. Olive **MARTIN**, d. Sept. 11, 1832	1	303
MOLTON, [see under **MOULTON**]		
MONROE, MUNROE, Frances, s. Mercy, of Waterford, b. [ ]	1	244
John, m. Sarah Jane **ROBINSON**, b. of Hampton, Jan. 1, 1846, by Rev. Alfred Burnham	2	293
Mercy, of Waterford, had s. Frances, b. [ ]	1	244
William J., of Windham, m. Cornelia A. **NEFF**, of Hampton, Dec. 28, 1846, by Rev. Alfred Burnham	2	243

	Vol.	Page
MOOREHOUSE, Elizabeth, m. Oliver **INGAL[L]S**, b. of Hampton, Dec. 27, 1835, by Rev. Alfred Burnham	2	317a
MORGAN, MORGAIN, Austin, s. Shubael & Cynthia, d. May 11, 1813, ae. 15 y. 9 m. 15 d.	1	302
Lucy, m. Clefford **ROBINSON**, b. of Windham, Oct. 21, 1778	1	281
Marcus, s. Shubael & Cynthia, b. June 23, 1813	1	302
Selenda, of Hampton, m. Ceryl **WHITAKER**, of Eastford, Jan. 1, 1850, by Rev. F. P. Coe	3	11
Shubael, Jr., adm. fr. 1817	TM	
MORSE, Jedediah, of Franklin, m. Joliva **HOLT**, Apr. 25, 1830, by Charles Moulton, J.P.	2	318
MOSELEY, Angelina, d. [Flavel & Jane], b. Aug. 11, 1804	1	339
Angelina, m. Charles S. **GROSVENOR**, Oct. 16, 1827	1	232
Ann Eliza, [d. Samuel L. & Harriet], b. Mar. 7, 1822	1	222
Anson, s. Eben, Jr. & Lucy, b. July 25, 1801	1	298
Asa B., adm. fr. 1834, by certificate	TM	
Asenath, d. Uriel & Sally, b. July 30, 1799	1	262
Asenath, m. David **BURNETT**, Sept. 5, 1820, by Rev. Lodovicus Weld	2	341
B[e]ulah, d. Samuel & B[e]ulah, b. Feb. 29, 1804	1	339
B[e]ulah, w. Samuel, d. Feb. 11, 1805	1	339
Charles P., m. Jerusha S. **HODGKINS**, Apr. 12, 1830, by Daniel G. Sprague	2	321
Charles Pinkney, s. Flavel & Jane, b. Dec. 23, 1807; adm. fr. 1829	1	339
Clarissa, m. William **WILLIAMS**, Apr. 29, 1829, by Daniel G. Sprague	2	321
Clarry, d. Uriel & Sally, b. July 13, 1794	1	262
Cyrus, adm. fr. 1817	TM	
Daniel Flavel, s. Flavel & Jane, b. Apr. 23, 1806	1	239
David, s. Uriel & Sally, b. Oct. 7, 1788	1	262
Delia Dorrance, d. Charles P. & Jerusha S., b. July 12, 1832	2	354
Ebenezer, of Windham, m. Martha **STRONG**, of North Hampton, Sept. 14, 1773	1	315
Ebenezer, s. Ebenezer & Patty, b. Nov. 21, 1781	1	315
Ebenezer, Jr., of Windham, m. Lucy **CLARK**, of Mansfield, Oct. 8, 1785	1	298
Ebenezer, adm. fr. 1787	TM	
Eben[eze]r, s. Eben[eze]r, Jr. & Lucy, b. Apr. 30, 1799	1	298
Ebenezer, adm. fr. 1803	TM	
Edward, adm. fr. 1840	TM	
Edward S., m. Mary Ann **HAMMOND**, Jan. 6, 1834, by Daniel G. Sprague	2	323
Edward Strong, s. [Samuel L. & Harriet], b. Apr. 29, 1812; adm. fr. 1834	1	222
Elathon, s. Ebenezer, Jr. & Lucy, b. Sept. 22, 1786	1	298
Emeline, of Hampton, m. Herbert W. **PARKIS**, of Plainfield, Nov. 10, 1833, by Daniel G. Sprague	2	342
Emily, d. Thomas & Sally, b. July 31, 1818	1	299
Esther, m. John **FULLER**, Jr., b. of Hampton, Jan. 11, 1787	1	271
Flavel, s. Eben[eze]r, Jr. & Lucy, b. Mar. 3, 1797	1	298
Flavel, m. Jane **DORRANCE**, Feb. 10, 1803; adm. fr. 1787	1	339
Flavel, d. Jan. 28, 1826	1	339

	Vol.	Page
MOSELEY, (cont.)		
George Samuel, s. [Samuel L. & Harriet], b. July 27, 1814	1	222
Hannah, d. Rev. Samuel, of Hampton, b. Mar. 31, 1736; m. John **CURTIS**, of Canterbury (now Hampton), May 29, 1753	2	257
Hannah, d. Ebenezer, Jr. & Lucy, b. May 14, 1789	1	298
Jane, w. Flavel, d. Jan. 13, 1810	1	339
Jane Dorrance, d. Flavel & Jane, b. Feb. 12, 1810	1	339
Jane Dorrance, d. Flavel & Jane, b. Mar. 12, 1829	1	339
John H., adm. fr. 1848	TM	
Joseph, s. Joseph & Grace, b. May 7, 1786	1	299
Joseph, Jr., adm. fr. 1816	TM	
Lucy, d. Ebenezer, Jr. & Lucy, b. June 8, 1793	1	298
Lucy, w. Eben[eze]r, Jr., d. Mar. 24, 1814	1	298
Lucy, m. Samuel **FULLER**, Feb. 9, 1815	1	225
Mary Jane, d. Charles P. & Jerusha S., b. Apr. 15, 1835	2	326
Moses L., adm. fr. 1821	TM	
Nathaniel, Dea., d. Mar. 3, 1788	1	251
Orren, s. Ebenezer, Jr. & Lucy, b. Apr. 15, 1791	1	298
Patty, d. Ebenezer & Patty, b. Oct. 12, 1774	1	315
Sally, d. Uriel & Sally, b. Oct. 1, 1791; d. Feb. 23, 1795	1	262
Sally, d. Uriel & Sally, b. Apr. 12, 1804	1	262
Sally, m. Chauncey **BOWERS**, Mar. 21, 1826, by Daniel G. Sprague	2	351
Sally, wid. Uriel, d. Jan. 1, 1859, ae. 97 y. 11 m. 25 d.	1	262
Samuel, m. B[e]ulah **ALLWORTH**, May 1, 1803	1	339
Samuel, Rev., d. July 26, 1791	1	315
Samuel L., m. Harriet **BULKELEY**, June 23, 1811	1	222
Samuel S., s. Ebenezer & Patty, b. Aug. 11, 1787	1	315
Samuel S., adm. fr. 1808	TM	
Sarah, of Hampton, m. Joseph **STEWARD**, of Upton, May 31, 1789	1	263
Sarah, m. Nathaniel **ROBINS**, b. of Hampton, Nov. 27, 1789	1	302
Sarah, w. [Dea. Nathaniel], d. Aug. 17, 1804	1	251
Silas, s. Joseph & Grace, b. June 1, 1790	1	299
Sophia, d. Ebenezer & Patty, b. Oct. 16, 1776	1	315
Uriel, m. Sally **HAMMOND**, b. of Hampton, Sept. 15, 1785	1	262
William, [s. Samuel L. & Harriet], b. Mar. 17, 1819; d. July 16, 1821	1	222
William B., adm. fr. 1846	TM	
-----, s. [Ebenezer & Patty], b. Apr. 18, 1779; d. the 4th day of his age	1	315
-----, s. [Ebenezer & Patty], b. July 12, 1795; d. [July] 25, 1795	1	315
-----, infant d. [Samuel L. & Harriet], b. Oct. 4, 1816; d. Oct. 8, 1816	1	222
-----, infant s. [Samuel L. & Harriet], b. Jan. 7, 1818; d. Jan. 21, 1818	1	222
MOULTON, MOLTON, Allis, d. Benjamin & Anna, b. Feb. 24, 1784	1	308
Alvin, s. Benjamin & Esther, b. July 29, 1803	1	239
Amasa, s. Benjamin & Anna, b. Feb. 14, 1787	1	308
Anna, d. Benjamin & Anna, b. May 30, 1773	1	308
Benjamin, of Windham, m. Anna **FARNAM**, of Canterbury, Feb. 14, 1771	1	308

	Vol.	Page
MOULTON, MOLTON, (cont.)		
Benjamin, s. Benjamin & Anna, b. Feb. 16, 1775	1	308
Benjamin, Jr., of Hampton, m. Esther **CHAPMAN**, of Ashford, Nov. 27, 1801; adm. fr. 1804	1	239
Caroline, d. Benjamin & Esther, b. Oct. 30, 1808	1	239
Charles, s. Benjamin & Anna, b. June 16, 1782	1	308
Charles, Dr., m. Olive **HOVEY**, Dec. 18, 1810; adm. fr. 1810	1	230
Elijah Chapman, s. Benjamin & Esther, b. Oct. 29, 1805	1	239
Eunice, m. Nathaniel **FLINT**, 3rd, b. of Hampton, June 20, 1793	1	319
Eunice, m. Nathaniel **FLINT**, June 20, 1793	2	329
Eunice, d. Benj[amin] & Anna, b. Apr. 28, 1794	1	308
Eunice, m. Thomas **SPAFFORD**, Sept. 19, 1816	1	221
Hannah, d. Benjamin & Anna, b. Apr. 20, 1789	1	308
Hannah, m. Thomas **MARTIN**, b. of Hampton, Mar. 21, 1813	1	239
Rufus, s. Benjamin & Anna, b. Aug. 29, 1778	1	308
Sally, d. Benjamin & Anna, b. Dec. 3, 1777	1	308
Stephen, s. Benjamin & Anna, b. Apr. 13, 1780	1	308
William, adm. fr. 1802	TM	
-----, 1st child [Benjamin, Jr. & Esther], b. Aug. 16, 1802; d. Oct. 27, 1802	1	239
MUMFORD, Polly, of Ashford, m. Stephen **CUMMINS**, Jr., of Hampton, Dec. 31, 1797	1	333
MUNROE, [see under **MONROE**]		
NEBANEY, Normand, m. Abby A. **PERKINS**, b. of Hampton, Nov. 3, 1838, by Rev. Dexter Bullard	2	310
NEFF, [see also **NEPP**], Betsey, m. Daniel **FULLER**, Sept. 26, 1820, by David Avery, J.P.	2	341
Charles, of Hampton, m. Julia **BURDICK**, of Voluntown, Aug. 21, 1837, by Rev. Daniel G. Sprague	2	314
Chauncey, s. Salathiel & Mary D., b. Mar. 4, 1800	1	292
Chloe, of Hampton, m. Stephen **GREEN**, of Griswold, Dec. 10, 1832, by Alfred Burnham	2	354
Cornelia A., of Hampton, m. William J. **MUNROE**, of Windham, Dec. 28, 1846, by Rev. Alfred Burnham	2	243
Daniel, s. Salathiel & Mary D., b. Apr. 28, 1796; d. Nov. 20, 1813, ae. 17 y.	1	292
Ebenezer, adm. fr. 1826	TM	
Fidelia, m. Charles O. **COLBURN**, Oct. 25, 1830, by Chauncey F. Cleveland, J.P.	2	318
Harvey, s. Salathiel & Mary D., b. Apr. 14, 1798	1	292
Harvey, m. Arabella **MARTIN**, b. of Hampton, Nov. 23, 1820, by Rev. Lodovicus Weld	2	340
Henry, of Hampton, m. Roxana **POPPLE**, of Canterbury, Apr. 8, 1838, by Rev. Alfred Burnham	2	332
John, s. Salathiel & Mary D., b. Nov. 23, 1792	1	292
Lucius, adm. fr. 1830, by certificate	TM	
Maranda, of Hampton, m. Josiah **LELAND**, of Palmer, Mass., Aug. 15, 1841, by Rev. B. N. Harris	2	301
Marcus, adm. fr. 1843, from Chaplin	TM	
Minor, m. Susannah **NEFF**, Mar. 10, 1824, by Charles Moulton, J.P.; adm. fr. 1824	2	348
Orrin, adm. fr. 1843, from Chaplin	TM	

HAMPTON VITAL RECORDS 205

	Vol.	Page
NEFF, [see also **NEPP**], (cont.)		
Polly, d. Salathiel & Mary D., b. Mar. 22, 1790; d. Apr. 8, 1790	1	292
Polly, 2d, d. Salathiel & Mary D., b. Dec. 8, 1791; d. Jan. 10, 1792	1	292
Robert Champlain, s. Thomas, Jr. & Sally, b. July 26, 1836	2	314
Ruth, of Brooklyn, m. Samuel **BUTTS**, of Hampton, Jan. 4, 1831, by Rev. Daniel G. Sprague	2	319
Salathiel, m. Mary D. **MARTIN**, b. of Hampton, Dec. 31, 1789	1	292
Salathiel, adm. fr. 1818	TM	
Salatheal, d. Sept. 20, 1828	2	329
Sophia, d. Salathiel & Mary D., b. Apr. 26, 1795; d. May 22, 1795	1	292
Susannah, m. Minor **NEFF**, Mar. 10, 1824, by Charles Moulton, J.P.	2	348
Thomas, Jr., adm. fr. 1834	TM	
William M., adm. fr. 1834	TM	
NEPP, [see also **NEFF**], Benj[amin] Chaplin, s. W[illia]m & Polly, b. June 13, 1788	1	241
Chloe, d. William & Polly, b. Mar. 31, 1787	1	241
Clara Emerson, d. William & Polly, b. Jan. 9, 1786	1	241
NEWTON, Edgar Hughes, s. William B. & Mary C., b. May 11, 1832	2	323
William, adm. fr. 1830	TM	
William B., m. Mary C. **HUGHES**, June 11, 1832, by Dexter Bullard	2	345
NILES, Lucy, d. Nathaniel Sweet & Lucy, b. Nov. 26, 1792	1	295
Nathaniel Sweet, of Brooklyn, m. Lucy **HOLT**, of Hampton, Aug. 12, 1792	1	295
NORTHUP, Caroldin E., d. Thomas & Sally, b. Oct. 11, 1823	2	350
Caroline E., d. Thomas & Sally, b. Sept. 6, 1826	2	350
Caroline F., d. Thomas & Sally, b. Dec. 18, 1821	2	350
NYE, Charles Henry, s. James N. & Sophronia, b. July 9, 1846	2	242
Chester, of Columbia, m. Harriet **FULLER**, of Hampton, May 31, 1843, by Rev. W[illia]m Barnes	2	298
Henry, of Hampton, Conn., m. Betsey **WHITE**, of Easton, Mass., Feb. 5, 1844, by Rev. John F. Blanchard. Witnesses: Hannah M. Blanchard, Marcus Lyon, Emily Burnham	2	296
Henry, adm. fr. 1848, from Brooklyn	TM	
James N., adm. fr. 1844	TM	
James Ripley, s. James N. & Sophronia, b. Aug. 14, 1851	2	242
Lucy, of Tolland, m. Samuel **ASHLEY**, of Hampton, July 2, 1789	1	276
Nathan, adm. fr. 1840	TM	
O'BRIEN, Mary, d. William & Anne, b. Nov. 10, 1789	1	261
ORMSBY, Bela, s. Jeremiah & Lucy, b. June 5, 1792	1	277
Betsey, of Hampton, m. Zenas **LOOMIS**, of Coventry, Nov. 27, 1835, by Rev. Daniel G. Sprague	2	317a
Charles Huntington, s. John & Lora, b. Jan. 6, 1809	1	244
Dorman Leonard, s. Leonard & Betsey, b. Jan. 12, 1807	1	244
Elijah Lilley, s. Jeremiah & Lucy, b. June 18, 1795	1	277
John, s. Jeremiah & Lucy, b. July 8, 1787	1	277
John, m. Lora **FLINT**, Feb. 25, 1808	1	244
Leonard, m. Betsey **ASHLEY**, May 29, 1806	1	244
Lucy, d. Jeremiah & Lucy, b. Jan. 30, 1790	1	277

BARBOUR COLLECTION

	Vol.	Page
ORMSBY, (cont.)		
Waterman Lilly, s. Leonard & Betsey, b. Sept. 4, 1809	1	244
OSBORN, David, adm. fr. 1847, from Norwich	TM	
OWEN, W[illia]m A., m. Ruth C. **THOMPSON,** June 13, 1837, by David Fox, J.P.; adm. fr. 1839	2	314
PALMER, [see also **TOLMER**], Abel, Elder, adm. fr. 1800	TM	
Eunice, m. David **FOX,** May 22, 1814	1	242
Lydia A., of Hampton, m. John W. **SPAULDING,** of Plainfield, Mar. 26, 1848, by Richard Woodruff, V.D.M.	3	4
Miner, adm. fr. 1848	TM	
PARISH, Lydia, m. Thomas **UTLEY,** Jr., Dec. 5, 1815	1	220
Mary, m. Thomas **UTLEY,** Apr. 5, 1826, by Daniel G. Sprague	2	352
Olive, m. James **RAMOND,** b. of Hampton, Sept. 13, 1789	1	266
PARK, Betsey, d. Jacob & Ruth, b. Jan. 18, 1778	1	283
Charles, s. Jacob & Ruth, b. Jan. 20, 1785	1	283
Elias, adm. fr. 1800	TM	
Erastus, s. Jacob & Ruth, b. Dec. 29, 1776	1	283
Erastus, s. Charles & wid. Huldah, d. Dec. 15, 1823	1	283
Jacob, of Groton, m. Ruth **BENNET,** of Windham, Dec. 2, 1773	1	283
Jacob, Jr., s. Jacob & Ruth, b. Dec. 5, 1782	1	283
Jonathan, s. Jacob & Ruth, b. Nov. 4, 1790	1	283
William, s. Jacob & Ruth, b. Mar. 24, 1787	1	283
PARKER, Deborah, d. Stephen & Mary, d. May 20, 1788, ae. 23 y. 7 m. 13 d.	1	253
Ebenezer, s. Stephen & Mary, d. Mar. 13, 1789	1	253
James, m. Polly **ROBBINS,** b. of Hampton, Mar. 3, 1793	1	294
James, s. James & Polly, b. Dec. 13, 1793	1	294
Mary, mother of Stephen, d. Nov. 13, 1789, in the 96th y. of her age	1	253
Stephen, d. Oct. 8, 1789	1	253
PARKHURST, [see also **PARKIS**], Charles S., adm. fr. 1844, from Brooklyn	TM	
PARKIS, [see also **PARKHURST**], Herbert W., of Plainfield, m. Emeline **MOSELEY,** of Hampton, Nov. 10, 1833, by Daniel G. Sprague	2	342
[PARRISH], [see under **PARISH**]		
PARSONS, Lydia, m. Ebenezer **GRIFFIN,** b. of Hampton, Mar. 31, 1834, by Dexter Bullard	2	355
Sarah, m. Charles **GRIFFIN,** May 3, 1837	2	244
Sophia, m. Daniel C. **HOLT,** Apr. 4, 1847, by Rev. Isaac H. Coe	2	244
Susan T., m. George **BURNHAM,** b. of Hampton, Oct. 21, 1847, by Rev. Isaac H. Coe. Intention published	3	1
PEARL, Austin Eugene, s. John P. & Maria, b. Jan. 11, 1851	3	12
Charles, m. Maryette **SNOW,** b. of Hampton, June 2, 1850, by Rev. George W. Greenslit	3	13
Clarrissa, d. Phillip, Jr. & Clarrissa, b. Nov. 9, 1821	1	243
David, s. [Jerome & Amaryllis], b. July 18, 1819; adm. fr. 1840	2	346
Elisha, s. Philip & Olive, d. May 22, 1802	1	257
Frank, s. Philip, Jr. & Clarrissa, b. July 28, 1817	1	243
Hannah, d. Philip, Jr. & Clarrissa, b. Apr. 7, 1815	1	243
Harriet, d. Phillip, Jr. & Clarrissa, b. Feb. 17, 1812	1	243
Harriet, of Hampton, m. Willard **LYON,** of Ashford, Dec. 21,		

	Vol.	Page
PEARL, (cont.)		
1836, by Rev. Stephen Cushing, Eastford	2	315
Harriet Matilda, d. P[hilip], Jr. & Clarrissa, b. May 23, 1810; d. Apr. 6, 1811	1	243
Jerome, m. Amaryllis **ALLWORTH**, May 14, 1800	2	346
Jerome, adm. fr. 1818	TM	
John P., adm. fr. 1835	TM	
Lodema K., of Hampton, m. Septimus **GILBERT**, of Brooklyn, Apr. 16, 1833, by Daniel G. Sprague	2	324
Lucy, d. Philip & Olive, b. Oct. 2, 1792	1	257
Nabby, d. Philip & Olive, b. Oct. 2, 1792; d. May 7, 1809	1	257
Nathaniel Lester, s. Phillip, Jr. & Clarrissa, b. Sept. 3, 1808	1	243
Nath[anie]l Lester, s. Philip, Jr. & Clarrissa, d. Sept. 27, 1809	1	243
Olive, d. Philip & Olive, b. July 1, 1790	1	257
Olive, m. Anson **HOWARD**, Jan. 2, 1812	1	221
Olive, d. Phillip, Jr. & Clarrissa, b. May 12, 1823	1	243
Patrick Henry, s. P[hillip], Jr. & Clarrissa, b. June 8, 1819; adm. fr. 1840	1	243
Philip, Jr., m. Clarrisa **FARNAM**, Dec. 8, 1805; adm. fr. 1804	1	243
Rufus, s. Philip & Olive, b. Sept. 21, 1787; adm. fr. 1809	1	257
Samuel, s. [Jerome & Amaryllis], b. July 6, 1822; adm. fr. 1844	2	346
Walter O., adm. fr. 1835	TM	
William, s. [Jerome & Amaryllis], b. June 29, 1816	2	346
William, adm. fr. 1838	TM	
-----, s. [Philip, Jr. & Clarrissa], b. Aug. 24, 1813; d. Oct. 15, 1813	1	243
PELLET, John N., adm. fr. 1845, from Canterbury	TM	
PENFIELD, Evelius, adm. fr. 1836	TM	
PERKINS, Abby A., m. Normand **NEBANEY**, b. of Hampton, Nov. 3, 1838, by Rev. Dexter Bullard	2	310
Isaac C., of Hartford, m. Chloe S. **FOSTER**, of Hampton, Mar. 4, 1849, by Rev. Isaac H. Coe. Intention published	3	5
John A., adm. fr. 1830	TM	
Milton, s. Milton M. & Josephine, b. Feb. 10, 1839	2	334
PHELPS, Esther, m. Ransford **ASHLEY**, Oct. 18, 1811	2	299
Horace, s. [Ziba H. & Betsey], b. Sept. 9, 1823	2	332
Hulda, m. Moses **WALCOTT**, Feb. 10, 1803	1	244
John, m. Betsey **ROBINSON**, Nov. 30, 1818	1	262
Josiah H., b. Oct. 7, 1801; adm. fr. 1820	1	335
Lavara Ann, d. [Ziba H. & Betsey], b. Sept. 7, 1820	2	332
Lucy, m. Asa **MARTIN**, Jan. 19, 1817	1	217
Peter, s. [Josiah H.] b. "last whortleberry time, will be a year old pretty soon". (His first son)	1	335
Ziba H., m. Betsey **GRIFFIN**, Jan. 1, 1818	2	332
Ziba H., adm. fr. 1816	TM	
PHILLIPS, Benjamin B., adm. fr. 1847, from Norwich	TM	
Eliza, d. [Nathan & Sally], b. Jan. 22, 1823	2	347
Nathan, adm. fr. 1820	TM	
Nathan Williams, s. Nathan & Sally, b. Apr. 19, 1819	2	347
Nathaniel, adm. fr. 1848	TM	
Palmer, adm. fr. 1846, from Killingly	TM	
Pardon D., adm. fr. 1844	TM	

	Vol.	Page

PHILLIPS, (cont.)
    Thomas Clark, s. [Nathan & Sally], b. Dec. 25, 1820 — 2, 347

PIERCE, Elias, adm. fr. 1842, from Brooklyn — TM
    John J., adm. fr. 1843 — TM

PLACE, Ebenezer Benjamin, s. [Joseph D. & Laura M.], b. Mar. 9, 1842 — 2, 353
    George Brown, s. [Joseph D. & Laura M.], b. May 6, 1833 — 2, 353
    Harriet Ellen, d. [Joseph D. & Laura M.], b. May 2, 1844 — 2, 353
    Joseph D., m. Laura M. [ ]; adm. fr. 1844 — 2, 353
    Lovina Ann, d. [Joseph D. & Laura M.], b. Jan. 15, 1838 — 2, 353
    Lydia Maria, d. [Joseph D. & Laura M.], b. July 20, 1835 — 2, 353
    Mary Elizabeth, d. [Joseph D. & Laura M.], b. July 5, 1831 — 2, 353

POLLARD, William, adm. fr. 1843 — TM
    Thomas H., adm. fr. 1848 — TM

POLLOCK, Edwin, adm. fr. 1847, from Windham — TM
    William W., adm. fr. 1839, from Windham — TM

POOLER, John, adm. fr. 1817 — TM

POPPLE, Roxana, of Canterbury, m. Henry **NEFF**, of Hampton, Apr. 8, 1838, by Rev. Alfred Burnham — 2, 332

POTTER, Benjamin B., adm. fr. 1839 — TM
    James, adm. fr. 1839 — TM
    Robert, adm. fr. 1839 from Pomfret — TM
    Stephen D., adm. fr. 1841 — TM
    William, Jr., of Lisbon, m. Laura **WELD**, of Hampton, Oct. 30, 1820, by Ludovicus Weld — 2, 341

PRENTICE, PRENTIS, PRENTISS, Eliza A., of Hampton, m. James H. **DUDLEY**, of Douglass, Mass., Sept. 28, 1836, by Rev. Daniel G. Sprague — 2, 315
    Eliza Avery, d. [Joseph & Betsey A.], b. Sept. 3, 1817 — 1, 222
    John Brewster, s. Joseph & Betsey A., b. July 5, 1821 — 1, 222
    Joseph, adm. fr. 1812 — TM
    Joseph, m. Betsey A. **BREWSTER**, Apr. 23, 1815 — 1, 222

PRESTON, Alvah, s. Roswell & Mehetable, b. Nov. 17, 1802; adm. fr. 1824 — 1, 335
    Amanda, d. Roswell & Mehetable, b. Mar. 8, 1801 — 1, 335
    Amanda, m. Edward **LITCHFIELD**, b. of Hampton, Mar. 28, 1821, by Ludovicus Weld — 2, 339
    Ambrose, s. Jacob & Mary, d. Nov. 21, 1793, in the 20th y. of his age — 1, 317
    Ambrose, s. Charles & Sally, b. Mar. 6, 1794 — 1, 275
    Austin, m. Harriet **BURNAM**, Jan. 10, 1825, by Daniel G. Sprague; adm. fr. 1825 — 2, 331
    Charles, m. Sally **FLINT**, b. of Hampton, Nov. 11, 1790 — 1, 275
    Charles, s. Charles & Sally, b. July 26, 1796 — 1, 275
    C[h]loe, d. Roswell & Mehetable, b. July 19, 1799 — 1, 335
    Chloe, of Hampton, m. Nathan **KENDALL**, of Brooklyn, Nov. 9, 1823, by Ludovicus Weld — 2, 334
    Dinah, m. Stephen **CLARK**, Dec. 18, 1777 — 1, 281
    Eunice Ford, m. William **CLARK**, Jr., Apr. 15, 1783 — 1, 283
    Foster, m. Sally **DURKEE**, b. of Hampton, Apr. 2, 1797; adm. fr. 1794 — 1, 336
    Jacob, Jr., adm. fr. 1787 — TM

HAMPTON VITAL RECORDS

	Vol.	Page
PRESTON, (cont.)		
Jacob, d. Nov. 5, 1806, in the 74th y. of his age	1	317
Jacob, s. [Roswell & Mehetable], b. May 2, 1810	1	335
Julia Ann, d. [Roswell & Mehetable], b. Aug. 22, 1812	1	335
Lois, m. James **SMITH**, b. of Windham, Apr. 30, 1766	1	313
Lucretia, m. Nathaniel **HODGKINS**, Jr., June 12, 1827	2	354
Mary, w. Jacob, d. Apr. 18, 1797, in the 57th y. of her age	1	317
Mary, d. Roswell & Mehetable, b. July 6, 1806	1	335
Mary, m. Edmund **COMMINS**, Dec. 4, 1826, by Daniel G. Sprague	2	327
Roswell, m. Mehetable **KNOWLTON**, Oct. 18, 1798; adm. fr. 1797	1	335
Roswell, s. Roswell & Mehetable, b. Oct. 2, 1804; adm. fr. 1826	1	335
Sally, d. Charles & Sally, b. Oct. 3, 1791	1	275
Sally, m. Asel **DURKEE**, b. of Hampton, June 10, 1793	1	321
William, s. [Roswell & Mehetable], b. Aug. 19, 1808; adm. fr. 1830	1	335
PRINCE, Nancy, m. John **SEARLES**, b. of Brooklyn, June 28, 1847, by Rev. W[illia]m Barnes	3	1
PRIOR, Mary, m. Josiah **HOLT**, Feb. 10, 1804	1	340
PUTNAM, Charlotte, of Preston, m. Ebenezer **CURTISS**, of Hampton, Nov. 24, 1791	1	315
PUTNEY, Alice, m. Titus **CLARK**, Oct. 22, 1799	1	314
RABBOTH, James, adm. fr. 1847	TM	
Thomas, adm. fr. 1847	TM	
RAMOND, [see under **RAYMOND**]		
RANSOM, Lodema, of Kent, m. Jonathan **KINGSBURY**, of Windham, June 21, 1774	1	316
RATHBONE, Mary Ann, of Lyme, m. Jesse **FULLER**, of Brooklyn, Aug. 8, 1841, by Rev. B. N. Harris	2	301
RAWSON, Davis C., adm. fr. 1843	TM	
Denis C., m. Eliza **COPELAND**, Apr. 21, 1846, by W[illia]m Barnes	2	350
Nathaniel Mead, adm. fr. 1840	TM	
[**RAYMOND**], **RAMOND**, Abigail, w. James, d. Oct. 13, 1788	1	266
Abigail, d. James & Olive, b. July 11, 1790	1	266
Asa, s. James & Olive, b. Sept. 8, 1794	1	266
James, m. Olive **PARISH**, b. of Hampton, Sept. 13, 1789	1	266
James, s. James & Olive, b. Mar. 4, 1792	1	266
READ, Bela, m. Betsey **BENNET**, b. of Hampton, Nov. 8, 1792	1	312
Betsey, d. Bela & Betsey, b. Oct. 26, 1795	1	312
Charles D., of Canterbury, m. Marina **SPAFFORD**, of Hampton, Nov. 27, 1851, by Rich[ar]d Woodruff, V.D.M.	3	13
Lucinda, d. Bela & Betsey, b. Mar. 28, 1793	1	312
Reuben, of Weston, Mass., m. Sophronia **CHENEY**, of Hampton, Mar. 2, 1830, by Daniel G. Sprague	2	320
Sarah, b. Mar. 21, 1741; m. Samuel **FULLER**, Oct. 22, 1761	1	223
RECKARD, Stephen, of Pomfret, m. Betsey **CHAMBERLAIN**, of Hampton, Mar. 26, 1823, by Lodovicus Weld; adm. fr. 1832	2	343
RICHARDSON, **RITCHARDSON**, Aldin, s. John & Jerusha, b. Mar. 25, 1789	1	310
Alden, adm. fr. 1819	TM	

	Vol.	Page
RICHARDSON, RITCHARDSON, (cont.)		
Annah, d. John & Jerusha, b. Mar. 2, 1783	1	310
Chloe, d. John & Jerusha, b. Jan. 4, 1779	1	310
Daniel, s. John & Jerusha, b. June 27, 1787	1	310
Daniel, adm. fr. 1810	TM	
James, s. John & Jerusha, b. Nov. 30, 1774	1	310
Jerusha, d. John & Jerusha, b. Dec. 14, 1781	1	310
John, m. Jerusha **ROBINSON**, b. of Windham, May 18, 1774	1	310
Levi, s. John & Jerusha, b. Nov. 28, 1776	1	310
Marvin, s. John & Jerusha, b. Oct. 29, 1795	1	310
Mary, d. John & Jerusha, b. Feb. 17, 1793	1	310
Olive, d. John & Jerusha, b. Apr. 28, 1791	1	310
Sally, m. James **CLARK**, Jan. 29, 1808	1	214
Sarah, d. John & Jerusha, b. Apr. 17, 1785	1	310
Zerviah, m. Nathan **JINNINGS**, b. of Windham, Dec. 14, 1780	1	317
RINGE, RINDGE, Anna, d. Richard & Sarah, b. Feb. 2, 1788	1	305
Anne, m. John **KINGSLEY**, Jr., Mar. 17, 1808	1	232
Artemesia, m. Charles **HAMMOND**, Apr. 2, 1818	1	261
Erastus, of Groton, m. Chloe **FOSTER**, of Hampton, Apr. 17, 1823, by Jared Andrus	2	336
Isaac, adm. fr. 1799	TM	
John, s. Richard & Sarah, b. Jan. 24, 1784	1	305
John, m. Deborah **CLARK**, b. of Hampton, Apr. 6, 1795	1	323
John L., adm. fr. 1795	TM	
Jonathan K., adm. fr. 1818	TM	
Joseph, s. Richard & Sarah, b. July 22, 1792	1	305
Lucy, d. Richard & Sarah, b. June 2, 1790	1	305
Nathan, s. Richard & Sarah, b. May 27, 1795; d. Aug. 11, 1795	1	305
Nathan, s. Richard & Sarah, b. Sept. 21, 1796	1	305
Polly, d. Richard & Sarah, b. Dec. 19, 1799	1	305
Richard, of Windham, m. Sarah **COPLIN**, of Pomfret, Nov. 9, 1783	1	305
Samuel, adm. fr. 1810	TM	
Samuel D., adm. fr. 1848	TM	
Sarah, d. Richard & Sarah, b. Nov. 8, 1785	1	305
Thomas, Jr., m. Betsey **HOWARD**, Nov. 25, 1813; adm. fr. 1815	1	229
Thomas, Jr., m. Lora **SPENCER**, May 7, 1818	1	229
RIPLEY, Luther, of Mansfield, m. Eunice **SMITH**, of Hampton, Oct. 3, 1821, by Ludovicus Weld; adm. fr. 1815	2	338
RISLEY, Frederick L., of Manchester, m. Harriet A. **ABBOTT**, of Hampton, Sept. 3, 1838, by Rev. Daniel G. Sprague	2	312
ROBBETH, Francis, s. James & Susannah, b. Sept. 13, 1838	2	299
ROBBINS, ROBINS, Allis, d. John & Allis, b. Nov. 13, 1791	1	252
Alice, m. Joel **FULLER**, Apr. 25, 1805	1	246
Anne, d. John & Allis, b. Aug. 17, 1793	1	252
Betsey, d. John & Elizabeth, b. Sept. 25, 1783	1	228
Betsey, m. Joseph **GROW**, Dec. 8, 1808	1	235
Clarissa, m. Asahel **SESSIONS**, Mar. 27, 1810	1	341
Eben[eze]r, m. Esther **ALLWORTH**, b. of Hampton, Oct. 28, 1804; adm. fr. 1789	1	341
Edwin, s. Eben[eze]r & Esther, b. July 12, 1813	1	341
Elizabeth, w. John, d. Sept. 1, 1787	1	252

HAMPTON VITAL RECORDS

	Vol.	Page
ROBBINS, ROBINS, (cont.)		
Elmira, d. John & Elizabeth, b. Sept. 6, 1786	1	252
Hannah, m. John **SESSIONS**, Jr., b. of Hampton, Dec. 19, 1790	1	288
John, of Hampton, m, Elizabeth **HUTCHINSON**, of Lebanon, Dec. 27, 1781	1	252
John, of Hampton, m. Allis **WILLIAMS**, of Union, Oct. 27, 1790	1	252
John, s. John & Allis, b. Oct. 20, 1795	1	328
Latius, s. Nath[anie]l & Sarah, b. Jan. 29, 1799	1	302
Ludovicus, m. Lucy **HEWITT**, June 24, 1817	1	216
Mary, of Hampton, m. Nathaniel **BOWDISH**, of Preston, Oct. 11, 1790	1	271
Mary, d. Eben[eze]r & Esther, b. Aug. 6, 1807	1	341
Nathaniel, m. Sarah **MOSELEY**, b. of Hampton, Nov. 27, 1789	1	302
Nelson, s. Eben[eze]r & Esther, b. Dec. 5, 1810	1	341
Patience, of Windham, m. William **CLARK**, of Mansfield, May 7, 1778	1	313
Polly, m. James **PARKER**, b. of Hampton, Mar. 3, 1793	1	294
Rebecca, m. Asahel **SESSIONS**, b. of Hampton, Nov. 14, 179[ ]; d. Oct. 15, 1809	1	314
Thomas Moseley, s. Nathaniel & Sarah, b. Mar. 9, 1793	1	302
William Allworth, s. Eben[eze]r & Esther, b. Oct. 2, 1805	1	341
ROBINSON, Abel, m. Eunice **SESSIONS**, Nov. 28, 1816	1	301
Abel, m. Sally **BURNAM**, May 21, 1821	1	301
Abnee Adonijah, s. Benjamin F. & Clarrissa F., b. Dec. 2, 1845	2	293
Albert, adm. fr. 1826	TM	
Albert Alphozo, s. Benjamin F. & Clarrissa F., b. June 1, 1843	2	293
Allathear, b. July 17, 1760; m. David **FOX**, Oct. 27, 1785	1	242
Augustus, s. Eliza Ann, b. Nov. 23, 1851	3	1
Benjamin F., m. Clarrissa **BURNHAM**, b. of Hampton, Apr. 9, 1835, by Dexter Bullard; adm. fr. 1836	2	350
Betsey, m. Asahel **HAMMOND**, b. of Hampton, Dec. 9, 1801	1	340
Betsey, m. John **PHELPS**, Nov. 30, 1818	1	262
Celia Lovejoy, d. Benjamin F. & Clarissa F., b. May 4, 1838	2	314
Charles, s. Clefford & Lucy, b. Dec. 25, 1781	1	281
Clefford, m. Lucy **MORGAIN**, b. of Windham, Oct. 21, 1778	1	281
David, s. Clefford & Lucy, b. Mar. 1, 1780	1	281
Eliphalet, adm. fr. 1816	TM	
Eliza Ann had s. Augustus, b. Nov. 23, 1851	3	1
Emeline, d. [Abel & Sally], b. Mar. 8, 1821	1	301
Eunice, w. Abel, d. Feb. 12, 1820	1	301
Harvey, s. Clefford & Lucy, b. Aug. 18, 1784	1	281
Jerusha, m. John **RITCHARDSON**, b. of Windham, May 18, 1774	1	310
Joshua, adm. fr. 1832	TM	
Lewis, m. Dolly **HINSDALE**, May 15, 1817	1	216
Lewis Hezekiah, s. [Lewis & Dolly], b. Mar. 17, 1818	1	216
Lucy, d. Clefford & Lucy, b. June 6, 1791	1	281
Mary, m. Theodore **HALL**, Sept. 5, 1825, by Nathaniel F. Martin, J.P.	2	330
Minor, of Windham, m. Harriet **BURNHAM**, of Hampton, Jan. 1, 1834, by Alfred Burnham; adm. fr. 1835, by certificate	2	329
Miner S., adm. fr. 1835, by certificate	TM	

	Vol.	Page
ROBINSON, (cont.)		
Moss W., adm. fr. 1845, from Windham	TM	
Nathan, adm. fr. 1818	TM	
Sarah Jane, d. [Abel & Sally], b. Jan. 11, 1825	1	301
Sarah Jane, m. John **MONROE,** b. of Hampton, Jan. 1, 1846, by Rev. Alfred Burnham	2	293
William, s. Clefford & Lucy, b. May 24, 1789	1	281
William Channing, s. Benjamin F. & Clarissa F., b. Nov. 29, 1836; d. Mar. 1, 1837	2	314
ROCKARD, Elizabeth, of Pomfret, m. Joseph **ASHLEY,** Jr., of Hampton, June 30, 1785	1	258
ROCKWELL, Charles M., m. Mary C. **FITTS,** b. of Hampton, Apr. 25, 1852, by Richard B. Eldredge	3	14
Mercy M., of Hampton, m. Charles **ALLSTON,** of Pomfret, Oct. 1, 1838, by Rev. Daniel G. Sprague	2	311
ROGERS, Edwin W., adm. fr. 1844, from Norwich	TM	
Eunice, w. Jeduthan, d. Oct. 26, 1797, in the 66th y. of her age	1	332
Jeduthan, d. Nov. 19, 1800, in the 77th y. of his age	1	332
Rufus, of Hampton, m. Jemima **STRICKLAND,** of Stafford, Dec. 23, 1790	1	285
ROOD, Jonas, adm. fr. 1805	TM	
ROYCE, Nelson B., adm. fr. 1833	TM	
RUSSELL, Jesse, adm. fr. 1834, by certificate	TM	
Sally, of Ashford, m. Henry **DURKEE,** Jr., of Hampton, Sept. 25, 1794	1	325
SADLER, Milo B., of Milford, Mass., m. Frances F. **FISK,** of Hampton, May 7, 1848, by Rev. Isaac H. Coe. Intention published	3	4
SAFFORD, Benjamin S., m. Sarah **ASHLEY,** Jan. 25, 1821, by Rev. Lodovicus Weld; adm. fr. 1820	2	340
Jerusha S., of Canterbury, m. Lewis H. **WARREN,** of Ashfield, Mass., [ ], by Daniel G. Sprague	2	334
Lucy A., of Hampton, m. Morris L. **GUILD,** of Woodstock, Jan. 1, 1843, by Rev. W[illia]m Barnes	2	300
Lucy Ann, d. Benj[ami]n S. & Sarah, b. Aug. 14, 1823	2	333
SALISBURY, Hannah, of Pomfret, m. Ebenezer **CLARK,** Jr., of Hampton, May [ ], 1803	1	319
SANFORD, Caleb, adm. fr. 1844, from Montville	TM	
Cordelia Ann, d. Martin & Lydia Ann, b. Dec. 1, 1847	2	244
Martin, m. Lydia Ann **LINCOLN,** b. of Hampton, Apr. 18, 1847, by Edward Pratt, Abington. Intention published in the Cong. Meeting House	2	244
Martin L., adm. fr. 1848	TM	
SCOTT, Charles C., adm. fr. 1833	TM	
Hugh M., adm. fr. 1846	TM	
William, adm. fr. 1838	TM	
SCRANTON, Fones, adm. fr. 1826	TM	
John, adm. fr. 1840	TM	
SEAGER, [see under SEGAR]		
SEARLES, Andrew Jackson, s. Gurdon & Eunice, b. Oct. 28, 1821; d. Sept. 8, 1823	2	346
Bela, m. Hannah **WOLCUTT,** Feb. 25, 1813; adm. fr. 1811	1	236

	Vol.	Page
SEARLES, (cont.)		
Charles H., adm. fr. 1844	TM	
Daniel, m. Polly **HERRICK**, b. of Brooklyn, July 4, 1793; adm. fr. 1794	1	322
Daniel, s. Joel & Eliza, b. Apr. 4, 1820; d. Sept. 7, 1823	1	214
Daniel, d. Feb. 6, 1848	1	322
Dimas, d. [Daniel & Polly], b. Apr. 24, 1798	1	322
Dimas, m. Ephraim **SPICER**, Dec. 21, 1817	1	216
Edwin Clark, s. [Bela & Hannah], b. Jan. 6, 1815	1	236
Eliza, w. Joel, d. Mar. 1, 1847	1	214
Emily E., m. Isaac H. **COE**, Oct. 11, 1846, by Rev. W[illia]m Barnes	2	243
Emily Elizabeth, 1st d. [Joel & Eliza], b. July 17, 1824	1	214
Gurdon, s. Daniel & Polly, b. Oct. 27, 1794; adm. fr. 1816	1	322
Gurdon, m. Eunice **LATHROP**, b. of Hampton, Dec. 31, 1820, by Roger Taintor, J.P.	2	340
Henry Salter, s. [Bela & Hannah], b. Dec. 9, 1821	1	236
Joel, m. Eliza **WHEELER**, May 16, 1819; adm. fr. 1818	1	214
Joel, s. [Daniel & Polly], b. Apr. [ ]; adm. fr. 1818	1	322
John, m. Nancy **PRINCE**, b. of Brooklyn, June 28, 1847, by Rev. W[illia]m Barnes	3	1
John S., of Brooklyn, m. Jane S. **FULLER**, of Hampton, Jan. 22, 1845, by W[illia]m Barnes	2	294
Lite Ann, d. Gurdon & Eunice, b. Oct. 26, 1825	2	346
Lucretia, d. [Daniel & Polly], b. Jan. 22, 1808	1	322
Lucretia, m. Eleazer **WHITON**, Jan. 17, 1832, by Daniel G. Sprague	2	327
Manna A., m. William J. **GATES**, b. of Hampton, Apr. 7, 1850, By Rev. Isaac H. Coe. Intention published	3	11
William Salter, s. [Bela & Hannah], b. Dec. 9, 1813; d. Sept. 7, 1822	1	236
SEGAR, SEAGER, Abel, adm. fr. 1837, from Pomfret	TM	
Gideon C., of Killingly, m. Mary S. **BREWSTER**, of Hampton, Sept. 3, 1836, by Rev. Daniel G. Sprague	2	316
SESSIONS, Ariel*, adm. fr. 1795 *(Asiel?)	TM	
Asahel, m. Rebecca **ROB[B]INS**, b. of Hampton, Nov. 14, 179[ ]	1	314
Asahel, m. Clarissa **ROBBINS**, Mar. 27, 1810	1	235
Betsey, d. John & Hannah, b. May 11, 1798	1	288
Charles, s. John, Jr. & Hannah, b. June 3, 1800	1	288
Clarrissa Rebecca, d. [Asahel & Clarissa], b. Apr. 29, 1811	1	235
Daniel, adm. fr. 1811	TM	
Eben[eze]r, s. John & Hannah, b. June 23, 1796	1	288
Eunice, d. John, Jr. & Hannah, b. July 5, 1802	1	288
Eunice, m. Abel **ROBINSON**, Nov. 28, 1816; d. Feb. 12, 1820	1	301
Hannah, d. John, Jr. & Hannah, b. Mar. 10, 1795	1	288
John, Jr., m. Hannah **ROB[B]INS**, b. of Hampton, Dec. 19, 1790; adm. fr. 1794	1	288
John, s. John, Jr. & Hannah, b. Oct. 23, 1791	1	288
Josiah, adm. fr. 1801	TM	
Lois Amelia, d. [Asahel & Clarissa], b. June 11, 1817	1	235
Marcus Fenelon, s. [Asahel & Clarissa], b. Dec. 25, 1813	1	235

	Vol.	Page
SESSIONS, (cont.)		
Rebecca, w. Asahel, d. Oct. 15, 1809	1	314
Rufus, s. John, Jr. & Hannah, b. June 24, 1793	1	288
Sophronia, m. Nathaniel **FLINT**, Jr., June 17, 1819	2	343
SHARP, Chester, adm. fr. 1799	TM	
Sabra, m. David **MARTIN**, Jan. 13, 1803	1	324
SHELDON, William G., adm. fr. 1848	TM	
SHEPERD, Chester, adm. fr. 1843, from Brooklyn	TM	
SHIPPEE, Albert, adm. fr. 1847, from Brooklyn	TM	
Ann Eldora, d. Darius & Eliza, b. Apr. 2, 1854	3	12
Clarence G., s. Darius & Eliza, b. Mar. 4, 1860; d. Sept. 1, 1860	3	12
Solomon, adm. fr. 1847, from Brooklyn	TM	
SHOALES, Abby N., of Canterbury, m. William D. **AYERS**, of Franklin, Apr. 24, 1843, by Rev. John F. Blanchard	2	298
SIMONS, Benjamin, s. Elijah & Margaret, b. Dec. 26, 1785	1	320
Charles Spicer, s. [David & Charlotte], b. Oct. 20, 1814	1	215
Chloe, m. Abial **FARNAM**, b. of Windham, June 21, 1781	1	282
Cordelia, d. [David & Charlotte], b. July 24, 1812	1	215
David, s. Elijah & Margaret, b. Jan. 11, 1781	1	320
David, m. Charlotte **SMITH**, Nov. 25, 1802	1	215
David, 1ˢᵗ s. [David & Charlotte], b. Nov. 13, 1807	1	215
David, adm. fr. 1817	TM	
Elijah, m. Margaret **CANADA**, b. of Windham, Apr. 6, 1780	1	320
Fanny, d. Elijah & Margaret, b. Apr. 21, 1783	1	320
Lucy, d. Elijah, Jr. & Lucy, b. June 11, 1787	1	300
Margaret, 1ˢᵗ d. [David & Charlotte], b. Nov. 9, 1803	1	215
Mariah, d. Elijah, Jr. & Lucy, b. Aug. 11, 1790	1	300
Mary, m. Jeremiah **DURKEE**, b. of Windham, Nov. 26, 1778	1	284
Olivia, d. [Elijah & Margaret], b. Sept. 22, 1796	1	320
Parmelia, 2ⁿᵈ d. [David & Charlotte], b. Jan. 26, 1806	1	215
Sally, d. Elijah, Jr. & Lucy, b. Dec. 24, 1794	1	300
Salmon, s. Elijah & Margaret, b. Jan. 26, 1789	1	320
Salome, d. Elijah, Jr. & Lucy, b. Mar. 27, 1798	1	300
Samuel, s. Elijah & Margaret, b. Feb. 11, 1792	1	320
Samuel Clark, s. [David & Charlotte], b. Dec. 28, 1816	1	215
Simeon, s. [Elijah & Margaret], b. June 10, 1799; adm. fr. 1821	1	320
Sophia, d. Elijah, Jr. & Lucy, b. June 14, 1805	1	300
Sophia E., m. Otis **WHITON**, Oct. 14, 1833, by Daniel G. Sprague	2	351
Stephen Smith, s. [David & Charlotte], b. Apr. 13, 1810	1	215
SIMPSON, Geo[rge] W., adm. fr. 1840, from Coventry	TM	
SISSON, Arnold Clark, s. [Rodman & Ruth], b. Oct. 8, 1826	2	329
Esther L., d. Rodman & Ruth, b. Apr. 23, 1821	2	329
Frances Mary, d. [Rodman & Ruth], b. Dec. 14, 1829	2	329
George, adm. fr. 1825	TM	
Rodman, adm. fr. 1824	TM	
SKINNER, Samuel W., m. Doriann **FULLER**, Sept. 16, 1846, by Rev. W[illia]m Barnes	2	243
SLADE, Nelson W., adm. fr. 1832, by certificate	TM	
SMITH, Alletheah, d. James & Lois, b. Apr. 5, 1767	1	313
Ardelia, d. [Joshua & Phebe], b. Aug. 6, 1810	1	331
Ardelia, m. Clark W. **TAYLOR**, Mar. 27, 1833, by Daniel G.		

HAMPTON VITAL RECORDS

	Vol.	Page
SMITH, (cont.)		
Sprague	2	327
Asher, adm. fr. 1833	TM	
Augustus, m. Nancy **ALEXANDER**, b. of Hampton, Jan. 1, 1835, by Dexter Bullard	2	355
Charles F., adm. fr. 1834, by certificate	TM	
Charles L., of Hampton, m. Maria **ALLEN**, of Windham, Jan. 25, 1835, by Alfred Burnham	2	355
Charles Smith, s. [Thomas H. & Mary], b. Apr. 15, 1832	2	321
Charlotte, m. David **SIMONS**, Nov. 25, 1802	1	215
Cornelia, d. [Harvey & Achsah], b. Sept. 6, 1822; d. Sept. 11, 1824	2	342
Cornelia, d. [Harvey & Achsah], b. June 7, 1824	2	342
Cornelia, m. John R. **TWEEDEY**, Oct. 20, 1846, by Rev. W[illia]m Barnes	2	243
Daniel T., m. Hannah **TAYLOR**, Mar. 25, 1828, by Daniel G. Sprague; adm. fr. 1827	2	324
Daniel Trowbridge, s. Joshua & Phebe, b. Feb. 1, 1806; adm. fr. 1827	1	331
Dwight, s. [Harvey & Achsah], b. May 30, 1826	2	342
Emeline, of Windham, m. Denison **AVERY**, of Coventry, Apr. 3, 1836, by Rev. David Bullard	2	316
Emilia, d. [Joshua & Phebe], b. Mar. 11, 1815	1	331
Eunice, m. Isaac **STAPLES**, b. of Hampton, May 12, 1796	1	331
Eunice, d. [Solomon, Jr. & Sarah], b. Jan. 7, 1799	1	255
Eunice, of Hampton, m. Luther **RIPLEY**, of Mansfield, Oct. 3, 1821, by Ludovicus Weld	2	338
Fanny, m. Erastus **ASHLEY**, Nov. 26, 1812	1	230
Harriet, d. Harvey & Achsah, b. Jan. 2, 1820	2	342
Harriet, of Hampton, m. Israel E. **HARVEY**, of Colchester, Apr. 9, 1846, by Rev. W[illia]m Barnes	2	293
Harry, s. Solomon, Jr. & Sarah, b. Mar. 19, 1792	1	255
Harvey, m. Achsah **ASHLEY**, Mar. 9, 1820	2	342
Harvey, adm. fr. 1817	TM	
Horace, s. [Thomas H. & Mary], b. May 8, 1830	2	321
James, m. Lois **PRESTON**, b. of Windham, Apr. 30, 1766	1	313
James Hodgkins, s. [Solomon, Jr. & Sarah], b. July 2, 1803	1	255
Jared, s. Solo[mo]n, Jr. & Sarah, b. Mar. 10, 1794	1	255
Jared Hodkgins, s. [William & Betsey], b. Mar. 14, 1820	1	238
John Lummis, s. [William & Betsey], b. Dec. 17, 1816	1	238
Joshua, of Hampton, m. Phebe **TROWBRIDGE**, of Pomfret, Feb. 16, 1797	1	331
Joshua, adm. fr. 1797	TM	
Joshua, d. Sept. 19, 1821	1	331
Julia M., of Hampton, m. Ephraim B. **KEEPS**, of Monson, Mass., May 20, 1836, by Rev. Daniel G. Sprague	2	317
Lewis A., adm. fr. 1840, from Windham	TM	
Lewis Avery, s. [William & Betsey], b. Oct. 28, 1814	1	238
Lois, d. James & Lois, b. Nov. 3, 1774	1	313
Lora, d. Joshua & Phebe, b. July 10, 1800	1	331
Lucretia, m. Clark **BURNETT**, Sept. 15, 1812	2	349
Lydia, of Lebanon, m. Jacob **FORD**, of Hampton, Sept. 13, 1788	1	260
Lydia, of Canterbury, m. Eliphaz **BURNAM**, of Windham, Dec.		

	Vol.	Page
SMITH, (cont.)		
26, 1793	1	330
Mariah, of Hampton, m. Rufus **BURNHAM**, of Windham, Jan. 1, 1822, by Roger Taintor, J.P.	2	337
Mary, d. [Solomon, Jr. & Sarah], b. Mar. 15, 1807	1	255
Mary, m. Elisha **BURNHAM**, b. of Windham, Dec. [ ], 1836, by Rev. Alfred Burnham	2	356
Mary Ann, d. Thomas H. & Mary, b. Sept. 8, 1836	2	321
Mehetable, b. Nov. 3, 1755; m. Jonathan **FISK**, Jr., b. of Hampton, Feb. 8, 1781	1	293
Miranda E., of Windham, m. George W. **BURNHAM**, of Hartford, Jan. 1, 1840, by Rev. Dexter Bullard	2	306
Nathaniel, s. James & Lois, b. Jan. 9, 177[ ]	1	313
Olive, d. James & Lois, b. Nov. 25, 1772	1	313
Patty, d. Joshua & Phebe, b. Nov. 20, 1808	1	331
Patty, of Hampton, m. Elijah **COVELL**, of Glastonbury, June 12, 1839, by Rev. Daniel G. Sprague	2	307
Phebe, d. Joshua & Phebe, b. July 16, 1802	1	331
Phebe, of Hampton, m. Wightman **WILLIAMS**, of Groton, [July 22, 1815]*, by Daniel G. Sprague *(Written in pencil)	2	331
Polly, d. James & Lois, b. Jan. 9, 1771	1	313
Rachel, of Hampton, m. Amos **WEEKS**, of Ashford, Apr. 28, 1833, by Amasa Lyon, J.P.	2	324
Roswell C., adm. fr. 1833	TM	
Sally, d. Solomon, Jr. & Sarah, b. Jan. 2, 1790	1	255
Sally, m. Joseph **MARTIN**, Jr., b. of Hampton, Feb. 3, 1822, by Roger Taintor, J.P.	2	337
Samuel, adm. fr. 1818	TM	
Serel, of Hampton, m. Maria **DARBEE**, of Hampton, Oct. 24, 1838, by Rev. Daniel G. Sprague	2	310
Simon Bennet, s. [Joshua & Phebe], b. Sept. 28, 1812	1	331
Solomon, Jr., m. Sarah **HODKINS**, b. of Hampton, Jan. 16, 1787; adm. fr. 1787	1	255
Solomon, d. Dec. 16, 1804	1	255
Solomon, [Jr.], d. Apr. 11, 1810	1	255
Solomon B., adm. fr. 1834	TM	
Stephen, s. James & Lois, b. Oct. 19, 1769	1	313
Thomas H., m. Mary **UTLEY**, Jan. 23, 1829, by Daniel G. Sprague; adm. fr. 1827	2	321
William, s. Solomon, Jr. & Sarah, b. Jan. 8, 1788	1	255
William, m. Betsey **LUMMIS**, Nov. 25, 1813; adm. fr. 1811	1	238
William, Jr., adm. fr. 1820	TM	
SNOW, Anson A., adm. fr. 1844	TM	
Benjamin, adm. fr. 1832	TM	
Charles, adm. fr. 1838, from Ashford	TM	
Chauncey, adm. fr. 1844, from Ashford	TM	
David, adm. fr. 1832	TM	
Ebenezer C., m. Sophia **LEWIS**, b. of Hampton, Mar. 27, 1836, by Rev. Alfred Burnham; adm. fr. 1836	2	317
Freeman, of Ashford, m. Hannah **TYLER**, of Hampton, Nov. 29, 1827, by Amos Babcock, Elder. Intention published	2	325
George G., adm. fr. 1847	TM	

HAMPTON VITAL RECORDS 217

	Vol.	Page
SNOW, (cont.)		
Henry C., adm. fr. 1843, from Ashford	TM	
Joseph, Jr., of Ashford, m. Martha **MARTIN**, of Hampton, Nov. 19, 1795	1	325
Louisa, m. Edwin J. **FULLER**, b. of Hampton, Nov. 1, 1841, by Rev. B. N. Harris	2	301
Maryett, m. Charles **PEARL**, b. of Hampton, June 2, 1850, by Rev. George W. Greenslit	3	13
Nabby, m. Amos **FORD**, Jr., Oct. 4, 1807	1	286
Ralph D., adm. fr. 1843	TM	
William, adm. fr. 1840, from Mansfield	TM	
Zebulon, adm. fr. 1844	TM	
SPAFFORD, Caroline, m. Charles **FRINK**, of Scotland, May 17, 1841, by Rev. Daniel C. Frost	2	304
Cornelia, d. [Thomas & Eunice], b. Aug. 16, 1824	1	221
Cornelia, of Hampton, m. William **AYER**, of Windham, July 4, 1852, by Mason Cleveland, Magistrate	2	242
Henry, s. [Thomas & Eunice], b. Sept. 3, 1819; adm. fr. 1840	1	221
Marina, d. [Thomas & Eunice], b. Apr. 5, 1830	1	221
Marina, of Hampton, m. Charles D. **READ**, of Canterbury, Nov. 27, 1851, by Rich[ar]d Woodruff, V.D.M.	3	13
Thomas, m. Eunice **MOULTON**, Sept. 19, 1816	1	221
SPARKS, Lemuel, adm. fr. 1794	TM	
Phinehas, adm. fr. 1799	TM	
Pressilla, d. lemuel & Barshela, d. Apr. 8, 1795, in the 18th y. of her age	1	323
SPAULDING, SPALDING, Benjamin, m. Pamella **INGALLS**, Mar. 20, 1816; adm. fr. 1818	1	217
Chloe Simons, d. [Joseph & Olive], b. Jan. 6, 1823	2	333
Clyanna, m. Jonathan **COLBURN**, b. of Hampton, Feb. 17, 1791	1	329
Francis, m. Patty **HEBBARD**, Mar. 11, 1811; adm. fr. 1807	1	240
Harriet Gordon, d. [Benjamin & Pamella], b. Jan. 25, 1817	1	217
James, adm. fr. 1847, from Brooklyn	TM	
John W., of Plainfield, m. Lydia A. **PALMER**, of Hampton, Mar. 26, 1848, by Richard Woodruff, V.D.M.	3	4
Joseph, m. Olive **FARNHAM**, Jan. 2, 1816	2	333
Joseph, adm. fr. 1816	TM	
Joseph R., of Pomfret, m. Jane B. **FRANKLIN**, of Windham, Jan. 31, 1839, by Rev. Daniel G. Sprague	2	309
Martha M., m. Geo[rge] D. **SPENCER**, b. of Hampton, May 26, 1839, by Rev. B. Cook, Jr., of Willimantic	2	308
Martha Maria, [twin with Sarah Sophia], d. Francis & Patty, b. Dec. 13, 1814	1	240
Nathan, of Suffield, m. Olive **LAWTON**, of Pomfret, Oct. 14, 1838, by Rev. James Grow	2	311
Olive H., m. Philetus **FARNHAM**, b. of Hampton, May 10, 1840, by Rev. Dexter Bullard	2	305
Olive Howard, d. [Joseph & Olive], b. May 13, 1818	2	333
Pamella Ingalls, d. [Benjamin & Pamella], b. Mar. 1, 1821	1	217
Samuel, adm. fr. 1789	TM	
Samuel, Jr., s. Anne **CURTISS**, single woman, b. Oct. 15, 1790	1	318
Samuel, m. Mercy **STARKWEATHER**, Feb. 24, 1811	1	241

	Vol.	Page
SPAULDING, SPALDING, (cont.)		
Sarah S., m. Willard **HILL**, Mar. 15, 1838, by Rev. Daniel G. Sprague	2	313
Sarah Sophia, [twin with Martha Maria], d. Francis & Patty, b. Dec. 13, 1814	1	240
Susan Sophia, d. [Benjamin & Pamella], b. Dec. 18, 1818	1	217
SPENCER, David, of Canterbury, m. Lucy **ASHLEY**, of Windham, Mar. 24, 1785	1	305
David, s. David & Lucy, b. Apr. 21, 1792	1	305
David, adm. fr. 1793	TM	
David, Jr., adm. fr. 1814	TM	
David, m. Emelia **MARTIN**, Jan. 10, 1825, by Daniel G. Sprague	2	331
David, d. June 29, 1848	1	305
Elijah, s. David & Lucy, b. Aug. 21, 1788	1	305
George D., adm. fr. 1836	TM	
Geo[rge] D., m. Martha M. **SPAULDING**, b. of Hampton, May 26, 1839, by Rev. B. Cook, Jr., of Willimantic; adm. fr. 1836	2	308
George F., s. George D. & Martha M., b. Jan. 18, 1842	2	300
Jerusha, m. Nathaniel **HODGKINS**, b. of Windham, Jan. 1, 1784	1	263
John, s. Silas & Mary, b. June 1, 1780; adm. fr. 1801	1	326
Lora, d. Silas & Mary, b. Nov. 29, 1796	1	326
Lora, m. Thomas **RINDGE**, Jr., May 7, 1818	1	229
Lucy, d. David & Lucy, b. Oct. 7, 1785	1	305
Lucy, m. Andrew **WASHBURN**, Nov. 26, 1807	1	243
Maranday, d. Silas & Mary, b. May 10, 1794	1	326
Marenda, m. David M. **DURKEE**, Nov. 20, 1814	1	329
Olive, d. Silas & Mary, b. May 23, 1791	1	326
Polly, d. Silas & Mary, b. Dec. 5, 1783	1	326
Polly, d. David & Lucy, b. Aug. 27, 1797	1	305
Polly, m. Elisha **FULLER**, 2d, Oct. 26, 1806	1	230
Silas, m. Mary **FARNAM**, Jan. 8, 1778	1	326
Silas, s. Silas & Mary, b. Dec. 16, 1789	1	326
Warner, s. David & Lucy, b. Sept. 17, 1795	1	305
SPICER, Caroline L., d. [Ephraim & Dimas], b. Oct. 26, 1819; d. Sept. 9, 1823	1	216
Catharine Charlotte, d. [Ephraim & Dimas], b. Feb. 10, 1828	1	216
Edward, s. [Ephraim & Dimas], b. Sept. 18, 1825; adm. fr. 1847	1	216
Ephraim, m. Dimas **SEARLES**, Dec. 21, 1817; adm. fr. 1816	1	216
Jane L., m. Jedediah K. **DORRANCE**, b. of Hampton, Jan. 1, 1844, by Rev. W[illia]m Barnes	2	297
Jane Lucretia, d. [Ephraim & Dimas], b. Feb. 26, 1823	1	216
SPINK, Sarah, of Hampton, m. Ichabod **THURSTON**, of Mt. Morris, N.J., Sept. 28, 1829, by Daniel G. Sprague	2	320
SPOONER, William A., adm. fr. 1838	TM	
SPRAGUE, Daniel G., Rev., m. Lucy **DANIELSON**, Jan. 4, 1826; adm. fr. 1828	2	324
James L., adm. fr. 1834	TM	
James W., m. Polly **DODGE**, Apr. 8, 1802	1	237
Lucy Danielson, d. [Rev. Daniel G. & Lucy], b. Mar. 19, 1827	2	324
SQUIRES, Charles, adm. fr. 1848, from Windham	TM	
STAPLES, Amos, adm. fr. 1836	TM	
Eunice, d. Isaac & Eunice, b. Dec. 22, 1796	1	331

HAMPTON VITAL RECORDS 219

	Vol.	Page
STAPLES, (cont.)		
Isaac, m. Eunice **SMITH**, b. of Hampton, May 12, 1796	1	331
STARKWEATHER, Ezra, adm. fr. 1829	TM	
George Ezra, s. Ezra & Mary E., b. June 27, 1834	3	6
Henry Holt, [s. Ezra & Mary E.], b. May 18, 1852	3	6
Jacob Flint, s. [Ezra & Mary E.], b. May 16, 1836	3	6
Mary Eliza, d. Ezra & Mary E., b. Feb. 13, 1839	3	6
Mercy, m. Samuel **SPAULDING**, Feb. 24, 1811	1	241
STARR, Frances H., adm. fr. 1818	TM	
STATE, Needham, m. Fanny **BURNHAM**, Jan. 20, 1825, by Charles Moulton, J.P.	2	330
STEDMAN, Anne, d. Thomas, Jr. & Mehetable, b. Aug. 7, 1764	1	256
Betsey, d. Thomas, Jr. & Mehetable, b. Aug. 5, 1768	1	256
Chloe Servinia, d. Thomas & Mehetable, b. Sept. 30, 1784	1	256
Clarrissa, d. Thomas, Jr. & Mehetable, b. Jan. 23, 1772	1	256
Daniel, m. Sarah **WILLIAM**, b. of Windham, Feb. 13, 1772	1	318
Daniel, s. Daniel & Sally, b. Mar. 31, 1776	1	318
Daniel, d. Dec. 21, 1776	1	318
Ebenezer, s. Thomas & Mehetable, b. Mar. 22, 1777	1	256
Elizabeth, of Hampton, m. Thomas **WILLIAMS**, of Plainfield, Jan. 10, 1788	1	291
Esther, d. Daniel & Sally, b. Apr. 26, 1774	1	318
Esther, d. Daniel & Sally, d. Dec. 14, 1776	1	318
Griffin, s. Thomas, Jr. & Mehetable, b. Sept. 27, 1770; adm. fr. 1797	1	256
James, s. Thomas & Mehetable, b. Oct. 6, 1779	1	256
James, Capt., d. Sept. 7, 1788, in the 63rd y. of his age	1	260
James, 2d, adm. fr. 1802	TM	
Julia, d. Thomas, Jr. & Lucy, b. July 5, 1792	1	297
Lucy, d. Thomas, Jr. & Lucy, b. Jan. 27, 1790	1	297
Marina, d. Thomas, Jr. & Lucy, b. May 30, 1788	1	297
Mary, d. Thomas, Jr. & Mehetable, b. Apr. 14, 1762	1	256
Patience, d. Thomas & Mehetable, b. July 27, 1781	1	256
Patience, m. Jonathan **HOVEY**, Jr., Apr. 16, 1802	1	331
Polly, m. Isreal **CLARK**, b. of Windham, May 24, 1781	1	263
Sally, d. Daniel & Sally, b. Nov. 13, 1772	1	318
Thomas, Jr., m. Mehetable **GRIFFIN**, b. of Windham, Sept. 23, 1760	1	256
Thomas, s. Thomas & Mehetable, b. Aug. 19, 1774	1	256
Thomas, Jr., adm. fr. 1788	TM	
STEPHENS, Esther Lovet, d. John, b. Oct. 18,1799	1	338
John, adm. fr. 1801	TM	
John Jay, s. John & Florence, b. Aug. 2, 1797	1	335
STEWARD, Joseph, of Upton, m. Sarah **MOSELEY**, of Hampton, May 31, 1789	1	263
Joseph Moseley, s. Joseph & Sarah, b. Oct. 30, 1791	1	263
Sally, d. Joseph & Sarah, b. Mar. 23, 1790	1	263
STILES, Chloe, m. James **HOLT**, June 29, 1800	1	337
STILLMAN, W[illia]m F., adm. fr. 1848, from Weathersfield	TM	
STOEL, Dinah, m. Paul **HOLT**, Jr., Nov. 27, 1800	1	271
STRICKLAND, Jemima, of Stafford, m. Rufus **ROGERS**, of Hampton, Dec. 23, 1790	1	285

	Vol.	Page
STRONG, Martha, of North Hampton, m. Ebenezer **MOSELEY**, of Windham, Sept. 14, 1773	1	315
SUMNER, Sarah M., m. Capt. John C. **HOWARD**, Oct. 7, 1823	2	342
SWEET, John, m. Lora **DOWNING**, Apr. 10, 1811	1	260
Marvins, adm. fr. 1848, from Ashford	TM	
Robert, adm. fr. 1845, from Canterbury	TM	
Robert Lane, s. [John & Lora], b. Nov. 13, 1812	1	260
William, adm. fr. 1844	TM	
TAINTOR, TAINTON, Caroline, d. Solomon & Judeth, b. May 25, 1808	1	244
Caroline, d. [Solomon & Judeth], b. May 25, 1808; d. Aug. 7, 1810	1	232
Edwin Bulkely, s. [Solomon & Judeth], b. May 18, 1800; adm. fr. 1822	1	232
Edwin Bulkeley, s. Solomon & Judeth, b. May 18, 1800; adm. fr. 1822	1	244
George Edwin, s. Henry G. & Delia W., b. Dec. 20, 1846	3	1
Henry, s. [Solomon & Judeth], b. Feb. 17, 1813	1	232
Henry Ellesworth, s. Henry G. & Delia W., b. Aug. 29, 1844	3	1
Henry G., adm. fr. 1834	TM	
John, s. Roger & Nabby, b. Apr. 22, 1800	1	244
John A., adm. fr. 1823	TM	
Solomon, m. Judeth **BULKLEY**, Dec. 13, 1797	1	232
TALBOT, Emily F., m. Daniel **WARNER**, b. of Hampton, Aug. 7, 1836, by N. S. Hunt	2	316
William, adm. fr. 1848, from Thompson	TM	
TANNER, Edwin M., of Plainfield, m. Harriet C. **FULLER**, of Hampton, July 1, 1849, by Rev. F. P. Coe	3	4
TAYLOR, Clark W., m. Ardelia **SMITH**, Mar. 27, 1833, by Daniel G. Sprague	2	327
Hannah, m. Daniel T. **SMITH**, Mar. 25, 1828, by Daniel G. Sprague	2	324
THAIR, Gideon, of Mendor, Mass., m. Sarah **WYMAN**, of Hampton, Oct. 7, 1792	1	257
THOMPSON, George M., adm. fr. 1847	TM	
John, of Tyringham, Mass., m. Anna **BEERS**, of Hampton, June 30, 1822, by Roswell Preston	2	335
Lucy, of Brooklyn, m. Sanford **BROWN**, of North Stonington, Oct. 16, 1831, by Daniel G. Sprague	2	322
Mary R., m. Israel **AMES**, b. of Hampton, Jan. 19, 1840, by Chauncey F. Cleveland, J.P.	2	306
Ruth C., m. W[illia]m A. **OWEN**, June 13, 1837, by David Fox, J.P.	2	314
THURSTON, Ichabod, of Mt. Morris, N.J., m. Sarah **SPINK**, of Hampton, Sept. 28, 1829, by Daniel G. Sprague; adm. fr. 1824	2	320
TIFFANY, TIFFINEY, Frances Church, d. Silas & Diantha S., b. Sept. 15, 1838, at Douglass, Mass.	2	353
John Cleveland, s. Silas & Diantha S., b. May 24, 1846	2	353
Sarah Aldrich, d. Silas & Diantha S., b. July 5, 1844	2	353
Silas, of Douglass, Mass., m. Diantha S. **CHURCH**, of Hampton, Oct. 4, 1829, by Charles Moulton, J.P.	2	318

HAMPTON VITAL RECORDS 221

	Vol.	Page
TIFFANY, TIFFINEY, (cont.)		
Silas, adm. fr. 1840	TM	
TINGLEY, Elisha, adm. fr. 1840	TM	
TOLMER, [see also **PALMER**], Sarah, of Pomfret, m. George **FULLER,** of Hampton, Sept. 3, 1848, by Rev. Isaac H. Coe. Intention published	3	5
TROWBRIDGE, Joanna, m. Benjamin **FULLER,** b. of Windham, Sept. 28, 1780	1	269
Lewis, adm. fr. 1827	TM	
Lewis Edgar, s. Lewis & Edney, d. Sept. 12, 1831	2	318
Phebe, of Pomfret, m. Joshua **SMITH,** of Hampton, Feb. 16, 1797	1	331
William Andrew, s. Lewis & Edney, b. Aug. 6, 1832; d. Nov. 26, 1832	1	318
TRUESDELL, Samuel, adm. fr. 1833	TM	
TRUMBULL, Charles W., of Mansfield, m. Hannah W. **CLARK,** of Hampton, June 16, 1835, by Rev. Daniel G. Sprague	2	316a
Nancy, m. Andrew **HARTSHORN,** Feb. 28, 1813	1	215
TUCKER, Mary R., m. Elisha **WEEKS,** b. of Hampton, Apr. 10, 1837, by Daniel G. Sprague	2	356
William, adm. fr. 1833	TM	
TWEEDEY, TWEEDY, Edwin A., m. Sarah G. **FOX,** Nov. 24, 1831, by Daniel G. Sprague	2	332
Edwin Augustus, s. John & Rhody, b. Feb. 3, 1805; adm. fr. 1827	1	334
Henrietta, d. [John & Rhody], b. Sept. 11, 1813	1	334
John, m. Rhoda **KINGSBURY,** Oct. 20, 1801; adm. fr. 1800	1	334
John M., adm. fr. 1833	TM	
John R., m. Cornelia **SMITH,** Oct. 20, 1846, by Rev. W[illia]m Barnes	2	243
John Thompson, s. John & Rhody, b. Apr. 12, 1810	1	334
Philo Kingsbury, s. John & Rhoda, b. Jan. 29, 1803; adm. fr. 1838	1	334
TYLER, Gardiner, m. Caroline **WEDGE,** Aug. 21, 1825, by Nathaniel F. Martin, J.P.	2	330
Hannah, of Hampton, m. Freeman **SNOW,** of Ashford, Nov. 29, 1827, by Amos Babcock, Elder. Intention published	2	325
Joseph, Jr., adm. fr. 1816	TM	
UPHAM, Dyer, adm. fr. 1819	TM	
UPTON, Mary, had s. Thomas Hurlbutt, b. Sept. 22, 1784	1	241
Thomas Hurlbutt, s. Mary, b. Sept. 22, 1784; m. Betsey **BRADFORD,** Dec. 1, 1814; d. July 29, 1848	1	241
Thomas Turner, adm. fr. 1840	TM	
UTLEY, Abigail Hodgkins, d. [Thomas, Jr. & Lydia], b. June 12, 1821	1	220
Alles, d. Amos, Jr. & Alles, b. Feb. 7, 1791	1	275
Allice, w. Amos, d. Jan. 16, 1809, in the 46th y. of her age	1	275
Amos, Jr., m. Alles **ABBOTT,** b. of Hampton, Apr. 27, 1790; adm. fr. 1794	1	275
Amos, s. Amos, Jr. & Alles, b. June 16, 1793	1	275
Amos, d. Oct. 19, 1793, in the 58th y. of his age	1	299
Andrew Parish, s. [Thomas, Jr. & Lydia], b. Mar. 22, 1823	1	220
Antipas, m. Polly **LUCE,** b. of Hampton, May 29, 1795; adm. fr. 1795	1	330
Asenath, d. Thomas & Abigail, b. July 2, 1785	1	272
Asenath, m. Isaac **BENNETT,** Jr., Apr. 18, 1811	1	224

UTLEY, (cont.)

	Vol.	Page
Asenath, d. James & Phebe, b. July 21, 1813	1	246
Betsey, d. Stephen & Sally, b. Dec. 18, 1799	1	329
Clarissa, m. Benjamin FULLER, Apr. 16, 1823, by Lodovicus Weld	2	335
Cyrus, m. Polly BENNET, b. of Hampton, Apr. 4, 1797; adm. fr. 1797	1	335
Ebenezer, of Chaplin, m. Maria MINER, of Hampton, Aug. 14, [1825], by Rev. George S. White, at the house of Amasa Clark	2	348
Elizabeth, d. Nov. 14, 1825, ae. 68 y.	2	350
Erastus, s. Stephen & Sally, b. May 31, 1797	1	329
Erastus, s. Amos & Allice, b. Mar. 8, 1803	1	275
Hannah, d. Dec. 18, 1801	1	286
Harriet Asenath, d. [Thomas, Jr. & Lydia], b. Apr. 13, 1818	1	220
Harvey, adm. fr. 1802	TM	
Henry J., adm. fr. 1838	TM	
Henry Thomas, s. [Thomas, Jr. & Lydia], b. Oct. 7, 1816	1	220
James, s. Thomas & Abigail, b. Sept. 2, 1781; adm. fr. 1804	1	272
James, m. Phebe CLARK, Apr. 7, 1808	1	246
James Russell, s. James & Phebe, b. Apr. 3, 1811	1	246
Jared, s. Amos & Allice, b. July 21, 1804	1	275
Lester, s. Amos & Allice, b. June 27, 1801	1	275
Lester, s. Amos & Allice, d. July 25, 1805	1	275
Lucius, s. Amos & Allice, b. June 10, 1799	1	275
Lucius Clark, s. James & Phebe, b. Apr. 20, 1809; adm. fr. 1833	1	246
Lydia, w. Capt. Thomas, d. Sept. 25, 1824	2	352
Lyman, s. Samuel & Sarah, b. Jan. 3, 1792	1	286
Mary, d. Thomas & Abigail, b. Jan. 30, 1789	1	272
Mary, d. Samuel & Sarah, b. Aug. 28, 1791	1	286
Mary, wid. James, d. Dec. 31, 1797	1	272
Mary, m. Thomas H. SMITH, Jan. 23, 1829, by Daniel G. Sprague	2	321
Mira, d. Amos & Allice, b. Aug. 12, 1796	1	275
Orren, s. Cyrus & Polly, b. Dec. 4, 1798	1	335
Polly, d. Antipas & Polly, b. June 22, 1796	1	330
Sabina, d. Amos & Allice, b. Oct. 10, 1797	1	275
Samuel, of Hampton, m. Sarah EASTMAN, of Ashford, Jan. 7, 1790	1	286
Samuel Worcester, s. [Thomas, Jr. & Lydia], b. Jan. 24, 1820; d. July 2, 1820	1	220
Sarah, d. Thomas & Abigail, b. Feb. 27, 1787; d. Apr. 29, 1820, ae. 33 y.	1	272
Seth, m. Lucy CLARK, Mar. 21, 1822, by Jared Andrus; adm. fr. 1818	2	336
Stephen, m. Sally HOLT, b. of Hampton, Jan. 15, 1797	1	329
Setephen S., adm. fr. 1788	TM	
Thomas, m. Abigail HODGKINS, b. of Hampton, then Windham, May 25, 1780	1	272
Thomas, s. Thomas & Abigail, b. July 30, 1783; adm. fr. 1806	1	272
Thomas, Jr., m. Lydia PARISH, Dec. 5, 1815; d. Sept. 13, 1825	1	220
Thomas, m. Mary PARISH, Apr. 5, 1826, by Daniel G. Sprague	2	352

	Vol.	Page
UTLEY, (cont.)		
Thomas, Capt., d. Aug. 6, 1826	2	352
Truman, s. Amos, Jr. & Alles, b. May 4, 1792	1	275
Ursula, m. Amasa **MARTIN**, b. of Hampton, Feb. 14, 1786	1	280
VICKUS, VICCUS, Martha, m. Jonathan **WILBUR**, Jan. 5, 1824	2	334
Samuel, m. Sarah **MALBONE**, Mar. 16, 1842	2	300
WADSWORTH, John Adelbert, b. Apr. 16, 1838	3	1
Samuel A., adm. fr. 1835	TM	
WALCOTT, WALCUTT, [see also **WOLCOTT**], Anna, d. Asa & Elizabeth, b. Jan. 21, 1798	1	250
Asa, m. Elizabeth **CLARK**, b. of Hampton, Nov. 25, 1784	1	250
Betsey, d. Asa & Elizabeth, b. Jan. 3, 1801	1	250
Betsey, m. W[illia]m **MARTIN**, Jan. 2, 1820	2	343
Eleanor, d. Asa & Elizabeth, b. Nov. 6, 1795	1	250
Elisha, s. Asa & Elizabeth, b. Jan. 1, 1789; d. Jan. 4, 1801	1	250
Elmira, d. Asa & Elizabeth, b. Jan. 22, 1809	1	250
Hannah, d. Asa & Elizabeth, b. Apr. 24, 1792	1	250
Moses, m. Hulda **PHELPS**, Feb. 10, 1803	1	244
Polly, d. Asa & Elizabeth, b. Sept. 15, 1785	1	250
Polly, m. John **BROWN**, b. of Hampton, Feb. 11, 1806	1	249
William, s. Asa & Elizabeth, b. Mar. 17, 1787	1	250
William F., adm. fr. 1840	TM	
WALDO, Amelia, d. John Elderkin & B[e]ulah, b. July 28, 1794	1	273
Elizabeth, m. Epaphras **CURTIS**, May 3, 1787, by Rev. John Staples	2	257
Enoch Wight, s. John E. & Buelah, b. July 14, 1805	1	272
Hannah, d. J[ohn] E. & B[e]ulah, b. Mar. 11, 1800	1	273
John E., s. John E. & B[e]ulah, b. Apr. 9, 1792; d. June 17, 1793	1	273
John E., adm. fr. 1794	TM	
Nath[aniel] Harding, s. John Elderkin & B[e]ulah, b. Oct. 4, 1802	1	273
Rufus, s. John E. & B[e]ulah, b. Feb. 16, 1797	1	273
Sally Foster, d. [John E. & Buelah], b. Jan. 31, 1808	1	272
William, s. John E. & B[e]ulah, b. Feb. 22, 1790; d. Jan. 22, 1792	1	273
Zachariah, s. John Elderkin & B[e]ulah, b. Nov. 3, 1787	1	273
WALES, George H., adm. fr. 1840, from Hartford	TM	
WALKER, Milton, m. Caroline **ASHLEY**, Apr. 18, 1832, by Daniel G. Sprague	2	319
WARNER, Daniel, m. Emily F. **TALBOT**, b. of Hampton, Aug. 7, 1836, by N. S. Hunt	2	316
Pamelia, m. James **FULLER**, Dec. 17, 1809	1	236
WARREN, Hannah, m. Hezekiah **HAMMOND**, Apr. 22, 1819	1	240
Lewis H., of Ashfield, Mass., m. Jerusha S. **SAFFORD**, of Canterbury, [ ], by Daniel G. Sprague	2	334
WASHBURN, Andrew, m. Lucy **SPENCER**, Nov. 26, 1807	1	243
Andrew, adm. fr. 1818	TM	
Clark, s. [Andrew & Lucy], b. July 20, 1813	1	243
Emeline, d. [Andrew & Lucy], b. Apr. 26, 1810	1	243
George, s. [Andrew & Lucy], b. Apr. 21, 1818	1	243
Laura, d. [Andrew & Lucy], b. Dec. 4, 1820; d. Sept. 10, 1822	1	243
Laura, d. [Andrew & Lucy], b. Dec. 8, 1822	1	243
Lucy, d. [Andrew & Lucy], b. Oct. 18, 1816	1	243
Mary, d. [Andrew & Lucy], b. Mar. 14, 1815	1	243

	Vol.	Page
WASHBURN, (cont.)		
Philo, s. [Andrew & Lucy], b. Oct. 15, 1811	1	243
Sally, d. Andrew & Lucy, b. Jan. 7, 1809	1	243
WATSON, Arnold, of Middletown, m. Artemissa **CURTIS**, of Hampton, Sept. 8, 1828, by Amos Babcock, Elder. Intention published	2	323
WEAVER, Joseph E., adm. fr. 1844, from Windham	TM	
WEBB, Abner, d. June 26, 1848	3	5
Lucy R., m. Henry **LINCOLN**, of Scotland, May 17, 1841, by Rev. Daniel C. Frost	2	304
Prudence, d. Oct. 5, 1845	3	5
Ralf, adm. fr. 1840	TM	
WEDGE, Caroline, m. Gardiner **TYLER**, Aug. 21, 1825, by Nathaniel F. Martin, J.P.	2	330
WEEKS, WEEKES, Amos, of Ashford, m. Rachel **SMITH**, of Hampton, Apr. 28, 1833, by Amasa Lyon, J.P.; adm. fr. 1830	2	324
Elisha, m. Mary R. **TUCKER**, b. of Hampton, Apr. 10, 1837, by Daniel G. Sprague	2	356
Elisha, adm. fr. 1838, from Ashford	TM	
James, adm. fr. 1816	TM	
Rufus, adm. fr. 1842, from Ashford	TM	
WELCH, Thomas, m. Laura **LATHROP**, Nov. 6, 1815	1	221
WELD, Charles Huntington, s. Ludovius & Betsey, b. Apr. 26, 1799	1	326
Cornelia Elizabeth, d. Lud[oviu]s & Betsey, b. June 28, 1809	1	326
Ezra Greenleaf, s. Lud[oviu]s & Betsey, b. Oct. 26, 1801; adm. fr. 1820	1	326
Laura, of Hampton, m. William **POTTER**, Jr., of Lisbon, Oct. 30, 1820, by Ludovicus Weld	2	341
Lewis, s. Ludovius & Betsey, b. Oct. 17, 1796	1	326
Ludovius, of Hampton, m. Betsey **CLARK**, of Lebanon, Nov. 11, 1795	1	326
Lodivicus, Rev., adm. fr. 1795	TM	
Theodore Dwight, s. Ludovius & Betsey, b. Nov. 23, 1803	1	326
WHEELER, Daniel, of Plainfield, m. Emeline **HAMMOND**, of Hampton, May 25, 1829, by Daniel G. Sprague	2	320
Eliza, m. Joel **SEARLES**, May 16, 1819	1	214
Mary, m. Henry **GREENSLIT**, Jan. 20, 1819	2	342
William W., adm. fr. 1840	TM	
WHIPPLE, Benjamin P., adm. fr. 1840	TM	
Betsey, w. Thomas, d. Aug. 28, 1820	1	224
Francis W., m. Julia M. **BURNHAM**, Nov. 27, 1845, by Rev. Henry J. Coe. Intention published. Adm. fr. 1843	2	294
Francis Williams, s. Tho[ma]s & Betsey, b. Aug. 14, 1820; adm. fr. 1843	1	224
Frederick Curtiss, s. [Thomas & Nancy], b. Nov. 26, 1812	1	224
John Curtiss, s. Thomas & Eunice, b. May 20, 1825	1	224
Nancy, w. Thomas, d. Aug. 29, 1816	1	224
Thomas, m. Nancy **CURTISS**, Apr. 12, 1812; adm. fr. 1818	1	224
Thomas, m. Betsey **WILLIAMS**, Jan. 26, 1818	TM	
WHITAKER, Cyrel, adm. fr. 1818	2	350
Ceryl, Jr., b. Sept. 24, 1828		
Ceryl, of Eastford, m. Selenda **MORGAN**, of Hampton, Jan. 1,		

HAMPTON VITAL RECORDS

	Vol.	Page
WHITAKER, (cont.)		
1850, by Rev. F. P. Coe	3	11
Henry, adm. fr. 1844, from Ashford	TM	
WHITE, Betsey, of Easton, Mass., m. Henry **NYE**, of Hampton, Conn., Feb. 5, 1844, by Rev. John F. Blanchard. Witnesses: Hannah M. Blanchard, Marcus Lyon, Emily Burnham	2	296
Jeremiah, adm. fr. 1837, from Windham	TM	
Polly, of Windham, m. Warner **HEBBARD**, of Hampton, Apr. 2, 1789	1	276
Temperance D., m. David **CLAPP**, [ ]	3	6
WHITMORE, Abigail, m. Samuel B. **HOLT**, b. of Hampton, May 24, 1842, by Rev. Roswell Whitmore	2	300
Frances, adm. fr. 1844, from Ashford	TM	
John, m. Mary K. **GRIGGS**, [Mar.] 18, 1834, by Daniel G. Sprague	2	346
WHITON, David, m. Mary **HODGKINS**, Dec. 10, 1805; adm. fr. 1814	1	255
Eaton, adm. fr. 1842	TM	
Eleazer, m. Lucretia **SEARLES**, Jan. 17, 1832, by Daniel G. Sprague	2	327
Eleazer, adm. fr. 1846, from El[l]ington	TM	
Henry, m. Jerusha H. **FULLER**, Jan. 25, 1839, by Rev. Daniel G. Sprague; adm. fr. 1839	2	309
John Hodgkins, s. [David & Mary], b. Sept. 4, 1806	1	255
Lucy, m. Edwin **HALL**, {Mar.] 17, 1834, by Daniel G. Sprague	2	346
Otis, m. Sophia E. **SIMONS**, Oct. 14, 1833, by Daniel G. Sprague; adm. fr. 1833 by certificate	2	351
Warren, s. [David & Mary], b. May 10, 1810; d. Mar. 4, 1811	1	255
WILBUR, Jonathan, m. Martha **VICCUS**, Jan. 5, 1824	2	334
WILLIAMS, WILLIAM, Alfred, s. [Thomas & Betsey], b. Feb. 1, 1803	1	291
Allis, of Union, m. John **ROBINS**, of Hampton, Oct. 27, 1790	1	252
Anna F., m. Harvey **CLARK**, Sept. 17, 1820, by Rev. Ludovicus Weld	2	341
Betsey, d. Thomas & Betsey, b. Oct. 5, 1794	1	291
Betsey, m. Thomas **WHIPPLE**, Jan. 26, 1818	1	224
Caroline Lavinia, d. [Thomas & Betsey], b. July 5, 1808	1	291
Dwight, adm. fr. 1842	TM	
Ebenezer, s. Thomas & Betsey, b. Sept. 5, 1796; adm. fr. 1818	1	291
Emma Fuller, d. [Thomas & Betsey], b. Aug. 28, 1798	1	291
Fanny, of Ashford, m. Joseph **FOSTER**, Nov. 3, 1811	1	341
Ludovicus, s. Thomas & Elizabeth, b. Aug. 8, 1792; adm. fr. 1816	1	291
Nathan, adm. fr. 1795	TM	
Roger S., m. Amelia **WITTER**, b. of Thompson, Aug. 23, 1840, by Rev. Dexter Bullard; adm. fr. 1840	2	305
Sarah, m. Daniel **STEDMAN**, b. of Windham, Feb. 13, 1772	1	318
Serapta, m. Nathaniel **MARTIN**, Feb. 4, 1810	1	225
Sophia Maria, d. [Thomas & Betsey], b. Dec. 3, 1800	1	291
Stephen P., adm. fr. 1817	TM	
Thomas, of Plainfield, m. Elizabeth **STEDMAN**, of Hampton, Jan. 10, 1788	1	291
Thomas G., adm. fr. 1817	TM	
Thomas Stedman, s. Thomas & Elizabeth, b. May 31, 1790	1	291

	Vol.	Page
WILLIAMS, WILLIAM, (cont.)		
Wightman, of Groton, m. Phebe **SMITH**, of Hampton, [July 22, 1815*], by Daniel G. Sprague *(Written in pencil)	2	331
Wightman, adm. fr. 1831	TM	
William, s. Thomas & Elizabeth, b. Sept. 17, 1788	1	291
William, adm. fr. 1819	TM	
William, m. Clarissa **MOSELEY**, Apr. 29, 1829, by Daniel G. Sprague	2	321
William, s. William & Clarissa, b. Sept. 13, 1832, at Waterford, New London County	2	356
WILSON, Harty, of Plainfield, m. Lucius H. **FOSTER**, of Hampton, Nov. 8, 1846, by Rev. W[illia]m Barnes	2	243
Jerome B., of Brooklyn, m. Melany **COLBION**, of Hampton, Aug. 19, 1827, by Amos Babcock, Minister	2	326
WINTER, Martha, m. Thomas **GROW**, b. of Hampton, Nov. 10, 1786	1	251
WITTER, Amelia, m. Roger S. **WILLIAMS**, b. of Thompson, Aug. 23, 1840, by Rev. Dexter Bullard	2	305
Asa, adm. fr. 1819	TM	
Nathan P., adm. fr. 1847, from Brooklyn	TM	
Rily Branch, s. Nathan P. & Harriet, b. July 11, 1847	3	2
WOLCOTT, WOLCUTT, [see also **WALCOTT**], Erastus, adm. fr. 1832	TM	
Hannah, m. Bela **SEARLES**, Feb. 25, 1813	1	236
Lodowich, adm. fr. 1832	TM	
WOOD, George, adm. fr. 1840	TM	
WOODWORTH, George, adm. fr. 1840	TM	
Harriet, m. John B. **BURNET**, Oct. 5, [1846], by Rev. W[illia]m Barnes	2	243
Marcia, of Hampton, m. Joseph E. **HOUDE**, of Hartford, Aug. 1, 1852, by Rev. Thomas Tallman	2	242
Mary, m. Lyman **GREENSLIT**, Nov. 4, 1849, by Isaac H. Coe. Intention published	3	3
WORKS, Eunice, d. Joseph & Nabby, b. Aug. 23, 1795	1	294
Joseph, m. Nabby **HOVEY**, Nov. 16, 1794	1	294
Olive, d. Joseph & Nabby, b. Feb. 28, 1797	1	294
WRIGHT, Spafford, s. John H. & Lorinda, b. Jan. 21, 1808	2	343
WYMAN, Sarah, of Hampton, m. Gideon **THAIR**, of Mendor, Mass., Oct. 7, 1792	1	257
YORK, John, adm. fr. 1818	TM	
YOUNG, Ira, of Killingly, m. Mary Ann **AMES**, of Hampton, July 13, 1835, by Chauncey F. Cleveland, J.P.; adm. fr. 1838, from Killingly	2	316a
James R., m. Laura J. **FULLER**, b. of Hampton, Dec. 9, 1834, by Chauncey F. Cleveland, J.P.	2	349
	1	297
NO SURNAME, Chloe, m. James **BURNETT**, Feb. 28, 1781		
Clarrissa, d. Phillip, Jr. & Clarrissa, b. Nov. 9, 1821 (Probably "Clarrissa **PEARL**")	1	243
	2	353
Laura M., m. Joseph D. **PLACE**, [ ]	1	310
Prescilla, m. Judah **BACK**, Dec. 30, 1761		

www.ingramcontent.com/pod-product-compliance
Lightning Source LLC
Chambersburg PA
CBHW050441240426
43661CB00055B/2473